W0265828

NDRC

BTS NDRC

1re et 2e années

Négociation et Digitalisation
de la Relation Client

Relation Client

et animation de réseaux

2e ÉDITION

Sophie Barbier,
Stéphanie Gauthier Roy,
Catherine Gazon,
Valérie Loubat,
Sophie Ortolan

Nathan
TECHNIQUE

Ce pictogramme indique les savoirs managériaux qui peuvent être traités en CEJM appliquée.

Ce pictogramme indique les savoirs juridiques qui peuvent être traités en CEJM appliquée.

Ce pictogramme permet de repérer les questions qui font appel à l'utilisation d'outils numériques, notamment ceux de la plateforme numérique du BTS NDRC. Les questions sur les outils Prestashop et Wordpress permettent de s'entraîner à l'épreuve pratique du BTS NDRC.

Édition : Magali Hubert, Alexia Bastel
Coordination artistique : Vincent Rioult
Fabrication : Emmanuelle Perrier
Conception couverture : Vincent Rioult, Marylène Lhenri
Conception intérieur : Anne-Danielle Naname, Lucas Cholewa
Mise en page : Nord Compo

ISBN : 978-2-09-167666-1

Avec ce livre, une licence i-MANUEL 2.0

Le i-Manuel 2.0, un outil simple d'utilisation qui reprend l'ensemble des contenus de ce livre sous forme numérique et interactive.

Il permet d'accéder au contenu de ce manuel à tout moment et en tout lieu sur un ordinateur ou une tablette. L'utilisateur peut donc passer du papier au numérique et choisir le support qui lui convient le mieux selon le travail à faire et le lieu où il se trouve.

Une véritable interactivité entre l'enseignant et sa classe

- **Vidéoprojeter** en classe les activités, les documents et les corrections pour animer les cours et travailler collectivement.
- N **Feuilleter le livre papier enrichi et le télécharger** pour un usage sans connexion.
- N Bénéficier d'**une banque de ressources.**
- **Piloter la classe** en assurant le suivi du travail des élèves à distance et en cours (recevoir et envoyer du travail, faire des commentaires, intervenir en temps réel).
- **Intégrer et envoyer à la classe**, à un ou plusieurs élèves, **des documents personnels**.
- **Afficher les corrigés** ou la correction individuelle du travail de l'élève.
- **Imprimer** les documents nécessaires pour mettre les élèves en **situation d'examen**.

Des fonctionnalités innovantes pour favoriser l'intérêt, la motivation et l'implication des élèves

- **Saisir les réponses** en travaillant sur ordinateur ou tablette.
- **Faire les activités et les exercices**, préparer ou réviser le cours **en classe ou à la maison**.
- **Accéder** aux **ressources numériques**, vidéos, fichiers élèves (Word, Excel, GeoGebra...).
- **Sauvegarder** au **format Word** le travail effectué dans un dossier (classeur).
- **Envoyer le travail** au professeur.
- **S'enregistrer** pour les activités orales.
- **S'auto-évaluer**.

Toutes les infos et les tutos sur www.nathan.fr/i-manuel2

Avec ce livre, des ressources numériques en accès direct

Flashez les QR Codes avec votre smartphone ou saisissez les mini-liens associés pour accéder à des vidéos, animations, QCM...

Sommaire

Sommaire des fiches ressources

Sommaire des vidéos

Cet ouvrage peut contenir des liens hypertextes vers des sites internet. L'Editeur prend le plus grand soin dans la sélection des liens hypertextes pour leur intérêt pédagogique et leur sérieux. Néanmoins, l'Editeur ne saurait garantir la pérennité, les contenus et les services qui sont proposés. Il appartient aux Utilisateurs d'être vigilants sur les liens hypertextes et de signaler à l'Editeur tout problème pour lui permettre de faire évoluer l'ouvrage.

CHAPITRE 1

Comprendre les stratégies et les réseaux de distribution

Contexte professionnel

Activité/Tâche
Négociation de l'implantation de l'offre sur le lieu de vente

Compétence
Valoriser l'offre sur le lieu de vente

Vers PIX
1.3. Traiter des données
2.3. Collaborer

L'entreprise Meuh Cola, créée en 2010 en Normandie, est une PME qui fabrique des sodas artisanaux et solidaires avec des ingrédients issus du commerce équitable et de l'agriculture biologique. Les sodas sont produits par des machines qui utilisent une énergie 100 % renouvelable et ils sont composés d'ingrédients naturels : sucre roux biologique, eau gazéifiée et essences de végétaux.

Chaque année, environ 150 000 bouteilles sortent des usines Meuh Cola.
L'entreprise, qui bénéficie d'une notoriété régionale, distribue ses produits dans les cafés, restaurants et épiceries fines de la région.
Forte de son succès, l'entreprise Meuh Cola a décidé de donner un nouvel élan à son activité.

Votre rôle

Sébastien, le créateur de Meuh Cola, vient de vous recruter en tant que commercial(e). Votre mission sera de développer les ventes en organisant la distribution des sodas en grandes surfaces.
Pour cela, vous devrez :
– comprendre la stratégie de distribution de l'entreprise ;
– découvrir la grande distribution et les réseaux de distribution ;
– identifier les différents interlocuteurs ;
– négocier la distribution des produits Meuh Cola en grandes surfaces.

Vos objectifs

I Comprendre les stratégies de distribution

1 Identifiez le canal et la stratégie de distribution de Meuh Cola. Justifiez.

2 Quels seraient les avantages d'une distribution en grandes surfaces ? Développez cinq arguments pour justifier ce choix stratégique.

3 Si Meuh Cola atteint son objectif, quelle sera sa nouvelle stratégie de distribution ? Justifiez votre réponse.

Fiche ressource 1
Annexe 1
Annexe 2

II Découvrir la grande distribution en réseau

Meuh Cola envisage de distribuer ses produits chez Carrefour. Vous souhaitez tout d'abord comprendre le fonctionnement de cette enseigne.

4 Carrefour est-il un réseau de distribution intégré, associé ou mixte ? Justifiez.

5 Identifiez et présentez les différents formats de magasins dans lesquels les produits Meuh Cola pourraient être distribués.

Fiche ressource 2
Annexe 3

III Négocier la distribution en grandes surfaces

Vous préparez votre premier rendez-vous avec un acheteur Carrefour de la centrale d'achat à Massy.

6 Quel est le rôle de la centrale d'achat de Carrefour ?

7 Pour quelles raisons devez-vous vous préparer à des négociations difficiles ?

8 Sur quels points portera le contrat de référencement avec la centrale d'achat ?

9 Qu'est-ce que le déréférencement ? Que risquez-vous dans ce cas-là ?

10 Où livrerez-vous vos sodas ? Quel est le rôle de cette structure ?

11 Quelles lois s'appliquent lors des négociations entre producteurs et distributeurs ? Comment ces lois protègent-elles les fournisseurs ?

Fiche ressource 3
Annexe 4
Annexe 5
Annexe 6
Annexe 7
Annexe 8
Fiche ressource 4

IV Collaborer avec les distributeurs

Votre négociation avec le chef du secteur alimentaire de l'hypermarché Carrefour Mondeville a abouti à une commande. Vous rencontrez le chef du rayon Liquides pour décider de la mise en place de votre produit en magasin.

12 Élaborez la fiche du profil de poste « Chef de rayon ».

13 Pourquoi est-il essentiel de travailler en collaboration avec le distributeur ? Citez trois exemples de collaboration possible entre Meuh Cola et Carrefour Mondeville.

Fiche ressource 3
Annexe 9
Fiche ressource 4
Annexe 10

Deux mois après l'implantation du Meuh Cola, vous vous rendez au Carrefour Market de Mondeville pour vérifier si les accords de référencement sont bien respectés.

14 Préparez une liste de points à vérifier et d'actions à mener lors de cette visite.

Annexe 11

Votre dossier

Annexe 1 — La distribution du Meuh Cola

La distribution des sodas Meuh Cola repose sur une sélection de distributeurs choisis : des petits cafés normands, des restaurants de qualité, des bistrots de pays, des épiceries fines, qui correspondent à l'image de marque de l'entreprise : des produits locaux, de qualité, solidaires, équitables.

Quand on l'interroge sur sa stratégie de distribution actuelle, Sébastien répond : « *Des lieux choisis avec soin et qui nous ressemblent ! Des lieux qui proposent des produits de qualité sans se prendre au sérieux !* »

Annexe 2 — Conseils pour vendre en grande distribution

Présentez un produit innovant : pour se faire une place dans les rayons, mieux vaut offrir une véritable innovation. Avec un produit encore inconnu dans la grande distribution, les portes s'ouvrent plus facilement.

Prouvez votre potentiel commercial : vous avez déjà obtenu des résultats sur d'autres circuits ? Parlez-en ! Votre produit est nouveau sur le marché ? Présentez des chiffres démontrant qu'il s'inscrit dans une tendance forte. Mettez tous les atouts de votre côté pour convaincre. Et si vous avez gagné un prix, mentionnez-le aussi sur le packaging pour doper votre notoriété et crédibiliser votre lancement.

Restez focus : ne vous éparpillez pas ! Concentrez-vous sur un produit, un marché et une méthode d'exécution. Vous ne savez pas tout faire. Écrivez une stratégie bien ciblée et fixez des objectifs précis. La grande distribution préfère travailler avec une PME experte dans une niche plutôt que généraliste.

Soyez professionnel : le manque de professionnalisme ne passe pas avec la grande distribution. Il est important dès le premier jour de l'être dans tout ce que vous faites. Quand vous envoyez un email (sans fautes d'orthographe), soyez créatif et efficace. Vous avez 5 secondes pour convaincre. Ayez un bon site, proposez des échantillons, chaque *slide* de votre présentation doit être consistant… […]

www.wikipreneurs.be

PME-Grande distribution : les chiffres

- Les PME représentent plus de 50 % du CA de la grande distribution.
- Un produit alimentaire sur deux (en valeur) vendu dans les grandes surfaces est fabriqué par une PME.
- 90 % des « partenariats » PME-enseignes durent plus de 10 ans.

Données : Fédération des entreprises et entrepreneurs de France

- Sur le bio, les marques de TPE/PME en Grande surface pèsent 24,2 % du chiffre d'affaires (comparé à leur volume de 13,7 % sur l'ensemble des produits de grande consommation) et progressent de près de 30 % chaque année.

www.lsa.fr

Annexe 3 — Carrefour : un des leaders mondiaux de la distribution

Commerçant alimentaire de référence, Carrefour est présent dans plus de 30 pays avec plus de 12 000 magasins et des sites de e-commerce. Le Groupe emploie plus de 396 000 collaborateurs dans le monde et a réalisé un volume d'affaires sous enseignes de 78 820 millions d'euros en 2021. Chaque jour, Carrefour accueille près de 13 millions de clients à travers le monde et s'engage pour la qualité et un commerce plus responsable.

Parmi ces 12 000 magasins, on trouve :

- ➔ **1 207 hypers**, dont 248 en France avec des surfaces allant de 2 400 m² à 23 000 m² et proposant de 20 000 à 80 000 références de produits alimentaires et non alimentaires
- ➔ **3 412 supermarchés**, dont 1 071 en France (1 000 à 2 400 m²)
- ➔ **7 193 magasins de proximité**, dont 3 959 en France (Carrefour Express, City, Contact, Montagne) avec des surfaces de 200 à 900 m²
- ➔ Un site de **e-commerce**

Carrefour | Carrefour express | Carrefour city | Carrefour montagne | Carrefour contact

Chez Carrefour, les magasins de grande taille, hypers et supers, sont tous intégrés au réseau. Les directeurs et l'ensemble du personnel sont des salariés de Carrefour, ils gèrent le fonctionnement du magasin, mais les grandes décisions se prennent au siège de Carrefour. Les petits magasins de proximité sont des franchisés. Ils restent indépendants et sont associés à Carrefour par un contrat de franchise. Ils doivent reverser un pourcentage de leur chiffre d'affaires chaque année à Carrefour, mais en échange ils bénéficient de la notoriété de l'enseigne et des prix négociés par la centrale d'achat avec les fournisseurs.

Données : www.carrefour.net

Annexe 4 — Massy : la centrale d'achat de Carrefour

La direction Marchandise est la centrale d'achat du groupe Carrefour. Elle se situe en région parisienne à Massy. Elle regroupe l'ensemble des services achats des produits alimentaires et non alimentaires en partant de leur conception, leur négociation, jusqu'à leur mise à disposition dans nos magasins. Elle gère et négocie les achats quotidiens, tout en accompagnant les magasins.

Ses différentes missions sont :

- Sélectionner les fournisseurs afin d'optimiser la qualité des produits
- Négocier avec les fournisseurs les prix, les conditions de paiement et les conditions de livraison
- Négocier les offres promotionnelles
- Négocier les animations sur le rayon
- Conseiller les magasins

Annexe 5 — Négociations difficiles entre producteurs et distributeurs

Les négociations commerciales annuelles entre la grande distribution et ses fournisseurs reprennent, comme à chaque automne. Mais, cette année, les tensions sont aiguisées par la crise économique. Les distributeurs veulent préserver plus que jamais le pouvoir d'achat des consommateurs, dans un contexte tendu, en proposant des prix bas en rayon. En face, les industriels répètent, par la voix de l'Association nationale des industries alimentaires (ANIA), avoir perdu 7 milliards d'euros en dix ans du fait de la baisse des prix aux consommateurs. Ils enregistrent en plus cette année un recul des expositions et de la demande de la restauration, à cause de l'épidémie. Quant aux agriculteurs, ils veulent depuis des années voir leur travail rémunéré au juste prix. La loi Egalim, censée mieux répartir la valeur des produits alimentaires entre producteurs et distributeurs, n'a finalement pas eu les effets escomptés.

C. Cathelinais, www.bfmtv.com, 14 oct. 2020.

Le cœur du problème de ces négociations, un rapport de force totalement déséquilibré

D'un côté, des petits fournisseurs : paysans isolés ou parfois réunis en coopératives, des PME de l'agroalimentaire ; de l'autre côté, les centrales d'achat de la grande distribution (Auchan, Carrefour, Casino, Intermarché et Leclerc).

Annexe 6 Le contrat de référencement

CONTRAT DE RÉFÉRENCEMENT

Entre les soussignés :

« Le Fournisseur » d'une part, la société ____________ au capital de ______ euros dont le siège est à __________, immatriculée au Registre du commerce et des sociétés de __________ sous le numéro ____.

Et « la Centrale d'achat » d'autre part, la société __________ au capital de _______ euros dont le siège est à __________, immatriculée au Registre du commerce et des sociétés de ____ sous le numéro ______.

Le Fournisseur est tenu de fournir les produits aux conditions convenues aux affiliés de la Centrale. Font l'objet du référencement les produits suivants : ____________________.

Les produits vendus aux affiliés doivent être strictement conformes à l'échantillon témoin remis à la Centrale et doivent répondre en tous points aux prescriptions légales et réglementaires en vigueur (qualité, composition et étiquetage des marchandises).

Les parties sont convenues des conditions tarifaires ci-après indiquées, que le Fournisseur s'engage à appliquer aux adhérents et affiliés de la Centrale. Celles-ci pourront être régulièrement révisées, deux fois par an. Aucune hausse de prix ne pourra intervenir dans l'intervalle.

Le Fournisseur s'engage à assurer les livraisons aux lieux indiqués sur les bons de commande (plateformes de livraison). Le délai de livraison ne devra pas dépasser ____ semaine(s). Le non-respect de ce délai entraînera l'application automatique d'une pénalité de ____ % par semaine de retard.

Les marchandises seront réglées directement à soixante jours nets à compter de l'émission de la facture.

Les ristournes dues aux adhérents seront versées par le Fournisseur à la Centrale, qui se charge de les répartir entre ces derniers au prorata de leurs commandes.

En outre, le Fournisseur versera à la Centrale une commission de ____ % calculée sur le chiffre d'affaires hors taxes de l'ensemble des marchandises fournies aux affiliés et réglées par ceux-ci en contrepartie de l'information assurée aux affiliés sur les produits référencés et de l'information assurée au Fournisseur sur les éventuelles difficultés financières des affiliés.

La Centrale favorisera la conclusion d'un contrat de coopération commerciale entre le Fournisseur et les points de vente des adhérents et affiliés mais le présent contrat n'impose aucune obligation d'achat à la charge de la Centrale ou de ses adhérents et affiliés.

Fait à ______________________, le ______________________

En deux exemplaires originaux dont un est remis à chaque partie.

Le Fournisseur, La Centrale,

Annexe 7 Les risques du déréférencement pour le producteur

Le pouvoir des grandes centrales d'achat sur les petits producteurs, c'est aussi la menace du « déréférencement », c'est-à-dire la suppression d'un produit des rayons du distributeur.

Le *deal* proposé par les centrales d'achat aux petits fournisseurs est parfois assez simple : soit ils baissent leur prix, fournissent de la PLV (publicité sur le lieu de vente) et organisent des animations en rayon pour que leurs produits se vendent vite et en grand nombre, soit ils disparaissent des rayons.

Cette menace peut être lourde de conséquences pour certains producteurs, les menant même parfois jusqu'à la faillite.

Annexe 8 — Le centre d'approvisionnement d'Allones

Créé en 2017, le centre logistique de Carrefour à Allones, près du Mans, s'étend sur 78 000 m². Son rôle est de réceptionner les marchandises envoyées par les fournisseurs, de les stocker et d'approvisionner ensuite tous les magasins de l'enseigne : hypermarchés, supermarchés, Carrefour Contact et Carrefour Market.

Annexe 9 — Fiche profil de poste : chef de rayon

Carrefour

Fiche de poste

Intitulé du poste :
Positionnement dans l'organisation :

Tâches :

Compétences requises

Annexe 10 — L'échange de données informatisées (EDI)

L'EDI a été conçu dans l'optique du « zéro papier » et afin de réduire les coûts de distribution et d'archivage des informations, ainsi que les coûts induits par les erreurs de saisie. C'est un moyen rapide, fiable, et avant tout sécurisé, pour transmettre des informations entre les partenaires commerciaux. Il permet :

- l'envoi de commandes électroniques aux fournisseurs de Carrefour ;
- l'établissement et l'archivage de factures électroniques ;
- l'envoi des confirmations de livraison et des états de stock ;
- l'envoi de l'avis de livraison.

Annexe 11 — Grande distribution : ce qu'elle attend de vos commerciaux

Les rapports entre industriels et grande distribution ne sont pas toujours simples. Pour autant, que ce soit les moyennes surfaces ou les hyper- et supermarchés, ces dernières sont véritablement en attente d'une visite à forte valeur ajoutée des forces de vente. [...] Comme en témoigne Jérôme Delmotte à la tête de deux Super U. Trop souvent, il voit les commerciaux faire des relevés de linéaires, mètre à la main, sans que ceux-ci ne prennent la peine de rencontrer le chef de rayon ou, pire, modifient le rayon sans en discuter préalablement avec le responsable. [...] [Si ces actions sont indispensables, d'autres sont aussi attendues.]

Gérer les invendus et les ruptures

[...] Ces fameux stocks qui encombrent les mètres carrés des magasins. « [...] *C'est pourtant essentiel, car à la prochaine opération, le chef de rayon fera moins confiance à ce commercial, s'il sait qu'il aura toutes les peines du monde à gérer son stock* », confie Jérôme Delmotte. [...] [Les invendus :] un véritable fléau pour les magasins. Tout comme celui de la rupture d'un produit. « *Dans un marché concurrentiel, il est aujourd'hui inacceptable d'être en rupture de stock. Il est nécessaire d'avoir une disponibilité du produit tout au long de la journée* » [...]. Pour Antoine Gerrier [directeur organisation et méthodes Carrefour France], le commercial doit s'inscrire dans une relation sur le long terme avec le magasin et pas uniquement lors d'une opération commerciale. « *Il faut que le commercial, non seulement nous explique le produit, mais pas uniquement. Il doit nous informer sur le marché, les tendances, les saisonnalités, voire même les micro-saisonnalités... » [...]* « *Le but de la visite d'un commercial est que nous soyons plus performants.* » [...]

Renforcer l'animation des magasins

Mais au-delà de l'expertise apportée au chef de rayon, les commerciaux ont un grand rôle à jouer dans l'animation et la proposition d'animation d'un magasin. « *Face à la concurrence d'Internet, nos magasins doivent devenir des lieux de vie et apporter une véritable expérience de courses. Et pour y arriver, les animations sont essentielles* » [...]. Le commercial doit donc être force de proposition dans ce domaine.

L. Bailliard, « Grande distribution : ce qu'elle attend de vos commerciaux », www.actionco.fr.

FICHE RESSOURCE

1

LA DISTRIBUTION ET LES STRATÉGIES DE DISTRIBUTION

I Définition de la distribution

La distribution désigne l'ensemble des acteurs qui permettent d'acheminer un produit du producteur jusqu'au consommateur final.

- **Le canal de distribution** : c'est le chemin parcouru par le produit du producteur au consommateur :

– **canal direct :** le producteur vend directement son produit au client final sans intermédiaire.

EXEMPLE

Un agriculteur qui vend ses œufs sur le marché.

– **canal court :** un intermédiaire s'intercale entre le producteur et le consommateur.

EXEMPLE

Un agriculteur qui vend ses œufs à la supérette du village, qui elle-même vend les œufs au client.

– **canal long :** il comporte au moins deux intermédiaires.

EXEMPLE

Un agriculteur qui vend ses œufs à une coopérative, qui elle-même vend les œufs à des supermarchés, qui à leur tour vendent les œufs à leurs clients.

- **Le circuit de distribution** regroupe l'ensemble des canaux de distribution utilisés par le producteur.

EXEMPLE

Dans le cas précédent, le circuit de distribution des œufs est composé de trois canaux : le marché, la supérette et le supermarché.

II Les stratégies de distribution

Le choix d'une stratégie de distribution dépendra de la nature du produit :

– si le produit nécessite des conseils de vente et qu'il a une forte image de marque : on choisira une distribution contrôlée ;

– si le produit est vendu en libre-service et qu'il s'agit d'un produit de consommation courante : on choisira une distribution intensive.

<table>
<tr><th rowspan="4">Stratégie de distribution intensive</th><th colspan="3">Stratégie de distribution contrôlée</th></tr>
<tr><td colspan="3">Elle consiste à maîtriser la distribution de ses produits.</td></tr>
<tr><th rowspan="2">Distribution intégrée</th><th colspan="2">Distribution sélective ou exclusive</th></tr>
<tr><td colspan="2">Le fabricant choisit ses distributeurs en fonction de leur image et de leurs compétences (distribution agréée, concession et franchise).
Avantages : contrôle de l'image des produits et de leurs prix.
Inconvénients : implique de trouver des enseignes qui respectent les accords de distribution et qui ne nuisent pas à l'image de marque du produit.</td></tr>
<tr><td rowspan="2">Elle consiste à vendre ses produits dans un maximum de points de vente.
Avantages : développer les ventes et le chiffre d'affaires.
Inconvénients : perte de contrôle de la distribution des produits : le fabricant ne maîtrise plus le prix de vente ni la place de son produit sur le lieu de vente.
EXEMPLE : Panzani cherche à distribuer ses pâtes dans un maximum de points de vente.</td><td rowspan="2">Le fabricant distribue lui-même ses produits.
Avantages : maîtrise totale de la distribution.
Inconvénients : investissements importants avec l'ouverture de points de vente.
EXEMPLE : le groupe Inditex fabrique ses vêtements et les distribue dans ses magasins : Zara, Bershka, Pull&Bear, Massimo Dutti…</td><th>Distribution sélective</th><th>Distribution exclusive</th></tr>
<tr><td>Sélection des points de vente pour distribuer sa marque.
EXEMPLE : Chanel ne distribue ses parfums que dans des parfumeries haut de gamme.</td><td>Exclusivité de distribution sur un territoire donné.
EXEMPLE : un concessionnaire Renault sera le seul à vendre cette marque dans une ville.</td></tr>
</table>

FICHE RESSOURCE

1

III Les formes juridiques de la distribution sélective

1. La distribution agréée

Un producteur reconnaît la compétence d'un distributeur en lui accordant un agrément.

EXEMPLE

Atlantic accorde des agréments aux distributeurs et installateurs de climatisations ayant suivi une formation sur les produits.

2. La concession

Un producteur, appelé concédant, autorise des distributeurs, appelés concessionnaires, à distribuer ses produits s'ils s'engagent à respecter certaines obligations : méthodes de vente, aménagement de l'espace de vente, prix…

EXEMPLE

Le constructeur automobile Renault autorise certaines concessions à vendre ses véhicules.

3. La franchise

La franchise est un contrat par lequel un franchiseur offre la possibilité à un franchisé de bénéficier de sa marque, de sa notoriété, de sa communication commerciale et de ses méthodes de vente. En échange, le franchisé devra reverser au franchiseur un pourcentage de son chiffre d'affaires.

EXEMPLE

La franchise Yves Rocher.

IV Distribution sélective et distribution exclusive

1. La distribution sélective

Elle consiste, pour un fabricant, à sélectionner ses distributeurs selon des critères objectifs : lieu d'implantation, aménagement du point de vente, compétences des vendeurs, place des produits dans le point de vente. La distribution sélective permet de garantir l'image de marque d'un produit haut de gamme (exemple : vente de sacs de luxe) ou de vendre un produit qui demande des compétences particulières (exemple : vente d'un système de climatisation).

2. La distribution exclusive

Elle consiste à accorder l'exclusivité territoriale à un distributeur. Cette exclusivité s'accompagne généralement d'une exclusivité aussi chez le distributeur. Elle permet de garantir l'image de marque d'un produit et des méthodes de vente adaptées.

EXEMPLE

Renault va accorder l'exclusivité de sa marque à une concession dans une ville ; en échange, le concessionnaire vendra uniquement des véhicules de la marque Renault.

V La stratégie de distribution multicanale

La distribution multicanale consiste pour une entreprise à recourir à plusieurs canaux de distribution en même temps : points de vente physiques et points de vente virtuels.

Les points de vente physiques peuvent aussi couvrir tous les canaux possibles : vente directe, diversification des types et des formats de points de vente.

EXEMPLE

L'Occitane, entreprise de cosmétiques, distribue ses produits en multicanal : vente au magasin d'usine à Manosque, vente en pharmacies, vente de souvenirs ou de parfums en magasins spécialisés, vente en magasins franchisés L'Occitane, vente en ligne sur son site marchand.

1. Avantages

La stratégie multicanale permet de s'adapter aux attentes et aux comportements des clients : le client achète en magasin ou sur le site Internet, au moment où il le désire, il peut commander sur le site et venir chercher le produit en magasin, il peut personnaliser son produit…

EXEMPLE

La Fnac a une stratégie multicanale en vendant ses produits en magasin et sur Internet.

2. Inconvénients

Le risque du multicanal est la « cannibalisation », qui se manifeste par la désertion d'un canal au profit d'un autre : les clients ne viennent plus en magasin car ils achètent sur le site Internet.

FICHE RESSOURCE

2

LA GRANDE DISTRIBUTION ET LES RÉSEAUX DE DISTRIBUTION

La grande distribution regroupe des commerces de détail qui vendent des produits en libre-service. Elle peut être alimentaire (grandes surfaces alimentaires – GSA : Casino, Carrefour, Leclerc…) ou spécialisée (grandes surfaces spécialisées – GSS : Leroy Merlin, Décathlon, La Halle…).

I Les différents formats de la grande distribution

	Magasins de proximité	Supermarchés	Hypermarchés	GSS	Hard-discount	E-commerce
Concept	Courses de dépannage avec prédominance alimentaire	Prédominance alimentaire	Alimentaire et non alimentaire	Produits non alimentaires concernant un seul domaine	Prédominance alimentaire ou spécialisé	Vente à distance alimentaire et non alimentaire
Surface de vente	De 120 à 400 m²	De 400 à 2 500 m²	> 2 500 m²	Plus de 400 m²	De 120 à 400 m²	–
Méthode de vente	Libre-service					Vente à distance

Les différents groupes de la grande distribution en France sont :
- les groupes Auchan, Carrefour et Casino, qui proposent des magasins de proximité en commerces associés (exemple : Carrefour Market pour Carrefour, Simply Market pour Auchan ou Spar pour Casino) et des grandes surfaces alimentaires (Hyper Auchan, Casino ou Carrefour) ou des grandes surfaces spécialisées en commerces intégrés (ÉlectroDépot pour Auchan) ;
- les groupes Super U, Intermarché et Leclerc, qui proposent des grandes et moyennes surfaces alimentaires en commerces associés.

II Les réseaux de distribution

Dans un réseau d'unités commerciales, les fonctions de gros et de détail sont indissociables et assurées par le même groupe :

- **Fonction de gros :** elle permet aux distributeurs d'acheter en grandes quantités des produits aux producteurs en obtenant ainsi des prix très intéressants.
- **Fonction de détail :** elle assure la vente directe en petites quantités de produits ou services au consommateur final.

Pour être considéré comme tel, un réseau doit compter au moins **dix points de vente** ou agences au nom de l'enseigne. Ces points de vente doivent suivre la stratégie du groupe.
Le réseau assure de nombreuses missions :
- négociation et achats auprès des fournisseurs ;
- transport et stockage des marchandises ;
- communication commerciale : publicités nationales, PLV (publicité sur le lieu de vente, catalogues…), organisation de promotions et d'animations.

Les réseaux intégrés	Les réseaux associés	Les réseaux mixtes
Les réseaux intégrés (appelés aussi « succursalistes ») désignent plusieurs magasins reliés à une centrale d'achat. Le groupe possède l'ensemble des magasins et agences, les dirigeants de chaque magasin sont des salariés. Les décisions sont prises en conseil d'administration pour tout le groupe. EXEMPLE : les hypermarchés Carrefour.	Le commerce associé prend la forme de groupement d'indépendants ou de réseau de franchises. EXEMPLE : les supérettes Carrefour Express.	Certaines enseignes choisissent de se développer en adoptant l'un ou l'autre procédé au gré des opportunités et en fonction du lieu d'implantation : une partie des points de vente, sous la responsabilité de directeurs salariés, appartient au groupe, et l'autre partie est la propriété de franchisés indépendants. EXEMPLE : le groupe Carrefour.

FICHE RESSOURCE

3

L'ORGANISATION DE LA GRANDE DISTRIBUTION ET SES MÉTIERS

Centrale d'achat et centrale de référencement : sélectionnent les fournisseurs et négocient les meilleures conditions commerciales grâce aux volumes obtenus par le regroupement des achats. Certains réseaux possèdent une centrale de référencement et une centrale d'achat (exemple : Leclerc), d'autres n'ont qu'une centrale d'achat (comme Carrefour) qui s'occupe du référencement et des relations avec les fournisseurs.

Direction générale : service commercial, financier, administratif, informatique et des ressources humaines. Son rôle est d'orienter la stratégie du groupe.

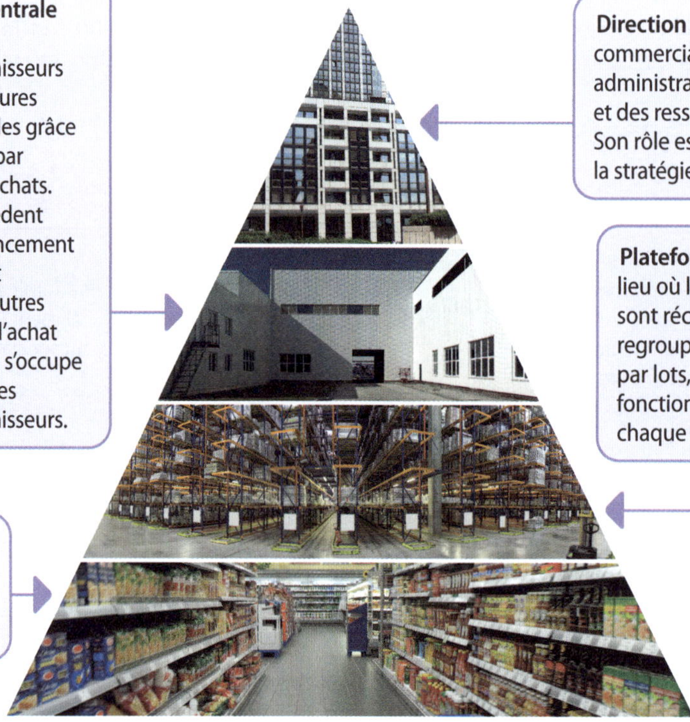

Plateforme régionale : lieu où les marchandises sont réceptionnées, regroupées, puis éclatées par lots, et livrées en fonction des besoins de chaque point de vente.

Point de vente : lieu où le consommateur est accueilli et achète les produits.

Le référencement : il est défini par la DGCCRF (Direction générale de la consommation, de la concurrence et de la répression des fraudes) comme « *une clause ou un contrat par lequel une centrale d'achat ou de référencement autorise un fournisseur, en contrepartie de conditions de vente négociées, à proposer ses produits à la revente chez ses affiliés distributeurs. Ces derniers restent cependant libres de se fournir ou non auprès du fournisseur référencé* ».

Acheteur en centrale d'achat	Responsable des achats d'une famille de produits au sein de la centrale d'achat Négociation des prix et des conditions d'achat avec les producteurs Référencement des producteurs Suivi des achats et de la relation avec les producteurs
Directeur de magasin **Vidéo :** Carrefour, Le métier de directeur de magasin liennathan.fr/te45k3	Responsable d'un centre de profit Définition et pilotage de la stratégie du magasin Développement des ventes et recherche de la satisfaction client Management de l'équipe
Chef de secteur ou de département	Gestionnaire de secteur Animation et gestion d'un département Développement des ventes et recherche de la satisfaction client Management de l'équipe
Chef de rayon **Vidéo :** Carrefour, Le métier de manager de rayon liennathan.fr/g9d7y3	Responsable d'un ou plusieurs rayons Gestion des stocks et des commandes Choix des produits à mettre en avant Organisation des animations et des promotions dans le rayon Management de l'équipe
ELS (employé libre-service) **Vidéo :** Carrefour, Le métier d'employé commercial liennathan.fr/39mt8k	Responsable de la bonne tenue du rayon Garantie de l'attractivité du rayon en respectant l'implantation, la rotation et l'étiquetage des produits Tri et enregistrement des marchandises non vendues Contrôles d'hygiène : propreté du rayon et contrôle des dates limites de consommation

FICHE RESSOURCE

4

LES RELATIONS PRODUCTEURS/DISTRIBUTEURS

I Les sources de conflit entre producteurs et distributeurs

Les relations entre producteurs et distributeurs peuvent être conflictuelles pour plusieurs raisons :

- **La concentration des enseignes de la distribution** a pour conséquence un déséquilibre du rapport de force au détriment des producteurs ; quelques enseignes seulement face à une multitude de producteurs. Le regroupement des achats permet d'imposer les prix.
- **Certains grands producteurs sont privilégiés** par rapport à d'autres et ne sont pas traités de la même façon que les petits producteurs.

EXEMPLE

Coca-Cola peut choisir sa place dans le rayon Liquides.

II La coopération entre producteurs et distributeurs : la co-mercatique (*trade marketing*)

Pour éviter ces conflits, la coopération entre producteurs et distributeurs est essentielle.
Cette coopération se nomme la co-mercatique (ou *trade marketing* en anglais) et regroupe un ensemble d'actions menées conjointement entre producteurs et distributeurs dans deux principaux domaines : la logistique et la mise en valeur de l'offre.

1. La coopération dans le domaine de la logistique

- **Le SRM : *Supplier Relationship Management* (GRF : gestion de la relation fournisseur)**

Le SRM consiste à appliquer les principes de la gestion de la relation commerciale (GRC) à la relation fournisseurs/distributeurs.
Il s'agit pour les deux parties de se connaître et de suivre cette relation, de communiquer, d'échanger des informations sur l'évolution des produits, l'évolution des attentes des consommateurs ou encore sur les concurrents. L'objectif est d'optimiser le processus d'approvisionnement.

EXEMPLE

Un fournisseur de cosmétiques bio réalise une étude de marché pour connaître les nouvelles attentes des consommateurs en matière de shampoings et de gels douche naturels : il communique toutes les informations recueillies à son distributeur pour qu'il puisse choisir son assortiment en tenant compte de ces nouvelles attentes.

- **Le SCM : *Supply Chain Management* (gestion de la chaîne logistique)**

Le SCM consiste à anticiper les besoins des distributeurs et à livrer le bon produit au bon moment au bon endroit, tout en assurant une maîtrise optimale des coûts et de la qualité. Cette notion de pilotage dépasse largement la seule gestion technique des flux.
Pour cela, producteurs et distributeurs doivent travailler en totale coopération.

EXEMPLE

Le distributeur communique ses prévisions de ventes pour les six prochains mois à son fournisseur pour que celui-ci puisse prévoir les quantités à produire et à livrer.

- **L'EDI : échange de données informatisées**

Il s'agit d'optimiser les commandes pour éviter les ruptures de stocks ou le sur-stockage.
L'échange de données informatisées (EDI) est un système qui permet de relier le système informatique du producteur à celui du distributeur et ainsi d'automatiser les commandes, les factures, les bons de livraison…
L'EDI permet de réduire les coûts de la commande, d'éviter les erreurs humaines et de gagner du temps. Elle améliore ainsi les relations entre producteurs et distributeurs.

EXEMPLE

Chaque fois que le distributeur vend un produit d'un fournisseur X, l'information lui est directement transmise. Le fournisseur réapprovisionne alors automatiquement le distributeur.

2. La coopération dans le domaine de la mise en valeur de l'offre

• **L'ECR : *Efficient Consumer Response* (ROC : réponse optimale aux consommateurs)**

L'ECR comprend un ensemble d'actions menées conjointement entre producteurs et distributeurs pour apporter une réponse optimale au consommateur. Il s'agit de partir des attentes et besoins des clients pour offrir le bon produit au bon moment et au bon prix, et ainsi :
– optimiser l'assortiment ;
– créer des offres promotionnelles ;
– proposer de nouveaux produits ;
– mettre en œuvre un *category management* (la gestion par catégorie).

Cela revient à optimiser les ventes d'une catégorie de produits par une action commune entre producteurs et distributeurs. L'objectif est d'étudier les comportements des consommateurs et de répondre à leurs attentes par une offre en univers de consommation.

EXEMPLE

Proposer un rayon Snacking pour le déjeuner, avec regroupement dans un même rayon de sandwichs, salades, boissons et desserts.

III Les lois encadrant les relations producteurs/distributeurs

Pour rétablir un certain équilibre dans les négociations commerciales et mettre fin à certaines pratiques jugées pernicieuses et nuisibles au revenu des agriculteurs, une première loi intitulée Egalim 1 a été adoptée le 2 octobre 2018 et une seconde, Egalim 2, en octobre 2021.

1. Egalim 1

Les trois objectifs de la loi EGALIM 1 sont de :
- payer le juste prix aux producteurs pour leur permettre de vivre dignement de leur travail ;
- renforcer la qualité sanitaire, environnementale et nutritionnelle des produits ;
- favoriser une alimentation saine, sûre et durable pour tous.

Il s'agit de permettre aux agriculteurs de peser dans les négociations face aux distributeurs grâce à leur regroupement en organisations de producteurs.
Parmi les avancées notables de la loi EGALIM 1, il faut également noter l'obligation d'intégrer au moins 50 % de produits durables ou sous signes de qualité (y compris bio) dans la restauration collective.

2. Egalim 2

La loi EGALIM 2 promulguée le 18 octobre 2021 vise à corriger les effets contre-productifs de EGALIM 1. Elle propose des indicateurs plus précis pour garantir une rémunération plus juste des agriculteurs français. Elle se concentre en particulier sur la contractualisation entre les différentes parties prenantes en imposant notamment :
- des contrats de 3 ans minimum entre les distributeurs et les agriculteurs, permettant ainsi à ces derniers de sécuriser leurs revenus pendant au moins ces trois années ;
- une révision automatique des prix en fonction de l'évolution des coûts de production des agriculteurs, des caractéristiques du produit et de son prix sur le marché intégré.

Applications

Maîtrise

1 Choisir une stratégie de distribution

Confiture de luxe

Meilleur confiturier de France, Philippe Bruneton propose des confitures de luxe fabriquées selon un savoir-faire traditionnel. La saveur et la texture du fruit sont soigneusement respectées, pour obtenir une « confiture dégustation » avec de véritables morceaux de fruits. Prix moyen d'un pot de 100 g : 8 €.

Kit piscine

Le kit piscine comprend : la coque en polystyrène (10 × 5 × 1,5 m), les tuyaux de raccordement, le kit plomberie, la pompe de filtration, le filtre à sable, le coffret électrique, 1 liner 75/100e, la livraison, l'installation et l'assistance. Prix : 9 415 €.

Pommes de terre bio

La Ferme de la Motte vous propose ses pommes de terre bio. La substitution des herbicides par un désherbage mécanique se fait assez bien, et celle des conservateurs post-récolte par les frigos nous permet de les garder jusqu'en mai.

Proposez une stratégie de distribution avec ses canaux pour chacun de ces trois produits. Justifiez vos choix. Listez les avantages et inconvénients de chaque stratégie.

Maîtrise

2 Identifier les spécificités d'un réseau de franchises

Vous souhaitez devenir franchisé(e) de l'enseigne Bureau Vallée ; vous vous renseignez au préalable sur la stratégie de distribution de ce réseau.

1. Quelle est la stratégie de distribution choisie par Bureau Vallée ?
2. Quelle est la forme juridique de cette distribution ?
3. Peut-on dire que la distribution de Bureau Vallée est multicanale ? Justifiez votre réponse.

Document — La stratégie de distribution de Bureau Vallée

L'épidémie de Covid-19 n'aura pas freiné le dynamisme de Bureau Vallée cette année : l'enseigne de papeterie et de fournitures de bureau enregistre une hausse de 10 % de son chiffre d'affaires, qui atteint 480 M€ en 2020 contre 458 M€ l'an dernier. Hausse également du nombre de ses magasins : 19 nouveaux points de vente étoffent le réseau, pour atteindre un total de 344 magasins intégrés pour franchisés. […]
Si, contrairement à d'autres secteurs non alimentaires, Bureau Vallée a pu rester ouvert durant les périodes de confinement pour ses produits classés comme essentiels, l'enseigne a su s'adapter rapidement à la nouvelle donne. Ainsi, son chiffre d'affaires en e-commerce a triplé, pour atteindre 20 M€ en 2020. Quant au *Click&Collect*, un service que proposait déjà le réseau mais qui a été dopé par le télétravail et l'école à la maison, il représente désormais près de 10 % du chiffre d'affaires total de l'enseigne.
« *C'est la solidité de notre réseau qui a permis à Bureau Vallée de s'adapter en temps de crise. Il s'est immédiatement organisé afin de pouvoir continuer d'accompagner l'ensemble de ses clients. Les franchisés ont su faire preuve d'agilité, de réactivité et de solidarité. La crise a été un élément révélateur de transformation positive* », commente Adrien Peyroles, directeur des opérations chez Bureau Vallée. Une lancée positive que l'enseigne entend bien poursuivre en 2021.

V. Yvernault, www.lsa-conso.fr, 25 novembre 2020.

Maîtrise

3 Comprendre le fonctionnement d'un réseau de distribution

Vous êtes commercial(e) pour un producteur de T-shirts en coton bio. Vos produits plaisent beaucoup mais sont encore peu connus. Vous envisagez de démarcher la grande distribution : vous vous renseignez sur le réseau Leclerc.

1 Identifiez le type de stratégie et de réseau de distribution du groupe Leclerc.

2 Présentez sous forme de schéma le fonctionnement du réseau Leclerc.

3 Décrivez le rôle de chacune des structures du mouvement Leclerc.

Document Leclerc : l'indépendance au cœur du mouvement

[…] Le Mouvement E.Leclerc est le seul groupe européen qui offre l'opportunité à de jeunes salariés de devenir propriétaires de leur magasin. Avant de devenir adhérent de l'enseigne, le collaborateur E.Leclerc doit avoir travaillé au sein du Mouvement pendant plusieurs années et occupé avec succès une fonction de directeur de magasin. Ce collaborateur doit également être parrainé par l'adhérent chez lequel il travaille puis, éventuellement, par d'autres adhérents. Cette logique de parrainage est fondamentale car elle entretient l'esprit de solidarité du Mouvement E.Leclerc.

Les adhérents doivent respecter quelques règles simples qui codifient les pratiques : vendre au prix le plus bas, distribuer 25 % de leurs bénéfices à leurs collaborateurs, participer bénévolement à la gestion des outils collectifs du Mouvement et adhérer aux dispositifs contractuels destinés à assurer le bon déroulement des cessions de magasins. […]

L'organisation du Mouvement s'articule autour de trois structures principales : L'ACDLec (Association des Centres Distributeurs E.Leclerc), qui attribue l'enseigne aux adhérents, contrôle le respect des règles de la charte de l'adhérent et définit les grandes orientations stratégiques de l'enseigne ; le GALEC (Groupement d'achat Leclerc), qui référence les grands fournisseurs pour le compte des magasins ; et 16 coopératives régionales qui assurent la fonction logistique vers les magasins, négocient avec les fournisseurs nationaux pour adapter l'offre aux spécificités de consommation de la région et qui collaborent étroitement avec des fournisseurs locaux.

Outre ces coopératives, certaines activités très spécifiques ont amené l'enseigne à créer des sociétés dédiées. C'est le cas principalement de la SIPLEC (Société d'Importation de E.Leclerc), en charge de l'achat des carburants et de l'importation des produits alimentaires et non alimentaires et de la Scamark, en charge de la conception et du développement des marques d'enseigne. Enfin, les offres spécialisées sont elles aussi pilotées par des entités dédiées, comme la Scapauto qui gère les centres d'entretien automobiles « L'Auto », ou encore la société Devinlec pour Le Manège à Bijoux…

www.lemouvementleclerc.com

Expertise

4 Coopérer avec le distributeur : l'EDI (Échange de données informatisées)

Vous êtes commercial(e) au sein d'une entreprise qui fabrique et distribue des biscuits bio artisanaux. Vous vendez vos biscuits dans les épiceries fines mais aussi dans les grandes surfaces de la région. Certaines de ces grandes surfaces vous demandent de mettre en place un EDI au sein d'une démarche plus large de SRM (*Supplier Relationship Management*).

1. Quel intérêt présente pour vous la mise en place d'un SRM par les distributeurs ?
2. Rédigez une note sur les avantages et inconvénients de la mise en place d'un EDI dans votre entreprise.

Document 1 — La gestion de la relation fournisseur

On évoque de plus en plus, au sein des entreprises, la notion de SRM, qui signifie « *Supplier Relationship Management* », soit la gestion de la relation fournisseur en français.

Aujourd'hui, les fournisseurs ont un rôle de plus en plus indispensable dans le développement des nouveaux produits et le bon fonctionnement des entreprises.

Les nouvelles méthodes de gestion optimisée, de même que les systèmes d'information qui relient tous les acteurs de la chaîne dans le développement de nouveaux produits, transforment peu à peu le fournisseur en un partenaire à part entière de l'entreprise.

L'objectif du SRM est de permettre aux entreprises d'améliorer la communication avec leurs différents fournisseurs, de mettre en place et partager des méthodes, des termes métiers et des informations avec eux. Ainsi, les entreprises disposeront d'une meilleure connaissance de chacun des fournisseurs afin d'optimiser le processus d'approvisionnement.

Grâce à ces bonnes pratiques, les fournisseurs seront, eux, en mesure de mieux connaître les besoins des entreprises et pourront ainsi y répondre de manière appropriée.

www.biendeconso.com

Document 2 — L'EDI, un outil pour booster l'efficacité à toutes les étapes de la *Supply Chain*

L'EDI est devenu un outil largement répandu dans la grande distribution. [...] Les distributeurs ont en effet bien saisi l'intérêt de l'EDI pour leur métier. Eux qui courent après le temps, souhaitent une meilleure disponibilité et haïssent les délais, ont avec l'EDI une réponse puissante. « *De nombreux fournisseurs découvrent l'EDI lorsqu'ils commencent à travailler avec la grande distribution. Ils ont leurs habitudes de facturation, de suivi des marchandises, et arrive un jour où les acheteurs veulent que les relations commerciales deviennent "paperless", et ne passent pas par des e-mails non plus. L'EDI est alors souvent imposé* », confie Léo Reboul, ingénieur commercial chez Edicom. L'EDI permet une meilleure harmonisation des procédures de livraison directe aux magasins, une vision des stocks accrue, et permet de réduire tous les délais, de la livraison au réapprovisionnement. Les distributeurs du secteur de la grande distribution utilisent l'EDI et l'imposent donc à leurs fournisseurs. « *Les fournisseurs voient au premier regard les coûts associés et pensent que l'EDI est une contrainte, mais voient, avec le temps, les avantages concrets. Ils gagnent du temps dans leur process, les erreurs de saisie disparaissent et les délais de paiement sont plus rapides. Les gains compensent largement le coût de l'EDI* », précise Léo Reboul.

www.edicomgroup.com

Synthèse

Comprendre les stratégies et les réseaux de distribution

La distribution
Ensemble des acteurs qui permettent d'acheminer un produit du producteur jusqu'au consommateur final

- **Canal direct :** pas d'intermédiaire
- **Canal court :** un intermédiaire
- **Canal long :** plusieurs intermédiaires

Stratégie de distribution Elle dépend du type de produits vendus					
Intensive	**Contrôlée**				**Multicanale**
vendre partout	**Intégrée :** avoir ses propres magasins pour vendre ses produits	**Sélective ou exclusive :** choisir les points de vente où seront vendus ses produits			plusieurs canaux pour vendre ses produits
		Agréée	**Concession**	**Franchise**	

La grande distribution
Fonction de gros et fonction de détail

- **GSA (grande surface alimentaire) :** hypermarché, supermarché, supérette, *hard-discount*
- **GSS (grande surface spécialisée) :** un seul thème de produit

L'organisation de la grande distribution

- DG
- Centrale d'achat
- Plateforme régionale
- Magasins

Les réseaux de distribution
Au moins dix points de vente

- **Réseaux intégrés :** les différents points de vente appartiennent au réseau
- **Réseaux associés :** les points de vente sont indépendants et reliés au réseau par des accords
- **Réseaux mixtes :** certains points de vente sont intégrés et d'autres sont associés

La co-mercatique ou *trade marketing*
Collaboration entre producteurs et distributeurs

- EDI
- ECR
- *Category management*

TESTEZ-VOUS
Quiz sur le chapitre 1
liennathan.fr/66gm5p

MOTS CLÉS
Réseau de distribution (associés, intégrés, mixtes) · Acheteur · Chef de produit/secteur/rayon · ELS · Accord de référencement · Échange de données informatisées (EDI) · Stratégie de distribution (intensive, contrôlée, multicanale)

CHAPITRE 2

Négocier le référencement de l'offre auprès de la centrale d'achat

Contexte professionnel

Activité/Tâche
Négociation de l'implantation de l'offre sur le lieu de vente

Compétence
Valoriser l'offre sur le lieu de vente

Vers PIX
1.3. Traiter des données

La savonnerie Le Sérail est une savonnerie artisanale et traditionnelle basée à Marseille.
Créée en 1949 par Vincent Boetto, l'entreprise fabrique de la pâte à savon de Marseille dans des chaudrons traditionnels, à partir d'ingrédients naturels.
Son fils Daniel, fier de cet héritage, a repris les rênes de la savonnerie en 2009 et perpétue le savoir-faire laissé par son père.
L'entreprise propose aujourd'hui plusieurs produits à base de cette pâte de savon : savonnettes, gels douche, shampoings.
Les savons Le Sérail sont commercialisés dans des boutiques spécialisées et sur internet.
Le Sérail a obtenu le label « Entreprise du Patrimoine vivant » décerné par le ministère de l'Économie, de l'Industrie et du Numérique.

Votre rôle

Pour assurer son développement, l'entreprise Le Sérail a décidé de commercialiser ses produits en grande distribution. Vous êtes commercial(e) au sein des savonneries et vous avez pris rendez-vous avec la centrale d'achat régionale de l'enseigne Super U.
Pour réussir ce rendez-vous, vous devrez :
- connaître les interlocuteurs et les enjeux de la négociation-vente avec la grande distribution ;
- préparer la négociation-vente avec la centrale d'achat ;
- négocier le référencement d'une gamme de produits par la centrale d'achat.

Vos objectifs

I Connaître les enjeux et les interlocuteurs de la négociation-vente avec la grande distribution

Avant de vous rendre au rendez-vous fixé avec la centrale d'achat pour présenter vos produits, vous devez avant tout connaître votre futur interlocuteur et ses objectifs. Vous devez aussi vous remémorer vos propres objectifs.

1 Quelles sont les caractéristiques d'une situation de négociation-vente entre un fournisseur et une centrale d'achat ? Fiche ressource 1

2 Qui est votre interlocuteur lors de cette négociation-vente ? Décrivez ses principales missions.

3 Quels sont vos objectifs lors de cette négociation ? Quels sont ceux de votre interlocuteur ? Pourquoi devez-vous vous préparer à une négociation-vente particulièrement difficile ? Annexe 1

II Préparer la négociation-vente avec la grande distribution

La préparation de cette négociation suppose aussi que vous connaissiez votre entreprise, ses produits, vos concurrents, la stratégie du réseau de distribution avec lequel vous avez rendez-vous et les attentes des clients.

4 Rédigez une fiche de présentation de votre entreprise et une fiche de présentation de vos produits. Fiche ressource 2 / Annexe 2

5 Analysez et synthétisez les principales informations sur la concurrence. Annexe 3

6 Élaborez une fiche client rassemblant les principales informations sur le réseau de distribution prospecté et sur sa stratégie. Annexe 4

7 Préparez une fiche présentant les attentes des clients en matière de produits d'hygiène et précisez en quoi votre produit répond à ces attentes. Annexe 5

Autre étape de votre préparation, vous devez construire vos outils d'aide à la vente : une découverte des besoins, un argumentaire de vente et un traitement des objections.

8 Concevez un plan de découverte des besoins de l'acheteur en centrale d'achat en six questions. Fiche ressource 2

9 Préparez une liste d'arguments, à destination de l'acheteur de la centrale d'achat, relatifs à votre entreprise et ses produits. Annexe 6

III Préparer la négociation des prix et le traitement des objections

10 Préparez une liste d'arguments relatifs aux prix et aux conditions commerciales à destination de la centrale. Pour cela, vous calculerez pour les six produits de la gamme Le Sérail la marge et le taux de marque dégagés par le distributeur (en partant du principe que le distributeur vendra au prix indiqué par le fournisseur). Fiche ressource 3 / Annexes 6 et 7

Dernière étape de la négociation, il s'agit de traiter les objections et de conclure la vente.

11 Préparez trois objections et leur traitement. Fiche ressource 3

12 Votre négociation a abouti : rédigez le contrat de référencement correspondant. Annexes 8 et 9

Votre dossier

Annexe 1 — Fournisseurs et grande distribution : des négociations sous pression

Quatre centrales d'achat : Auchan-Système U, Intermarché-Casino, Carrefour-Cora et Leclerc, face à 10 000 fournisseurs. Les rapports sont totalement déséquilibrés. D'un côté, les fournisseurs qui essaient de vendre leurs produits au meilleur prix, de l'autre, des centrales d'achat qui font tout pour préserver leurs marges sans augmenter les prix pour les consommateurs. La seule solution est donc de faire baisser les prix des fournisseurs. Tous les moyens sont bons : attentes interminables, salles surchauffées, pressions lors des négociations, menace de mettre le fournisseur sur « liste noire »…

Annexe 2 — La savonnerie Le Sérail

La savonnerie Le Sérail est la dernière savonnerie artisanale et traditionnelle basée dans la cité phocéenne. Elle produit un authentique savon de Marseille fabriqué en chaudron, composé de 72 % d'huiles telles que l'olive, et qui contient des produits naturels. Les savons Le Sérail sont distribués en France et dans le monde entier, en magasins spécialisés et sur internet.

Le savon de Marseille est un produit naturel à la fois bon pour la peau et bon pour l'environnement. Il est hypoallergénique, biodégradable en moins de 28 jours, recommandé par les dermatologues pour lutter contre la sécheresse cutanée et économique à l'usage. Afin de pérenniser son activité, la savonnerie Le Sérail a su évoluer et se diversifier en fabriquant de nouveaux produits : savons de toilette parfumés, shampoings et gels douche. Le Sérail compte 22 salariés en 2020 et son chiffre d'affaires est de 2 463 900 €, soit 12,5 % d'augmentation par rapport à 2019.

Les savons Le Sérail ont le label « Entreprise du Patrimoine vivant ».

La savonnerie Le Sérail vous propose de visiter gratuitement la fabrique de savon tous les vendredis après-midi pour découvrir les différentes étapes de la fabrication des savons.

La savonnerie Le Sérail ou l'histoire du vrai savon de Marseille
liennathan.fr/bz352r

La gamme des produits Le Sérail

Les savonnettes 100 gr

Les savonnettes 150 gr

Les savonnettes 250 gr

Les savons liquides

Les savons de Marseille

Les paillettes

Les shampoings

Les gels douche

www.savon.leserail.com

Annexe 3 — La guerre du savon de Marseille

La consommation de savon de Marseille en France représente plus de 630 grammes par seconde […], ce qui fait 20 000 tonnes de savon de Marseille par an alors que la production française est de 32 000 tonnes réparties entre 3 producteurs. […] La majorité des savons estampillés « savon de Marseille » n'en sont pas car ils sont fabriqués en Asie*. […] Les marques comme Le Petit Marseillais avec ses gels douche miel ou lavande sont un produit Johnson & Johnson ! Les savons Le Chat sont produits en Allemagne par Henkel, Chantecler en Italie… À l'heure actuelle, [six] savonneries historiques défendent la tradition. […] La savonnerie Rampal Latour est sans doute la plus ancienne […] ; la savonnerie Marius Fabre existe depuis trois générations […] ; la savonnerie du Sérail, petite entreprise familiale, qui produit des savons de qualité en plein cœur de Marseille […] ; la savonnerie de la Licorne bénéficie du label « patrimoine vivant » [et] livre la composition de ses savons […] ; la Compagnie des savons de Marseille est la plus industrielle des […] savonneries marseillaises, fabriquant une gamme complète de savons, produits et détergents […] ; les Savonneries de l'Atlantique de Nantes sont très sensibles à l'impact environnemental de leurs savons, qui sont certifiés Ecocert Greenlife.

« Consommation de savon de Marseille en France », www.planetoscope.com

* Le savon de Marseille n'est pas protégé par une « origine contrôlée » et peut être produit partout en France ou dans le monde.

Annexe 4 — La stratégie de Super U

Avec une progression de 3 % de son chiffre d'affaires, Système U, l'enseigne des territoires, devient le 4e distributeur français.

Le chiffre d'affaires des Magasins U dépasse pour la première fois les 20 milliards d'euros, pour s'établir à 20,53 milliards d'euros (+3 %) à la fin de l'année 2019. Avec une part de marché désormais à 10,8 % (+ 0,1 point), l'enseigne coopérative confirme la bonne santé de son modèle fondé sur le *discount*, la proximité et la qualité, et s'installe à la 4e place des distributeurs français. En 2019, l'enseigne a poursuivi son implantation, avec l'ouverture de 42 points de vente sur l'année, portant le réseau à 1 601 magasins. Au 31 décembre 2019, le groupement comptait ainsi 817 magasins pour le réseau *discount* (Hyper U et Super U) et 784 magasins pour le réseau proximité (U Express et Utile).

La même exigence de proximité est au cœur de la relation de l'enseigne avec le consommateur, qu'elle accompagne sur le chemin du mieux-manger. Les Magasins U sont à l'avant-poste des tendances de consommation, pour répondre toujours mieux aux attentes de leurs clients dont ils défendent le pouvoir d'achat en proposant des prix justes et responsables. Ainsi, pour la 21e année consécutive, Super U est l'enseigne de supermarchés préférée des Français.

Le e-commerce poursuit quant à lui sa progression : le chiffre d'affaires réalisé par CoursesU.com connaît une augmentation de 4,3 % et s'établit à 615 millions d'euros.

www.magasinu.com

Annexe 5 — Les attentes des consommateurs en matière de produits d'hygiène

Près de 60 % des Français ont acheté au moins une fois dans l'année de l'hygiène beauté bio et naturelle en 2020 contre 31 % en 2016. Cette tendance s'est encore confirmée cette année, notamment suite au premier confinement. Les Français reviennent aux fondamentaux et s'orientent vers une consommation plus responsable. Cela profite aux produits bio, naturels, écoresponsables, mais aussi au marché local, voire national. […]

La *clean beauty* se définit par « des produits aux formules excluant tout ingrédient controversé et aux emballages plus respectueux ». Ce phénomène né aux États-Unis sur l'enjeu de la santé est présent depuis quelques années déjà en France et s'est logiquement amplifié avec la crise sanitaire que nous traversons actuellement. […]

Le marché de la cosmétique bio et naturelle est caractérisé par l'entrée régulière de nouveaux acteurs, souvent issus de financements participatifs. Ces « jeunes marques » se concentrent sur leur promesse produit (innovations) en réponse aux attentes réelles du consommateur, avec une communication orientée nouveaux médias (réseaux sociaux, blogs…).

www.wondercrush.fr, 12 novembre 2020.

Annexe 6 — Les critères de référencement chez Système U

LE RÉFÉRENCEMENT

Hiérarchie des critères de référencement :

- Proposer un produit innovant et original
- Avoir une marque reconnue
- Adapter son conditionnement à la grande distribution (format familial)
- Proposer un prix qui permette au distributeur d'avoir une marge confortable
- Offrir des délais de livraison rapide
- Proposer une campagne publicitaire de lancement
- Proposer des PLV
- Distribuer des échantillons

Annexe 7 — Les conditions commerciales et les prix des savonneries Le Sérail

Les conditions générales de vente décrites ci-après détaillent les droits et obligations de la société Le Sérail : les prix des marchandises vendues sont ceux en vigueur au jour de la prise de commande. Ils sont libellés en euros et calculés hors taxes et départ usine. Le Sérail s'engage à facturer les marchandises commandées aux prix indiqués lors de l'enregistrement de la commande. Le délai de livraison convenu à la commande est ferme. En cas de marchandises manquantes ou détériorées lors du transport, l'acheteur devra formuler toutes les réserves nécessaires sur le bon de commande à réception desdites marchandises. En cas d'invendus, Le Sérail s'engage à reprendre les marchandises sans décote.

Tarifs* produits Le Sérail (extraits)

	Prix distributeur HT	Prix de vente conseillé HT
Savonnette 100 g	1,2 €	1,6 €
Savon liquide 1 l	2,5 €	3,7 €
Bloc savon de Marseille	2 €	4 €
Paillettes	5,5 €	8 €
Shampoing	2,5 €	6 €
Gel douche	1,2 €	4 €

Les tarifs pourront être révisés deux fois par an.

* Tarifs non contractuels et simplifiés à des fins pédagogiques.

Annexe 8 Les résultats de la négociation

L'acheteur de la centrale d'achat de Super U a accepté toute la gamme de produits du Sérail, ainsi que ses conditions commerciales.
En échange, il a obtenu une baisse de 10 % des tarifs du fournisseur et une participation aux animations s'élevant à 4 % du chiffre d'affaires HT.

Annexe 9 Le contrat de référencement

Entre les soussignés :
« le Fournisseur » d'une part, la société .... et « la Centrale d'achat » d'autre part, la société ....

Le Fournisseur est tenu de fournir les produits aux conditions convenues aux affiliés de la Centrale. Font l'objet du référencement les produits suivants : .... Les produits vendus aux affiliés doivent être strictement conformes à l'échantillon témoin remis à la Centrale et doivent répondre en tous points aux prescriptions légales et réglementaires en vigueur (qualité, composition et étiquetage des marchandises).
Les parties sont convenues des conditions tarifaires ci-après indiquées que le fournisseur s'engage à appliquer aux adhérents et affiliés de la Centrale. Ils pourront être régulièrement révisés, ... fois par an. Aucune hausse de prix ne pourra intervenir dans l'intervalle.
Le Fournisseur s'engage à assurer les livraisons aux lieux indiqués sur les bons de commande tous les .... (plateforme de livraison).
Les marchandises seront réglées directement à .... nets à compter de l'émission de la facture. En outre, le Fournisseur versera à la Centrale une commission de .... % calculée sur le chiffre d'affaires hors taxes de l'ensemble des marchandises fournies aux affiliés et réglées par ceux-ci en contrepartie de l'information assurée aux affiliés sur les produits référencés et de l'information assurée au Fournisseur sur les éventuelles difficultés financières des affiliés.
La Centrale favorisera la conclusion de contrat de coopération commerciale entre le Fournisseur et les points de vente des adhérents et affilés mais le présent contrat n'impose aucune obligation d'achat à la charge de la Centrale ou de ses adhérents et affiliés.
En cas d'invendus ....
Fait à ...., le ....

En deux exemplaires originaux dont un est remis à chaque partie.

Le Fournisseur, La Centrale,

FICHE RESSOURCE

1

LA NÉGOCIATION-VENTE AVEC LA GRANDE DISTRIBUTION

I Une situation de communication interpersonnelle en *B to B*

- **Une situation de communication interpersonnelle** : elle implique deux personnes, l'acheteur et le vendeur, dans une relation de face-à-face, chacun étant à tour de rôle l'émetteur et/ou le récepteur.
- **Une situation de négociation** : les acteurs partent d'un écart de position entre les objectifs de chacun et tentent de le réduire par le meilleur accord possible pour préserver leurs intérêts réciproques.
- **Une situation de négociation en *B to B*** (*business to business*) : entre deux entreprises.

II Les enjeux de la négociation-vente avec la grande distribution

Pour être distribué en grandes surfaces, il faut d'abord être référencé par la centrale d'achat (ou de référencement). Le **référencement** consiste à négocier des prix avec certains fournisseurs. Les distributeurs restent cependant libres de se fournir ou non auprès du fournisseur référencé. Le contrat de référencement prévoit un engagement du fournisseur à fournir une certaine quantité de produits à un prix donné sur une période déterminée.
Pour les négociations entre distributeurs et producteurs de l'industrie agroalimentaire, une période officielle est prévue chaque année d'octobre à mars.

1. Les enjeux pour le fournisseur

Un fournisseur référencé par une centrale est susceptible d'approvisionner tous les magasins de ce réseau en France et à l'étranger. L'enjeu est donc que sa proposition aboutisse au référencement d'un ou plusieurs produits tout en conservant des tarifs lui permettant de dégager de la marge.

2. Les enjeux pour l'acheteur de la centrale

La place disponible dans les points de vente n'est pas illimitée et le référencement d'un nouveau produit a souvent pour contrepartie le déréférencement d'un autre. L'enjeu est de sélectionner les produits qui optimisent les ventes et d'obtenir les meilleures conditions d'achat (prix, délais de livraison, délais de paiement) pour des produits qui correspondent aux attentes de ses clients.

3. Des négociations difficiles

La négociation avec la centrale d'achat est considérée comme une négociation difficile. En effet, la concentration des enseignes ces dernières années a abouti à un nombre très limité de centrales d'achat (quatre centrales en France en 2018 : Auchan-Système U, Intermarché-Casino, Carrefour-Cora et Leclerc) face à une multitude de fournisseurs isolés. Lors de ces négociations, la pression de la centrale est donc énorme pour obtenir les meilleurs tarifs de la part des fournisseurs.

III Les interlocuteurs

La négociation avec la grande distribution peut se faire à deux niveaux : avec l'acheteur ou le chef de produit de la centrale (90 % des cas), ou avec le chef de rayon (10 % des cas).

1. Le rôle de l'acheteur ou du chef de produit de la centrale

- Suivre les évolutions du marché pour connaître les tendances de la demande et de l'offre.
- Sélectionner les fournisseurs et négocier les conditions commerciales (délais de livraison et de paiement) grâce aux volumes obtenus par le regroupement des achats. Il n'effectue pas les achats pour le compte de ses membres, qui auront la liberté de se fournir ou non auprès des fournisseurs référencés.

2. Le rôle du chef de rayon

Il sélectionne certains petits producteurs locaux qui ne sont pas référencés en centrale d'achat.

FICHE RESSOURCE 2

L'ENTRETIEN DE VENTE AVEC LA GRANDE DISTRIBUTION

I La préparation de la négociation-vente avec la grande distribution

Étape 1 – Connaître ses produits, son entreprise et ses concurrents

Avant toute négociation, il faut connaître sa propre entreprise : son histoire, sa culture commerciale, son positionnement. Il est aussi nécessaire de connaître les produits que l'on vend, c'est-à-dire leurs caractéristiques techniques et commerciales.
Enfin, il faut être informé sur ses concurrents, leurs produits, leur politique commerciale et leurs prix. Pour cela, l'entreprise peut réaliser une étude de concurrence en étudiant leurs parts de marché et leur positionnement concurrentiel (leader, suiveur, challenger…) et en réalisant une grille de comparaison multicritère.

	Grille de comparaison multicritère		
	Concurrent 1	Concurrent 2	…
Positionnement/image			
Produits/services (type de produits, taille de l'assortiment)			
Prix (stratégie de prix : écrémage, imitation, pénétration)			
Merchandising (mise en valeur de l'offre, expérience client)			
Communication (locale/nationale, média/hors-média)			
GRC/Fidélisation			
Performances commerciales			

Étape 2 – Connaître son client

Si le distributeur a déjà référencé certains de vos produits, il est essentiel de connaître l'historique de la relation client. Les logiciels de CRM sont pour cela d'une aide précieuse.
Si le distributeur ne vous a jamais référencé, il faudra recueillir une série d'informations sur lui et sur ses clients :

Information sur le distributeur *B to B*	Information sur les clients du distributeur *B to B to C*
– Raison sociale du réseau – Siège social – Type de réseau *(intégré, associé ou mixte)* – Histoire du réseau *(date de création et grandes étapes du développement)* – Effectif – Implantation du réseau *(nombre de points de vente, localisation, implantation à l'étranger)* – Niveau de performance (*chiffre d'affaires et évolution)* – Stratégie de l'enseigne *(positionnement de l'enseigne et politique de prix)* – Assortiment (*largeur, profondeur, hauteur de l'assortiment, marques proposées, marques de distributeur)* – Interlocuteurs *(influenceurs et décideurs)*	– Âge – CSP/Revenus – Panier moyen – Fréquence d'achat – Comportements d'achat

Étape 3 – Préparer des outils d'aide à la vente (OAV)

Comme pour toute négociation commerciale, il faut préparer trois outils d'aide à la vente :
- un plan de découverte des besoins ;
- un argumentaire ;
- un plan de traitement des objections.

Les OAV doivent être le plus individualisés et personnalisés possible.

Étape 4 – Préparer les documents et le matériel

Préparez tout ce qui vous permettra de présenter votre proposition commerciale, d'en démontrer l'intérêt et d'argumenter : ordinateur/tablette, échantillons de produits, conditions commerciales, tarifs, cartes de visite, brochures de présentation de l'entreprise, catalogue des produits…

Étape 5 – Se préparer mentalement

Il s'agit aussi d'adopter une certaine attitude : faire preuve d'ouverture d'esprit, d'empathie, rester concentré mais aussi déterminé, persuasif et motivé, et garder à l'esprit que les négociations avec la grande distribution sont difficiles.

II Le déroulement de l'entretien

Une négociation-vente avec la grande distribution se déroule en plusieurs étapes.

Étape 1 – La prise de contact et la présentation de l'entreprise

La prise de contact consiste à se présenter, présenter sa fonction au sein de l'entreprise, présenter son entreprise et sa stratégie.

Étape 2 – La double découverte des besoins

Le déséquilibre de la relation fournisseur/centrale d'achat rend délicate la mise en œuvre d'une réelle découverte des besoins. Le commercial doit surtout travailler en amont sa connaissance du client. Il pourra vérifier lors de l'entretien que ses connaissances sont justes et compléter le repérage des besoins de l'acheteur et de ses clients.

• **La découverte des besoins de l'acheteur :** incitez l'acheteur à vous parler de son contexte et de ses attentes :
- le type de clientèle du magasin ;
- le type de consommation ;
- la saisonnalité des ventes ;
- les références les plus vendues ;
- le panier moyen des acheteurs ;
- l'organisation du magasin ;
- les critères de choix des fournisseurs ;
- les services associés attendus ;
- les délais de paiement et de livraison souhaités ;
- les animations envisagées du point de vente.

Ce que veut la grande distribution, c'est avant tout :
- un rapport qualité/prix des produits en adéquation avec les attentes de ses clients ;
- des produits originaux, locaux, bio qui leur permettent de se différencier des concurrents ;
- des livraisons régulières et sans rupture ;
- des animations en rayon (têtes de gondoles, dégustation, démonstration, PLV, stop-rayon…) ;
- un code-barres sur le produit ;
- des tarifs lui permettant de conserver ses marges.

• **La découverte des besoins des clients de l'acheteur :** attentes des clients du distributeur, motivations, mobiles d'achat.

Étape 3 – La double argumentation

Le commercial doit tenir une double argumentation, en direction du distributeur et en direction de ses clients.

Arguments en direction du distributeur	
Arguments entreprise	– Notoriété de l'entreprise et de ses produits – Résultats probants sur d'autres circuits de distribution
Arguments produit	– Variété dans la gamme de produits proposés – Suivi de la gamme dans le temps – Ancrage régional éventuel – Produit éthique, bio, issu du commerce équitable, s'inscrivant dans une démarche de développement durable – Originalité du produit et de son emballage – Produit labélisé ou primé – Adéquation entre le produit et les clients du réseau de distribution
Arguments distribution	– Fréquence des livraisons
Arguments communication commerciale	– Communication commerciale autour des produits – Offre de PLV – Offre de prospectus – Organisation de tête de gondole – Organisation d'animations – Organisation de journées portes ouvertes pour faire découvrir les produits aux consommateurs – Participation à des foires et des salons
Arguments en direction des clients du distributeur	
Arguments produit	– Élargissement du choix des clients – Réponse aux attentes des clients en termes de produits et de conditionnement – Satisfaire les besoins de différenciation des clients
Arguments prix	– Rapport qualité/prix du produit

Étape 4 – Le traitement des objections

Il s'agit de traiter les objections de l'acheteur de la centrale en les acceptant, en les reformulant et en trouvant une réponse adaptée pour les traiter.

Les différentes objections peuvent concerner plusieurs thèmes :
– une offre du fournisseur semblable à celle de ses concurrents ;
– des tarifs du fournisseur trop élevés, ne permettant pas au distributeur de dégager de la marge ;
– des délais de livraison trop longs ;
– des délais de paiement trop courts…

Autant de barrages à faire sauter en opposant les arguments qui permettront de jouer sur votre spécificité et de mettre en avant vos atouts concurrentiels.

EXEMPLE

Si l'acheteur vous dit qu'il a déjà référencé un produit semblable, il faudra argumenter sur les spécificités de votre produit et sur les éléments qui le différencient des concurrents.

Étape 5 – La signature du contrat de référencement

Un contrat de référencement est un document écrit dans lequel est contractualisée une série d'accords entre le fournisseur et la centrale d'achat.
Ces accords portent sur : les produits, les conditions tarifaires, le lieu et les délais de livraison, les pénalités éventuelles en cas de retard de livraison, les délais de paiement et toute autre condition décidée lors de la négociation.

FICHE RESSOURCE

3

LA NÉGOCIATION DES PRIX

Le moment le plus important de la négociation avec la grande distribution est la négociation des prix. En effet, le rôle même de la centrale d'achat est de regrouper les achats pour l'ensemble des points de vente du réseau et de négocier ainsi les prix les plus bas avec le fournisseur.
La loi de modernisation de l'économie (LME) de 2008 a permis de rétablir la liberté totale de négociation entre les producteurs et les distributeurs, l'objectif du gouvernement d'alors étant de faire baisser les prix par le jeu de la concurrence. Cette loi a eu comme conséquence de renforcer encore davantage le poids de la grande distribution.

I La proposition d'un prix de vente à la centrale d'achat

Le prix de vente proposé au distributeur doit permettre de dégager une marge. Il doit aussi permettre au distributeur de dégager sa propre marge.

1. La marge du fournisseur

Ses prix sont fixés afin de lui permettre de réaliser une marge suffisante pour être rentable et pérenniser son entreprise. Il s'agit de tenir compte des coûts de production pour ne pas vendre à perte et d'ajouter sa marge.

Prix de vente HT au distributeur = Coûts de fabrication du produit + Marge

Pour fixer son prix, il devra aussi tenir compte des prix pratiqués par ses concurrents et choisir de vendre plus cher qu'eux en mettant en avant :
– une qualité supérieure (stratégie d'écrémage),
– de vendre au même prix qu'eux (stratégie d'imitation),
– ou de vendre moins cher qu'eux pour prendre des parts de marché (stratégie de pénétration).

2. La marge du distributeur

Il s'agit de proposer au distributeur un prix qui lui permette à son tour de dégager une marge et de fixer son taux de marque et son taux de marge.

Taux de marque

Le taux de marque est l'expression de la marge à partir du prix de vente.

$$\text{Taux de marque} = \frac{\text{Marge}}{\text{Prix de vente}} \times 100$$

Taux de marge

Le taux de marge est l'expression de la marge à partir du coût d'achat.

$$\text{Taux de marge} = \frac{\text{Marge}}{\text{Coût d'achat}} \times 100$$

EXEMPLE

Un fournisseur vend un produit à une grande surface au prix de 12 € HT. Ses coûts de production sont de 10,50 €. La grande surface revend le produit au client final à un prix de 14 € HT.
La marge du fournisseur est de 1,50 € (12 – 10,50).
La marge du distributeur est de 2 € (14 – 12).
Le taux de marque du distributeur est de 14,2 % [(2 € / 14 € × 100)].
Son taux de marge est de 16,6 % [(2 € / 12 € × 100)].

3. La fixation du prix de vente

Pour fixer son prix, le fournisseur peut donc :
- soit tenir compte de ses coûts de fabrication et ajouter une marge en tenant compte des prix pratiqués par les concurrents ;
- soit partir du prix de vente au client final, puis retirer la marge du distributeur, retirer l'ensemble des remises accordées au distributeur, en tenant compte de ses coûts pour trouver sa propre marge.

EXEMPLE

	Mode de calcul	Résultat
Prix de vente consommateur TTC	–	15 €
TVA 20 %	15 / 1,2	2,5 €
Prix de vente HT (PV HT)	15 – 2,5	12,5 €
Marge distributeur de 11 % du PV HT	12,5 – 10,81	1,69 €
Prix de base tarif HT	12,5 / (1 + 0,11)	10,81 €
Remise accordée au distributeur : 5 %	10,81 – 10,29	0,52 €
Prix facturé HT à la grande distribution	10,81 / (1 + 0,05)	10,29 €
Marge	10,29 – 8,5	1,79 €
Coût de production du fournisseur	–	8,5 €

II Les autres éléments de la négociation prix

D'autres éléments auront une influence sur la décision de l'acheteur de la centrale d'achat.

1. La reprise des invendus

Si à la fin de l'année (ou de la semaine, ou du mois pour les produits périssables), les marchandises ne sont pas vendues, certains fournisseurs s'engagent à les reprendre et à rembourser le distributeur. Le prix de rachat des marchandises est généralement le même que celui auquel elles ont été achetées.

2. Les délais de paiement

Le fournisseur accorde très souvent un crédit à son client en lui offrant la possibilité de régler son achat en différé. La loi Macron (2015) prévoit un seul délai de paiement à 60 jours à compter de la date d'émission de la facture.

3. Les réductions commerciales accordées

Lors de la négociation du prix, des réductions commerciales peuvent être négociées :
- ristourne de fin d'année exprimée en pourcentage du prix de vente sur un produit en contrepartie d'un montant de vente atteint ou d'une progression du chiffre d'affaires ;
- remise accordée selon les quantités commandées.

4. La participation à des animations commerciales

Le distributeur peut proposer à son fournisseur de mettre en avant son produit dans le point de vente en organisant des animations ou des promotions, ou encore en installant les produits en tête de gondole. En échange de cette mise en avant, le distributeur demande une participation financière au fournisseur. Le distributeur réalise donc une seconde marge sur ses produits. Cette seconde marge se nomme **marge arrière**.

Applications

Maîtrise

1 Négocier avec la grande distribution

Vous êtes commercial(e) au sein de l'entreprise Les glaces de Léa et vous avez rendez-vous avec un acheteur d'une centrale d'achat.

1 À partir des informations fournies sur l'entreprise Les glaces de Léa et sur les évolutions du marché des glaces, vous préparerez une présentation de l'entreprise et de ses produits ainsi qu'un argumentaire de vente à destination de l'acheteur de la centrale d'achat.

2 Vous préparerez les objections de l'acheteur de la centrale.

3 Vous réaliserez ensuite une simulation d'une négociation-vente avec la grande distribution, par groupes de deux, où vous serez à tour de rôle le fournisseur et l'acheteur de la centrale d'achat.

Document 1 Les glaces de Léa : un nouveau concept de glaces artisanales pour enfants !

Maître artisan glacier depuis 1999, nos glaces artisanales sont fabriquées avec du lait entier et des fruits de saison bio, sans colorants ni conservateurs.

Nous proposons 15 parfums originaux de « glaces rigolotes » pour ravir vos enfants : cacahuète/chocolat, framboise/citron, fraise meringuée… en forme de fusée, de personnages de BD… ou en format individuel : pot ou bâtonnet.

En 2016, nos glaces ont été certifiées « Glaces artisanales de France ».

Vous pouvez venir nous voir dans notre centre de fabrication, nous vous montrerons notre procédé de fabrication, ou nous retrouver sur Facebook et Instagram.

GLACES ARTISANALES DE FRANCE 2016 CHARTE QUALITÉ

Nouveauté des glaces de Léa :
vos enfants dessinent la glace de leurs rêves et nous la fabriquons !

La société Les glaces de Léa s'engage auprès de son distributeur : *livraison deux fois par semaine (lundi et jeudi), paiement à 30 jours, animations proposées sur le rayon, tarifs adaptés à la grande distribution. L'entreprise ne reprend pas les invendus.*

Extraits tarifs Les glaces de Léa (boîte de 12)

	Prix de vente HT au distributeur
Glace Voiture	12 €
Glace Smiley	10,5 €
Glace Nounours	14 €
Glace Lapin	11 €

Document 2 Comment reconnaître une glace artisanale ?

La Confédération nationale des glaciers de France lance une charte qualité et la marque « Glaces artisanales de France » pour distinguer les artisans glaciers qui fabriquent leurs produits glacés dans les règles du métier. [...] La glace artisanale est élaborée avec des ingrédients sélectionnés et de haute qualité. Les glaciers fabriquent leurs produits glacés selon les règles du métier (turbinage, maturation, refroidissement...). Un art culinaire à part entière qui ne s'improvise pas mais demande une expérience et une technique rigoureuse !

www.lemondedudessert.fr

Document 3 Des ventes record de glaces

Le marché des glaces atteint actuellement des niveaux record. En 2020, le chiffre d'affaires de ce secteur a atteint le montant inédit de 1,26 milliard d'euros, soit une croissance de plus de 10 % par rapport à l'année précédente. Concrètement, cela représente plus de 170 millions de kilos de glaces vendues, en hausse de près de 9 % par rapport à 2019.

Quatre raisons majeures expliquent cette forte croissance. Premièrement, les deux confinements, au printemps et à l'automne 2020. Ils ont entraîné une croissance du chiffre d'affaires de près de 30 %. Deuxièmement, la fermeture stricte des restaurants, durant plus de quatre mois en 2020, qui a entraîné une forte consommation à domicile. Troisièmement, une météo ensoleillée et très douce lors des deux confinements. Enfin, des innovations produits importantes dans ce secteur. De surcroît, la glace a constitué un aliment « plaisir » face aux restrictions imposées : entre 2018 et 2020, le panier moyen a augmenté de plus de 7 %.

Élément important à noter, cette dynamique se poursuit lors de cette année 2021. Ainsi, on constate à la fin du mois de février une hausse de 11 % du chiffre d'affaires du secteur des glaces.

T. Haberer, www.larpf.fr, 20 avril 2021.

Document 4 Comment mettre en avant des produits dans un rayon Surgelés ?

Des PLV adaptées aux basses températures pour votre animation rayon Surgelés, un habillage des congélateurs, des stop-rayons séparateurs, des réglettes, des frontons, des kakemonos, des vitrophanies pour habiller une armoire de surgelés, sont autant de solutions pour s'adapter à des températures de – 30° C et animer votre rayon. L'été, forte période de consommation de glaces, nous vous proposons même de vous fournir des armoires très basses températures pour augmenter vos capacités de stockage en rayon.

Maîtrise

2 Se préparer aux objections de la grande distribution

Vous êtes commercial(e) au sein de l'entreprise La Pasta, fabricant de pâtes bio sans gluten. Vous avez rendez-vous avec un acheteur de la centrale d'achat d'Auchan ; pour vous préparer, vous envisagez les réponses aux objections de l'acheteur.

Préparez des réponses à toutes les objections de l'acheteur de la centrale d'achat :
- Pourquoi achèterais-je vos pâtes ? Personne ne vous connaît !
- Votre produit ne correspond à aucune demande…
- Si je ne vends pas vos pâtes, j'en fais quoi ?
- J'ai déjà quatre produits « pâtes bio » référencés.
- Pourquoi traiter avec une PME comme la vôtre plutôt qu'avec Panzani ?
- Comment comptez-vous distinguer votre produit des autres pâtes dans le rayon ?

Document 1 L'entreprise La Pasta

La Pasta est une PME de 10 salariés implantée dans la région d'Aix-en-Provence depuis 1998, et qui fabrique et commercialise des pâtes et des céréales (blé, quinoa, boulgour) bio et sans gluten. L'entreprise est très bien implantée dans le sud de la France et elle distribue ses produits à travers plusieurs canaux : les restaurants, les épiceries fines, internet et dans les super et hypermarchés Casino. L'entreprise, qui travaille depuis déjà quelques années avec la grande distribution, propose des conditions commerciales très intéressantes : livraison hebdomadaire, reprise des invendus, PLV, stop-rayons, organisation d'animations.

Document 2 Le régime sans gluten s'impose dans les assiettes

Le gluten est un ensemble de protéines présentes dans certaines céréales (blé, seigle, orge, avoine, épeautre, kamut ou leurs souches hybridées) ainsi que dans les produits à base de ces céréales. Le régime sans gluten strict est le seul traitement connu à ce jour pour les personnes touchées par la maladie cœliaque.

Compte tenu des traditions culinaires françaises, on estime qu'environ 70 % des produits agroalimentaires « classiques » contiennent du gluten. Dans ce contexte, le marché des produits sans gluten connaît une croissance constante de l'ordre de 20 % depuis cinq ans. Il toucherait près de 12 millions de consommateurs réguliers en France en 2020.

www.economie.gouv.fr

Document 3 Les PME, c'est bon pour l'image de la grande distribution

Les grandes surfaces ont tout intérêt à laisser de la place aux PME dans leurs rayons. En effet, l'image de la grande surface est celle d'un « fossoyeur » du petit commerce. Or, plus de 80 % des consommateurs font confiance aux petits commerces et aux artisans. Faire appel aux PME est donc un moyen pour la grande distribution de faire entrer des produits de région, produits bio et produits gourmets dans ses magasins.

Applications

Expertise

3 Fixer un prix lors d'une négociation avec la grande distribution

Vous êtes commercial(e) au sein du Domaine de Salabert et devez vendre les vins du domaine à la grande distribution. Auparavant, vous devez établir un tarif professionnel (prix de vente à proposer à l'acheteur de la centrale d'achat).

1. Listez les contraintes à prendre en compte pour fixer votre tarif professionnel.
2. Déterminez votre tarif professionnel pour une bouteille de vin que vous estimez à un prix de vente client final de 10 € TTC en complétant le tableau proposé en document 2.
3. Calculez votre marge, sachant que vos coûts sont de 7,98 € par bouteille.
4. Calculez le taux de marque et le taux de marge du distributeur.

Document 1 Construire un tarif professionnel

Construire un tarif professionnel est un exercice difficile et pourtant probablement l'acte le plus important pour assurer la rentabilité et la pérennité de votre entreprise.

Deux difficultés majeures apparaissent :

- **Garder la cohésion entre vos coûts de revient et la demande du client**

Le marché requiert une stabilité des prix pour ne pas perturber les consommateurs, ne pas froisser les relations avec les distributeurs, sécuriser les ventes, garder une cohésion d'ensemble alors que vos coûts de production varient très fortement d'une saison à l'autre.

- **Déterminer les prix de vente consommateur (ou PVC) optimum**

Même si vous pensez les connaître, rien de tel que quelques visites en supermarchés et hypermarchés afin de noter les prix de vente de quelques étiquettes qui vous semblent comparables à votre production. Une fois déterminée la fourchette de PVC, positionnez-vous en fonction de la qualité du millésime, des médailles obtenues, etc.

C'EST LE MARCHÉ QUI DÉTERMINE LE PRIX. IL NE FAUT DONC PAS DÉTERMINER SON PRIX EN FONCTION DE SES PROPRES COÛTS.

Le prix de vente consommateur dépend de :

- l'état du marché
- le prix de la concurrence
- la qualité du millésime
- l'appellation de la référence (à chaque niveau d'appellation et pour chaque dénomination d'origine correspond une fourchette de prix)
- la marge prise par le circuit de distribution

« Construire un tarif professionnel », www.anfovi.com

Document 2 Tarifs Domaine de Salabert

Prix de vente consommateur TTC	10 €
Taux de TVA 20 %	
PV HT	
Marge distributeur de 25 % du PV HT	
Prix de base tarif HT	
Remise entrepôt de 3 %	
Taux promotionnel de 5 %	
Prix HT facturé à la grande distribution	

Expertise

4 Calculer la marge avant et la marge arrière

Vous êtes commercial(e) au sein d'une entreprise artisanale de fabrication de biscuits. Vous avez rendez-vous avec un acheteur d'une centrale d'achat ; pour préparer votre entretien, vous réalisez une série de calculs qui vous permettront de présenter à l'acheteur les marges qu'il pourrait dégager avec vos biscuits.

1. Complétez le tableau du document 2 en calculant la marge avant, la marge arrière, le taux de marque et le bénéfice brut réalisés par le distributeur pour chaque référence de produit.
2. Pourquoi peut-on dire que le distributeur dégage deux fois de la marge sur la vente d'un produit ?
3. Quelles sont vos conclusions sur les différentes façons pour un distributeur de dégager de la marge lors de la vente d'un produit ?

Document 1 — Marge avant et marge arrière, comment calculer la rentabilité d'un hypermarché ?

La marge brute, au départ, représente la différence entre le prix de vente (**PV**) et le prix d'achat (**PA**) (ces deux derniers étant exprimés en hors taxes). Pour ne pas s'égarer et éviter la confusion avec les marges arrière, on la dénomme parfois « marge avant » (**MA**).

MA = PV H.T. – P.A. H.T.

Cette marge peut être calculée article par article, on parle alors de « marge unitaire », ou au niveau de la globalité. La marge arrière (**MAR**) représente une ristourne, que le [fournisseur] consent à l'acheteur [de la centrale d'achat]. Exprimée en pourcentage, elle est, le plus souvent, la contrepartie de [...] la place faite au produit en magasin, ou l'affichage du produit sur tel ou tel prospectus. [...]

MAR = PA H.T. × Taux consenti

Ces marges, avant et arrière, constituent, si on les additionne, la Marge totale brute ou le Bénéfice brut (**BB**).

BB = MA + MAR

« Marge avant et marge arrière, comment calculer la rentabilité d'un hypermarché ? », commerce-et-grande-distribution.fr

Document 2 — Marges et bénéfices

	Prix d'achat par le distributeur HT	Prix de vente par le distributeur HT	Marge avant	Taux de marque	Marge arrière (30 % du prix de vente)	Bénéfice brut
Cookies caramel	2,2	2,5				
Sablés	2,5	3				
Madeleines	3,8	4,2				
Tartelettes aux fraises	2,9	3,1				

Synthèse

Négocier le référencement de l'offre auprès de la centrale d'achat

La négociation-vente avec la grande distribution
Une négociation interpersonnelle en B to B

Enjeux pour le fournisseur
Se faire référencer par la centrale d'achat à un prix lui permettant de conserver ses marges

Enjeux pour le distributeur
Obtenir les meilleures conditions d'achat : prix, livraisons, délais de paiement pour un produit correspondant aux attentes de ses clients

Les interlocuteurs de la grande distribution

L'acheteur ou le chef de produit de la centrale d'achat
Il sélectionne les fournisseurs et négocie les conditions commerciales grâce aux volumes obtenus par le regroupement des achats.

Le chef de rayon
Il sélectionne certains « petits producteurs » locaux qui ne passent pas par le référencement en centrale d'achat et passe les commandes.

Fournisseurs/distributeurs : des négociations difficiles

La concentration des enseignes a abouti à un nombre très limité de centrales d'achat face à une multitude de fournisseurs isolés. Les rapports sont donc déséquilibrés et la négociation est difficile.

Les différentes étapes de la préparation d'une négociation avec la grande distribution

- **Étape 1 :** Connaître ses produits, son entreprise et ses concurrents
- **Étape 2 :** Connaître son client
- **Étape 3 :** Préparer des outils d'aide à la vente (OAV)
- **Étape 4 :** Préparer les documents et le matériel
- **Étape 5 :** Se préparer mentalement

Les différentes étapes d'une négociation avec la grande distribution

- **Étape 1 :** La prise de contact et la présentation de l'entreprise
- **Étape 2 :** La double découverte des besoins du distributeur et de ses clients
- **Étape 3 :** La double argumentation en direction du distributeur et de ses clients
- **Étape 4 :** Le traitement des objections
- **Étape 5 :** La signature du contrat de référencement

Les marges arrière

Les marges arrière consistent, pour la grande distribution, à proposer aux fournisseurs de mettre en avant leurs produits dans le point de vente, en organisant des animations ou des promotions, ou encore en installant les produits en tête de gondole. En échange de cette mise en avant, le distributeur demande une participation financière au fournisseur, réalisant ainsi une seconde marge sur ses produits.

TESTEZ-VOUS

Quiz sur le chapitre 2
liennathan.fr/j8i3i4

MOTS CLÉS

Centrale d'achat · Acheteur centrale d'achat · Contrat de référencement · Marges arrière · Chef de produit centrale d'achat

CHAPITRE 3

Négocier l'implantation de l'offre sur le lieu de vente

Contexte professionnel

Activités/Tâches	Compétence	Vers PIX
Négociation de l'implantation de l'offre sur le lieu de vente Conseil en matière d'expérience de consommation	Valoriser l'offre sur le lieu de vente	**1.3.** Traiter des données

Alter Eco est une entreprise créée en 1998 dont l'activité est la distribution de produits alimentaires bio et équitables.
Thé, café, riz, céréales, boissons végétales... Alter Eco propose plus de 60 produits issus de 28 coopératives de petits producteurs partenaires dans 22 pays en Amérique latine, en Afrique, en Asie et aussi en France. Sur le terrain, dans chaque exploitation agricole, Alter Eco accompagne des projets autour de trois grands enjeux : le développement d'une agriculture familiale performante, la valorisation du travail des femmes, et le soutien de la restauration des écosystèmes à travers l'agroforesterie.
L'entreprise compte aujourd'hui plus de 50 salariés, dont 15 commerciaux, répartis sur tout le territoire national ; ses produits sont distribués dans 2 500 points de vente en grandes surfaces et boutiques spécialisées.

Votre rôle

Les produits Alter Eco sont référencés auprès de la centrale d'achat de l'enseigne Intermarché. Les conditions de référencement et les prix ont été négociés entre l'acheteur de la centrale et Alter Eco.
Vous êtes chef de secteur chez Alter Eco, chargé(e) de toute la zone Sud-Est. Vous rencontrez aujourd'hui le chef de rayon des produits Épicerie de l'Intermarché des Camoins à Marseille. Ce supermarché ne commercialise pas encore votre marque et votre objectif est double : convaincre le chef de rayon de commander les produits Alter Eco, puis négocier avec lui la place de vos produits en rayon afin d'optimiser leur visibilité.

Vos objectifs

I Proposer une offre adaptée aux clients du point de vente

Avant votre rendez-vous avec le chef de rayon, vous vous renseignez sur les caractéristiques et les attentes des clients de la zone de chalandise de la grande surface prospectée afin de proposer une offre adaptée.

1 Pourquoi, d'après vous, est-il indispensable pour le chef de secteur de connaître les caractéristiques et les attentes de la clientèle de la grande surface prospectée ? Fiche ressource 1

2 Construisez une offre cohérente de dix produits Alter Eco correspondant aux attentes des clients de la zone de chalandise de l'Intermarché des Camoins. Justifiez vos choix. Annexes 1, 2 et 3

II Préparer les outils d'aide à la vente

Avant ce rendez-vous, vous devez préparer les outils d'aide à la vente qui vous seront utiles lors de votre négociation avec le chef de rayon.

3 Préparez une double découverte des besoins du chef de rayon et de ses clients en dix questions. Fiche ressource 1

4 Préparez dix arguments afin de convaincre le chef de rayon de commander vos produits. Votre argumentaire visera le chef de rayon et les clients. Annexes 4 à 7

5 Préparez cinq objections éventuelles du chef de rayon et leur traitement.

III Négocier la place des produits dans le rayon

Le chef de rayon décide de commander l'assortiment de produits que vous lui avez proposé ; vous devez maintenant négocier leur place dans le linéaire.

6 En vous appuyant sur les données nationales d'Intermarché, calculez la part de marché des tablettes de chocolat Alter Eco et celles de ses principaux concurrents. Fiche ressource 2
Annexe 8

7 Calculez le linéaire développé total du sous-rayon Tablettes de chocolat. Annexe 9

8 Calculez le nombre de mètres linéaires développés qui devraient être attribués aux tablettes de chocolat Alter Eco et à ses concurrents selon les parts de marché de chacun.

9 Le chef de rayon vous a transmis un projet d'allocation du rayon Tablettes de chocolat. Calculez les indices de sensibilité au chiffre d'affaires pour chaque marque. La marque Alter Eco est-elle sur- ou sous-représentée en rayon dans ce projet ? Annexe 10

IV Mettre en valeur l'offre dans le rayon

Une fois vos produits en rayon, vous savez qu'il est essentiel de les mettre en valeur et que le chef de rayon de l'Intermarché des Camoins a besoin d'animer et de dynamiser son rayon. Vous réfléchissez aux propositions que vous pourriez lui faire.

10 Listez six actions pertinentes de mise en avant de vos produits.

11 Justifiez chaque proposition pour convaincre le chef de rayon de les mettre en place. Fiches ressource 3 et 4
Annexe 11

V Contrôler le respect des accords

Le chef de rayon a commandé plusieurs de vos produits, vous l'avez aidé à organiser les rayons. Six mois plus tard, vous faites une visite à l'Intermarché des Camoins pour vérifier si les accords passés au niveau national avec la centrale d'achat et les accords passés au niveau local avec le chef de rayon sont bien respectés.

12 Comparez les résultats de six mois de collaboration entre Intermarché et Alter Eco et les accords passés avec la centrale d'achat. Quelles sont vos conclusions ?

➲ Fiche ressource 5
➲ Annexes 12 et 7

13 Vous vérifiez avec le chef de rayon l'implantation de plusieurs rayons et notamment celui des thés. Comparez le planogramme du rayon que vous venez de réaliser avec les accords passés au niveau local avec le chef de rayon. Quelles sont vos conclusions ?

➲ Annexes 13 et 14

14 Que pouvez-vous proposer pour corriger les écarts entre les accords passés au niveau national et au niveau local et l'application réelle de ces accords depuis six mois ?

15 Préparez un *reporting* complet de votre visite à transmettre à la direction commerciale (bilan du contrôle des accords et actions de revente à prévoir).

Votre dossier

Annexe 1 Enquête sur les comportements des consommateurs de la zone Sud-Est

Extraits des résultats de l'enquête sur 1 500 personnes interrogées dans la zone Sud-Est en matière de produits bio et équitables

- 80 % des consommateurs interrogés disent ne pas aimer le rooibos (variété de thé).
- 72 % préfèrent le thé à la tisane.
- Parmi les amateurs de thés bio et équitables, la grande majorité préfère les thés verts aux thés noirs et plus particulièrement les thés verts aromatisés.
- Dans les zones de chalandise à hauts revenus, les familles sont équipées à 90 % d'une machine à café avec capsules.
- 65 % des consommateurs interrogés préfèrent le chocolat noir au chocolat au lait.
- Le quinoa est un produit très recherché par les CSP++.
- 98 % des personnes interrogées cherchent un substitut plus naturel à la pâte à tartiner aux noisettes traditionnellement disponible en supermarché.
- Aucune habitude de consommation de boissons végétales dans la région Sud-Est.
- Le Sud-Est est une région grande consommatrice de riz.

Annexe 2 La zone de chalandise de l'Intermarché des Camoins

Chiffres clés du 11e arrondissement de Marseille

- Arrondissement péri-urbain comptant les quartiers de la Valentine, Éoures, Les Camoins, La Treille
- Nombre d'habitants : 57 871
- Âge moyen : population plutôt jeune (25-55 ans), nombreux foyers avec enfants
- Revenu moyen : 34 900 €/an (moyenne France : 22 000 €/an)
- CSP : ++ (cadres supérieurs, enseignants, chefs d'entreprise)
- Arrondissement très résidentiel comprenant de nombreux logements en villa
- Logement social : 4 % (moyenne Marseille : 27 %)

Données : www.insee.fr

Annexe 3 La gamme des produits Alter Eco (extraits)

Thé noir Earl Grey	Chocolat noir quinoa soufflé	Café arabica en capsules Mexique
Thé noir Ceylan	Chocolat noir rose de l'Himalaya	Café décaféiné en capsules
Thé vert Ceylan	Chocolat lait caramel beurre salé	Café décaféiné
Thé menthe	Chocolat lait fourré coco	Café arabica en capsules Pérou
Thé vert citron gingembre	Pâte à tartiner aux noisettes bio, sans huile de palme, sans colorant	
Thé vert ananas coco	Boisson aux amandes	
Rooibos nature	Quinoa	
Rooibos ananas	Riz basmati	
Infusion verveine menthe	Riz thaï	
Infusion camomille	Riz rouge	
Chocolat noir intense	Café moulu en sachet arabica Éthiopie	
Chocolat noir éclat d'amandes	Café moulu en sachet arabica Mexique	

Données : www.altereco.com

Annexe 4 Alter Eco

Tous les produits proposés ont une traçabilité totale : les 3 600 familles de producteurs dans les 22 pays sont en liaison permanente avec l'entreprise. Tous les produits sont garantis sans OGM (organismes génétiquement modifiés), sans engrais et sans pesticides. Ils sont certifiés AB et Ecocert (labels certifiant une production biologique respectant l'environnement). La rémunération au juste prix des productions locales procure aux petits producteurs une rémunération correcte et un niveau de vie décent qui leur permet de s'équiper en outils de production et d'avoir accès à des soins médicaux et à du matériel scolaire.

Présentation d'Alter Eco
liennathan.fr/kp48v9

www.altereco.com

Annexe 5 Le succès du bio

En forte croissance, les ventes de produits alimentaires bio se sont élevées à 9,7 milliards d'euros en 2018, soit un bond de 1,4 milliard en un an ! Les industriels et la distribution déploient des efforts pour monter des filières et sécuriser les approvisionnements, tandis que le nombre de consommateurs croît à un rythme exponentiel. Plus qu'une tendance, le bio est devenu un mode de vie correspondant aux préoccupations actuelles pour la santé et la protection de la planète. Et les initiatives se multiplient en ce sens…

Le dynamisme du marché bio en France (+15,4 % en 2018) reflète la tendance à l'international. Dans le monde, le marché des produits biologiques a quasiment quadruplé en dix ans pour atteindre aujourd'hui les 100 milliards d'euros. On assiste à un véritable raz-de-marée : près de 9 Français sur 10 déclarent avoir consommé des produits biologiques. Lassés de la chimie à outrance dans l'alimentation, les cosmétiques, les produits d'entretien, etc., ils aspirent à manger et à vivre sainement, naturellement. Leur engagement pour un futur durable ne cesse de s'amplifier.

V. Loctin, www.entreprendre.fr, 26 mars 2020.

Annexe 6 Les Français et le commerce équitable

En 2020, le marché du commerce équitable poursuit sa progression, avec une croissance exceptionnelle de +12 %. La crise sanitaire et économique mondiale sans précédent n'a pas freiné la montée en puissance des aspirations des consommateurs pour des modes de consommation plus respectueux des producteurs et de l'environnement. En témoigne le succès des produits avec une double labellisation à la fois équitable et bio.

En 2020, les Français ont consommé 12 % de plus de produits équitables que l'année précédente, avec des achats qui totalisent pour la première fois 1,83 milliard d'euros.

65 % des produits équitables vendus concernent des filières internationales (café, cacao, fruits tropicaux, etc.) et 35 % concernent des produits issus de filières françaises de commerce équitable.

La croissance du secteur concerne à la fois les produits équitables internationaux (+8,15 % de croissance) et les produits équitables « origine France » (+21,6 %). En trois ans, les filières françaises de commerce équitable ont plus que doublé, pour atteindre 645 millions d'euros.

www.commerceequitable.org

Annexe 7 — Résultats de la négociation avec la centrale d'achat

Conditions commerciales et prix négociés entre la centrale d'achat d'Intermarché et Alter Eco :

- Suivi de la gamme de produits dans le temps
- 1 livraison par semaine
- Organisation d'au moins 2 animations par trimestre
- Alter Eco fournit la PLV (publicité sur le lieu de vente)
- Aucune modification de prix durant toute l'année en cours
- Pas de reprise des invendus
- Marge distributeur moyenne sur la gamme des produits Alter Eco : 16 %

Annexe 8 — Données nationales Intermarché, linéaire Tablettes chocolat

	Prix de vente TTC	Quantités vendues	CA TTC	CA HT	Part de marché (% CA HT)
Tablette Milka	3,05 €	50			
Tablette Nestlé	2,6 €	18			
Tablette Intermarché	1,5 €	40			
Tablette Côte d'Or	3,78 €	85			
Tablette Alter Eco	2,65 €	30			
Total					

TVA sur le chocolat : 5,5 %

Annexe 9 — Linéaire Tablettes chocolat, Intermarché Les Camoins

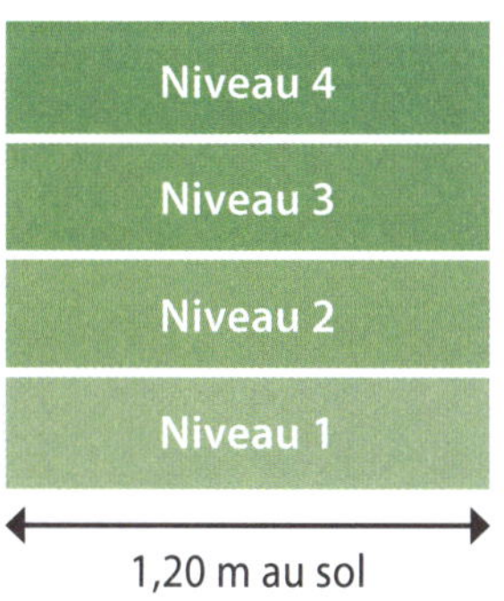

Annexe 10 — Répartition linéaire Tablettes chocolat

	Mètres linéaires occupés	% mètres linéaires occupés	CA HT	Part de marché (% CAHT)	Indice de sensibilité (% CA / Linéaire développé occupé)
Tablette Milka	2,6				
Tablette Nestlé	0,2				
Tablette Intermarché	0,8				
Tablette Côte d'Or	1,1				
Tablette Alter Eco	0,1				

Annexe 11 — Comment vendre plus en grandes surfaces

Pour vendre plus en grandes surfaces, plusieurs techniques sont possibles.

[On peut parler de la] massification, c'est-à-dire mettre de grosses quantités de produits en avant pour créer l'événement. […] À l'opposé, n'oubliez pas de mettre un petit coin promo. Il y a toujours des gens qui adorent farfouiller dans un bac où il y a plein de choses mal rangées, dépareillées. […]

L'autre possibilité est de travailler en univers, c'est-à-dire travailler avec des produits liés à la même thématique. Par exemple, si vous vendez de l'alcool, il faut mettre des gâteaux apéritifs en même temps. […] [On peut aussi utiliser des coupons de réduction pour booster les ventes, éditer un catalogue avec différents produits ou un thème (Noël par exemple).]

Bien entendu, relayez ça avec de l'affichage, une petite étiquette qui pend le long des rayons, ou une réduction avec une flèche dans le magasin. […] La caisse est aussi le meilleur endroit pour vendre un petit gadget, de l'*up-sell* [augmentation du panier moyen par une vente additionnelle] ou du *cross-sell* [vente croisée avec des produits complémentaires]. […]

L'autre possibilité, c'est tout ce qui est démonstration en magasin. Il s'agit de présenter un produit et de le mettre en avant […], [avec un échantillon ou avec une vendeuse ou un démonstrateur qui va discuter avec les clients, ou encore faire] une démonstration automatique, […] avec une vidéo, avec ou sans son, que vous mettez sur un iPad ou un PC. […]

De même il est possible d'inciter les clients à vous rejoindre sur Facebook, Twitter, Pinterest… via un iPad ou en mettant un QR code ou un badge.

« Vendre plus en magasin », conseilmarketing.com

Annexe 12 — Entretien avec le chef de rayon Épicerie (extrait)

Extrait de l'entretien six mois après la première négociation entre le chef de secteur Alter Eco et le chef de rayon de l'Intermarché des Camoins.

Êtes-vous satisfait de la fréquence de livraison de nos produits ?
Pas vraiment, une fois tous les 15 jours, ce n'est pas suffisant… il y a eu des ruptures de stock.

Nous avons organisé ensemble 3 mises en avant des produits Alter Eco pendant ces six mois, pensez-vous que c'est un bon rythme ?
Tout à fait, ça m'a permis de bien animer mon rayon Bio !! J'ai eu un retour client très positif !!

Avez-vous reçu nos PLV ?
Oui très régulièrement, elles sont très attractives.

Êtes-vous satisfait de la marge dégagée sur les produits Alter Eco ?
Pas vraiment ! C'est le vrai point noir avec vous ! Les accords nationaux prévoyaient je crois une marge autour de 16 ou 17 %, et j'arrive à peine à 12 %.

Annexe 13 — Accords passés-sous-rayon Thés

Accord passé avec le chef de rayon Épicerie lors de la première visite du chef de secteur d'Alter Eco :

- Nombre de références : 6
- Mètres linéaires développés : accordés en fonction des parts de marché (PDM d'Alter Eco sur la zone de chalandise : 42 %)
- PLV permanentes : 3
- Implantation verticale en zone chaude

Annexe 14 — Planogramme sous-rayon Thés

PLV Alter Eco (au-dessus de la 2e colonne) — ← 0,5 m → (largeur d'une colonne)

Twinings Thé Earl Grey	**Alter Eco** Thé noir Earl Grey	**Lipton** Thé citron	**Lipton** Thé menthe
Twinings Thé vanille	**Alter Eco** Thé noir Ceylan	**Lipton** Thé Earl Grey	**Lipton** Thé déthéiné
Twinings Jasmin	**Alter Eco** Thé vert ananas coco	**Marque Intermarché** Thé noir	**Marque Intermarché** Thé vert jasmin
Alter Eco Thé noir	**Alter Eco** Thé vert menthe	**Marque Intermarché** Thé noir Earl Grey	**Marque Intermarché** Thé déthéiné

← 2 m au sol →

FICHE RESSOURCE 1

LES ÉTAPES DE LA NÉGOCIATION AVEC LE CHEF DE RAYON

Le chef de secteur représente son entreprise, sa marque et ses produits auprès des grandes surfaces d'un secteur géographique déterminé.
Son objectif est double :
– il doit inciter les chefs de rayon à commander des produits référencés par la centrale d'achat ;
– il doit optimiser la place des produits en rayon.
Pour cela, il rencontre le chef du rayon correspondant dans le point de vente.

I Préparer la négociation

La préparation de la négociation comprend plusieurs phases :
- **Connaître son entreprise et ses produits.**
- **Connaître ses concurrents** dans la zone prospectée.
- **Connaître ses clients :** la politique de produits, de prix et de distribution de l'enseigne de grande distribution prospectée.
- **Préparer les OAV** (outils d'aide à la vente) : découverte des besoins, argumentaire en CAP (Caractéristiques-Avantages-Preuve), traitement des objections.
- **Préparer le matériel :** plaquette ou diaporama de présentation de l'entreprise, échantillons, catalogue (papier ou tablette), tarifs, bons de commande, conditions commerciales (mode et moyens de paiement, mode et délais de livraison).

II Construire une offre adaptée aux attentes des clients de la grande surface

Le chef de secteur doit pratiquer une veille constante des caractéristiques des clients de la zone de chalandise prospectée et de leurs attentes afin d'adapter son offre.
Il devra, dans un premier temps, consulter ou mener une série d'études, d'enquêtes, d'observations afin de connaître parfaitement les spécificités de la clientèle locale.
Dans un second temps, il devra construire un assortiment de produits cohérents entre eux et cohérents avec les attentes des consommateurs de la zone de chalandise prospectée.

III Prendre contact avec le chef de rayon

1. **Prendre un rendez-vous** préalable pour rencontrer le chef de rayon.
2. **Se présenter et créer un climat favorable** à la poursuite de l'entretien.
3. **Contrôler son interlocuteur** (s'il s'agit d'une première visite) : son identité, sa fonction, sa qualité de décisionnaire.
4. **Annoncer l'objet de la visite** : si c'est le chef de rayon qui vous a contacté(e), rappelez sa demande et montrez que vous pouvez y répondre. Si c'est vous qui avez contacté le chef de rayon, mettez en avant un avantage général apporté par votre entreprise et lié à l'activité du client.

IV Découvrir les besoins du chef de rayon

1. Poser des questions

De préférence courtes, claires, précises et adaptées au chef de rayon pour découvrir à la fois ses attentes et celles de ses clients.
Cette découverte doit se faire en pratiquant l'**écoute active** qui consiste, tout en posant des questions, à laisser parler son interlocuteur, à ne pas être trop réactif, à ne pas induire les réponses, à faire preuve d'empathie et à observer le comportement non verbal de l'interlocuteur.

Découverte des besoins des clients	Découverte des besoins du chef de rayon
Profil clients	Stratégie de l'enseigne et du point de vente
Panier moyen	Politique d'assortiment
Attentes clients	Politique de marchandisage : organisation du linéaire, *facing*, mise en avant des produits, organisation de promotions
	Recherche de nouveaux produits
	Exigence en termes de chiffre d'affaires et de marges dégagées
	Procédure de commande
	Délais et conditions de livraison
	Délais de paiement

La découverte des besoins doit partir de questions sur la situation actuelle pour arriver à des questions sur la situation future désirée en construisant une solution adaptée aux besoins.

2. Reformuler

Reformulez les besoins du chef de rayon pour être certain d'avoir bien compris ses attentes (technique du verrouillage).

V Argumenter

L'argumentaire a pour objectif de convaincre le chef de rayon de commander les produits, mais aussi d'optimiser leur place en rayon et d'organiser leur mise en avant (tête de gondole, PLV, offre promo…).
L'argumentaire doit être double : en direction du chef de rayon et en direction des clients de la grande surface.

Argumentation en direction des clients	Argumentaire en direction du chef de rayon
Notoriété de l'entreprise	Suivi de la gamme de produits dans le temps
Garantie de qualité des produits	Rentabilité et marges dégagées
Originalité des produits	Fréquence des livraisons
Variété de la gamme des produits	PLV
Praticité et attractivité du conditionnement	Organisation de promotions
	Reprise des invendus
	Délais de paiement

EXEMPLE

	Caractéristiques	Avantages	Preuves
Argument client	Produit bio	Bon pour la santé	Label AB
Argument chef de rayon	Fréquence des livraisons	Bonne rotation des stocks, pas de frais de stockage	Conditions commerciales

VI Traiter les objections

Les objections sont les remarques du chef de rayon pouvant retarder l'accord final. Elles se manifestent par des réticences, des craintes, des hésitations, des freins.

1. Identifier l'objection

EXEMPLE

Objection sincère : « J'ai déjà un nombre important de marques pour ce produit dans mes rayons. »
Objection fondée : « Une livraison tous les mois, ce n'est pas suffisant pour la rotation de mes stocks. »
Objection non fondée : « J'ai peur que mes clients ne connaissent pas votre marque. »
Objection non sincère : « Je ne dégagerai jamais de marge avec votre produit. »

2. Valoriser l'objection

EXEMPLE

« Je comprends… et vous avez raison de souligner ce point… »

3. Chercher à comprendre

EXEMPLE

« Pourquoi pensez-vous ne pas pouvoir dégager de marge ? »

4. Confirmer la compréhension en reformulant

EXEMPLE

« Si je comprends bien, votre inquiétude porte sur… »

5. Traiter l'objection

EXEMPLE

– Boomerang : « J'ai déjà… » // « C'est la raison pour laquelle je suis ici… »
– Affaiblissement : « Pas intéressé » // « Vous hésitez encore… »
– Compensation : « Pas pratique, ce conditionnement » // « Mais cependant, vous pouvez… »
– Reformulation interrogative : « Je vais perdre du temps » // « Vous vous demandez… ? »
– Écran : « Du déjà-vu » // « J'y reviendrai, avant permettez-moi de vous… »
– Témoignage : « Marque pas connue » // « Nous sommes distribués dans les grandes surfaces suivantes… »
– Implication : « Offre pas adaptée » // « D'après vous, qu'est-ce qui serait convaincant ? »

6. Contrôler l'effet de sa réponse

Vérifiez si le chef de rayon a accepté le traitement de l'objection.

VII Conclure la négociation

La conclusion doit permettre d'obtenir l'engagement du chef de rayon, elle doit se faire au moment où le vendeur détecte des signes verbaux et non verbaux de la part de l'acheteur.

EXEMPLE

Signaux verbaux	Signaux non verbaux
Le chef de rayon commence à parler des conditions commerciales (exemple : conditions et délais de livraison). Le chef de rayon a accepté la réfutation à sa plus grande objection, il semble convaincu. Le chef de rayon demande des avantages supplémentaires (exemple : organisation d'animations supplémentaires).	Le chef de rayon se montre aimable, il se détend, il sourit, il acquiesce de la tête. Il lit attentivement les conditions commerciales. Il manipule les échantillons de produits.

La conclusion de la négociation peut se faire grâce à diverses techniques :

- Invitation directe pour amener le chef de rayon à s'engager en parlant du règlement ou de la livraison.
- Récapitulatif des arguments acceptés par le chef de rayon.
- Proposer un dernier argument sur les produits ou les conditions commerciales.
- Le « *pré-close* » : le vendeur isole une dernière objection en obtenant un accord sur les autres.
- L'appât : proposer un avantage exceptionnel si le chef de rayon commande tout de suite.
- Remplir et faire signer le bon de commande.

VIII Prendre congé

- Le vendeur félicite le chef de rayon de sa commande.
- Il montre qu'il reste à sa disposition et qu'il suivra la livraison.
- Il programme une nouvelle visite pour faire le point.

FICHE RESSOURCE

2

LE MARCHANDISAGE ET LES PRINCIPES D'ALLOCATION DU LINÉAIRE

I Définition et enjeux du marchandisage

Le marchandisage (*merchandising*) est un ensemble de techniques permettant d'optimiser la place des produits et des marques en rayon.
Avec le développement de la vente en libre-service en grandes et moyennes surfaces, les enjeux du marchandisage sont considérables : il s'agit d'attirer de nouveaux clients par une offre adaptée en rayon, de déclencher l'achat, de répondre aux désirs des clients et donc de les fidéliser.

1. Les trois formes de marchandisage

Les points de vente combinent trois formes de marchandisage.

- **Le marchandisage de gestion :** son objectif est de répartir l'espace de vente disponible selon des critères de résultats (parts de marché, contribution au CA ou à la marge…).
- **Le marchandisage de séduction :** le rayon doit être valorisé par une présentation attrayante, pratique et adaptée au produit.
- **Le marchandisage d'organisation :** il concerne tout ce qui permet au consommateur de trouver aisément les produits qu'il recherche.

2. Les cinq enjeux du marchandisage

- Proposer le bon produit (celui que le client désire).
- Définir la bonne quantité (pas de rupture de stock).
- Choisir le bon emplacement (simplifier la recherche du client et mettre en avant les produits les plus intéressants pour le magasin).
- Proposer le bon prix (celui que le consommateur est prêt à payer).
- Choisir la bonne période (saisonnalité).

II L'attribution de la surface de vente aux familles de produits

1. L'attribution de la surface de vente

Pour attribuer de l'espace de vente aux différentes familles et marques de produits, les grandes et moyennes surfaces tiennent compte des parts de marché (% de chiffre d'affaires de la marque par rapport aux autres marques) et de la marge dégagée par chaque produit ou marque.

EXEMPLE

Les yaourts nature de la marque Malo ont une part de marché de 4 %. Ils devront donc occuper 4 % du linéaire développé (ld) du rayon. Si le linéaire au sol du rayon des yaourts nature est de 2 m et le nombre d'étagères de 3, le linéaire développé de ce rayon est de 6 mètres linéaires développés (2 m au sol × 3 étagères). Les yaourts nature de la marque Malo devront ainsi occuper 0,24 mètre linéaire développé (4 % de 6 m linéaires développés).
Remarque : ce calcul peut se faire avec le chiffre d'affaires ou avec la marge.

2. Les indices de sensibilité

Les indices de sensibilité (IS) permettent de vérifier si une référence ou une famille de produits ne prend pas trop de place par rapport au chiffre d'affaires ou à la marge commerciale qu'elle dégage.

IS au chiffre d'affaires	% CA (chiffre d'affaires) / % linéaire développé
IS à la marge	% MB (marge brute) / % linéaire développé

Si IS > 1 : le produit est sous-représenté, il faut lui accorder plus de place dans le linéaire.
Si IS = 1 : le produit occupe la place qui lui revient dans le linéaire.
Si IS < 1 : le produit est surreprésenté, il faut lui accorder moins de place dans le linéaire.

EXEMPLE

Une marque représentant 12 % du CA du rayon occupe 18 % du linéaire développé de ce rayon.
IS CA = 12 % / 18 % = 0,66. La marque a un IS au CA inférieur à 1, elle est donc surreprésentée dans le rayon. Il faudra réduire sa place.

FICHE RESSOURCE

3

LA MISE EN VALEUR DE L'OFFRE EN RAYON

La vente en libre-service dans les grandes surfaces suppose une mise en valeur des produits afin d'inciter les clients à acheter.
Cette mise en valeur peut se faire par le choix du mobilier de présentation, les facteurs d'ambiance du magasin, les univers de consommation et la théâtralisation de l'offre, l'implantation des produits dans le rayon.

I Le mobilier de présentation des produits en rayon

Plusieurs présentations des produits sont possibles en grandes et moyennes surfaces.

Vrac	Gondole	Comptoir

Ilot central	**Bergerie**	**Picots**

Tourniquet	**Meuble**	**Meuble réfrigéré**

II Les facteurs d'ambiance

Il s'agit de créer une ambiance d'achat agréable dans le cadre d'un marketing sensoriel, en mobilisant un ou plusieurs des cinq sens du consommateur.
L'objectif est de séduire le consommateur afin d'influencer favorablement son comportement en créant des conditions d'achat optimales.
Les facteurs d'ambiance sont l'éclairage, les couleurs, les matériaux, la sonorisation, le personnel (accueil, comportement, professionnalisme, disponibilité, sourire, amabilité, politesse), la décoration, la signalisation et les odeurs.

III Les univers de consommation

L'implantation des produits peut se faire aussi en univers de consommation, lieu consacré au sein de la grande surface à la satisfaction d'un même besoin et permettant de favoriser les ventes complémentaires (*cross selling*).

EXEMPLE

L'univers « petit déjeuner » rassemble tous les produits alimentaires et non alimentaires nécessaires à ce repas (café, chocolat, tasses, cafetières…).

FICHE RESSOURCE 4

L'IMPLANTATION DES PRODUITS DANS LE RAYON

Cette implantation permet également leur mise en valeur. Elle est régie par plusieurs règles.

I Les zones froides, les zones chaudes, les têtes de gondole

L'implantation des produits en rayon peut se faire en :

- **zone froide :** elle se trouve à l'extrémité du rayon, elle n'est pas très attractive pour le client ;
- **zone chaude :** elle se trouve au centre du rayon, c'est l'endroit où le client se rend le plus facilement ;
- **tête de gondole :** à chaque extrémité de la gondole se trouvent les têtes de gondoles (TG).

Placer les produits en zone chaude ou en TG permet de multiplier leurs ventes par deux ou par trois.

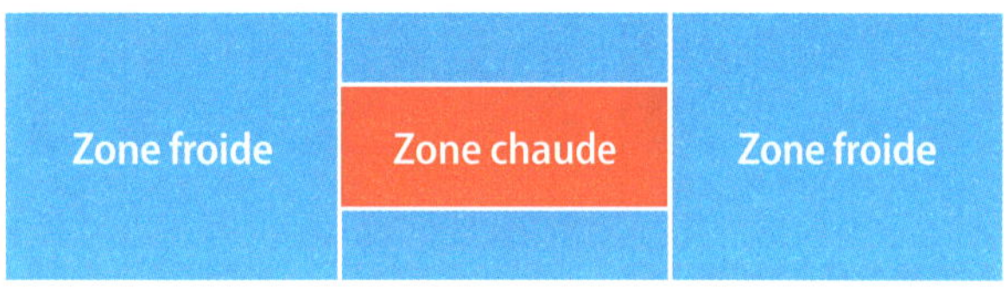

II Les niveaux d'implantation des produits

L'implantation des produits en rayon peut se faire à différents niveaux.

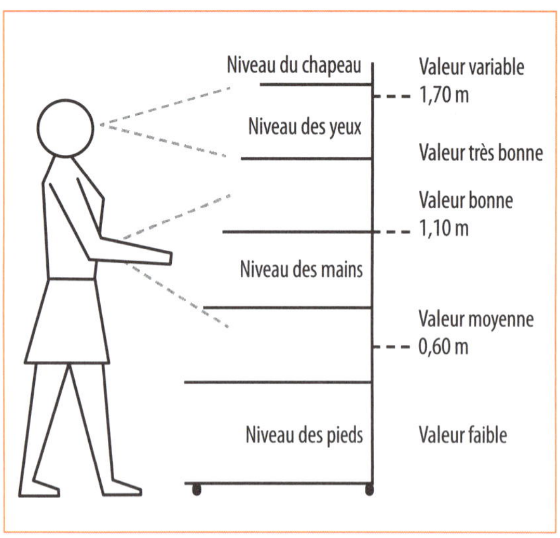

- **Niveau du chapeau :** le rayon ne doit pas dépasser 1,80 m : au-delà, les produits ne sont plus accessibles. Au niveau du chapeau sont placés les stocks de produits, les articles encombrants ou les produits déjà présentés ailleurs.
- **Niveau des yeux :** on y place les produits les plus rentables, les produits à forte notoriété, les marques de distributeurs ou les produits stratégiques.
- **Niveau des mains :** occupé par les produits indispensables ou complémentaires, à forte demande et forte marge.
- **Niveau de sol :** pour les produits lourds, encombrants et à faible marge.

III L'implantation horizontale ou verticale et le *facing*

Les produits peuvent être implantés de deux façons différentes.

- **Implantation verticale :** une même famille ou marque de produits est présentée dans le sens vertical. Cette présentation est la plus utilisée car elle donne un effet de masse et ralentit le client.
- **Implantation horizontale :** une même famille ou marque de produits est présentée dans le sens horizontal. Cette présentation est moins lisible pour le client mais elle permet une optimisation du linéaire.

Schéma d'implantation horizontale

Sardines en boîte
Thon au naturel
Thon à l'huile
Autres conserves de poissons

Schéma d'implantation verticale

Sardines en boîte	Thon au naturel	Thon à l'huile	Autres conserves de poissons

Le *facing* **(frontal)** désigne le nombre de produits identiques faisant directement face au consommateur sur un ou plusieurs niveaux d'un linéaire dans un point de vente. Un *facing* bien réalisé et sans trou favorise l'image et permet au consommateur de mieux appréhender visuellement l'offre.

Le planogramme est la représentation visuelle de l'implantation d'un rayon ou d'une tête de gondole. Il est généralement construit par le service marketing du réseau de distribution et transmis au chef de rayon qui l'utilisera pour implanter son rayon. Aujourd'hui, les planogrammes sont construits grâce à des logiciels de *merchandising*.

IV L'animation du rayon

L'animation du rayon peut se faire en positionnant des PLV (publicité sur le lieu de vente), des « stop-rayon » (affichette qui vient se fixer sur les linéaires et dont le but est de capter l'attention de l'acheteur qui parcourt le rayon et de le « stopper »), ou encore des kakemonos (affiche verticale suspendue ou sur pied).

PLV	Stop-rayon	Kakemono
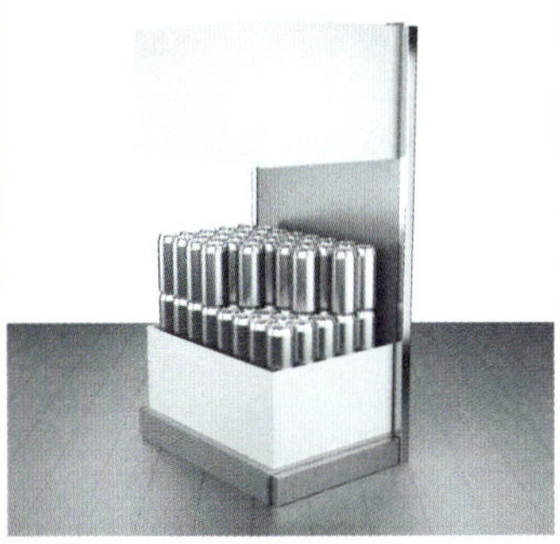		

L'animation du rayon peut se faire aussi par l'organisation d'actions ponctuelles comme des dégustations de produits, des démonstrations de produits (par des films sur des écrans de télévision ou sur des tablettes ou par des promoteurs de vente), des ateliers avec partage d'expériences entre consommateurs et tests de produits (voir chapitre 4).

Toutes les techniques d'implantation des produits en rayon s'orientent de plus en plus aujourd'hui vers une **théâtralisation de l'offre** dans le cadre d'un marketing expérientiel.

Il s'agit de mettre en scène l'offre commerciale d'une enseigne ou d'une marque afin de faire vivre une expérience unique aux clients au sein du point de vente et ainsi favoriser l'achat et les fidéliser.

FICHE RESSOURCE

5

LE CONTRÔLE DU RESPECT DES ACCORDS ET LES ACTIONS DE « REVENTE »

Le suivi de la négociation consiste pour le chef de secteur à rester en permanence en relation avec le chef de rayon et à réaliser régulièrement des visites dans le point de vente.
Ces visites lui permettront, d'une part, de contrôler si les accords passés au niveau national entre son entreprise et la centrale d'achat du réseau de distribution et les accords locaux avec le chef de rayon sont bien respectés ; et, d'autre part, de pratiquer des actions de « revente ».
Enfin, le chef de secteur doit aussi faire un *reporting* en faisant remonter au niveau de sa direction les informations récoltées sur le terrain.
Pour faciliter le travail du chef de secteur lors d'une visite en grande surface, des logiciels sur tablette ou sur ordinateur portable permettent aujourd'hui de présenter le catalogue produits, d'organiser le planning des tournées, de consulter l'historique des visites, de consulter la fiche clients, de saisir les relevés de linéaire, de suivre le planning des promotions, de prendre des commandes et de calculer tous les ratios nécessaires au suivi des performances.

I Le contrôle des accords nationaux et locaux

Le chef de secteur est chargé de contrôler régulièrement l'application et le respect des accords nationaux et locaux.

- **Accords nationaux passés entre l'entreprise fournisseur et la centrale d'achat du réseau de grande distribution.**

Ces accords portent sur les prix et les conditions générales de vente (délais et conditions de livraison, délais de paiement, reprise des invendus…).

- **Accords locaux passés entre l'entreprise fournisseur et le chef de rayon représentant la grande surface.**

Ces accords portent sur la présence des produits en rayon, la place occupée dans le linéaire, la mise en avant des produits, l'animation du rayon et l'organisation des livraisons.
Si les accords nationaux et locaux ne sont pas respectés, le chef de secteur devra alors proposer des mesures correctrices. C'est ce que l'on appelle la « revente ».

II Les actions de « revente »

La « revente » consiste pour un chef de secteur à suivre dans le temps son référencement en grande surface en apportant toutes les modifications nécessaires afin d'optimiser sa présence en rayon et donc de développer son chiffre d'affaires.
Les actions de « revente » consistent à :
– aider le chef de rayon à implanter les produits ;
– effectuer des relevés de linéaire pour vérifier si les accords passés sont respectés ;
– procéder à d'éventuelles actions correctrices, en accord avec le chef de rayon, si l'allocation du linéaire n'est pas la bonne ou si les produits sont mal placés ;
– recadrer (ranger) le linéaire pour augmenter les volumes présentés ;
– corriger les ruptures de stock en optimisant la fréquence des livraisons ;
– baliser le rayon avec de la PLV et des stop-rayon ;
– mettre en place des animations des produits en rayon ;
– proposer des bons de réduction…

III Le *reporting* : la remontée des informations de terrain

Le chef de secteur est aussi un des acteurs de la veille commerciale et concurrentielle ; à ce titre, il est missionné pour faire remonter à sa direction les informations récoltées sur le terrain auprès des chefs de rayon :
– les spécificités des attentes des consommateurs de son secteur géographique ;
– l'évolution des attentes des consommateurs ;
– l'apparition de nouveaux produits ;
– l'apparition de nouveaux concurrents.

Applications

Maîtrise

1 Construire une offre adaptée

Vous êtes chef de secteur pour Malongo, producteur de café. Vous avez rendez-vous avec le chef de rayon d'un supermarché Leclerc de Lille pour proposer vos produits.

À partir de l'étude de marché nationale et des caractéristiques et attentes des clients de la zone de chalandise de la grande surface prospectée, construisez une offre adaptée que vous proposerez au chef de rayon.

Document 1 Le marché du café

La crise n'a pas entamé notre goût pour le café. Ce marché, estimé à 2 Md€, continue de progresser en France, porté par les dosettes.

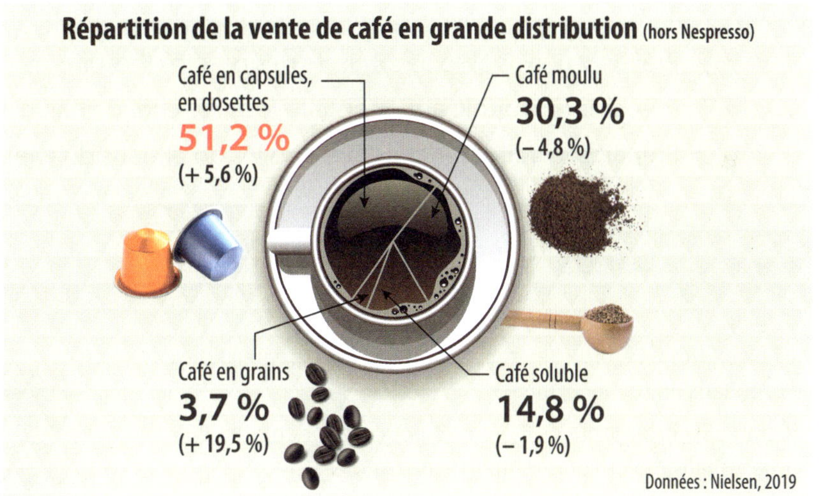

Document 2 L'assortiment de cafés Malongo

Café moulu	Café en capsules	Café en grains	Café soluble
Café moulu Arabica Colombie 2,50 €	Café Colombie expresso 3,50 €	Café en grains Arabica Colombie 2,50 €	Café soluble Arabica Colombie 3 €
Café moulu Arabica Afrique 2,30 €	Café Colombie lungo 4,20 €	Café en grains Arabica Afrique 2 €	Café soluble Arabica Afrique 3,20 €
Café moulu décaféiné 3,10 €	Décaféiné Colombie 3,40 €	Café en grains décaféiné 3 €	Café soluble décaféiné 2,50 €
Café moulu Qualité supérieure 5,20 €	Dosette luxe 6,70 €	Café en grains Moka supérieur 5 €	Café soluble Moka supérieur 5,80 €

Document 3 Caractéristiques des consommateurs de la zone de chalandise

La répartition des ventes de café dans le Nord de la France est semblable aux données nationales avec une préférence pour les cafés colombiens. La zone de chalandise du Leclerc de Lille est une clientèle de revenus moyens à bas.

Maîtrise

2 Préparer un argumentaire pour le chef de rayon

Vous êtes chef de secteur au sein de l'entreprise Canon. Vous avez pris rendez-vous avec le chef de rayon Photo d'une enseigne de grande distribution spécialisée dans le multimédia : MediaPlus. La marque Canon est référencée par la centrale d'achat de cette enseigne ; vous êtes chargé(e) de convaincre le chef de rayon de commander votre produit. Avant de le rencontrer, vous préparez vos outils d'aide à la vente.

1 Préparez une double découverte des besoins (besoins du chef de rayon et de ses clients).

2 Préparez un double argumentaire (pour le chef de rayon et pour ses clients).

3 Préparez le traitement des éventuelles objections du chef de rayon.

Document 1 Canon PowerShot G1 X

Le PowerShot G1 X offre des qualités dignes d'un appareil reflex, le tout dans un boîtier compact.

- **Écran LCD orientable de 7,5 cm (3 pouces) :** orientable pour une visualisation depuis n'importe quel angle.
- **Système HDMI :** visualisation possible des photos et vidéos sur un écran de télévision.
- **Stabilisateur d'image intelligent :** prises de vue stables dans toutes les situations.
- **Système Haute Sensibilité :** prises de vue de très bonne qualité en basse lumière.
- **Gamme complète d'accessoires :** batterie supplémentaire, étuis, flash, boîtier étanche…
- **Boîtier étanche jusqu'à 40 m en option**
- **Prix :** 659 € TTC. *Ce Canon est dans la fourchette haute de prix des appareils compacts.*

Document 2 Accords entre la centrale d'achat MediaPlus et Canon

Canon

- Suivi des produits Canon (entreprise présente sur le marché des appareils photo depuis 1937)
- Choix de 25 références d'appareils photo
- Livraison mensuelles
- Canon propose des PLV et organise 3 animations par an (les coûts sont supportés par Canon)
- Marge dégagée par le distributeur : entre 15 et 22 % selon les modèles d'appareils photo
- Reprise des invendus
- Organisation d'ateliers photo sur le point de vente et de concours photo

Expertise

3 Analyser la place des produits en rayon

Vous êtes chef de secteur au sein de l'entreprise Kellogg's, qui distribue des céréales. Vous venez contrôler la place de vos produits dans le linéaire. Vous vous rendez dans une grande surface de votre secteur géographique où vos produits sont présents et réalisez un relevé de linéaire.

1. Analysez la place de vos produits en rayon : implantation des produits en zone chaude ou zone froide, implantation verticale ou horizontale, niveau de l'implantation, nombre de *facings*.
2. Que concluez-vous sur l'implantation de vos produits en rayon ?
3. Calculez le nombre de mètres linéaires développés occupés par votre marque.
4. Calculez le pourcentage de linéaire occupé par votre marque.
5. Sachant que votre part de marché est de 20 %, qu'en concluez-vous ?
6. Calculez combien de mètres linéaires développés devrait occuper votre marque.

Document Planogramme du sous-rayon Céréales

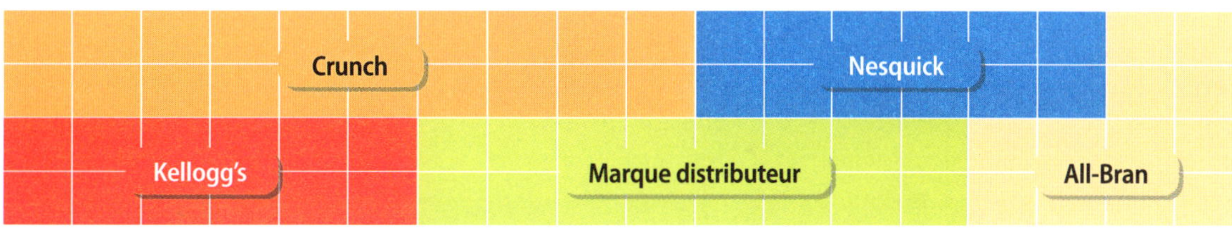

(Chaque carré représente une boîte de céréales et mesure 25 cm.)

Expertise

4 Optimiser la place des produits en rayon

Vous êtes chef de secteur au sein de l'entreprise Royal Canin. Vous venez contrôler la place de vos produits en rayon.

1. Calculez les indices de sensibilité au chiffre d'affaires et à la marge pour votre marque et pour vos concurrents.
2. Quelles sont vos conclusions ?
3. Proposez une nouvelle allocation du linéaire à partir du pourcentage de marge réalisée.

Document Données de répartition du rayon

Familles	Linéaire développé	% LD	Chiffre d'affaires	% CA	MB	% MB	IS CA	IS MB
Royal Canin	28		614 000		92 100			
Concurrent 1	17		416 000		62 400			
Concurrent 2	10		258 000		46 440			

Synthèse

Négocier l'implantation de l'offre sur le lieu de vente

Les étapes de la négociation-vente avec le chef de rayon

Étape 1 : préparation matérielle et préparation des OAV

Étape 2 : construction d'une offre adaptée aux attentes des clients de la grande surface

Étape 3 : prise de contact

Étape 4 : découverte des besoins et reformulation

Étape 5 : argumentation en CAP

Étape 6 : traitement des objections

Étape 7 : conclusion de la vente et prise de congé

Le marchandisage et les principes d'allocation du linéaire

Le marchandisage est un ensemble de techniques permettant d'optimiser la place des produits et des marques en rayon (marchandisage de gestion, d'organisation et de séduction).

↓

La **place occupée** en rayon doit correspondre à la **part de marché** de la marque.
La vérification de la place accordée se fait par le calcul.
Indice de sensibilité = % CA dégagé par la marque / % linéaire développé occupé

La mise en valeur des produits en rayon

Mobilier de présentation	Facteurs d'ambiance	Implantation des produits	Animations	Univers de consommation
Comptoir, îlot central…	Son, lumière, couleurs, odeurs…	Horizontale, verticale, zone chaude, froide…	PLV, stop-rayon, dégustations…	Regroupement des produits par thème

Le contrôle des accords nationaux et locaux

Accords nationaux avec la centrale d'achat
Contrôle de l'application des prix et des conditions commerciales

Accords locaux avec le chef de rayon
Contrôle de la place dans le linéaire, des animations, de la PLV

La « revente »

La « revente » consiste pour un chef de secteur à suivre dans le temps son référencement en grande surface en apportant toutes les modifications nécessaires afin d'optimiser sa présence en rayon et donc développer son chiffre d'affaires.

Le *reporting*

Faire remonter les informations récoltées sur le terrain auprès des chefs de rayon : nouvelles attentes des consommateurs, apparition de nouveaux produits, nouveaux concurrents…

TESTEZ-VOUS

Quiz sur le chapitre 3
liennathan.fr/y527hw

MOTS CLÉS

Marchandisage · Mètre linéaire développé · Indice de sensibilité · Zone froide / Zone chaude · Tête de gondole · Planogramme · Revente · Univers de consommation · Marketing expérientiel · Théâtralisation de l'offre

CHAPITRE 4

Mettre en œuvre des animations commerciales

Contexte professionnel

Activités/Tâches	Compétence	Vers PIX
Conseil en matière d'expérience de consommation Mise en œuvre d'animations commerciales	Valoriser l'offre sur le lieu de vente	**2.1.** Interargir

Depuis plus de 40 ans, Brioche Pasquier sélectionne ses ingrédients et ses recettes afin de proposer des produits simples et savoureux, adaptés à chaque instant de la journée. Aujourd'hui, cette entreprise familiale est spécialisée dans trois activités : les brioches, les pâtisseries et les biscottes. Le produit phare de Brioche Pasquier est le Pitch Choco barre, qui occupe à lui seul 60 % des parts de marché des brioches. Ses principaux clients sont les GMS (grandes et moyennes surfaces), la CHD (consommation hors domicile) et les industriels.

En 2017, Brioche Pasquier enregistrait 669 millions d'euros de chiffre d'affaires, pour 3 300 salariés et 18 sites de production. En 2020, l'entreprise compte 3 520 salariés et son chiffre d'affaire s'élève à 692 millions d'euros.

Votre rôle

Sur le secteur de vente qui s'étend de Strasbourg (67) à Montbéliard (25), vous êtes chargé(e) d'assister le chef de secteur de Brioche Pasquier. Le 15 septembre prochain, vous vous rendrez dans le centre E. Leclerc d'Issenheim (68), où les produits Brioche Pasquier sont déjà référencés. Votre objectif sera de négocier et d'organiser une animation commerciale autour du produit « Galette des rois ». Votre interlocuteur sera M. Fabien, responsable du département Frais.

Pour cela, vous devrez :

– présenter l'intérêt de votre animation commerciale ;
– organiser l'animation ;
– mesurer la performance de l'animation.

Vos objectifs

I Découvrir les animations commerciales

Pour préparer la rencontre avec M. Fabien, responsable du rayon Frais, vous analysez les pratiques de Brioche Pasquier en matière d'animation commerciale.

1. Identifiez les différentes techniques d'animation utilisées par Brioche Pasquier.
2. Présentez d'autres techniques d'animation commerciale.

➜ Fiche ressource 1
➜ Annexe 1

3. Préparez un mémo sur l'intérêt des animations commerciales réalisées par Brioche Pasquier (pour la marque, pour le distributeur, pour le consommateur).

➜ Fiche ressource 2
➜ Annexe 2

II Préparer une animation commerciale

Vous vous rendez au centre E. Leclerc d'Issenheim pour rencontrer M. Fabien afin d'organiser une animation mettant en valeur le produit « galette des rois ».

4. À partir des éléments que vous avez collectés, élaborez la partie « produit » du cahier des charges de l'animation.

➜ Fiche ressource 2
➜ Annexes 3, 4 et 5

5. Élaborez le cahier des charges du produit « galette des rois » pour la prochaine animation commerciale.
6. Listez les différents supports de communication utilisables pour annoncer l'animation commerciale auprès des clients du centre E. Leclerc.

➜ Fiche ressource 3

III Réaliser une animation commerciale

Pour réaliser votre animation, qui se déroule sur deux jours les 5 et 6 janvier, vous vous rendez au centre E. Leclerc d'Issenheim.

7. Présentez les étapes de valorisation de l'offre pendant l'animation commerciale.
8. Rédigez le pitch du vendeur.

➜ Fiche ressource 4

IV Évaluer une animation commerciale

Vous évaluez les résultats de votre opération et proposez des préconisations pour les prochaines animations.

9. Évaluez la rentabilité de l'animation commerciale.

➜ Fiche ressource 4

10. Analysez la satisfaction client et le ressenti des animateurs.
11. Effectuez un *reporting* sur le bilan de l'opération auprès de votre supérieur.
12. Proposez les prochaines animations commerciales pour les six mois à venir.

➜ Fiche ressource 1
➜ Annexes 6 à 10

Votre dossier

Annexe 1 — Exemples d'animations commerciales Brioche Pasquier

Dans le cadre d'un partenariat, les joueurs du club de basket de Cholet ont participé ce mercredi à une manifestation organisée par Brioche Pasquier et répondu pendant 1 heure aux sollicitations des clients du Super U de Mortagne-sur-Sèvre : dédicaces, photos-souvenirs…
Brioche Pasquier a également offert un goûter Pitch aux enfants venus rencontrer les joueurs et organisé un jeu-concours permettant à dix personnes de gagner deux places pour le match Cholet Basket-Le Portel du samedi 10 mars. Les gagnants ont été désignés par tirage au sort.

Annexe 2 Expériences clients Brioche Pasquier

Chez Brioche Pasquier, la qualité de l'expérience client est devenue un critère d'achat fondamental. En effet, les clients souhaitent aujourd'hui des produits qui offrent des rêves, des histoires, des aventures et des expériences. Le succès de Brioche Pasquier provient d'une expérience client réussie, qui retrouve dans les produits des ingrédients de qualité et des sensations de produit de nos grands-mères. L'épanouissement émotionnel, au moment de la dégustation d'un produit Brioche Pasquier, doit être à son maximum. On ne consomme pas Brioche Pasquier pour s'approvisionner mais bien pour le plaisir qu'il procure. Voici quelques exemples :

« *J'ai l'impression de retomber en enfance quand je croque dans n'importe quel produit de Brioche Pasquier* »
Rose, 55 ans.

« *Je ne suis pas très fidèle à une marque mais j'apprécie tellement les posts de Brioche Pasquier sur Facebook, que je deviens consommatrice régulière. Par exemple, pour Pâques, Brioche Pasquier m'a donné comme idée de créer des macarons-lapins grâce à une publication sur leur mur* »
Julia, 25 ans.

« *Moi, je garde un bon souvenir d'un match de football au stade Bonnal à Sochaux. Brioche Pasquier avait offert des brioches à l'entrée du stade* »
Thomas, 16 ans.

« *Depuis que ma fille de 10 ans a vu le film d'animation* Pitch, let's go *que Brioche Pasquier a publié sur le Web, elle ne souhaite que des Pitch au goûter. Même ses copines se mettent à réclamer des Pitch à leurs parents* »
Élodie, 45 ans.

« *Ce qui me plaît chez Brioche Pasquier, c'est que sa fabrication est 100 % française, je suis très attentif aux étiquettes* »
Augustin, 32 ans.

Annexe 3 Galettes des rois Brioche Pasquier

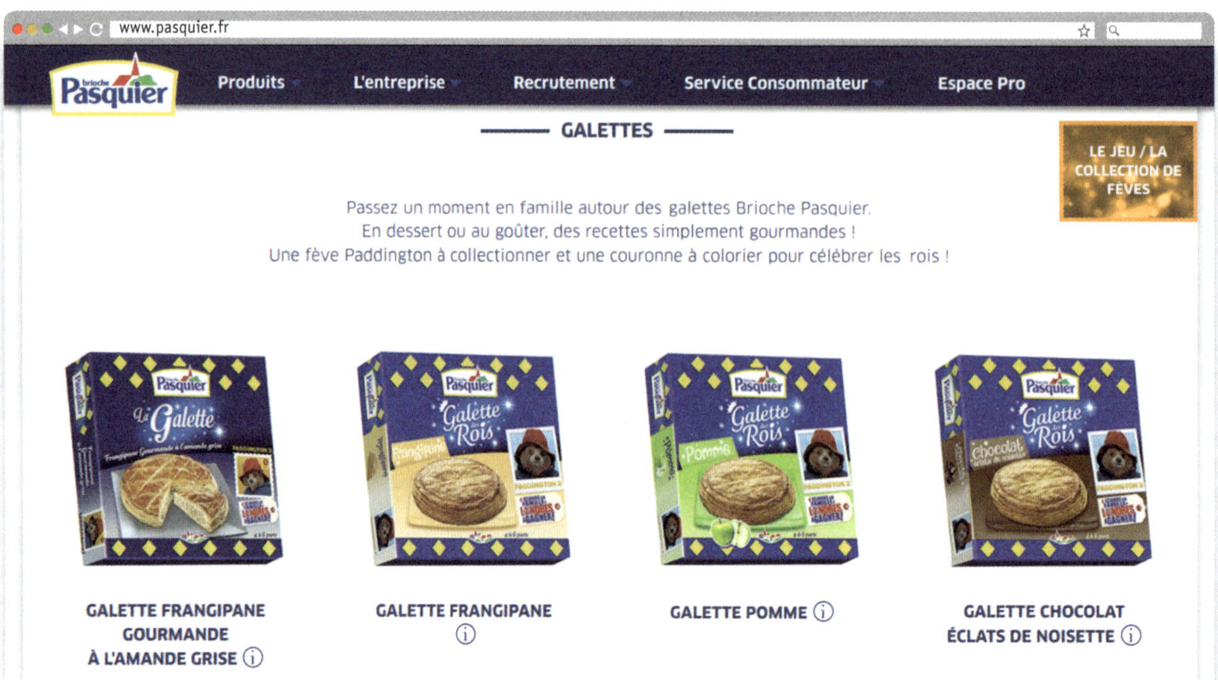

Annexe 4 — Extrait de l'entretien avec le responsable du département Frais du centre E. Leclerc à Issenheim

M. Fabien : « J'ai fait le choix l'année dernière de ne pas réaliser d'animation commerciale pour l'Épiphanie car j'avais un souci technique qui m'empêchait de mettre de la PLV à l'entrée du magasin. J'ai été très déçu, les ventes n'ont pas décollé. Cette année, je veux que les clients voient vos galettes et surtout qu'elles soient un achat d'impulsion. »

Vous : « Je peux vous proposer une dégustation avec un stand et un animateur. Cette année, nous avons une licence avec *Paddington* pour que les clients puissent collectionner les fèves. On a même une nouveauté : la galette frangipane à l'amande grise ! En plus, avec ce type d'animation, vous allez voir, le rayon BSA* va exploser. »

M. Fabien : « Vous me fournissez aussi des BRI ? »

Vous : « Je peux vous proposer une remise de 0,40 € pour l'achat de deux galettes. »

M. Fabien : « C'est ok pour moi. On fait une mise en avant avec un présentoir carton au sol de 3 mètres par 1 sur une semaine. Et le vendredi et samedi de cette même semaine, vous me mettez un stand et une animation dégustation. »

Vous : « Oui, on peut faire comme ça. L'animation sera relayée sur les réseaux sociaux de Brioche Pasquier ; et de votre côté ? »

M. Fabien : « Je ne sais pas trop, c'est le service communication qui se charge de tout ça… et pour les quantités de galettes à commander, je vous fais confiance… »

Vous : « D'après la taille de votre magasin et du CA catégoriel, je vous préconise une commande de 1 000 références dont 700 pour la frangipane classique et 100 pour chacune des autres références. J'ajouterais même une vingtaine de galettes pour la dégustation : 8 amandes grises, 8 classiques, 2 pommes et 2 éclats de noisettes. »

**BSA : boissons sans alcool*

Annexe 5 — Implantation par masse du centre E. Leclerc d'Issenheim

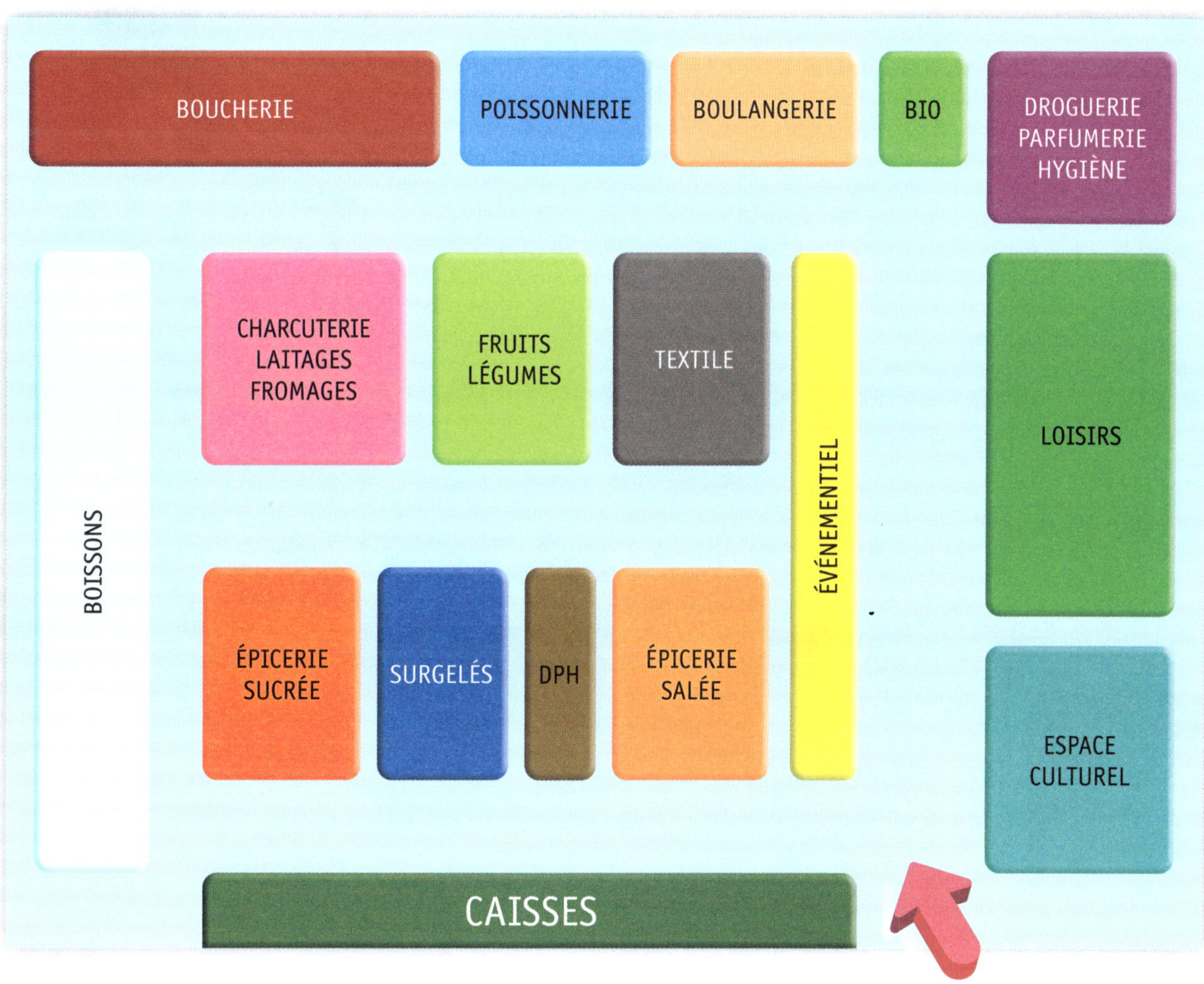

Annexe 6 — Animation commerciale des 5 et 6 janvier

Prix de vente d'une galette des rois : 5,45 € TTC. Prix d'achat pour le distributeur : 3,40 € HT.
La démarque est souvent insignifiante bien que le produit soit périssable.

Type d'animation commerciale	– Dégustation (possibilité de déguster et proposition aux enfants de dessiner sur du mobilier à leur portée) – BRI de 0,40 € pour l'achat de 2 galettes	
Animateur	Un prestataire extérieur de la société JR Animation	
Coût de l'animation (stand, PLV, animateur, produits de dégustation)	250 € TTC/jour Horaires : 10h-18h avec une pause déjeuner d'une heure	
Nombre de galettes vendues, (toutes références confondues)	Pour le 5 janvier : 444	D'après les *sell out* (sorties de caisse), on sait que 102 clients ont acheté 2 galettes à la fois
	Pour le 6 janvier : 604	D'après les *sell out* (sorties de caisse), on sait que 122 clients ont acheté 2 galettes à la fois
Quelques retours clients	– *« Je n'imaginais pas que la frangipane pouvait être aussi légère ! »* – *« Je me suis régalé mais je n'ai rien acheté. »* – *« L'animatrice était super-sympa et m'a vraiment rassurée sur les ingrédients qu'utilisait Brioche Pasquier. »* – *« J'adore ce magasin, les animations sont toujours au top ! »*	

Annexe 7 — Reporting animatrice

NOM : *Augustine*

ANIMATION : *Brioche Pasquier*

PÉRIODE : *5 et 6 janvier N*

À AMÉLIORER

J'ai manqué un peu de stock le 2e jour vers 17h, j'ai dû courir dans les rayons pour me réapprovisionner, mais il m'en a manqué quand même.

SATISFAIT

Les clients ont aimé la dégustation des galettes. La nouvelle galette à l'amande grise a été très appréciée.

Annexe 8 — Extrait du planning des animations Brioche Pasquier

	Août/Septembre		Janvier	
Produits	Pitch	…	Galette	…
Temps forts	Rentrée des classes		Épiphanie	
Médias	Réseaux sociaux, publicités à la TV, vidéos sur le Web, bannières publicitaires sur le Web, habillage de pages Web, publicités sur le ticket de caisse			
Outils	*Flyers*, plaquettes, *goodies*, stop-rayon, PLV			

Annexe 9 Catalogue produits (extraits)

Brioches et viennoiseries petit déjeuner	Biscottes et croustillants
Brioche en tranches	Grillettines sans sucres ajoutés
Brioche tressée	Grillettines céréales et graines
Briochettes	Tartines de pain blé complet bio
Pancakes	Tartines de pain multi-céréales
Pains au chocolat	Biscottes céréales bio
Croissants	Biscottes équilibre
Pains au lait « touche de caramel »	Ficelles de pain brioché
Pains au lait « touche de miel »	Mini-apéro froment à tremper
Brioches et viennoiseries goûter	**Pâtisserie**
Pitch choco barre	Macarons parfums incontournables
Pitch beignet	Macarons parfums fruités
Pitch fruits	Macarons parfums gourmands

Annexe 10 Huit animations *in store* parmi les plus innovantes

TOP 1 : LES CASQUES DE RÉALITÉ VIRTUELLE

Les casques de réalité virtuelle sont la nouvelle tendance. Issus des jeux vidéo, ils ouvrent la porte d'un nouveau type de commerce : le V-commerce. D'abord utilisé par les grandes marques sur les salons et les foires, les casques de réalité virtuelle permettent aux clients d'accéder à un catalogue de produits plus large, de partager des histoires sur votre contenu de marque, mais avant tout de leur faire vivre une expérience unique.

Imaginez-les assembler virtuellement un pantalon et un haut puis les acheter directement, ou encore découvrir les principes d'une agriculture bio à travers les étapes de fabrication de votre produit tout en restant à côté de vous.

TOP 2 : LA RÉALITÉ AUGMENTÉE

Toujours dans l'univers du digital, la réalité augmentée permet de se démarquer dans le monde du *retail*. En effet, cette technologie laisse place à la créativité des marques en proposant du contenu directement sur le smartphone des consommateurs. En tête de gondole ou sur le packaging de vos produits, un simple visuel aux couleurs de votre marque peut donner accès à des vidéos divertissantes ou informatives, ou bien à des offres promotionnelles.

La marque de ketchup Heinz avait déjà proposé aux utilisateurs un livre de recettes virtuel qui apparait lorsque l'on scanne leur fameuse bouteille rouge.

Huit animations *in store* parmi les plus innovantes

TOP 3 : L'ATELIER CUISINE

Nous retenons 30 % de ce que nous voyons et 80 % de ce que nous faisons. Faire participer un client pour préparer un véritable plat, dessert, gâteau ou autre, en présence d'un chef et en intégrant un de ses produits dans la recette exposera positivement votre marque auprès de lui et des personnes assistant à la démonstration. Cela permettra de valoriser votre client en lui transmettant une partie de votre savoir-faire et il se remémorera cette expérience inattendue comme un bon moment en votre compagnie. La marque Vahiné a par exemple invité des clients d'un supermarché à faire des gâteaux sur place.

TOP 4 : LE *SOCIAL MEDIA CORNER*

Moins d'un mètre carré est nécessaire pour monter un emplacement pour prendre des *selfies*. Cette solution n'a pas pour but de générer directement des ventes mais familiarisera les clients avec votre marque ou vos gammes de produits. Prenez deux panneaux aux couleurs vives avec votre logo, incitez l'utilisation d'un message de marque ou d'un *hashtag* et vos clients endossent le rôle d'ambassadeur sur les réseaux sociaux. Combiner cette solution avec un jeu-concours vous permettra de stimuler le partage. Le social media fonctionne particulièrement auprès d'un jeune public.

Animation commerciale Schweppes
liennathan.fr/y6ip62

TOP 5 : LA PERSONNALISATION GRÂCE À L'IMPRIMANTE 3D

Dans une société où nos habitudes de consommation se ressemblent sur les achats alimentaires, vestimentaires ou d'autres domaines comme les divertissements, la personnalisation des produits est un véritable levier de différenciation.

L'impression 3D permet de réaliser rapidement des objets uniques que les clients peuvent utiliser au quotidien. En plus de repartir avec un souvenir, il y a de fortes chances que le client reste sur votre stand, intrigué par ce procédé.

TOP 6 : LES PARTENARIATS AVEC DES INFLUENCEURS

Autrefois, faire venir un présentateur télé ou un chanteur dans une grande surface pouvait s'avérer très coûteux. Aujourd'hui, de nombreux influenceurs sur les réseaux sociaux disposent d'une communauté de *followers* et peuvent proposer des partenariats à des prix plus abordables. De plus, leur audience peut correspondre à votre cible de clients. [...] Leur présence en tant qu'ambassadeur sur un de vos événements peut ramener énormément de trafic avec un taux d'engagement supérieur à la moyenne et offre également une bonne couverture sur les réseaux sociaux.

TOP 7 : LES BORNES INTERACTIVES

[Elles] sont toujours très personnalisables et attirent naturellement les clients qui n'hésitent pas à partager leur mail ou leur profil Facebook pour participer à un jeu-concours pour remporter un voyage ou une voiture. Elles existent sous de nombreux formats et s'avèrent très efficaces pour réaliser des campagnes *e-mailing* par la suite. Vous pouvez également lier le jeu concours de la borne [placée] sur votre espace de vente au jeu sur lequel vous communiquez déjà sur votre site internet.

Un hypermarché avec borne interactive et mur digital
liennathan.fr/4h3d8j

TOP 8 : LES APPLICATIONS MOBILES PERMETTANT D'OBTENIR DES OFFRES SPÉCIALES

Certaines applications mobiles proposent un nouveau type d'expérience de shopping aux utilisateurs une fois qu'ils sont dans votre espace de vente. Le smartphone de l'utilisateur interagit avec différentes bornes placées stratégiquement dans le magasin, qui lui permettent de bénéficier d'offres promotionnelles.

C. Sailly, « Top 10 des animations *in store* les plus innovantes », www.blogstudentpop.fr, 28 avril 2020.

FICHE RESSOURCE

1

LES TECHNIQUES D'ANIMATION COMMERCIALE

L'animation commerciale est une opération promotionnelle, ponctuelle, régulière ou non, réalisée dans les points de vente les jours d'affluence.

I Les techniques d'animation commerciale traditionnelles

Démonstration : présentation du produit, de son fonctionnement, de son utilisation avec des conseils. L'animateur rassure le client sur les performances du produit.

- Ex. : la marque L'Oréal propose des ateliers maquillage animés par des conseillères beauté, qui font essayer les produits innovants et donnent des conseils en matière de maquillage.

Dégustation : présentation au client des qualités gustatives du produit. La dégustation propose une expérience sensorielle (vue, senteur, toucher, goûter).

- Ex. : la marque Danone organise des dégustations des nouvelles saveurs de son yaourt « Danone aux fruits d'ici », produit sans additifs, avec la liste des ingrédients au gré des saisons et 100 % local.

Échantillon : quantité réduite du produit. L'échantillon est distribué gratuitement au client pour lui permettre de tester le produit.

- Ex. : la marque Lenor distribue des échantillons de son adoucissant Lenor « 0 % colorant ».

Bon de réduction (BR) : remise immédiate (BRI) ou différée (BRD) sur le prix d'un produit.

- Ex. : l'entreprise Ferrero propose 0,40 € de réduction immédiate sur l'achat d'un paquet de 5 Kinder Happy Hippo cacao ou noisette.

Vente flash : réduction du prix sur un temps limité. La vente flash est réalisée dans les points de vente avec des annonces au micro ou sur des sites d'e-commerce.

- Ex. : remise de 5 € pendant 15 minutes sur les jeux Hasbro Chabyrinthe, six fois dans l'année.

Jeu d'animation : loterie ou concours. La loterie est un tirage au sort, sans obligation d'achat. Le concours est lié aux connaissances du client avec une obligation d'achat.

- Ex. : l'entreprise Intermarché donne des bons à gratter à ses clients fidèles leur permettant de gagner des cadeaux.

Événement : invitation d'une personnalité (crée de l'attractivité sur le point de vente).

- Ex. : la chanteuse Amel Bent vient dédicacer son dernier album à l'espace culturel de Leclerc Beynost près de Lyon.

II Les nouvelles techniques d'animation commerciale

Borne digitale
Borne proposant un animateur virtuel, des vitrines interactives et des cabines d'essayage intelligentes.

- Ex. : borne digitale dans les magasins de vêtements qui présente l'ensembre du catalogue en ligne.

Borne interactive
Borne en format tablette ou sur grand écran en 3D, personnalisable, et permettant d'intégrer des jeux-concours.

- Ex. : de nombreuses marques ou enseignes de supermarchés utilisent cet outil pour proposer des loteries en lien avec une carte fidelité.

Robotique
Robot réalisant la démonstration d'un produit.

- Ex. : Nescafé utilise des robots humanoïdes pour vendre les machines Nespresso.

Casque de réalité virtuelle (VR)
Casque permettant aux clients d'accéder à un catalogue de produits plus large, de partager des histoires sur le contenu de la marque.

- Ex. : a marque de biscuits Oreo a lancé une campagne marketing VR qui transporte l'utilisateur au-dessus de rivières de lait et de biscuits.

Réalité augmentée
Proposition d'un contenu en 3D directement sur le smartphone du consommateur.

- Ex. : la marque de ketchup Heinz propose un livre de recettes virtuel qui apparaît lorsqu'on scanne leur produit.

Atelier de cuisine
Animation consistant à faire participer un client pour préparer un plat, un dessert ou un gâteau en présence d'un chef et en intégrant un produit de la marque dans la recette. Cela valorise la marque pour les personnes qui assistent à la démonstration.

- Ex. : la marque Vahiné a invité des clients d'un supermarché à confectionner des gâteaux sur place.

Social media corner
Emplacement permettant de prendre des *selfies* avec le logo et les couleurs de la marque et incitant à utiliser un message ou un *hashtag* de la marque : le client endosse le rôle d'ambassadeur sur les réseaux sociaux.

- Ex. : le groupe Unilever utilise le *social media corner* sur ses salons, l'occasion de faire connaître ses marques.

Impression 3D
Système permettant de réaliser rapidement des objets uniques sur un stand, pour que les clients repartent avec un souvenir de la marque.

- Ex. : le constructeur BMW s'est associé à la start-up Twikit pour proposer des contours de clignotants personnalisés.

Partenariat avec des influenceurs
Invitation d'une personnalité d'Instagram ou de YouTube pour faire connaître les produits d'une marque et générer du trafic sur les réseaux sociaux.

- Ex. : le MOB Hôtel de Saint-Ouen a organisé un barbecue avec la participation de la bloggeuse « food » du site Parisianivores.

Application mobile
Application permettant d'interagir avec les bornes placées stratégiquement dans le point de vente et de bénéficier d'offres promotionnelles.

- Ex. : l'enseigne Leclerc s'est associée à la start-up Promodeclic pour proposer des promotions sur certains vins et plats de son service traiteur.

FICHE RESSOURCE

2

LES OBJECTIFS ET LA PRÉPARATION D'UNE ANIMATION COMMERCIALE

I Les objectifs de l'animation commerciale (avant)

L'animation commerciale permet de développer l'achat d'impulsion. Lors d'une animation commerciale, les ventes sont multipliées par deux en moyenne.

Objectifs	Explications
Pour la marque	Faire découvrir le produit Améliorer la notoriété du produit et de la marque Rassurer le consommateur Mesurer la satisfaction client Connaître l'avis des consommateurs Fidéliser les clients Prendre des parts de marché à la concurrence Recruter des données sur les prospects Créer une communauté de clients Générer du lien avec la marque
Pour l'enseigne	Générer du trafic dans le point de vente Augmenter le panier moyen des clients Favoriser l'achat de produits complémentaires Se démarquer de la concurrence Dynamiser les ventes et écouler les stocks
Pour le consommateur	Améliorer l'expérience client Connaître de nouveaux produits Tester de nouveaux produits

II Le cahier des charges

Pour organiser une animation commerciale, il faut construire un **cahier des charges**, qui comprend les étapes suivantes :

1. Décrire le contexte de l'animation commerciale.
2. Fixer les objectifs de l'animation commerciale.
3. Expliquer les raisons de l'animation commerciale (augmenter les ventes, écouler les stocks, faire connaître, faire essayer le produit, faire adhérer à la marque et à l'enseigne…).
4. Présenter le produit et la gamme à promouvoir.
5. Préciser les ressources (ordinateur, tablette…).
6. Décrire l'emplacement dans le point de vente.
7. Lister les stocks disponibles.
8. Planifier les délais pour recevoir les commandes de produits.
9. Décrire le type d'animation commerciale (réduction sur le prix, primes, quantité supplémentaire de produit pour le même prix, jeu-concours, démonstration, échantillon…).
10. Vérifier les contraintes à respecter (règles d'hygiène et de sécurité, autorisations).
11. Anticiper la communication (à l'intérieur / à l'extérieur du magasin). La clientèle doit être informée de la mise en place de l'animation commerciale dans le magasin.
12. Justifier les besoins matériels (stand, podium, décoration, affichage en magasin, balisage, tenue vestimentaire, matériel spécifique…), les besoins humains (nombre d'animateurs, de vendeurs) et les besoins financiers (budget prévisionnel).
13. Établir un planning (dates et durée de l'animation) et créer des outils d'aide à la vente (OAV) : fiche produit, plan de découverte, argumentaire CAP/SONCASE, réponses aux objections, enquête de satisfaction, *reporting* de l'enseigne, rétroplanning des tâches.

III Le plan d'animation commerciale

Le plan d'animation commerciale est un document stratégique qui décrit les actions et les moyens à mettre en œuvre pour atteindre les objectifs commerciaux lors d'une animation.
Les objectifs de l'animation sont spécifiques, mesurables, atteignables, réalistes et temporels (SMART).
Une animation en magasin se déroule selon un planning précis (le plus souvent en fin de semaine : les vendredi-samedi en magasin), dans des plages horaires déterminées et avec une répétition voulue pour atteindre une couverture maximale de la cible. Les animations sont mises en place en fonction du calendrier (fêtes de Noël, Fête des mères, Saint-Valentin…).

IV La communication sur l'évènement

Pour accompagner le plan d'animation, Il faut réfléchir en amont à un plan de communication. Il est préférable de privilégier la communication personnalisée pour un événement privé.
Exemples de canaux de communication :

	Digitalisation	Hors digitalisation
Communication de masse	E-mailing, réseaux sociaux, *newsletter*	*Flyers*, radio, affichage, presse
Communication *one-to-one*	Messenger, WhatsApp	Carton d'invitation, SMS

V L'organisation de l'animation commerciale le jour J (pendant)

Le stand est pensé et conçu autour du thème emblématique de la marque.
L'animateur est derrière son stand. Il fait découvrir et tester les différentes variétés de produits. Il distribue des échantillons de la gamme.
Le dispositif événementiel impacte l'allée centrale du magasin.
L'animateur rythme le déroulement de l'évènement. Il doit transmettre une énergie positive, faire participer les clients à l'évènement, échanger avec eux, veiller au bon rythme de l'animation et apporter une réelle valeur ajoutée.

FICHE RESSOURCE 3

COMMUNIQUER SUR LES ANIMATIONS COMMERCIALES

I La communication liée à l'animation commerciale

Il est nécessaire que la clientèle soit informée de la mise en place de l'animation commerciale ; sinon, l'opération n'atteindra pas les objectifs escomptés. Pour y parvenir, le distributeur et/ou la marque doivent mettre en place deux types de communication :

	Communication à l'extérieur du point de vente	Communication à l'intérieur du point de vente
Objectif	Attirer les clients dans le magasin	Faire connaître l'animation aux clients présents dans le magasin
Moyens	Déterminer le *media planning*	Déterminer la publicité sur le lieu de vente (PLV)
Exemples	– Mailing ou e-mailing – Spots radio – Affichage – SMS géolocalisés (*geofencing*) – Réseaux sociaux – Bannière publicitaire *online* – Site Web ou Web TV de l'enseigne…	– Kakemono, totem – Écrans digitaux (dans l'allée centrale du centre commercial ou en sortie de caisse) – Présentoir (*display*) – Tickets de caisse – Affichage chariot – Prospectus (*leaflet*) – Annonce micro…

Attention : il faudra connaître le taux de couverture de la cible, tenir compte du coût au contact utile, s'interroger sur les dates de diffusion, sur la fréquence et sur la complémentarité des supports.

II L'adaptation de la communication aux nouveaux comportements des consommateurs

Le comportement d'achat par lequel le consommateur effectue une recherche d'informations sur internet avant d'aller effectuer son achat en point de vente se nomme le ***web-to-store*** ou *webrooming*. La recherche peut porter sur le produit ou directement sur la localisation du point de vente le plus proche.

EXEMPLE

62 % des Français pratiquent le *web-to-store*, surtout les jeunes (28 % des moins de 35 ans et 43 % des 18-24 ans), mais aussi les catégories socioprofessionnelles supérieures (35 %), les Franciliens (35 %) et les possesseurs de smartphone ou tablette (34 %).

Par conséquent, l'enseigne et la marque doivent maîtriser leur **stratégie *cross canal***, c'est-à-dire que les différents canaux de distribution doivent être complémentaires (cohérence et synergie) afin d'accompagner le parcours client et améliorer l'expérience client.

Le comportement d'achat du client peut aussi être plus complexe. L'exemple le plus souvent cité est celui d'un consommateur lambda qui débute ses achats en s'informant sur le Web, de site marchand en site marchand, de comparateur de prix en comparateur, qui poursuit en magasin physique afin de pouvoir mieux tester le produit et éventuellement utiliser quelques bornes interactives pour confirmer l'utilisation possible du produit visé, qui se rend ensuite sur divers réseaux sociaux pour partager questions et impressions, et qui procède finalement à la commande du bien *via* une application e-commerce installée sur son smartphone en utilisant un coupon de réduction reçu par e-mail…

FICHE RESSOURCE

4

L'ÉVALUATION D'UNE ANIMATION COMMERCIALE

I L'évaluation quantitative (après)

1. Le reporting

Après l'opération, l'animateur effectue un *reporting* auprès de son responsable et auprès du chef de rayon. Les outils utilisés sont les tableaux de bord, qui mesurent le trafic en magasin, le chiffre d'affaires et le panier moyen du client.

2. Les indicateurs quantitatifs

Taux d'évolution du chiffre d'affaires HT
$\frac{(\text{CA N+1} - \text{CA N})}{\text{CA N}} \times 100$
Taux d'évolution du nombre d'acheteurs
$\frac{\text{Nombre d'acheteurs en N+1} - \text{Nombre d'acheteurs en N}}{\text{Nombre d'acheteurs en N}} \times 100$
Taux d'évolution de la marge commerciale
Marge = Prix de vente HT – Prix d'achat HT   Taux de marge = $\frac{\text{Marge N+1} - \text{Marge N}}{\text{Marge N}} \times 100$
Panier moyen du client
$\frac{\text{CA du point de vente}}{\text{Nombre de passages en caisse}}$
Seuil de rentabilité de l'animation
Marge sur coût variable (MCV) = Chiffre d'affaires HT – Charges variables Taux de marge sur coût variable (TMCV) = $\frac{\text{Marge sur coûts variables}}{\text{Chiffre d'affaires HT}}$ Seuil de rentabilité (SR) = $\frac{\text{Charges fixes}}{\text{TMCV}}$
Taux de réalisation de l'objectif
$\frac{\text{Ventes réalisées}}{\text{Objectif fixé}} \times 100$

L'animation commerciale est susceptible de générer une augmentation des ventes grâce au trafic sur les réseaux sociaux et sur le site Web.

II L'évaluation qualitative

Elle repose sur les avis et les commentaires des **clients** :
– enquête de satisfaction *in situ* ;
– boîte à idées ;
– commentaires sur les forums et sur les réseaux sociaux.

Elle repose aussi sur le reporting des **animateurs** :
– ressenti de l'animateur par rapport aux ventes ;
– bilan matériel et humain (réassort, améliorations possibles).

Applications

Maitrise

1 Participer à une animation organisée par l'enseigne

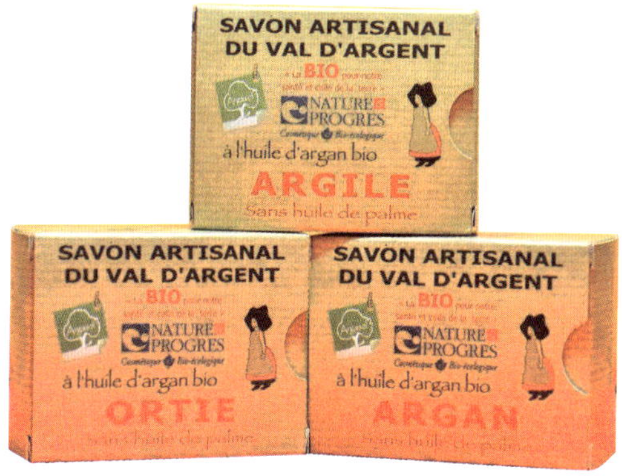

Créée en 2007, la savonnerie du Val d'Argent Argasol est une entreprise artisanale de Sainte Marie-aux-Mines (68) qui commercialise des savons bio fabriqués à la main avec des matières naturelles (lait d'ânesse, huile d'argan, d'olive) et des plantes. Ces savons sont plébiscités pour leur douceur, leur pouvoir hydratant et la diversité de leurs parfums.

Certaines senteurs sont référencées auprès de la centrale d'achat Système U Est (6 savons, 1 produit d'entretien et 1 huile de coco). D'autres références sont vendues en direct auprès de la grande distribution, par exemple Intermarché de Sainte-Croix-aux-Mines, Kaysersberg et Colmar, Leclerc de Ribeauvillé, de Cernay et de Kingersheim, Proxi de Bergheim et Guémar, mais aussi dans des GSS (grandes surfaces spécialisées) telles que BioCoop, Naturalia ou L'eau Vive. Enfin, une partie de la production est vendue à l'export.

Cathy Mendez est la responsable commerciale de cette structure de 12 personnes. Elle vient d'être contactée par le centre E. Leclerc de Cernay qui souhaite organiser sa première opération beauté de l'année, du 19 au 24 mars 202N. Cathy a appris que l'enseigne allait organiser des concours avec des box à gagner, que la Miss Alsace serait présente et qu'un partenariat serait réalisé avec des blogueuses beauté.

Cathy s'interroge sur l'intérêt de participer à cette opération beauté puisque 50 % de ses ventes se réalisent en vente directe (sur les salons/foires, sur le site Web et à l'usine).

1. Montrez l'intérêt pour la savonnerie Argasol de participer à l'animation commerciale beauté de E. Leclerc.
2. Présentez les supports de communication prévus à l'intérieur et à l'extérieur du magasin.
3. Présentez les avantages et les limites des trois animations commerciales dans un tableau.
4. Conseillez la responsable commerciale, Cathy Mendez, sur le meilleur choix à faire.

Document 1 Les opérations beauté : un enjeu stratégique

Imaginées et mises en place par les marques et les distributeurs eux-mêmes, les opérations beauté sont des temps forts promotionnels qui bénéficient de campagnes de communication impressionnantes. Elles représentent un fort enjeu commercial pour les marques mais aussi pour les enseignes de distribution.

Pour les marques, ce type d'opérations est un coup de projecteur. Leur mise en œuvre a pour objectif de dynamiser les ventes : les marques peuvent réaliser environ 30 % de leur chiffre d'affaires annuel lors de ces opérations. D'après Sabine Quétand, chef de groupe maquillage Coty Beauty chez Rimmel : « Les opés beauté pèsent 28 % de notre chiffre d'affaires, et 30 % de nos volumes. »

Pour les enseignes de distribution, les opérations beauté représentent un levier de fidélisation efficace, notamment lorsque les promotions sont réservées exclusivement aux détenteurs de cartes de fidélité.

Applications

Document 2 — Propositions d'animations commerciales Argasol

Opération beauté centre E. Leclerc – Semaine 12 : vendredi et samedi

	Option 1	Option 2	Option 3
Animation	**Offre flash** (1 savon acheté = 1 savon offert) Annonce micro Dix offres par jour pendant une durée de 8 minutes (remise d'un autocollant sur le produit offert pour le passage en caisse)	**Soin des mains** Pendant le soin, un questionnaire permet de collecter des informations sur le chaland (nom, prénom, adresse, téléphone, mail)	**Sculpture de bulles de savon géantes** Remise de BRI (0,50 €)
Type d'animateur	Animateur en propre (un des commerciaux)	Animateur en propre (responsable commercial)	Animateur externe

Dans les trois options : un stand est monté et des *flyers* sont distribués pour proposer la visite gratuite du site de production.

Maîtrise

2 Organiser une animation commerciale

Vous êtes commercial(e) chez Ubisoft, développeur, éditeur et distributeur de jeux vidéo. À l'occasion du lancement en GMS du jeu vidéo « Just Dance », vous proposez une démonstration.
Les objectifs de l'animation commerciale sont les suivants :
- partager les valeurs d'Ubisoft : *fun*, familial, découverte, imagination et ingéniosité ;
- faire la démonstration du jeu vidéo et accompagner des parents et enfants dans la prise en main du jeu (faire danser les *shoppers* en situation de jeu en menant la chorégraphie) ;
- partager votre enthousiasme pour le jeu et l'univers Ubisoft.

L'animateur(-trice) sera recruté(e) par Strada Marketing, une agence événementielle et de communication, pour une durée de 4 jours, du 15 au 18 décembre N.

Des sessions de formation de l'ensemble des animateurs seront déployées sur le terrain pour assurer une prestation de qualité.

1. Expliquez l'intérêt pour l'entreprise Ubisoft de proposer une animation commerciale pour le lancement du jeu vidéo « Just Dance ».
2. Montrez l'importance de la communication *on-line* lors d'une animation commerciale.
3. Présentez la planification de l'animation commerciale choisie.

Document 1 — Baromètre annuel consacré au *web-to-store*

L'intérêt pour le *Web-to-Store* se confirme d'année en année

89 % des consommateurs se déclarent intéressés par le *web-to-store*

Les services *Web-to-Store* qui intéressent les consommateurs

93 % sont intéressés par connaître les promotions en cours
87 % sont intéressés par connaître des informations spécifiques sur un produit
79 % pour accéder aux commentaires et avis des internautes
72 % pour obtenir des informations de la part d'un commerçant chez qui ils vont régulièrement (promotion, animation…)

L'évolution des comportements d'achat des internautes acheteurs

93 % des individus qui ont acheté au moins un produit dans une grande enseigne ont fait de la recherche sur internet avant

Baromètre annuel consacré au *web-to-store*

L'utilisation du smartphone en point de vente (hors appel)

51 % des acheteurs utilisent leur smartphone pour photographier le produit et l'envoyer à leurs amis
19 % des acheteurs postent une photo ou commentent leur nouvel achat sur les réseaux sociaux

La sensibilité aux promotions / actualités (*via* SMS ou e-mail)

90 % des clients des grandes enseignes ont déjà reçu un ou plusieurs SMS/e-mails de promotions ou actualités
65 % déclarent être incités à se rendre en point de vente

Intérêt pour d'autres services

55 % sont intéressés pour recevoir des promotions/actualités d'un commerçant sur leur smartphone lorsqu'ils sont dans le point de vente
53 % sont intéressés pour recevoir sur leur smartphone les offres promotionnelles lorsqu'ils passent à proximité d'un point de vente dont ils sont clients

Données : BVA, Mappy, 2017.

Document 2 L'importance du *cross canal*

- 55 % des consommateurs achètent en ligne.
- 92 % du chiffre d'affaires du commerce de détail sont réalisés en points de vente.
- 70 % des visites en ligne se convertissent en visites en magasin. Les clients sont prêts à payer jusqu'à 50 % de plus pour des produits qu'ils peuvent toucher et voir. La force du contact social réel avec la marque et ses produits est la raison de l'importance des achats *off-line*.
- 60 % des 18-34 ans utilisent leur smartphone en point de vente pour comparer les prix et analyser la concurrence.
- 64 % des consommateurs veulent toucher le produit, le tester, et ne pas avoir à attendre l'expédition.
- 71 % des femmes et 52 % des hommes s'informent sur le Web avant d'acheter en magasin.

Source : marquesetreseaux.com

Expertise

3 Évaluer la rentabilité d'une animation commerciale

Révillon est une chocolaterie française installée à Roanne. Elle est connue pour sa production de papillotes. Pour les fêtes de Pâques, Révillon a innové en lançant « Le lapin et ses petits lapins ». Comme ces fêtes sont un moment essentiel pour les ventes de la marque, différentes animations commerciales sont organisées à travers toute la France. Vous êtes chargé(e) de suivre et d'évaluer celle du Super U de Saône (25).

1. Calculez le chiffre d'affaires supplémentaire à réaliser auprès de l'enseigne pour rentabiliser l'animation commerciale « Le lapin et ses petits lapins ».
2. Déduisez le nombre de références supplémentaires que doit vendre l'enseigne pour que l'animation soit rentable.

Document Cahier des charges de l'animation commerciale

Date : 22 mars N. **Lieu :** Super U de Saône (25). **Animateur :** agence de Besançon.
Vous serez présent(e) dans l'enseigne globalement 2 heures dans la journée pour monter/démonter le stand et pour briefer/débriefer avec l'animateur(-trice). Le reste du temps, vous visiterez les enseignes proches de Saône. L'animateur(-trice) sera présent(e) de 10h à 18h30 avec une pause déjeuner de 1h30.

- L'animateur(-trice) est payé(e) 10 € brut de l'heure.
- Votre coût horaire est de 14 € brut.
- Les charges sociales patronales s'élèvent à 40 %.
- Le stand coûte 150 € HT. Le coût des produits de dégustation s'élève à 75 € HT.
- Le taux de marge réalisé par Révillon est de 0,40 et le taux de marque réalisé par Super U est de 0,25.
- La référence « Le lapin et ses petits lapins » est vendue 4,50 € TTC.
- L'animation commerciale n'est pas facturée à l'enseigne Super U.

Synthèse

Mettre en œuvre des animations commerciales

Les techniques d'animation commerciale

Pour lancer un nouveau produit
- Démonstration
- Bons de réduction
- Dégustation

Pour accompagner un événement
- Vente flash
- Jeux d'animation /évènements
- Échantillons

Les objectifs de l'animation commerciale

Pour l'enseigne	Pour la marque
Générer du trafic dans son point de vente	Conquérir et fidéliser ses clients
Améliorer l'expérience de consommation	

Le cahier des charges d'une animation commerciale

- Produit(s)
- Ressources
- Communication
- Période
- Outils commerciaux
- Réglementation

La communication des animations commerciales

- À l'intérieur du point de vente
- À l'extérieur du point de vente

Planification et suivi
Stratégie *cross canal*

La performance des animations commerciales

Au niveau quantitatif :
chiffres clés, taux de réalisation de l'objectif

Au niveau qualitatif :
reporting animateur, avis et commentaires des clients

TESTEZ-VOUS

Quiz sur le chapitre 4
liennathan.fr/4gj66q

MOTS CLÉS

Techniques d'animation commerciale · Expérience de consommation · Cahier des charges d'une animation commerciale · Planification · Communication · Stratégie *cross canal* · Reporting

CHAPITRE

5 Suivre et développer le référencement

Contexte professionnel

Activité/Tâche	Compétence	Vers PIX
Suivi et développement du référencement	Développer la présence dans le réseau de distributeurs	**1.1.** Mener une recherche et une veille d'information **1.2.** Gérer des données

Vous travaillez auprès du groupe allemand Beiersdorf, qui distribue la marque de cosmétiques Nivea. Nivea, c'est plus de 300 produits pour le soin, une présence dans plus de 200 pays, environ 500 millions d'utilisateurs à travers le monde et plus de 2 milliards de produits vendus chaque année dont 100 millions de pots de Nivea Crème. Afin de répondre aux besoins de cibles très différentes, la marque Nivea est présente sur les segments soins du visage, soins du corps, bain-douche, déodorants, protection solaire, soins pour homme et soins pour bébé.

Vous faites partie d'une force de vente de 80 chefs de secteurs Nivea pour toute la France. Vos principales missions consistent à suivre un portefeuille de clients hypermarchés et supermarchés, vendre et négocier la mise en place des produits en optimisant leur implantation dans les points de vente des grandes et moyennes surfaces (GMS), vérifier le bon positionnement du prix de vente conseillé, développer la part de linéaire et mettre en place les opérations promotionnelles. Votre secteur de vente s'étend du Haut-Rhin (68) jusque dans le Doubs (25). Vous intervenez principalement sur les villes d'Illzach, Houssen, Wittenheim, Sierentz, Besançon et Pontarlier.

Votre rôle

Vous rencontrez dans quelques jours votre chef des ventes régionales pour faire le point sur les problématiques et les enjeux de votre secteur de vente. Pour préparer cette réunion, vous devez :
- évaluer les performances d'une nouvelle référence Nivea sur le secteur du Haut-Rhin ;
- analyser les performances de la marque dans l'un des points de vente ;
- réfléchir à la conquête de nouveaux points de vente ;
- élaborer un plan d'action commerciale.

Vos objectifs

I Évaluer les performances d'un secteur

La référence de brosse électrique nettoyante pour le visage Nivea Pure Skin a été mise sur le marché en octobre N-1. Vous devez évaluer la performance de ce nouveau produit dans le Haut-Rhin pour le premier trimestre N.

1. Analysez la distribution du kit Nivea Pure Skin auprès des enseignes du Haut-Rhin grâce à des indicateurs pertinents. — Fiche ressource 1 ; Annexe 1
2. Comparez les performances des points de vente des enseignes de votre secteur.
3. Ciblez les points de vente que Nivea doit conquérir ou dynamiser.
4. Proposez des leviers pour améliorer le référencement du kit Pure Skin. — Fiche ressource 2 ; Annexes 2 à 5

II Analyser les performances d'un point de vente

Vous avez observé que l'enseigne Carrefour Illzach enregistre des chiffres non optimaux. Vous décidez de vous rendre dans le point de vente pour rencontrer M. Miller, chef du département droguerie-parfumerie-hygiène (DPH).

5. Analysez la performance de Nivea dans le linéaire du Carrefour Illzach. — Fiche ressource 1 ; Annexes 6 et 7
6. Formulez des préconisations pour améliorer les performances des produits Nivea. — Fiche ressource 2 ; Annexes 6 et 7

III Faire évoluer les argumentaires de vente

Pour conquérir de nouveaux points de vente et dynamiser davantage les points de vente actuels, vous étudiez les informations à votre disposition.

7. Diagnostiquez les points forts et les points faibles du kit Pure Skin et, plus globalement, de la marque Nivea. — Annexes 2 à 5 ; Annexes 8 à 10
8. Justifiez l'intérêt d'avoir accès aux données du panel IRI pour Nivea. — Fiche ressource 3
9. Proposez de nouveaux arguments de vente pour le kit Pure Skin et plus globalement pour Nivea.

IV Élaborer un plan d'action commerciale

Votre réunion avec le chef des ventes régionales s'est bien passée : il a apprécié la qualité de vos diagnostics et de vos propositions. Il vous précise les objectifs fixés pour améliorer l'implantation de la référence Pure Skin sur votre secteur au deuxième trimestre N.

10. Proposez un plan d'action commerciale pour atteindre vos objectifs sur le secteur et plus particulièrement dans les supermarchés. — Fiche ressource 2 ; Annexe 11
11. Les commerciaux de Nivea sont équipés avec la suite Coheris CRM Nomad. Montrez l'intérêt de piloter votre plan d'action commerciale avec ce logiciel. — Fiche ressource 4 ; Annexe 12

Votre dossier

Annexe 1 — Distribution du kit « Pure Skin Nivea » – secteur du Haut-Rhin (68)

	Ville	Hypermarchés	CA annuel total (en K€)	CA catégoriel annuel du rayon Hygiène Beauté (en K€)	CA catégoriel trimestriel moyen du rayon Hygiène Beauté (en K€)	Quantité de Kit Pure Skin vendue pour T1
1	Colmar	Leclerc	88 000	6 160	1 540	25
2	Mulhouse	Leclerc	60 000	4 800	1 200	20
3	Illzach	Carrefour	170 000	11 900	2 975	56
4	Wintzenheim	Leclerc	80 000	5 600	1 400	25
5	Houssen	Cora	172 000	12 040	3 010	52
6	Altkirch	Leclerc	80 000	5 600	1 400	24
7	Kingersheim	Leclerc	40 000	3 200	800	12
8	Saint-Louis	Géant Casino	70 000	4 900	1 225	22
9	Issenheim	Leclerc	55 000	4 400	1 100	15
10	Hirsingue	Leclerc	50 000	3 500	875	14
11	Cernay	Leclerc	120 000	8 400	2 100	32
12	Wittenheim	Cora	140 000	9 800	2 450	37
13	Ribeauvillé	Leclerc	28 000	2 240	560	7
14	Sierentz	Système U	85 000	5 950	1 488	26

Prix de vente conseillé : 69,90 €

Données simplifiées à des fins pédagogiques

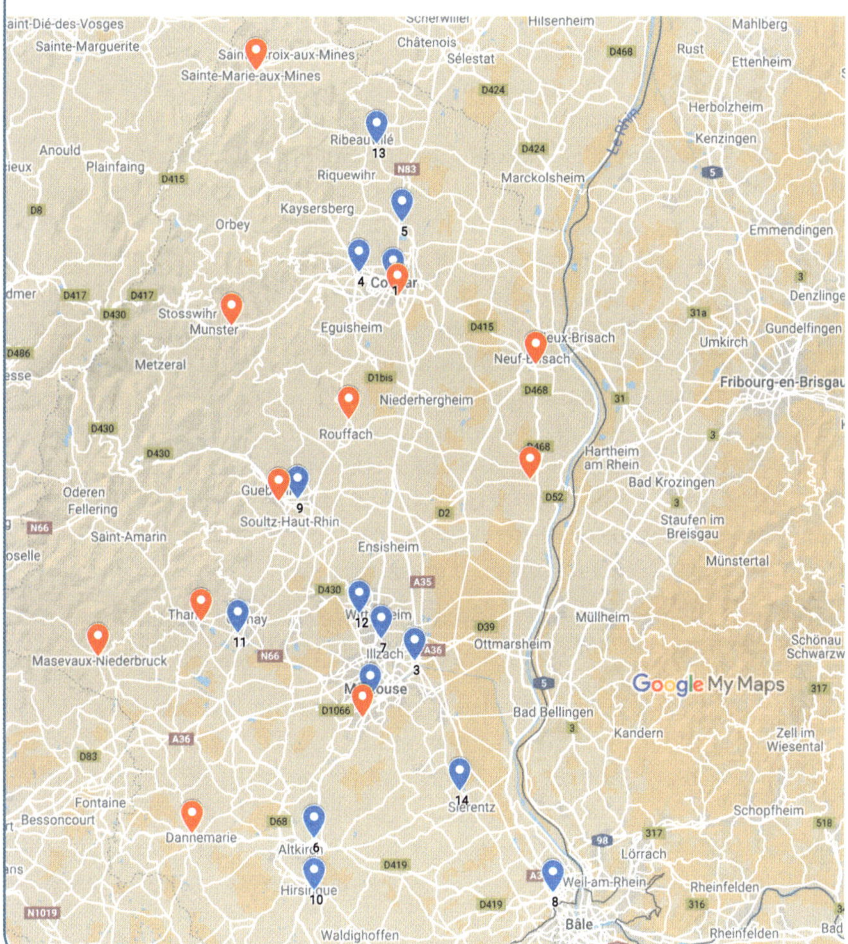

points de vente référençant le kit Pure Skin

points de vente ne référençant pas le kit Pure Skin

Annexe 2 — Le kit Pure Skin de Nivea

On ne le voit pas, mais chaque jour des impuretés s'accumulent sur votre visage. Il est temps de le nettoyer efficacement avec NIVEA PURE SKIN, la brosse nettoyante électrique visage qui va ravir toutes les fans de technologie ! NIVEA PURE SKIN utilise une technologie unique de mouvements de balayage par micro-oscillations. Dotée d'un *design* moderne et premium, elle est simple à manier, simple à utiliser, simple à recharger et à nettoyer : pour une routine de soin efficace et de qualité.
Le KIT NIVEA PURE SKIN contient la brosse nettoyante électrique visage avec une tête de brosse peau sensible, un cache et support de protection deux-en-un, un guide d'utilisation, un chargeur et un gel nettoyant PURE SKIN 20 ml.

La brosse NIVEA PURE SKIN :

- Nettoie les pores obstrués grâce à un système de micro-oscillations.
- Respecte l'équilibre naturel de la peau.
- La peau est plus douce au toucher et paraît plus radieuse en seulement une semaine.
- Peut s'utiliser sous la douche. Électrique, la brosse fonctionne avec une batterie.

www.nivea.fr

Annexe 3 — L'avis des bloggueuses

Cela fait six ans que les brosses visage électriques font partie intégrante de ma routine de soins. Ce petit objet a clairement changé ma routine et ma peau […] comme celles de millions de femmes dans le monde, notamment les Américaines qui ne peuvent plus vivre sans. Sauf qu'il s'avère qu'une Française sur deux ne connaît pas les brosses nettoyantes visage. […]

• LES INCONVÉNIENTS

[…] Une brosse visage peut être trop abrasive pour les peaux très sensibles/réactives. […] L'autre inconvénient et pas des moindres, c'est le prix ! Les brosses visage – je veux dire les qualitatives, pas celles qui ne servent absolument à rien – débutent pour la quasi-majorité à partir de 100 € et cela peut monter jusqu'à 350 € (un véritable budget) et c'est là que la nouvelle brosse nettoyante visage Pure Skin NIVEA intervient !

• NIVEA PURE SKIN, LA BROSSE VISAGE QUI CHANGE LA DONNE ?

[…] Je vous avoue que quand Nivea m'a présenté sa brosse nettoyante électrique visage Pure Skin, la toute première en GMS au rayon visage, j'étais assez sceptique. Comment NIVEA allait-elle faire face à la concurrence des « gros » mais, surtout, était-elle aussi qualitative que ces dernières malgré le « petit » prix ? […] J'ai voulu tester pour me faire ma propre idée. Un vrai test, je veux dire… Voici donc un mois que je la teste tous les soirs. Je ne vais pas faire durer le suspense, oui, elle est « quali », mais vraiment. Je veux dire qu'elle fait parfaitement le job, comprenez un nettoyage mécanique ultra-efficace […] grâce aux mouvements de micro-oscillations, et donc adieu impuretés, pores obstrués et toutes ces vilaines choses qui altèrent notre humeur quotidienne. […] Bref, pratique et efficace. Et si vous vous posez la question, oui elle convient aux peaux sensibles bien sûr (il existe une brosse pour peaux sensibles et une autre pour peaux mixtes à grasses). […]

• INFOS SUPPLÉMENTAIRES

La brosse nettoyante électrique visage Pure Skin NIVEA sera disponible […] au rayon visage de la plupart des GMS au prix indicatif de 69,90 € soit l'un des meilleurs rapports qualité/prix […].

« Brosse visage : avantages et inconvénients ? », Publi-rédactionnel, www.beautylicieuse.com

Annexe 4 — Les brosses nettoyantes du marché

Aperçu		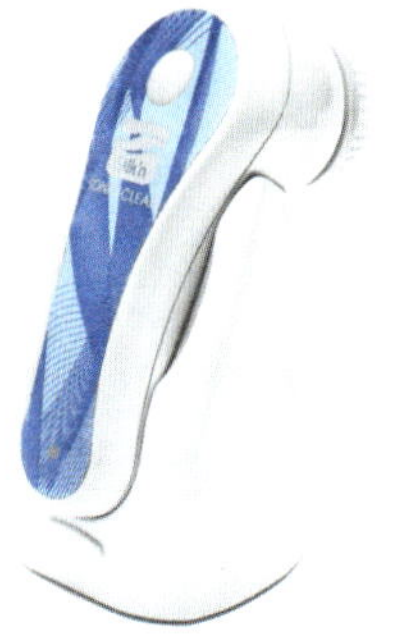		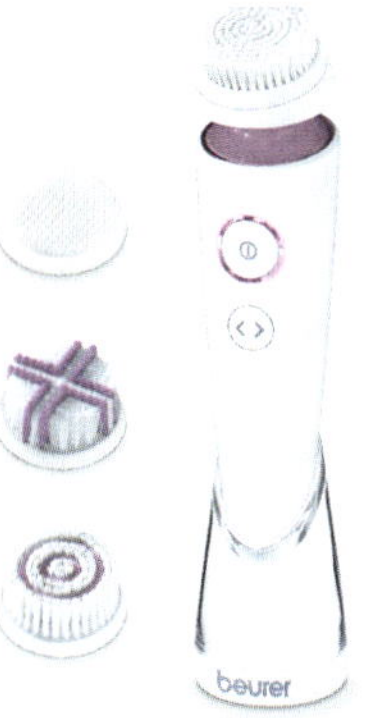
Nom	**Nivea Pure Skin**	**Silk'n Sonic Clean PLUS**	**Clarisonic Mia 2**	**Beurer FC 95**
Note	4,5 étoiles	3,5 étoiles	4,5 étoiles	4 étoiles
Technologie utilisée	Micro-oscillations	Vibrations et pulsations	Micro-oscillations	Rotations circulaires et rotations oscillantes
Fréquence d'utilisation	1 x par jour	1 x par jour	1 ou 2 x par jour	1 x par jour
Pour tout le corps	Non	Oui	Non	Non
Accessoires fournis	20 ml de gel nettoyant	3 têtes nettoyantes (normal, sensible, corps)	1 tête nettoyante + 1 gel nettoyant hydratant	3 têtes nettoyantes et 1 tête exfoliante
Prix des têtes de rechange	33 € les deux	15 € les deux	20 € les deux	13 € les deux
Prix de la brosse nettoyante visage	69,90 €	78,21 €	Dès 150,00 €	59,99 €

Prix non-contractuels

« Meilleure brosse nettoyante visage année N – Comparatif, Tests, Avis », www.electrobeaute.fr

Annexe 5 — La PLV Pure Skin

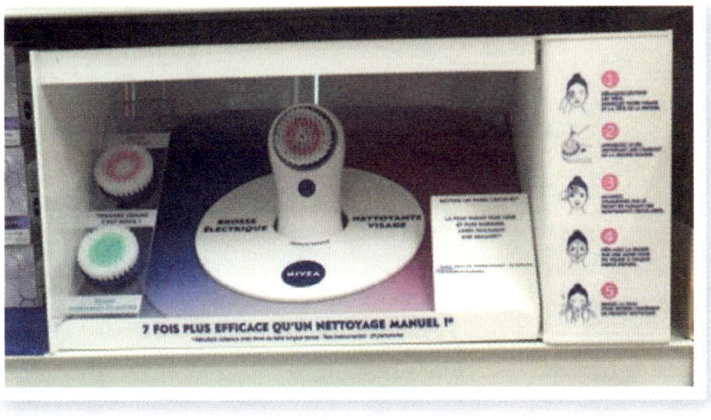

Un *display* [présentoir] est placé à l'entrée du rayon beauté pour présenter la nouvelle gamme Pure Skin de Nivea. On remarque en premier la mise en situation de la nouvelle brosse visage électrique Nivea, ainsi que des indications expliquant son utilisation. On peut ensuite voir la deuxième nouveauté, le gel nettoyant qui accompagne la brosse. En ce qui concerne le *design* du *display*, la marque a choisi d'entourer son logo et le nom de la gamme de cercles aux couleurs des packagings. Ces cercles rappellent la forme de la brosse ainsi que l'effet des mouvements créés lorsqu'elle est utilisée. Sur le côté du *display*, on observe la mention « nouveau » et une grande photo du produit pour mettre encore plus en avant la nouveauté de la marque. Une mise en avant très colorée qui attise la curiosité des consommatrices.

« De la nouveauté chez Nivea », www.18marketing.fr

Annexe 6 Préparation de la visite du 09/04

Point de vente : Carrefour d'Illzach
Visite précédente : 22/03/N

RELEVÉ DE LINÉAIRE

Taux de saturation = 94 %
Manque à gagner pour absence : 1 198 €
Manque à gagner pour rupture : 15 053 €

Libellé	Présence
BODY MOUSSE HYD FRAMB 200 ML	En rupture
BODY MOUSSE HYD CONCOMBRE 200 ML	En rupture
VIS GEL MICELLAIRE 125 ML	En rupture
MEN STICK À RASER 75 ML	Absent

	Linéaire* Nivea	Linéaire total	PDL** à date	Objectif PDL
Gamme Nivea soin visage	0,834	3,612	23,08 %	21,6 %
Gamme Nivea soin body	0,537	2,006	26,76 %	29,7 %
Gamme Nivea déo femme	0,298	2,793	10,67 %	10,4 %
Gamme Nivea déo homme	0,301	2,793	10,77 %	9,3 %
Gamme Nivea douche femme	0,062	4,522	1,37 %	1,2 %
Gamme Nivea douche homme	0,115	0,931	12,35 %	11,1 %
Gamme Nivea men	0,266	2,590	10,26 %	16,5 %

* en mètre(s) linéaire(s) développé(s)
** part de linéaire

Données simplifiées proposées à des fins pédagogiques

Annexe 7 Compte-rendu de la visite du 09/04

Point de vente : Carrefour Illzach
Date : 09/04/N

À l'attention de : M. Miller
De la part de : Nivea / Chef de secteur Haut-Rhin
Téléphone : 06 01 02 03 04

Analyse rayon

Nouveauté : Déo Fresh et gel douche Deep
Étiquettes manquantes : /

Promotion / Mise en avant

En revente : Pure Skin (display)
Animation prévue le 01/06/N

Relevé

Rupture : NBODY MOUSSE HYD FRAMB 200 ML
Publicité : OP BEAUTÉ 1

Commentaires

/

Annexe 8 — Nivea élue « marque la plus chère aux Français »

[…] Une autre étude, menée par BVA et Change portant sur 150 marques de 20 secteurs différents et sur 5 000 Français visait à déterminer l'indice de bienveillance des marques. […]

C'est la marque de soin Nivea, réputée pour sa crème en pot bleu désormais culte, qui rafle la première place de l'étude, proclamée la plus bienveillante selon cette étude menée auprès des Français.

Une récompense qui réjouit Margane Jouot, directrice marketing et communication Nivea France-Benelux (Belgique, Pays-Bas, Luxembourg) et qui s'explique, selon elle, par la proximité de la firme avec ses utilisateurs et leurs problématiques. « Notre rôle est de faire grandir cette marque dans le bon sens : qu'elle reste proche des gens, qu'elle leur apporte des solutions pratiques et malignes au quotidien… bref qu'elle prenne soin d'eux. On ne change pas la vie mais apportons des solutions pour améliorer un peu le quotidien de nos clients. Le lancement de la crème hydratante sous la douche par exemple répondait à une problématique réelle. Le manque de temps pour s'appliquer une crème hydratante sur le corps après la douche. »

Emmadesainte, « Nivea : une marque au marketing exemplaire ? », trendncom.com

Annexe 9 — Argumentaire de vente général Nivea

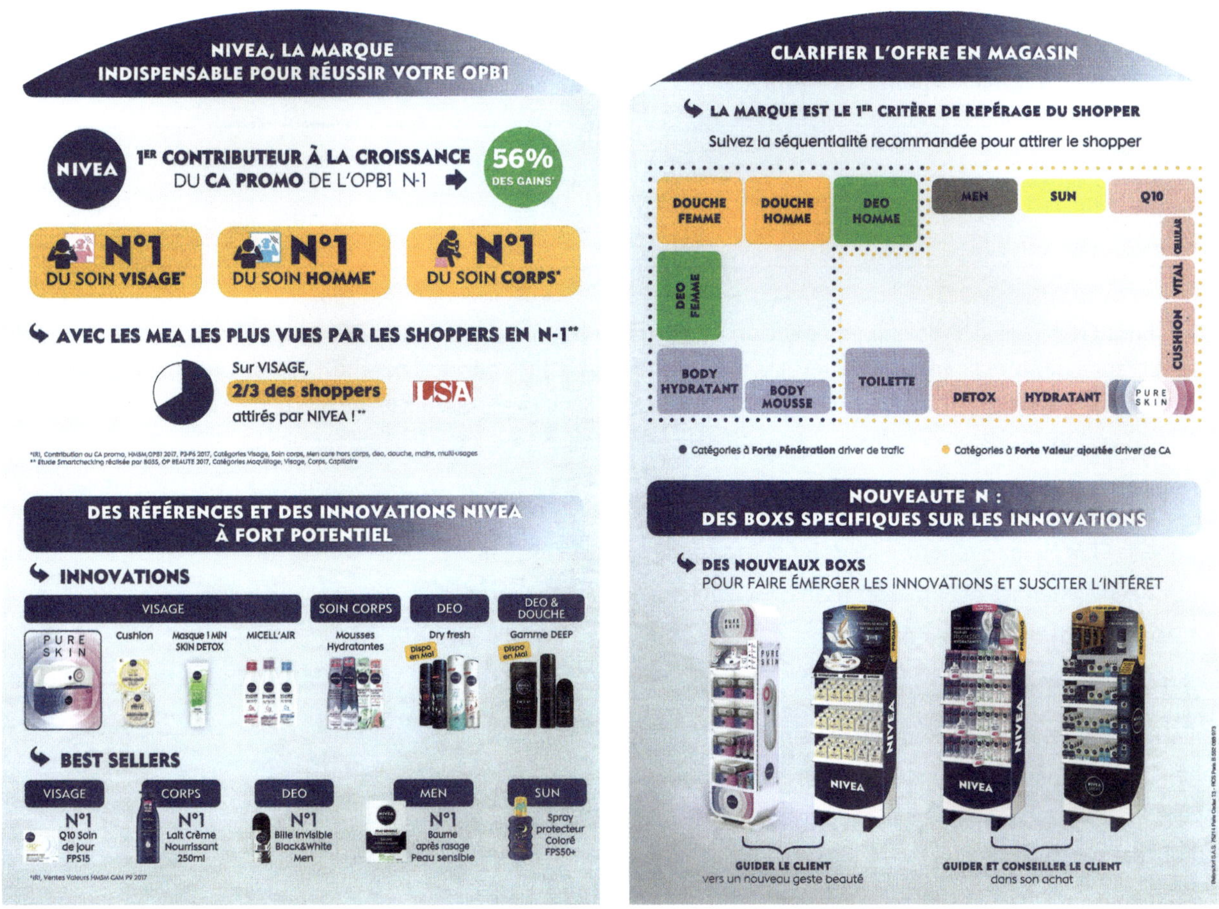

Annexe 10 Argumentaire de vente du kit Pure Skin

- Implanté dans la plupart des enseignes
- Selon les données du panel distributeurs IRI, l'implantation du kit dans un point de vente peut booster les ventes du rayon Hygiène-Beauté de 10 %
- Supports de communication en magasin et de l'identité visuelle de Nivea : PLV, fond de rayon, box promo, prospectus…
- Campagne promotionnelle (20 € de remise pour le consommateur final)
- Plan de communication 360° (pub TV, affichage, réseaux sociaux, radio, internet)

Annexe 11 Objectifs commerciaux pour le kit Pure Skin – Trimestre 2

CONQUÊTE/DÉVELOPPEMENT DANS LE RÉSEAU :

70 % DN globale

+40 % DN sur le format supermarché

INTENSIFICATION/DYNAMIQUE DANS LE RÉSEAU :

+20 % de CA dans les points de vente distribuant déjà Pure Skin

Annexe 12 Coheris CRM Nomad

Coheris CRM Nomad, la solution de **gestion et pilotage** commercial en mode déconnecté, vous accompagne dans la préparation de votre stratégie commerciale, son exécution et le suivi de votre activité. […] Complètement pensée pour le secteur de la grande distribution, pharmacie/luxe et circuits spécialisés, elle nécessite très peu de paramétrage et réduit ainsi les coûts de projets. […]

Les points forts de la solution Coheris CRM Nomad :

- **Coheris CRM Nomad répond « au doigt et à la souris ».**
  - Une seule interface pour tous les usages (PC, tablette, PC-tablette).
  - Des temps de formation réduits.
  - Une interface conviviale et moderne. […]
- **Coheris CRM Nomad au cœur d'une offre complète.**
  - Un pilotage performant grâce à la puissance des outils de reporting de Coheris.
  - Un module Merchandising disponible et totalement intégré à la solution qui permet d'élaborer une stratégie commerciale et merchandising globale.
  - L'analyse de toutes vos données et la transformation en actions sur le terrain.

Coheris CRM Nomad, présentation produit
liennathan.fr/7w3p2j

www.coheris.com

FICHE RESSOURCE

1

L'ÉVALUATION DES PERFORMANCES DU RÉSEAU DE DISTRIBUTION

Plusieurs indicateurs/ratios permettent de suivre l'évolution des ventes dans la grande distribution.

I L'évaluation de la politique de référencement

1. Les indicateurs de performance

La performance de la politique de référencement de la marque est mesurée par les indicateurs de distribution numérique (DN), de distribution en valeur (DV) et de taux de saturation (TS).

	Éléments		Calculs
Distribution numérique (DN)	La DN mesure le **taux de présence** de la marque (ou d'une référence) dans les points de vente référençant cette catégorie de produits.	On distingue habituellement la DN et la DV par format de magasin (hypermarché, supermarché…).	$\frac{\text{Nombre de points de vente qui distribuent la marque (ou la référence)}}{\text{Nombre total de points de vente référençant cette catégorie de produit}} \times 100$
Distribution valeur (DV)	La DV mesure la **part de marché** (% de CA réalisé) de la marque (ou de la référence) dans l'ensemble des points de vente référençant la marque (ou la référence) étudiée.		$\frac{\text{CA catégoriel réalisé par les points de vente qui distribuent la marque (ou la référence)}}{\text{CA total réalisé par tous les points de vente dans cette catégorie de produit}} \times 100$
Taux de saturation (TS)	Le TS mesure le potentiel de développement de la marque dans son réseau de distribution.		$\frac{\text{CA réalisé par la marque dans un point de vente}}{\text{CA potentiel total dans ce même point de vente}} \times 100$

EXEMPLE

La marque Stabilo a une DN de 90 ; cela indique que la marque est présente dans 90 % des points de vente disposant d'un rayon Papeterie. Elle a une DV de 60 ; cela signifie que la marque Stabilo représente 60 % du chiffre d'affaires du marché de la papeterie. Elle présente un TS de 50 ; cela signifie que la marque Stabilo a un potentiel de 50 % de développement chez le distributeur.

2. L'analyse des indicateurs

- **Si DN > DV :** le produit est distribué dans de nombreux points de vente proposant cette catégorie de produits, mais ces magasins ont un poids finalement limité (peu de CA) dans l'ensemble des points de vente de même format qui proposent cette catégorie de produits. C'est souvent le cas pour les supermarchés.

EXEMPLE

Si la biscuiterie Albisser dispose d'une DN de 90 et d'une DV de 50, cela signifie que ses produits sont implantés dans 90 % des points de vente et que ceux-ci représentent 50 % des ventes de biscuits.

- **Si DN < DV :** le produit est distribué dans peu de magasins mais ces magasins génèrent le plus de CA pour la catégorie de produits. C'est souvent le cas pour les hypermarchés. Avantages : les frais de logistique sont optimaux (moins de points de vente à livrer), les frais d'animation sont réduits et la rotation produit est améliorée, ce qui impacte positivement la marge.

EXEMPLE

Si Nescafé dispose d'une DN de 50 et d'une DV de 90, cela signifie que ses produits sont implantés dans 50 % des points de vente et que ceux-ci représentent 90 % des ventes de café.

- **Si DV / DN < 1 :** la politique de référencement est défaillante.

  EXEMPLE

  Pour Albisser, 50/90 = 0,56. Le référencement n'est pas optimal.

- **Si DV / DN > 1 :** la marque est référencée dans des magasins à fort volume de ventes.

  EXEMPLE

  Pour Nescafé, 90/50 = 1,8. Le référencement est optimal.

II L'évaluation de la performance dans les points de vente

Les indicateurs classiques de performance d'une marque ou d'un produit sont :
- le **prix de vente** (moyen, à l'unité) ;
- les **ventes en volume, en valeur** ;
- les **parts de marché par point de vente** ;
- la **profitabilité** mesurée par la **marge commerciale** ;
- l'**impact des opérations promotionnelles** (somme des volumes de ventes faisant l'objet d'une promotion : mise en avant, prospectus, pack bonus, réduction de prix).

Il existe des indicateurs plus complexes :

Indicateurs	Mode de calcul	Signification
Les ventes moyennes hebdomadaires (VMH)	$\frac{\text{Ventes VMH}}{\text{Nombre de points de vente}}$	Les VMM ou les VMH sont des indicateurs de volume de la rotation d'une référence ou d'une marque chez un distributeur.
Les ventes moyennes mensuelles (VMM)	$\frac{\text{Ventes VMM}}{\text{Nombre de points de vente}}$	
Part du linéaire (points de livraison)	$\frac{\text{\% des ventes}}{\text{\% linéaire occupé}}$	La part de linéaire correspond à la part d'espace attribuée à une référence ou une marque au sein d'un rayon ou d'une famille de produits.
Taux de pénétration	$\frac{\text{Nombre d'acheteurs de la marque}}{\text{Nombre d'acheteurs du marché}}$	Il est utilisé en magasin, pour estimer la proportion de ventes par rapport au nombre de visiteurs sur une période donnée.
Rupture valeur	% de CA catégoriel réalisé par les points de vente où il y a eu rupture	Le manque à gagner est exprimé en CA.

FICHE RESSOURCE

2

L'AMÉLIORATION DU RÉFÉRENCEMENT

Le commercial doit régulièrement rencontrer le chef de département pour améliorer la relation commerciale. Les actions commerciales qu'il peut mettre en avant sont nombreuses.

I Planifier des visites

Le commercial visite régulièrement les points de vente où le produit est référencé. La durée et la fréquence des visites dépendent du potentiel commercial. Il planifie ses rendez-vous à l'avance pour permettre au chef de rayon de se rendre disponible.

La part de marché est plus élevée dans les magasins visités (de l'ordre de +0,8 %).

II Optimiser l'assortiment

Le commercial participe à l'optimisation de l'assortiment du point de vente en vue d'améliorer la présence des produits dans les linéaires. Ses propositions concernent : la nouvelle implantation du linéaire ; le réassort ; l'information sur le lieu de vente : stop-rayon, présentoir box, affiche, kakémono, écran, *leaflet*... ; la création d'un univers scénarisé pour améliorer l'expérience de consommation ; les animations commerciales ; la mise en avant des innovations produit ; l'élargissement de la gamme ; l'accroissement de l'offre avec le drive ; l'intégration de produits locaux, premium, bio...

III Gérer les stocks

Pour garantir un niveau optimal de ventes, le commercial gère les stocks de produits dans le point de vente. Il respecte les accords de référencement, qui prévoient notamment les conditions de reprise des produits invendus. Il gère les invendus qui proviennent d'une commande trop élevée ou d'une perte sur les produits alimentaires.

Les **ruptures** de produits ne sont pas acceptables dans un marché concurrentiel : si le linéaire n'est pas approvisionné, le client se servira chez un concurrent.

IV Renforcer l'animation des magasins

Face à la concurrence d'internet, les points de vente doivent devenir des lieux de vie et apporter une véritable expérience client. Les animations sont donc essentielles.

V Établir une relation de longue durée

Le commercial doit s'inscrire dans une relation de long terme avec le distributeur. Il doit expliquer le produit, informer sur le marché, les spécificités locales, les tendances, les saisonnalités…

1. Diagnostiquer son environnement

Il s'agit d'identifier **ses forces et faiblesses** mais aussi de déterminer **ses opportunités et menaces**. Les panels de consommateurs et de distributeurs apportent des informations essentielles. Une veille informationnelle rigoureuse permet de collecter ces éléments.

2. Suivre le tableau de bord

Le tableau de bord est un outil **d'amélioration de la performance commerciale**. Il permet de :
- prévoir les objectifs pour une période définie : le mois, le trimestre, le semestre, l'année ;
- mesurer l'atteinte des objectifs en fonction des résultats obtenus ;
- agir si des écarts sont constatés (actions correctrices).

Le tableau de bord doit être évolutif et s'adaptera au contexte commercial. Il est souvent représenté sous forme de tableaux statistiques dont les données serviront à la création de graphiques de suivi de ventes.

FICHE RESSOURCE 3

LA VEILLE COMMERCIALE

Toutes les entreprises, qu'elles soient des géants de la grande distribution ou de petits acteurs, doivent avoir accès à des données commerciales. Pour se les procurer, différentes possibilités s'offrent à elles.

I Définition

La veille commerciale est l'étude et la surveillance de l'évolution du marché, de la performance des produits et du magasin. Elle s'effectue grâce à des sources internes (fichiers clients, statistiques des ventes, reporting des commerciaux, réclamations clients), des sources externes (presse spécialisée, instituts de sondage, organismes d'études, veille digitale) et des sources d'information partagées entre le fabricant et le distributeur.

II Les panels

Le panel de consommateurs est l'étude du comportement d'achat de la population à partir d'un échantillon représentatif.
Le panel de distributeurs est l'étude d'un échantillon représentatif permanent des performances des distributeurs et de leurs offres.

	Panel distributeurs	Panel consommateurs
Définition	– Étude du point de vente – Échantillon permanent de distributeurs représentatifs de l'univers de distribution étudié	– Étude de l'acheteur (du comportement d'achat) – Échantillon permanent d'individus ou de foyers sur un échantillon représentatif de l'univers étudié
Principaux panélistes	Nielsen, Iri-Secodip, MarketingScan	Nielsen, Kantar, Secodip
Moyens de collecte des données	– À partir de milliers de points de vente – Audit des points de vente – Transmission des données de ventes en sortie de caisse des distributeurs	– Composés généralement de 7 à 10 000 foyers – Transmission régulière des achats de consommation qu'ils réalisent grâce à un scanner manuel (transmission automatisée) ou par le biais de questionnaires selon le type de panel – L'acheteur est souvent récompensé par des points cadeaux
Principales données collectées	– Ventes volume, ventes en valeur (CA) des marques – Part de marché des marques dans les régions, auprès des enseignes, par référence produit – Prix pratiqués au national et par enseigne – Attractivité promotionnelle – Performance des concurrents – Service clients	– Taux de pénétration d'un produit – Quantités achetées par acheteur – Panier moyen – Profil des consommateurs (données sociodémographiques) – Fréquence d'achat et taux de ré-achat – Fidélité des consommateurs à la marque – Tendances par produit, par catégorie ou marché – Tendances de consommation dans une région
Utilisations des données collectées	– Études de marché – Veille concurrentielle – Mesure de la présence de la marque et de ses parts de marché – Mesure des effets des actions marketing (publicité, promotions…) – Tests marketing – Marchés tests	– Analyses de consommation sous forme de tri croisé afin de mettre en évidence les différences de comportement sur les sous-populations étudiées ou l'existence de variables explicatives et de corrélations entre deux variables

III Le *category management*

Dans les grandes entreprises, le *category manager* marché a pour rôle d'identifier les leviers de croissance des différentes catégories de produits de la marque sur le marché.
Pour cela, il analyse régulièrement les performances de la marque et les données du marché ou du segment de marché (panels distributeurs et consommateurs). Ainsi, il pilote la stratégie en termes d'assortiment (enseigne, format, région), de merchandising (planogramme) et de promotion (PLV, opérations évènementielles…). Il travaille en collaboration avec le service marketing, les category managers enseignes (équivalent de responsables grands comptes) et les équipes commerciales terrain. Il participe à la conception des outils d'aide à la vente des commerciaux (argumentaire, plaquette produit). Enfin, sa mission est d'optimiser les temps forts au cours de l'année et de répondre aux problématiques clients.
Les *category managers* marché élaborent des plans catégoriels annuels (programme prévisionnel des actions), qui sont ensuite transmis aux category managers enseignes, qui eux-mêmes les traduisent en outils pour la force de vente.

IV La veille digitale

Les petites entreprises ne pratiquent pas forcément le *category management*. Certaines peuvent acheter les données chez des panélistes, d'autres devront mener une veille digitale.
La veille digitale consiste à mettre en place un processus de collecte, de surveillance, de partage et d'analyse de données recueillies sur internet.
Elles peuvent aussi surveiller les conversations sur les médias sociaux (wikis, forums, blogs, podcats, réseaux sociaux…), utiliser les moteurs de recherche avec un système d'alerte automatique ou s'abonner à des flux RSS.
La veille digitale va permettre de comprendre les critères comportementaux des consommateurs et leurs attentes, de repérer des opportunités de marché, de répondre à de réels enjeux d'image de marque et de mener une veille concurrentielle.

FICHE RESSOURCE

4

LES OUTILS DE GRC (GESTION DE LA RELATION CLIENT)

La mobilité des commerciaux et leur autonomie obligent les marques à équiper leurs vendeurs en tablettes tactiles, en PC portables hybrides (PC avec clavier séparable) ou en smartphones. Ce phénomène s'appelle la *Sales Forces Automatisation* (SFA).

I Les applications de gestion de la relation client

Les systèmes de CRM sont presque tous accessibles en mode SaaS (*Software as a Service*), qui permet d'utiliser une application à distance qui est hébergée par l'éditeur (sorte de Cloud). L'entreprise est donc dégagée de toute contrainte d'installation, de mise à jour ou de maintenance technique.

II Intérêts et principales fonctionnalités des applications de CRM

Valoriser les produits	– Catalogues produits dynamiques, documentation commerciale, relevés de prix – Implantation des produits sur le lieu de vente et stratégies catégorielles (*category management*) – Informations relatives aux campagnes de communication, suivi de lancement des nouveaux produits – Réservation de PLV, de mobilier ou d'animation et planification d'une animation commerciale
Planifier des visites et optimiser les tournées	– Organisation des visites en points de vente en fonction des objectifs et des priorités de la marque (gestion de l'agenda) – Consultation de la carte du secteur pour constituer des tournées cohérentes grâce à la géolocalisation (passer moins de temps sur la route et davantage en négociation). Souvent, l'interface renseigne le commercial sur la distance qui le sépare de sa prochaine visite (en km et en durée) et indique si les visites sont trop rapprochées dans le temps. La journée du commercial est affichée sous forme de raccourci permettant d'accéder directement aux fiches clients des magasins du jour.
Préparer des visites et effectuer un reporting	– Présence des indicateurs stratégiques et objectifs prioritaires – Pour chaque point de vente : mètres linéaires, commandes passées, rapports de visite. La préparation des visites représente à elle seule 50 % du travail d'un commercial dans la grande distribution. – Consultation, intégration (synchronisation), mise à jour des données, avant/pendant/après un RDV
Analyser la performance	– Analyser la performance par enseigne, par point de vente, par secteur de vente Grâce à des codes couleur, des tableaux de bord et des analyses statistiques permettent d'avoir en un clin d'œil un aperçu de l'activité, des performances et des urgences à traiter. – Performance des ventes en général – Performance des ventes liées à une animation commerciale en fonction des budgets alloués
Prévoir les ventes	– Identification des enseignes et points de vente à potentiel – Analyse prédictive des ventes grâce à la capitalisation des données qui permettent de personnaliser les ventes à chaque distributeur
Améliorer le pilotage des performances commerciales	Avec la remontée d'informations en temps réel, les N+1 sont prévenus rapidement des performances « terrain » de leurs équipes. Ils peuvent diffuser des informations liées aux produits. **Ex. :** Un problème de fabrication sur une ligne de production peut entraîner des ruptures de produits chez le distributeur. Le N+1 en informe les commerciaux. Le partage de l'information et la communication entre les commerciaux et avec le N+1 sont plus collaboratifs. Un management agile peut se développer.

Applications

Maîtrise

1 Développer la présence de la marque dans le point de vente

Grâce au financement participatif des producteurs et salariés de Vegafruits, les gourdes Minute Fruitée sont nées en 2016 à Saint-Nicolas-de-Port (Meurthe-et-Moselle). Elles sont 100 % fruits de la région Grand-Est (mirabelles, quetsches...) et sont commercialisées depuis mai 2017 dans une cinquantaine de points de vente en Lorraine, en Alsace et en Champagne-Ardenne. Le reste des ventes est réalisé grâce à internet ou auprès de partenaires locaux.
Vous êtes commercial(e) pour Minute Fruitée et vous avez pour objectif d'augmenter sa présence auprès du réseau Sytème U.

1. Préparez les arguments de vente (CAP/SONCASE) pour la négociation de l'animation commerciale auprès du chef de département du Super U de Guebwiller (entreprise Vegafruits, produit, marché, stratégie commerciale).
2. Proposez des axes d'amélioration pour optimiser le référencement de la gourde Minute Fruitée.
3. Rédigez la trame d'un prospectus qui annonce la future animation commerciale.
4. Vous devez communiquer *on-line* sur l'animation : concevez un blog avec l'application de votre choix pour annoncer la date et le lieu de l'animation commerciale soit le 22 mars N au Super U de Guebwiller.

Document 1 Vegafruits

Tout a commencé en 1991, quand 250 producteurs veulent relancer un fruit millénaire en Lorraine : la mirabelle de Lorraine. Trois coopératives fruitières lorraines (Jardin de Lorraine, Vergers de Lorraine et Coteaux Lorrains) se sont rassemblées autour de Vegafruits.

Vegafruits : les producteurs de Lorraine

[...] Nous récoltons, transformons et commercialisons des mirabelles de Lorraine, quetsches et autres fruits de la région. C'est nous, les 250 producteurs et les salariés de la coopérative Vegafruits qui décidons des futurs investissements et stratégies à adopter.

Notre équipe

27 ans : c'est l'âge moyen de notre équipe. Une équipe de rêve, jeune et dynamique qui se donne à 100 % pour vous satisfaire. De la production à la livraison, en passant par la communication, chacun assure sa tâche afin que tout se déroule « sans pépin », dans la joie et la bonne humeur.

Minute Fruitée : une compote sans sucres ajoutés, sans arômes ni conservateurs

gourdes.minute-fruitee.fr

Document 2 — Le marché de la compote fraîche

Après avoir été l'un des pionniers du bio il y a plus de vingt ans, le drômois Charles & Alice parie sur un nouveau label : la haute valeur environnementale. Cette certification environnementale des exploitations agricoles valorise notamment les efforts des agriculteurs en faveur de la biodiversité ou de l'utilisation raisonnée de l'eau. Mais il entre surtout dans le cahier des charges imposé aux acteurs de la restauration collective par la loi Egalim. Impossible de passer à côté pour le fabricant de compotes et de desserts aux fruits, qui tire 25 % de ses revenus de la restauration hors foyer (RHF).

Il propose donc désormais deux recettes concoctées à partir de pommes issues de vergers labellisés HVE. Une diversification à petits pas, faute de matière première.

[…] « Ce label est bien connu des chefs, mais encore très peu du grand public », justifie la directrice marketing. Elle ne ferme pas la porte à la grande distribution (25 % des ventes) mais, au préalable, il lui faut sécuriser ses approvisionnements et diversifier l'offre HVE, qui se limite à deux compotes. D'autres fruits du verger (abricots, poires, prunes…) devraient arriver d'ici peu. Il sera alors temps d'envisager de nouveaux circuits de vente. En attendant, Charles & Alice, qui a réalisé 160 millions d'euros de chiffres d'affaires en 2020 (– 5 %), sécurise ses approvisionnements dans un contexte tendu. En effet, la production de pommes a chuté de 18 % en 2020, tombant à son deuxième plus bas niveau de la décennie.

F. Sigot, « Les compotes Charles & Alice tentent de percer dans les cantines », Les Echos, 12 févr. 2021.

Document 3 — La compote, alternative aux produits frais

Parts de marché des différents segments en valeur et volume (N/N-1)

	CA en M€	Évolution du CA en %	Évolution du volume en %
Compotes en ambiant	**505,8**	**+ 2,6 %**	**+ 3,7 %**
Classiques	184	– 8,1 %	↘
Sans sucre ajouté	190	+ 13,5 %	↗
Bio	86,5	+ 7,8 %	↗
Compotes fraîches	**348**	**+ 2,6 %**	**+ 4,2 %**
Classiques	142	+ 2,6 %	↗
Sans sucre ajouté	108	+ 2,4 %	↗
Bio	15	+ 22,9 %	↗
Gourmandes	78	– 1,3 %	↘
Fruits en morceaux	**171,3**	**+ 10,8 %**	**+ 8,4 %**

Iri, tous circuits, 2020.

« *Très bien exécuté par nos équipes commerciales, le mois de septembre a permis à Pom' Potes de retrouver une forte dynamique et nous atteignons désormais plus de 70 % de PDM en valeur en hypermarché, du jamais vu !* », indique Nadia Mehl-Verzeaux, directrice du marketing de Materne (groupe MOM). […] Qui dit confinement dit en effet consommation familiale et pénalisation des produits nomades. Ainsi, après une année 2020 démarrée en fanfare, les fruits en morceaux (ou salades de fruits) du frais ont connu un rude coup d'arrêt, à – 19,4 % en CAM. […]

À l'inverse, le marché des fruits en morceaux ambiants se porte bien. « *Le taux de pénétration de notre marque a bondi de 2,4 points pendant le confinement, nous permettant de recruter 700 000 foyers acheteurs* », affirme Stéphane Lehoux, PDG de Saint Mamet, numéro un dans cette famille de produits. […]

La montée en puissance du bio, qui pèse déjà, entre l'ambiant et le frais, presque 100 millions d'euros de chiffre d'affaires rien que pour les compotes, s'accompagne d'une plus grande diversité des formats.

Les recettes SSA aux superfruits de Charles & Alice étrennent, elles aussi, des saveurs propres à séduire adultes ou jeunes adultes, tout en apportant un bénéfice santé : vitamines avec l'orange et la carotte, antioxydants avec les *cranberries* et la framboise ou énergie avec le kiwi, la banane et la spiruline.

A. Chauvel, « Compotes et fruits en morceaux en pleine mutation » www.lsa-conso.fr, 18 nov. 2020.

Maîtrise

2 Évaluer les performances du point de vente

Cancoillotte est une appellation désignant un fromage français à pâte fondue fabriqué en Franche-Comté. Elle est obtenue à partir d'un mélange de metton (lait écrémé caillé) et d'eau, additionné de beurre en fin de préparation. Sur ce segment du marché des fromages cher aux Francs-Comtois, plus d'une cancoillotte dégustée sur deux porte la marque La Belle Étoile. La recette est tenue secrète depuis 1880. Vous êtes commercial(e) pour La Belle Étoile et analysez les performances dans l'enseigne Intermarché de Quingey (25).

1 Analysez la performance de la marque en créant un tableau de bord à l'aide d'un tableur de type Excel.

2 Mesurez les écarts entre les objectifs fixés et les résultats obtenus. Que constatez-vous ?

3 Préconisez des actions commerciales pour améliorer les performances de la marque.

4 Évaluez l'animation commerciale effectuée en mars dans l'Intermarché de Quingey. Avez-vous atteint vos objectifs ?

Document 1 Performances de l'Intermarché de Quingey (25) en janvier

	Prix TTC	Quantités vendues	CA HT réalisé par le distributeur	Objectif CA HT de la marque	Marge réalisée par la marque
Nature 500 g	4,99 €	132		700,00 €	
Nature 250 g	2,99 €	270		900,00 €	
Ail 250 g	2,99 €	157		500,00 €	
Vin blanc 200 g	2,95 €	128		500,00 €	
Metton 250 g	3,55 €	79		300,00 €	

Le taux de marque est de 22 %.

Document 2 Performances de l'Intermarché de Quingey (25) en mars

	Prix TTC	Quantités vendues
Nature 500 g	4,99 €	245
Nature 250 g	2,99 €	658
Ail 250 g	2,99 €	147
Vin blanc 200 g	2,95 €	361
Metton 250 g	3,55 €	135

Coût total de l'animation commerciale (dégustation) : 402,05 €.

Document 3 Vos objectifs pour le mois de mars

- ✓ Multiplier par 2 les ventes globales en volume par rapport au mois de janvier
- ✓ Obtenir des ventes en valeur de la référence Nature 250 g de + de 1 500 €
- ✓ Enregistrer une hausse de la marge nette de 80 %
- ✓ Mettre davantage en avant la référence Ail 250 g

Synthèse

Suivre et développer le référencement

Les indicateurs de performance du réseau

Pour la politique de référencement			Pour le point de vente			
Distribution numérique	Distribution valeur	Taux de saturation	Ventes en valeur	Marge commerciale	Part de linéaire	Rupture valeur

Conquérir des points de vente et dynamiser le réseau de distribution

Le pilotage de l'activité commerciale

- **Optimiser l'assortiment**
- **Planifier des visites**
- **Renforcer l'animation dans les points de vente**
- **Gérer les stocks**
- **Établir une relation sur le long terme**

La veille commerciale

Évaluations du marché et des opportunités de croissance
Performances d'une marque, d'une enseigne, d'un point de vente

- Panels de consommateurs et panels de distributeurs
- *Category management*
- Veille digitale

Les outils de gestion de la relation client (CRM)

- Valoriser les produits
- Planifier les visites et optimiser les tournées
- Préparer les visites et effectuer le reporting
- Analyser la performance
- Prévoir les ventes
- Améliorer le pilotage des performances commerciales

TESTEZ-VOUS

Quiz sur le chapitre 5
liennathan.fr/h863it

MOTS CLÉS

Distribution numérique · Distribution valeur · Taux de saturation · CRM · Ruptures et invendus · Assortiment · Tableau de bord · Part de linéaire · Panel · *Category management* · Veille digitale · Animation commerciale

CHAPITRE

6

Sélectionner et constituer un réseau de partenaires commerciaux

Contexte professionnel

Activité/Tâche
Sélection et constitution de réseaux de partenaires, d'apporteurs d'affaires et de prescripteurs

Compétence
Participer au développement d'un réseau de partenaires

Vers PIX
1.1. Mener une recherche et une veille d'information

« L'Artisan du Burger » est une compagnie française créée en 2015 par Emmanuel Fernandez, ancien directeur du fournisseur d'accès à Internet « Vidéo Futur ». Un premier restaurant est ouvert dans le quartier des Halles à Paris, rapidement suivi de deux franchises à Nancy et Golfe-Juan. Son positionnement sur le marché des burgers *premium* correspond à une attente de la clientèle urbaine.

Implantés en centre-ville, les établissements du réseau misent sur la qualité des viandes et des pains, la fraîcheur des ingrédients et le savoir-faire de chefs cuisiniers reconnus Meilleurs Ouvriers de France. Le concept repose sur une charte qualité et une identité visuelle forte illustrant l'authenticité et l'aspect traditionnel de la marque. L'entreprise est jeune et doit convaincre de talentueux franchiseurs d'investir sur son concept de burger artisanal.

Votre rôle

Vous venez d'être recruté(e) comme commercial(e) afin de participer au développement de la stratégie commerciale de l'enseigne.
Pour remplir votre mission, vous devrez réfléchir à la mise en place progressive d'un réseau de partenaires commerciaux sur l'ensemble de l'hexagone.

Vos objectifs

I Faire le lien entre stratégie et partenariats à envisager

1 Décrivez brièvement le contexte dans lequel se trouve la marque et proposez une stratégie de croissance en adéquation avec son analyse interne. ➲ Fiche ressource 1 ➲ Annexes 1 et 2

2 Quel réseau de partenaires est mis en place par « L'Artisan du Burger » ? Justifiez le choix de l'enseigne en fonction des stratégies commerciales des concurrents. ➲ Annexe 3

3 À quels types de partenaires commerciaux peut également recourir « L'Artisan du Burger » pour mettre en place sa stratégie ? ➲ Annexes 4 et 5

II Définir l'offre de partenariat commercial

4 Quelle stratégie d'implantation préconiseriez-vous ? ➲ Fiche ressource 2 ➲ Annexes 6 et 7

5 Identifiez les obligations du franchiseur et du franchisé. ➲ Fiche ressource 3

6 Votre responsable vous demande de préparer le dossier de franchise de l'enseigne. Sur quels aspects de l'offre allez-vous insister pour la rendre plus attractive ? ➲ Fiche ressource 4 ➲ Annexes 2, 4, 5, 8

7 Quelle est la proposition de valeur de « L'Artisan du Burger » ? Rappelez les spécificités de son positionnement.

III Recruter de nouveaux partenaires

8 Rédigez le descriptif des prestations attendues du franchisé. ➲ Fiche ressource 5

9 Quels indicateurs permettront d'évaluer les performances des établissements sous franchise ?

10 Quels sont les critères que vous utiliserez pour opérer une sélection parmi les candidats à la franchise ? ➲ Annexes 2 et 3

11 Quels moyens de communication recommandez-vous de mettre en œuvre pour diffuser l'offre de franchise ?

Votre dossier

Annexe 1 — La *premiumisation* du burger

En 2019, il s'est vendu 1,6 milliard de burgers en France, un volume multiplié par 14 sur ces dix dernières années. Proposé par trois restaurants sur quatre et vendu à moins de 6 euros en moyenne dans les chaînes de fast-food, ce produit entre dans le top 3 des plats préférés des Français. Il n'est plus l'apanage des chaînes de restauration rapide puisqu'il représente 75 % des ventes réalisées au sein des restaurants traditionnels.

Depuis 2010, les acteurs de ce marché se sont engagés dans une montée en gamme. Des chefs étoilés comme Paul Bocuse se sont emparés du concept et l'ont travaillé avec des ingrédients de qualité. Le burger devient *premium*, ce qui fait évoluer son prix autour de 16-17 euros. Aujourd'hui, le *fast-food* de qualité se développe avec des enseignes comme Steak'n Shake, Big Fernand, Mamie Burger, Bioburger ou encore King Marcel.

La charte qualité

LE *HEALTHY BURGER* AVANT TOUT !

Le concept et la charte qualité portés par chacun de nos restaurants répondent à la passion du fondateur pour ces valeurs essentielles : exiger la qualité, cultiver la constance et célébrer le plaisir gustatif.
Pour atteindre cet objectif s'impose naturellement un positionnement haut de gamme avec le burger réinventé par les grands chefs !

La philosophie ou raison d'être de L'Artisan du Burger est de proposer des burgers savoureux et équilibrés, composés d'ingrédients de qualité. Pour répondre à cet objectif ambitieux, nous avons fait appel à de grands chefs : notre chef, Meilleur Ouvrier de France 2011, le chef Eric Robert (MOF 2000), le chef Kelly Rangama (1 étoile Michelin 2020), le chef Michael Greenwold (prix Fooding International 2012), et la chef Tara Khattar (Top Chef 2018) ont ainsi développé des recettes originales sublimant le burger.

La chef Joy Astrid Poinsot, quant à elle, a signé les premières créations de la « Collection Éphémère ».
Au service de leurs délicieuses créations, notre viande de bœuf de race charolaise est sélectionnée et certifiée 100 % française par la célèbre boucherie Metzger, la boucherie des chefs ; nos buns moelleux, sans conservateurs ni additifs, sont concoctés par « Graines de Créateurs », 1er prix au concours du « Meilleur Artisan-Boulanger des Hauts-de-Seine » ; nos desserts variés et équilibrés sont faits maison et ont été conçus par le chef pâtissier Jérôme Devreese.

L'ARTISAN DU BURGER :
de grands chefs pour une grande enseigne !

LES RESTAURANTS
Authenticité et convivialité

Parce que le contenant est tout aussi important que le contenu, Emmanuel Fernandez n'a pas hésité à offrir à son concept un écrin à la hauteur de son ambition.
L'architecture et la décoration intérieure des restaurants L'Artisan du Burger privilégient les matériaux nobles, authentiques et intemporels. Ainsi, l'association du bois, de la pierre et de l'ardoise crée une ambiance à la fois accueillante et unique, reflet d'une nouvelle convivialité urbaine et d'un art de vivre à la française.

lartisanduburger.com

Annexe 3 — La franchise, mode privilégié de développement

Les avantages de la franchise

En restauration, on dénombre de nombreux concepts franchisés, la plus connue étant McDonald's. L'enseigne de restauration de type *fast-food* (vite pris vite servi) a ouvert ses premiers établissements dans les années 50 aux États-Unis. Elle est devenue très vite un acteur majeur du secteur grâce à son développement en franchise. En effet, ce dernier lui a permis d'ouvrir un nombre incalculable de points de vente à travers le monde. [...]

En 2021, Colette a décidé de passer un cap dans son développement en lançant la franchise de sa marque de restauration. Après les deux restaurants bordelais bientôt suivi d'un troisième, un restaurant à Rennes et bientôt un nouveau à Toulouse, Colette est en recherche de ses nouveaux partenaires. La marque n'est pas difficile, son ambition est nationale, tous les emplacements seront étudiés. [...]

Pour s'assurer le succès, Colette met à disposition un manuel opératoire ultra-détaillé de tous ses processus. Tout est codifié au niveau de l'utilisation de la marque et de ses supports. De plus, une formation initiale très importante est réalisée sur site. Elle est suivie d'une formation continue *via* des vidéos et documents. Les moyens mis à disposition sont conséquents.

www.startups-nation.fr, 1er oct. 2021.

De nouveaux entrants sur le marché du burger en France

Carl's Jr., King Marcel, Big Fernand, 231 East Street, Bioburger, Steak'n Shake...Depuis quelques années, les chaînes de burger *premium* se bousculent. Dernier arrivé sur ce marché, Carl's Jr. L'enseigne de restauration rapide, qui regroupe 4 000 restaurants dans 44 pays et qui est née en Californie en 1941, s'est dernièrement implantée au sein du centre commercial Westfield Velizy-2 en Ile-de-France grâce à un accord exclusif [...]. Et ses ambitions sont fortes : « D'ici à dix ans, 120 restaurants ouvriront au sein de l'Hexagone, dans les trente premières agglomérations de plus de 300 000 habitants, en s'appuyant sur la franchise », a déclaré Tim Lowther, son directeur. Le réseau devrait donc poursuivre sa croissance avec une ouverture au sein de l'aéroport Paris-Charles-de-Gaulle cette année.

M. Geyer, « Le burger a remplacé le traditionnel steak/frites à la carte des restaurants français », observatoiredelafranchise.fr, 25 janv. 2021.

Annexe 4 — Trois modes de consommation

Dans les grandes métropoles, la multiplication des applications dédiées permet aux citadins pressés de se faire livrer rapidement un repas complet et équilibré qu'ils choisissent parmi les offres référencées de plusieurs restaurants locaux. Gain de temps, aide à la décision, ces nouvelles interfaces conquièrent de plus en plus d'adeptes et révolutionnent la prise de commande dans la restauration.

L'Artisan du Burger propose trois modes de consommation : sur place, à emporter ou livré à domicile ou au bureau. La livraison est assurée par des partenaires du secteur Foodtech* qui digitalisent la relation client.

* *Start-up* qui réinventent la restauration.

Maria Bertoch, experte foodservice au sein de The NPD Group :

« *La vente à emporter est véritablement le segment phare de l'année 2020 et on peut dire que la Covid-19 lui a donné un coup d'accélérateur. Elle a doublé ses parts de marché dans le circuit de la restauration à table, passant de 15 % en 2019 à 30 % en 2020, et a permis à de nombreux établissements de limiter leurs pertes.* »

Annexe 5 Les *start-up* de la *foodtech*

Les domaines de la *foodtech*

- **Coaching :** conseil aux consommateurs
- **FoodScience :** nouveaux produits alimentaires
- **Media :** informations consommateurs, recettes
- **FoodService :** restauration, traiteur, invendus
- **AgTech :** solutions améliorant la qualité et le rendement des productions agricoles
- **Retail & Delivery :** services de livraison (repas ou courses)

Les chiffres de la *foodtech*

- 2,7 milliards d'euros levés en Europe en 2020 (idem 2019).
- Des investissements plus risqués. En France, cela représente 600 millions en 2020 (vs 400 millions en 2019).
- La France est le 2e hub d'innovation (sur 5 zones d'Europe) en 2020 avec 25 % d'investissement (vs 15 % en 2019).
- Le secteur de la Foodscience compte le plus de start-up européennes actives (32 %) en 2020 ; la livraison arrive en 2e position avec 22 %.
- + 178 % d'investissement dans les start-up de protéines alternatives (agriculture cellulaire et *plant-based*) et liées à l'anti-gaspillage.
- Tendances : les *cloud kitchens*, les *dark stores* et autres start-up de livraison de courses continueront de se multiplier, notamment dans les régions les plus peuplées.

Données : DigitalFoodLab, 2021.

Alexandre Chapier, gérant de l'adresse ouverte le 31 décembre dernier, mise sur les influenceurs depuis le début. Derrière son comptoir, le tatoué s'affaire et raconte : « *Au début, j'ai mis le paquet et j'ai invité presque tout Instagram*, s'amuse-t-il. *Ensuite, j'ai appris à sélectionner ceux qui me ramenaient réellement de la clientèle.* » En ligne de mire, les influenceurs "food", et surtout pas les créateurs de contenus non spécialisés. « *Ils peuvent avoir 100 000 abonnés, mais ne me rapporter aucun client. À l'inverse, des influenceurs comme Constance ont un nombre moindre de followers, mais beaucoup de clients viennent de sa part.* »

Du côté des chiffres, le résultat est sans appel : aujourd'hui, plus de la moitié de sa clientèle vient sur les conseils de leurs influenceurs préférés. « *Il faut toujours faire parler de soi, c'est indispensable* », conclut le cuisinier. Une leçon de marketing qui semble porter ses fruits. Le jour même de notre visite chez Blossom Burgers, le représentant de Deliveroo France s'est présenté au restaurant : il souhaitait intégrer l'établissement à son offre. La notoriété paye.

N. Moulinet, « Miser sur les influenceurs *food*, le pari gagnant des restaurateurs », www.capital.fr, 19 mai 2021.

Annexe 6 Les prochaines ouvertures de L'Artisan du Burger

PARIS

94 RUE RAMBUTEAU	PARIS 01
18 BLD SAINT-GERMAIN	PARIS 05
206 RUE DE GRENELLE	PARIS 07
39 RUE DE LA GAITÉ NEW	PARIS 14
42 RUE PONCELET	PARIS 17
59 RUE DES DAMES	PARIS 17
26 RUE CARNOT	LEVALLOIS-PERRET 92
52, AV PIERRE GRENIER	BOULOGNE-BILLANCOURT 92
5 PLACE PARMENTIER NEW	NEUILLY-SUR-SEINE 92

PROVINCE & INTERNATIONAL

58 COURS MIRABEAU	AIX-EN-PROVENCE 13
03 RUE STANISLAS	NANCY 54
14 RUE DE LA BACLERIE NEW	NANTES 44
53 AV. DU PRADO	MARSEILLE 13
37 RUE DES REMPARTS NEW	BORDEAUX 33
FF218 THE DUBAI MALL	DUBAI

PROCHAINES OUVERTURES

PARIS 16
PARIS 18

lartisanduburger.com

Annexe 7 — La stratégie d'implantation en cœur de ville

Five Guys accélère son implantation en France

Installée sur le marché français depuis près de trois ans, l'enseigne de burger « premium » vient d'ouvrir sa douzième unité et prévoit d'en ajouter une dizaine par an.

Un peu moins de trois ans après son lancement sur le marché français, Five Guys y met les bouchées doubles en matière de développement. Alors qu'elle vient d'ouvrir sa douzième unité dans l'Hexagone, à Nancy, l'enseigne américaine, spécialiste du burger de qualité avec un produit frais et assemblé à la main, prévoit désormais d'« *ouvrir une dizaine de restaurants par an* », indique le directeur général de Five Guys France, Vincent Lemaître, nommé en mai 2018 après avoir dirigé Groupe Flo. « *On ne nous a pas demandé d'en faire une centaine mais nous accélérons* », ajoute-t-il.

Développement en propre

Au moment où Burger King poursuit son expansion tonitruante en France – 50 à 75 ouvertures par an et près de 300 unités en exploitation aujourd'hui –, profitant notament de la conversion du réseau Quick, Five Guys France a, il est vrai, une ambition d'autant plus mesurée que chaque établissement supplémentaire donne lieu à un investissement en propre. Tel est en effet le mode opératoire adopté par les propriétaires, la famille Murrell, créatrice de Five Guys en 1986, et son partenaire, l'homme d'affaires anglais Charles Dunstone. Les parties codétiennent une même entité pour cinq marchés européens : outre la France, il s'agit du Royaume-Uni, de l'Espagne, de l'Allemagne, et prochainement du Portugal.

S'agissant de la France, des ouvertures sont notamment en vue au centre Carré-Sénart (77), à la fin avril, et à Nice, à la fin de l'année. D'une manière générale, les « villes principales » font office de « cibles prioritaires », indique Vincent Lemaître. Mais Five Guys lorgne simultanément les centres commerciaux de dimension régionale comme le montrent le projet de Carré-Sénart mais aussi les unités déjà ouvertes dans les complexes Atlantis de l'agglomération nantaise et Rosny-2 (93), près de Paris, entre autres.

Si la rentabilité opérationnelle est atteinte au bout de douze mois, Vincent Lemaître ne cache pas par ailleurs que la recherche et la fidélisation du personnel constituent « le premier enjeu » pour la petite chaîne. Five Guys est logée à la même enseigne que les autres acteurs de la restauration...

C. Palierse, Les Echos, 25 février 2019.

Annexe 8 — L'identité visuelle de L'Artisan du Burger

L'Artisan du Burger se positionne comme une enseigne urbaine et conviviale.

L'Artisan du BURGER PARIS

L'art du Burger des gran s Chefs

Le logo et sa *base line*

FICHE RESSOURCE

1

DÉFINIR LES OBJECTIFS DU PARTENARIAT

I Identifier les besoins de croissance

L'esprit entrepreneurial pousse les organisations à assurer la croissance de leurs activités en volume et en valeur. De manière corollaire, les activités de production, distribution et commercialisation prennent plus d'ampleur. Selon le modèle de croissance défini par Igor Ansoff, après avoir pénétré un marché, les entreprises se développent en étoffant leur offre de produits et/ou en s'installant sur de nouveaux marchés.

La matrice d'Ansoff

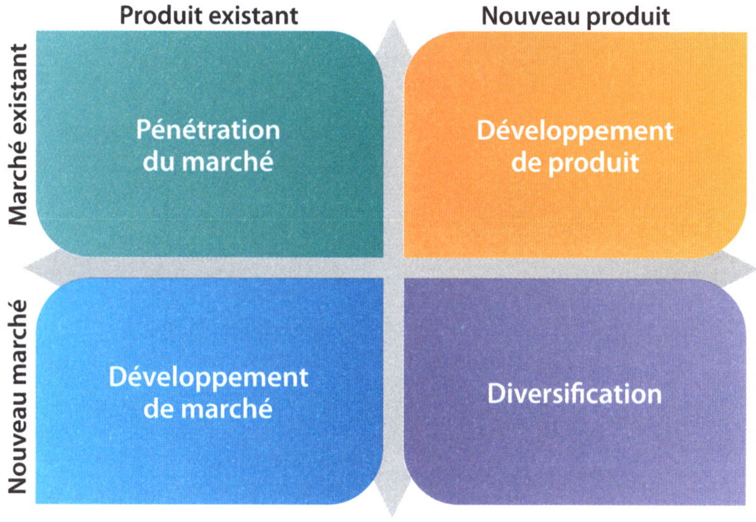

En fonction de la stratégie retenue, les entreprises sont conduites par exemple à développer leur réseau de vente ou à rechercher de nouvelles opportunités à l'international. Grandir requiert alors un apport financier et humain dont elles ne disposent pas forcément.

La construction ou le renforcement d'un réseau de partenaires commerciaux accompagne la croissance des entreprises sur leur marché domestique ou à l'international. Toutefois, les membres du réseau, bien qu'unis par des objectifs communs, ne suivent pas nécessairement la même stratégie. C'est la raison pour laquelle une entreprise en croissance doit identifier le type de partenariat qui lui permettra d'atteindre ses objectifs stratégiques en cohérence avec son identité de marque et sa vision.

Stratégie de croissance	Pénétration de marché	Développement de marché	Développement de produit	Diversification
Objectifs stratégiques	Développer les ventes sur le marché domestique	Trouver de nouveaux débouchés sur le marché domestique ou à l'international	Commercialiser de nouveaux produits auprès d'une clientèle existante	Développer de nouveaux métiers en lien ou non avec les activités d'origine
Exemples de besoin de croissance	Développer une emprise territoriale mailler une zone géographique	Conquérir un marché à l'export renforcer saprésence à l'international rechercher de nouvelles cibles	Explorer les attentes et besoins non satisfaits de la clientèle valoriser un portefeuille de produits densifié	Améliorer larentabilité du groupe saisir les opportunités sur des marchés porteurs
Exemples de partenariats	Recruter des agents commerciaux	Construire un réseau de franchisés	Négocier de nouveaux référencements auprès des intermédiaires de la distribution	Recruter des apporteurs d'affaires

II Répartir les activités

De multiples facteurs vont influer sur le potentiel de développement du réseau :
– le type de maillage qui permet aux membres d'interagir ;
– les rôles assignés à chaque membre ;
– la densité du réseau ;
– l'environnement concurrentiel ;
– les conditions de marché, etc.

L'entreprise ne contrôle pas les variations des facteurs externes : elle audite régulièrement le marché pour anticiper son évolution, identifier les menaces et saisir les opportunités qui se présentent. Elle décide également des modalités de fonctionnement du réseau, de l'arrivée et du recrutement de nouveaux membres, des activités qu'elle prendra en charge et celles que les partenaires assumeront. Tout partenariat implique une coopération, un soutien mutuel et la mise en commun d'efforts aboutissant à la réalisation d'objectifs communs. Dans certains cas, l'entreprise dispose d'un savoir-faire remarquable et prend soin de développer les processus nécessaires à la standardisation de son offre. Ainsi définie, elle peut être dupliquée et proposée par tout entrepreneur partenaire en ayant acquis les spécificités.

Objectif du partenariat	Type de partenaire	Exemples d'activités du partenaire	
Déléguer les fonctions de la distribution à des professionnels de la distribution intégrée	Intermédiaire de la distribution	Allotissement et conditionnement, transport, entreposage, revente	Contrat de distribution
Passer un accord avec une ou plusieurs entreprises en vue d'intensifier les efforts de commercialisation	Coentreprise	Élargissement du réseau de revente, mutualisation de la relation client	Contrat de collaboration ou *joint-venture*
Désigner un mandataire indépendant chargé de négocier et d'acheter ou devendre au nom et pour le compte de l'entreprise sans alourdir la masse salariale	Agent commercial	Négociation des conditions de transport et de vente d'un lot, prospection de nouveaux marchés, vente	Contrat d'agence commerciale
Proposer à un distributeur l'exclusivité de la revente de ses produits sur un territoire délimité	Concessionnaire	Revente de produits manufacturés par le concédant, prestations de service	Contrat de concession
Développer un maillage territorial sans investir directement dans un réseau de points de vente	Franchisé	Exploiter une marque, un savoir-faire et des compétences mises à disposition par le franchiseur	Contrat de franchise
Conquérir un nouveau marché	Affilié	Revendre les stocks fournis par l'entreprise commettante	Contrat d'affiliation
Identifier un intermédiaire dont l'activité conduit à la réalisation d'une vente	Apporteur d'affaires, courtier, prescripteur	Mise en relation avec un acheteur	Contrat de courtage ou contrat de commissionnement

Un affilié est un distributeur indépendant qui n'est ni subordonné ni mandataire de la tête de réseau. Il doit respecter le concept et se voit fournir les signes distinctifs (logo, etc.). Le contenu du contrat d'affiliation laisse une grande liberté contractuelle.
Un courtier est un commerçant indépendant qui exerce une activité d'intermédiation : il met en contact des acheteurs et des vendeurs. Il ne représente pas son donneur d'ordre. Il est rémunéré de manière forfaitaire ou par un pourcentage du chiffre d'affaires généré par le contrat qu'il a permis de conclure.

EXEMPLE

D'après l'Association professionnelle des intermédiaires en crédits (Apic), près de 40 % des crédits immobiliers accordés par les banques sont négociés par un courtier.

FICHE RESSOURCE

2

ÉLABORER LA STRATÉGIE D'IMPLANTATION

Lors de la mise en réseau d'un concept, la marque choisit une stratégie d'implantation qu'elle élabore en quatre temps :

Respect de l'identité de marque ▶ Stratégie de réticulation ▶ Potentiel de la zone de chalandise ▶ Critères d'éligibilité du partenaire

I Le respect de l'identité de la marque

La marque désireuse de se développer doit avant tout s'assurer que le mode de partenariat choisi garantira le respect de son identité de marque. Pour Jean-Noël Kapferer, les éléments constitutifs de cette identité sont la personnalité de la marque, son physique, sa culture, ses relations, sa mentalisation interne, son reflet.

Directement en lien avec le positionnement, l'identité de marque oriente les décisions de marketing opérationnel telles que les politiques de produit, de prix, de distribution et de communication.

EXEMPLE

Une entreprise de haute horlogerie veillera à ce que la commercialisation de ses montres se fasse auprès d'intermédiaires en mesure de prospecter et convaincre une clientèle finale très exigeante.

Certains types de partenariat comme la franchise impliquent que la tête de réseau transmette les éléments de son identité visuelle aux membres du réseau qui en ont alors l'usage.

II La stratégie de réticulation

La réticulation est la formation et le développement de réseaux. La stratégie de réticulation définit le maillage souhaité par la marque. La réticulation optimale dépend de :

- **La stratégie de croissance retenue** : développement de marché, développement de produit, etc.
- **La nature de l'offre** : automobile, immobilière, service à la personne, etc. ;
- **La cible définie** : critères socio-démographiques et psychographiques ;
- **La pression concurrentielle** : nombre et taille des concurrents implantés ;
- **Des critères de faisabilité** : infrastructure routière, climat, logistique.

EXEMPLE

Historiquement, nombre d'agences bancaires se sont ouvertes en France le long des routes nationales, le maillage ainsi créé assurant la visibilité des établissements.

III L'analyse du potentiel de la zone de chalandise

L'étude du potentiel d'une zone géographique implique une collecte rigoureuse de données pertinentes :

- **Indicateurs chiffrés** : chiffre d'affaires potentiel de la zone, taux d'emprise de l'enseigne (part des dépenses qu'elle capte), etc. ;
- **Critères démographiques** : âge moyen des habitants, niveau de revenu ou de formation, etc. ;
- **Critères psychographiques** : style de vie, valeurs ou attitudes des consommateurs de la zone de chalandise.

Enfin, le comportement des consommateurs est amené à varier en fonction de caractéristiques régionales et il importe d'en prendre la mesure avant toute décision d'implantation.

IV Les critères d'éligibilité du partenaire

Lorsqu'il ne fait plus aucun doute que la zone est idéale pour une installation réussie, la tête de réseau élabore alors une liste précise des attributs attendus :

– les compétences, le niveau d'études requis ;
– le savoir-faire, l'expérience dans le secteur d'activité ;
– l'apport financier, l'apport foncier, etc.

Pour autant, remplir les critères d'éligibilité ne suffit à faire d'un candidat un bon partenaire. Les enseignes développent des procédures complexes de recrutement qui durent parfois plus de six mois.

FICHE RESSOURCE

3

DIFFÉRENCIER LES TYPES DE PARTENAIRES COMMERCIAUX

Une entreprise qui produits des biens et services a besoin de partenaires pour l'aider à atteindre ses cibles. On distingue sept types de partenaires qui conduisent à des relations partenariales variées.

I Les membres du réseau intégré

La première situation concerne les producteurs qui choisissent de confier la distribution de leurs produits à un ou plusieurs réseaux de magasins appartenant à une même enseigne (tête de réseau). Chaque réseau négocie au nom des responsables de points de vente et organise leur approvisionnement grâce à une centrale d'achat (voir chapitres 1 à 5).

Chaque année, lors des négociations commerciales, l'entreprise doit donc s'accorder avec les centrales d'achat des distributeurs intégrés et coopératifs sur les volumes commandés, les prix, les délais de livraison et les opérations de promotion. Les centrales d'achat exercent un pouvoir considérable sur les producteurs.
La seconde situation concerne le revendeur qui développe un réseau de points de vente afin de mieux couvrir un territoire géographique étendu. De tels systèmes sont dits intégrés lorsque la tête de réseau dirige l'ensemble des succursales de manière centralisée. Le canal de distribution est un système marketing vertical composé d'entreprises aux fonctions variées prises en charge par la tête de réseau. Les directeurs de magasin et leur personnel sont des salariés de l'enseigne propriétaire.

EXEMPLE

Créé en 1969, Séphora est racheté en 1997 par LVMH. L'enseigne commercialise des parfums et produits cosmétiques ainsi que des services de conseil et de soins esthétiques. Avec plus de 600 magasins en Europe dont 330 en France, l'enseigne réalise un chiffre d'affaires mondial de 7 milliards d'euros en 2016 et contribue au dynamisme de l'activité de distribution sélective du groupe LVMH.

Points forts	Points faibles
– Ciblage large – Prise en charge de l'ensemble des fonctions de la distribution – Fort pouvoir de négociation du réseau – Mise en avant de l'enseigne	– Importante masse salariale – Gestion administrative lourde – Forts investissements nécessaires

II Les membres du réseau coopératif ou associé

Les **sociétés coopératives de commerçants détaillants** ont pour objet d'améliorer par l'effort commun de leurs associés les conditions dans lesquelles ceux-ci exercent leur activité commerciale (Code de commerce, article L. 124-1).
Le commerce coopératif et associé regroupe des entreprises juridiquement indépendantes souhaitant mutualiser leurs forces et accroître leur pouvoir de négociation. Les nouveaux associés ou adhérents sont recrutés par le groupement. La stratégie à mettre en œuvre est votée par l'ensemble des associés du groupement.
En 2020, le commerce coopératif et associé a réalisé 156 milliards d'euros de chiffres d'affaires, ce qui représente un tiers du commerce de détail en France (données FCA : Fédération du commerce coopératif et associé). Plus d'une centaine d'enseignes réunissent 31 300 entrepreneurs associés qui emploient 562 585 personnes en France au sein de 50 037 points de vente.

Points forts	Points faibles
– Couverture géographique optimale – Prise en charge de l'ensemble des fonctions de la distribution – Notoriété de l'enseigne – Fort pouvoir de négociation du réseau	– Nécessaire partage entre partenaires des responsabilités et des risques – La coopération doit générer de la valeur pour l'ensemble des partenaires

EXEMPLE

En 2021, le réseau coopératif d'Intermarché compte 1 840 points de vente en France. Intermarché a des relations partenariales avec plus de 5 000 PME auprès desquelles l'enseigne s'engage dans la charte du groupement Les Mousquetaires.

III Les coentreprises

Lorsque deux entreprises aux compétences complémentaires décident d'allier leurs savoir-faire, elles co-créent une entreprise (*joint-venture*) qui bénéficiera des opportunités liées à la mutualisation de la recherche-développement ou encore des canaux de distribution. Cette entreprise tierce est dotée d'une existence juridique propre. Les parts détenues par les entreprises cofondatrices dépendent des apports de chacune.

EXEMPLE

Starbucks a choisi une stratégie de développement de marché axée sur la recherche de partenaires locaux avec lesquels elle a construit son arrivée sur les marchés internationaux (Grupo Vips en France, UPEC en Chine, E-mart en Corée du Sud…).

Points forts	Points faibles
– Accès à de nouveaux réseaux grâce à la mutualisation – Partage des risques avec le partenaire – Renforcement des synergies entre les partenaires – Co-développement de produits ou services	– Coordination nécessaire des efforts – Implication requise de la part des deux partenaires – Possible divergence d'objectifs

IV Les concessionnaires

Le **contrat de concession** est « une convention liant le fournisseur à un nombre limité de commerçants auxquels il réserve la vente d'un produit sous condition qu'ils satisfassent à certaines obligations » (circulaire Fontanet du 31 mars 1960). Il se construit sur un principe d'exclusivité de la relation.

Le concessionnaire est un commerçant indépendant qui s'engage à suivre la politique commerciale du concédant. Il est tenu d'acheter les produits du concédant suivant des quotas fixés par le contrat de concession.

EXEMPLE

Le cuisiniste Arthur Bonnet a développé un réseau de 96 concessionnaires exclusifs en France. L'école de vente Arthur Bonnet forme les employés des concessionnaires du réseau à l'univers de la marque en dix mois d'alternance.

Points forts	Points faibles
– Modèle qui attire de nombreux candidats – Densifie le maillage d'un territoire – Assure une visibilité – Les concessionnaires obtiennent le droit de revendre les produits du concédant sur un territoire défini et pour une période déterminée ou non.	– Les concessionnaires peuvent être multimarques – Accord d'exclusivité sur un territoire – Assistance d'ordre technique et commerciale aux concessionnaires (moindre que dans le cas de la franchise) – Contrôle nécessaire quant aux pratiques de commercialisation

V Les franchisés

La **franchise** est une forme de commerce indépendant organisé. Le franchiseur, créateur de la marque et du concept, est la tête de réseau. Il transmet son savoir-faire et apporte un soutien important aux franchisés. Il perçoit en retour des royalties généralement indexées sur le chiffre d'affaires des franchisés ainsi qu'une redevance publicitaire destinée à financer l'effort de communication. Le franchisage, qui désigne la définition du concept et la mise au point des processus liés, aboutit à un nombre croissant de création de réseaux. En 2020, la Fédération française de la franchise (FFF) estime à 1 927 le nombre de réseaux : 78 032 franchisés , 668 837 salariés (emplois directs et indirects) et un chiffre d'affaires s'élevant à 63,88 milliards d'euros.

Le franchisé commercialise l'offre de produits d'un franchiseur et fait usage de sa marque. Pourtant, il reste un commerçant indépendant qui engage sa responsabilité vis-à-vis du consommateur.

Selon le Code de commerce, toute personne vendant des produits ou fournissant des services, liée par un accord de franchise à un franchiseur, doit informer le consommateur de sa qualité d'entreprise indépendante, de manière lisible et visible, sur l'ensemble des documents d'information ainsi qu'à l'intérieur et à l'extérieur du lieu de vente (Code de commerce, article A. 441-1).

EXEMPLE

Le réseau Eléphant bleu (lavage automobile) est le seul du secteur ayant opté pour la franchise. En 2021, il compte 460 stations de lavage en France dont 410 en franchise pour 210 franchisés.
Pour dynamiser son réseau, Picard (alimentation surgelée) utilise la franchise depuis 2017 avec 1 000 points de vente à ce jour.

Points forts	Points faibles
– Capitalisation sur le nom de marque – Approvisionnement exclusif des franchisés – Différents statuts juridiques possibles pour les franchisés – Définition de la stratégie du réseau	– Appui à fournir – Assistance coûteuse aux franchisés (animation, formation, assistance technique et commerciale)

VI Les agents commerciaux

L'**agent commercial** est un mandataire qui, à titre de profession indépendante, sans être lié par un contrat de louage de services, est chargé, de façon permanente, de négocier et, éventuellement, de conclure des contrats de vente, d'achat, de location ou de prestation de services, au nom et pour le compte de producteurs, d'industriels, de commerçants ou d'autres agents commerciaux (Code de commerce, article 134-1).
Les agents commerciaux ne sont pas salariés du mandant qui les emploie et ne perçoivent pas de rémunération fixe. Ils touchent généralement une commission, perçue dès lors que la vente est conclue grâce à son intermédiation. Le contrat qui les lie au mandant détermine les conditions d'exercice de leur mandat : durée, secteur géographique, montant de la commission. L'agent commercial ne peut représenter une entreprise concurrente du mandant sans avoir préalablement obtenu son accord.

EXEMPLE

Jean-François Lazartigue (coiffure) commercialise ses produits capillaires auprès d'une clientèle *B to B* (salons de coiffure, spas, parapharmacies et instituts de beauté) grâce à un réseau d'agents commerciaux qui développent et établissent la marque sur un large secteur géographique.

Points forts	Points faibles
– Souplesse – Démarche de coûts variables – Permet de prospecter sans trop investir	– Nécessité de travailler sur la cohésion d'équipe – Formations régulières à prévoir – Agents éloignés de l'enseigne – Agents multimarques

VII Les apporteurs d'affaires

Les apporteurs d'affaires sont liés par contrat à une entreprise bénéficiaire au nom de laquelle ils ne sont pas juridiquement amenés à agir. Leur rôle consiste à mettre en présence un vendeur (l'entreprise bénéficiaire) et un acheteur. L'apporteur n'est rémunéré que lorsque son intermédiation conduit à la conclusion de la vente.
Aucun cadre juridique ne vient définir clairement le statut de l'apporteur d'affaires. C'est donc le contrat qui détermine la durée de l'intermédiation, la rémunération de l'apporteur et ses obligations, notamment en matière d'exclusivité.

EXEMPLES

Le réseau d'agents mandataires d'Axa regroupe 1 327 apporteurs d'affaires sous statut de travailleur indépendant. Barclays Bank considère ses apporteurs d'affaires comme des fournisseurs et conserve leurs données nominatives dans le même fichier.

Points forts	Points faibles
– Logique de coûts variables – Souplesse administrative – Contribution à la notoriété de la marque (utilisation des réseaux privés)	– Manque d'implication possible – Pas ou peu de formation aux valeurs de la marque – Validation nécessaire de l'éligibilité des prospects présentés – Interdit dans certains secteurs : immobilier

ÉLABORER L'OFFRE DE PARTENARIAT

I Les obligations des partenaires

Selon le Code de commerce, toute personne qui met à la disposition d'une autre personne un nom commercial, une marque ou une enseigne, en exigeant d'elle un engagement d'exclusivité ou de quasi-exclusivité pour l'exercice de son activité, est tenue, préalablement à la signature de tout contrat conclu dans l'intérêt commun des deux parties, de fournir à l'autre partie un document donnant des informations sincères, qui lui permettent de s'engager en connaissance de cause (art. 330-3).
Les relations entre les partenaires et leurs obligations mutuelles sont donc formalisées par un contrat qui engage les parties (l'entreprise porteuse et le partenaire). Le législateur fixe des règles communes à certains contrats afin de garantir le déroulement serein des opérations commerciales et de faciliter le règlement des litiges éventuels.

Contrat	Entreprise porteuse	Partenaire
Contrat d'agence commerciale	En cas de vente réalisée, le mandant doit verser la commission à l'agent au plus tard le dernier jour du mois qui suit le trimestre au cours duquel elle était acquise.	L'agent commercial ne peut céder sa clientèle qu'avec l'accord de l'entreprise porteuse. En cas de cessation de ses relations avec le mandant, il reçoit une indemnité compensatrice (indemnité de clientèle).
Contrat de concession	Le concédant garantit : – une exclusivité territoriale – une exclusivité de fourniture des produits mentionnés dans le contrat – l'usage de la marque et de ses signes distinctifs	Le concessionnaire s'engage à : – s'approvisionner auprès du concédant pour les produits mentionnés dans le contrat – payer les marchandises
Contrat de franchise	Le franchiseur fournit : – un nom, une réputation de marque – un savoir-faire et une formation – un soutien logistique	Le franchisé doit : – payer un droit d'entrée – respecter la politique commerciale du franchiseur – s'acquitter d'une redevance publicitaire – payer des *royalties*
Contrat d'affiliation ou de commission-affiliation	L'entreprise commettante propose : – une rétribution calculée sur le montant HT de la vente réalisée – l'approvisionnement – la gestion des stocks de l'affilié	L'affilié ou commissionnaire doit : – acheter exclusivement la marchandise du commettant – faire usage du nom et de l'identité de la marque en respectant la charte graphique

II L'offre de partenariat

Trouver des partenaires fiables et de qualité n'est pas toujours chose aisée. Comme pour le recrutement d'un(e) collaborateur(trice) clé, l'entreprise travaille son offre de partenariat pour en optimiser l'efficacité. Les facteurs de réussite d'une offre sont : son attractivité, le réalisme des objectifs fixés et les bénéfices attendus pour le partenaire.

1. L'attractivité de l'offre de partenariat

Elle dépend d'abord de l'identité des marques à l'origine du partenariat. Les marques renommées trouvent plus facilement des partenaires commerciaux désireux de bénéficier de leur importante notoriété et d'une visibilité qui leur garantit d'emblée l'attitude favorable de la clientèle.

EXEMPLE

Un entrepreneur à la recherche d'une opportunité de franchise à développer étudiera plus volontiers les propositions d'un franchiseur bénéficiant d'un capital de marque important.

Un secteur d'activité en plein essor ou encore la perspective de développer un marché sous-exploité sont également très motivants.

2. Les objectifs fixés au partenaire

Attirer de nouveaux partenaires est essentiel au développement du réseau. Aussi, l'entreprise tête de réseau propose souvent un dossier prévisionnel comportant les soldes intermédiaires de gestion et le chiffre d'affaires prévisionnel à court terme, calculés sur la base des résultats obtenus par les membres actuels du réseau.
Pour respecter l'obligation de bonne foi et de sincérité dans les négociations contractuelles, ce dossier ne doit être ni irréaliste, ni fantaisiste.
Les objectifs proposés au partenaire ne sont pas nécessairement liés au compte d'exploitation : être l'ambassadeur de la marque, se conformer à la politique de recherche de fournisseurs, permettre la conquête d'une nouvelle cible… sont autant d'éléments susceptibles de figurer dans le contrat de partenariat.

3. Les bénéfices attendus par le partenaire

L'entreprise porteuse de l'offre propose toujours une méthodologie à son partenaire. Elle ne peut en effet se permettre d'être représentée par un partenaire sans connaissance véritable des produits de la marque. Pour autant, tous les partenaires ne bénéficient pas des mêmes conditions d'exercice.
Les concédants et les franchiseurs proposent une aide variable dans les domaines suivants :
– comptabilité : formation et aide en matière de tenue des documents comptables et de gestion ;
– communication : campagnes nationales institutionnelles, campagnes locales de soutien ;
– approvisionnement : mise à disposition des marchandises, négociation amont avec les fournisseurs ;
– assistance technique et commerciale : formation des personnels, aide au *merchandising* (signalétique, PLV).

Le partenaire se verra également proposer une rémunération financière en contrepartie de ses efforts. Les conditions de cet arrangement varient fortement selon les contrats.

EXEMPLES DE RÉMUNÉRATION :

Partenaire	Rémunération	Exemples
Agent commercial	Commissionnement sur chaque vente réalisée par son intermédiaire (entre 2 et 25 % du chiffre d'affaires HT selon le secteur d'activité).	SolteQ France (tuiles et bardages) propose une rémunération variant entre 5 et 10 % du CA. Guy Hoquet (immobilier) propose une commission de 20 %.
Apporteur d'affaires	Commissionnement sur chaque vente réalisée à la suite de son intermédiation.	Barrel (menuiseries métalliques) propose un commissionnement de 15 %.
Franchisé	La rémunération du franchisé dépend du statut juridique de son entreprise et de son statut de dirigeant social.	La rémunération moyenne d'un franchisé est estimée à 35 325 € en 2018 (enquête annuelle du CSA et de la FFF, 2019).
Affilié	La commission d'affiliation est un pourcentage fixe du CA réalisé.	Mondial Tissus (réseau mixte de 102 franchisés/affiliés en France) reverse une commission de 47 % du CA HT aux affiliés commissionnaires.

III La proposition de valeur

L'offre de partenariat s'appuie sur la proposition de valeur de l'entreprise à son partenaire pour détailler la forme et la nature que prendra l'assistance au partenaire.
La proposition de valeur positionne l'entreprise sur son marché. Elle doit être formalisée et reprend :
– la perception de la marque : son image, l'attitude de la cible vis-à-vis de la marque ;
– les attributs associés à l'offre et à la marque : ses valeurs, sa carte mentale ;
– la comparaison avec les offres concurrentes : avantages concurrentiels, points de différenciation.

Restent ensuite à définir les moyens que l'entreprise entend mettre à la disposition du partenaire. Parmi les plus courants, on retrouve : le nom et l'identité visuelle de la marque, la formation des personnels du partenaire aux pratiques de vente, un soutien en termes de communication, un soutien logistique.

FICHE RESSOURCE

5

ÉTABLIR UN CAHIER DES CHARGES ET SÉLECTIONNER LES PARTENAIRES

I Préparer le cahier des charges

Cette étape consiste à recueillir les informations indispensables à la définition précise du partenariat.

1. Les prestations attendues

Elles dépendent du type de partenariat envisagé. L'objectif de l'entreprise tête de réseau est avant tout de croître.

- Pour cela, elle doit développer un réseau qui lui permettra de commercialiser son offre plus largement.
- Une présence accrue sur un territoire aura également un effet vertueux sur la notoriété de l'enseigne en la rendant plus visible et donc plus attractive.
- Le choix de certains partenaires comme les apporteurs d'affaires permet d'accéder à des profils de clientèle très spécifiques qu'il est difficile de prospecter. Il n'est pas rare de créer des réseaux mixtes lorsque la demande est émiettée géographiquement ou encore si les segments visés impliquent d'adopter plusieurs approches client.

EXEMPLE

En 2021, le réseau Naf Naf comptait 125 boutiques succursales et 70 affiliés.

- Enfin, certains partenaires contribueront du fait de leur propre image ou de leur réseau personnel au renom et à la valorisation de l'enseigne dont ils distribuent les produits.

2. Les apports du partenaire

Les apports du futur membre du réseau résultent de la nature du partenariat initié. Certains sont contractuellement fixés et d'autres non. On distingue principalement trois types d'apports qu'une entreprise tête de réseau peut attendre de son partenaire.

Les moyens humains	L'entrepreneur désireux d'intégrer un réseau s'apprête à mettre ses compétences et son expérience au service d'une enseigne. Lorsque le partenaire est une personne morale, il est également amené à employer des collaborateurs. La formation de ces personnels est parfois assurée par l'entreprise tête de réseau. Outre le savoir-faire transmis par l'enseigne, le partenaire devra travailler à la création et au maintien d'un esprit maison. Le partenaire doit donc savoir gérer et animer son équipe.
Les apports financiers	Ils varient en fonction du contrat conclu. Certains partenariats impliquent le versement d'un droit d'entrée et un apport personnel financier. Il arrive que la tête de réseau propose un soutien financier sous forme de prêt. De plus en plus de sociétés de conseil offrent aux futurs franchisés de constituer des dossiers en vue d'obtenir des aides et soutiens bancaires. Ex. : une franchise Starbucks suppose le versement d'un droit d'entrée de 35 000 € et un apport personnel de 300 000 €, hors pas-de-porte.
Les moyens matériels	Ils dépendent de la nature de l'activité et des conditions du contrat. Ex. : dans le cas d'une franchise *corner* (ou *shop in shop*), le franchiseur définit ses exigences en matière d'aménagement du point de vente.

3. Les critères de sélection du partenaire

Le choix avisé des membres d'un réseau commercial est un facteur clé de succès. Les partenaires sont donc recrutés sur dossier. Certains recrutements passent par des phases successives d'entretiens et de mises à l'épreuve. Chaque enseigne dispose d'une méthodologie qui lui est propre. Toutefois, les candidats sont habituellement évalués sur les éléments suivants :

– les compétences commerciales ;
– la connaissance du secteur d'activité, acquise notamment lors d'une précédente expérience ;
– la connaissance du tissu local, avec par exemple un réseau personnel pouvant être mis à profit ;
– la formation, la détention d'un diplôme garantissant une maîtrise de certains aspects de l'activité ;
– la personnalité et les valeurs du candidat, qui devront s'accorder à celles de la marque et, bien sûr, sa motivation et son sens de l'entrepreneuriat.

Les critères retenus pour leur pertinence serviront à définir le profil type du candidat. Cette uniformisation est en effet la garantie d'une homogénéité souhaitable au sein du réseau.

II Rédiger le cahier des charges

La rédaction d'un cahier des charges sert à formaliser le recrutement des membres du réseau. Ce document permet de construire un réseau homogène en cohérence avec les grandes lignes stratégiques et l'identité de marque. Les principaux points d'un cahier des charges sont les suivants :

Présentation de l'entreprise
- Historique rapide
- Données factuelles définissant la position actuelle de l'entreprise

Contexte
- Description de l'environnement externe
- Analyse de la concurrence
- Forces et faiblesses de l'entreprise
- Évaluation des perspectives

Description du problème
- Identification du problème rencontré et diagnostic
- Proposition de solutions impliquant la mise en œuvre d'un partenariat

Objectifs du partenariat
- Détail des objectifs assignés au partenaire
- Définition des moyens proposés par l'entreprise en soutien du partenaire
- Méthodologie proposée au partenaire

Descriptif des prestations attendues
- Détail des activités faisant l'objet du présent partenariat
- Modélisation des prestations souhaitées et description des processus à respecter
- Indicateurs utilisés pour mesurer les résultats attendus

Choix du partenaire
- Définition des apports attendus du partenaire
- Critères d'éligibilité

Modalités
- Durée du partenariat
- Modalités de recrutement
- Conditions financières

III Recruter le partenaire commercial

Recruter un partenaire se fait avec autant de sérieux que le recrutement d'un collaborateur car les enjeux sont importants pour l'ensemble du réseau. En effet, il importe de maintenir une cohésion : les valeurs du réseau doivent être partagées par l'ensemble de ses membres. La motivation et l'expertise du candidat sont également déterminantes.

- Le cahier des charges prévoit les modalités du recrutement et notamment la période d'essai, le statut juridique souhaité, les stages et formations prévues avant et après la signature ferme du partenariat.
- Utiliser son réseau personnel ou celui d'un membre est un excellent moyen de trouver un partenaire de confiance. Cela permet en outre de solliciter positivement les membres du réseau et de renforcer l'esprit d'équipe.
- Publier une annonce rend l'offre de partenariat plus visible et attirera donc un plus grand nombre de candidats et de profils. De nombreux magazines et sites en ligne se spécialisent dans les offres de partenariat.

EXEMPLE

Le site www.franchisedirecte.fr recense des offres par secteur d'activité, par montant de l'apport, etc.

Applications

Maîtrise

1 Recruter un partenaire commercial

Créé en 1969, le groupe français Somfy est devenu leader mondial sur le marché de la domotique. Il commercialise ses solutions d'ouverture/fermeture automatisée de la maison et du bâtiment *via* un réseau de 350 installateurs (les « experts Somfy ») ou en grandes surfaces spécialisées.

1. Comment le groupe Somfy recrute-t-il ses installateurs ?
2. Analysez la nature du contrat proposé aux installateurs « experts Somfy ». De quel type de partenariat s'agit-il ? Quels en sont les objectifs ?
3. Quels avantages les partenaires en retirent-ils ?

Document 1 L'expert Somfy

L'expert Somfy est un installateur indépendant, régulièrement formé aux produits et technologies Somfy. Il est reconnu partout en France pour ses compétences et son savoir-faire ; il sait conseiller ses clients sur les solutions les mieux adaptées à leurs besoins et garantit leur mise en œuvre dans les meilleures conditions.

Grâce au programme « Expert Somfy », l'expert bénéficie de tous les avantages d'une grande marque (offre de services, tarification préférentielle, animations commerciales, plans d'actions de communication nationale, conseils techniques et commerciaux). Il s'engage à respecter la charte d'engagement qualité.

Les 10 engagements Expert Somfy

1. Une équipe de spécialistes (techniciens conseils, hôtesses et poseurs) entièrement dédiée à votre projet.
2. Un espace d'accueil proche de chez vous pour découvrir et tester, en toute liberté, les dernières solutions Somfy.
3. Une étude sur mesure de votre projet avec un diagnostic personnalisé et des solutions adaptées à votre budget.
4. Le respect des délais annoncés.
5. Un devis détaillé, gratuit et sans engagement, pour prendre votre décision en toute confiance.
6. Une installation professionnelle et sécurisée.
7. Une accompagnement pour vous expliquer en détails le fonctionnement de votre installation.
8. La certitude d'une installation bien entretenue grâce à un suivi des pièces de rechange rigoureux réalisé par Somfy.
9. Un suivi pour faire évoluer vos installations à votre rythme et en fonction de vos besoins.
10. L'assurance qualité du leader mondial de l'automatisation de l'habitat.

www.somfypro.fr

Document 2 Contrat Expert Somfy (extrait)

Article 1. OBJET

Le présent contrat a pour objet de définir, d'une part, les conditions dans lesquelles Somfy mettra en relation les consommateurs qui ont formulé auprès de Somfy une demande d'obtention des coordonnées, d'un chiffrage, d'un conseil ou d'un contact pour la fourniture et/ou l'installation d'une Solution Somfy, avec l'expert Somfy et d'autre part, les obligations de chacune des parties dans le cadre du Service.

Article 2. DESCRIPTION DU SERVICE

Lorsque la demande du consommateur le justifie, Somfy propose à celui-ci une prise de contact par un expert Somfy pour un rendez-vous téléphonique ou à son domicile, ou encore sur son lieu de vente pour la réalisation d'un conseil pouvant donner lieu à une proposition commerciale correspondant à son projet d'équipement. Somfy communiquera les coordonnées de l'expert Somfy disponible le plus proche de la localité géographique déclarée par le consommateur, selon les activités décrites et mises à jour dans le « partenariat expert Somfy ». [...] Le consommateur peut étendre sa demande et solliciter l'obtention de coordonnées de trois autres experts Somfy ou plus. L'expert Somfy ne bénéficie d'aucune exclusivité territoriale concernant le Service.

www.somfypro.fr

Maîtrise

2 Analyser la stratégie d'implantation

Créé en 1989, Irrijardin est devenu le leader français de l'équipement pour les piscines et spas et l'arrosage de jardin. Irrijardin développe des solutions d'arrosage à monter soi-même et déploie le concept sur le marché émergent de la piscine. Le spa est devenu le troisième secteur d'activité porteur.

1. Observez la carte des implantations des magasins en franchise. Quelle analyse faites-vous de la stratégie de réticulation d'Irrijardin ?
2. Vous recrutez un nouveau partenaire : détaillez les compétences, l'expérience et les apports que vous en attendez. Justifiez ces critères d'éligibilité.
3. Décrivez le processus de recrutement des nouveaux franchisés.
4. À quelles obligations le franchiseur fait-il face ?

Document 1 Le réseau de franchisés

122 MAGASINS EN FRANCE EN 2021

15 000 RÉFÉRENCES PRODUITS PROPOSÉES

+ 100 PERSONNES À VOTRE ÉCOUTE

30 ANS D'EXISTENCE 1ER FRANCHISÉ EN 2004

+ de 5 MILLIONS DE VISITES / AN SUR IRRIJARDIN.FR (SOURCE SEMRUSH)

+ de 700 000 FICHES CLIENTS DISPONIBLES

groupe.irrijardin.fr

Document 2 Le dynamisme commercial de l'enseigne

Le chiffre d'affaires de l'enseigne Irrijardin ne cesse de progresser : de 80,3 K€ à 119 K€ de CA TTC en 2020, soit 48 % sur la période. Cette croissance s'explique par le dynamisme commercial des magasins d'une part, mais aussi par la croissance externe de l'entreprise, avec 5 à 8 ouvertures par an, d'autre part.

Un autre point fondamental pour la croissance de l'entreprise : Irrijardin a initié dès 2009 une véritable stratégie omnicanale en liant la logique des magasins à celle du Web pour permettre au client de commander en ligne et de se faire livrer chez lui ou en magasin, avec la rétribution du chiffre d'affaires au magasin.

groupe.irrijardin.fr

Document 3 Le recrutement

groupe.irrijardin.fr

Expertise

3 Élaborer l'offre de partenariat

Vous êtes commercial(e) pour un fabricant de pièces et accessoires automobiles. Votre direction envisage d'associer l'offre de produits à une offre de services et d'ouvrir un réseau de centres automobiles. Elle vous demande d'évaluer deux concepts de franchise proposés par deux entreprises du secteur. Les deux enseignes bénéficient d'une notoriété élevée en France et offrent à leur clientèle des services comparables. Pour vous aider dans votre analyse, vous consulterez les sites des deux marques.

1. En 2021, Norauto représente 410 centres dont plus de 140 en franchise. Speedy, compte 556 centres, dont 226 franchisés. Comparez les stratégies d'implantation des membres du réseau des deux enseignes. Quelles conclusions en tirez-vous ?
2. Rendez-vous sur les sites proposés et concevez un tableau reprenant les caractéristiques des candidats à la franchise pour chaque enseigne.
3. Analysez la proposition de valeur des deux concurrents. Détaillez-en les points forts et les points faibles.
4. Quel concept de franchise proposez-vous à votre direction ?

Document 1 Les réseaux des deux enseignes

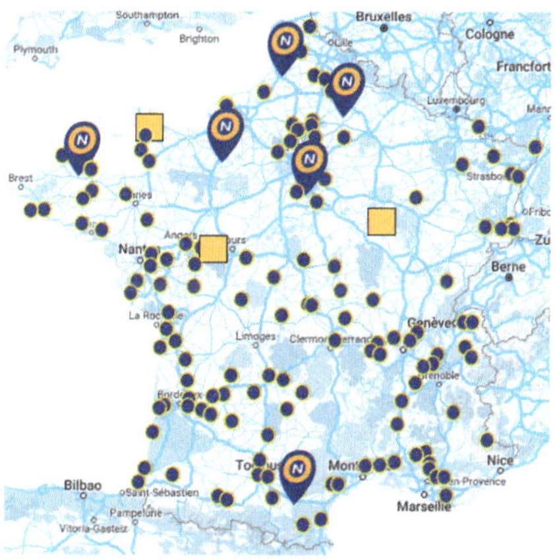

Centres franchisés actuels — Centre à céder — Projet de création

www.norauto-franchise.com

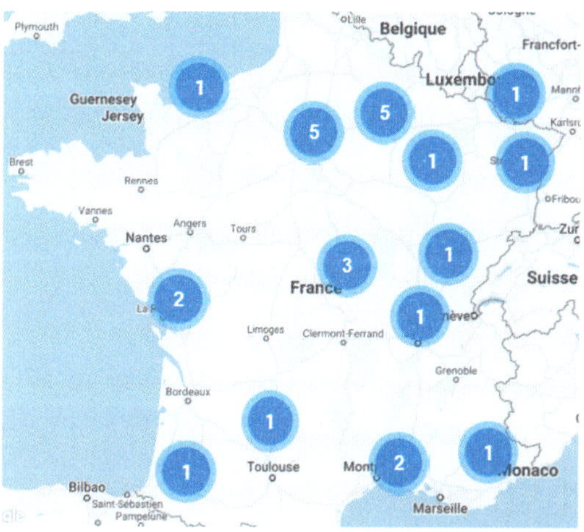

www.franchise.speedy.fr

Document 2 Les conditions d'entrée dans le réseau

FRANCHISE NORAUTO			
Apport personnel	**Aide au financement**	**Investissement global**	**Redevance fonctionnement :** 1,9 à 3 % de CA **Redevance publicitaire :** 2 % **Surface moyenne :** 700 m² (vente et atelier) **Type de contrat :** Franchise, contrat de 5 ans
100 000 €	–	350 à 450 000 €	
Droits d'entrée	**Formation**	**CA réalisable après 2 ans**	
20 000 €	Oui	1 300 000 €	
FRANCHISE SPEEDY			
Apport personnel	**Aide au financement**	**Investissement global**	**Redevance fonctionnement :** 5 % du CA HT hors CA pneumatiques **Redevance publicitaire :** 5 % du CA HT hors CA pneumatiques **Surface moyenne :** 350 à 500 m² **Type de contrat :** Franchise, contrat de 9 ans
50 000 €	Oui	150 à 250 000 €	
Droits d'entrée	**Formation**	**CA réalisable après 2 ans**	
25 000 €	Oui	600 000 €	

Synthèse

Sélectionner et constituer un réseau de partenaires commerciaux

L'analyse de l'environnement

- La concurrence
- Les facteurs externes
- Les contraintes règlementaires liées à l'activité

Les objectifs du partenariat

Identifier les besoins de croissance
- Pénétration de marché
- Développement de marché
- Développement de produit
- Diversification

Répartir les activités selon :
- la densité du réseau
- le type de maillage
- les rôles des membres
- l'environnement concurrentiel
- les conditions de marché

Définir la stratégie d'implantation
- Respect de l'identité de marque
- Stratégie de réticulation
- Potentiel de la zone de chalandise
- Critères d'éligibilité du partenaire

Les types de réseaux

Commerce indépendant
- Pas de réseau
- Détaillants indépendants possédant un ou deux points de vente

Commerce indépendant organisé
- Commerce coopératif et associé
- Franchise, affiliation
- Concession

Commerce intégré

Réseau de points de vente dirigés par les salariés de l'enseigne propriétaire (tête de réseau)

Élaborer l'offre de partenariat

Les obligations des partenaires
- Article 330-3 du Code de commerce
- Dispositions contractuelles

Les caractéristiques de l'offre de partenariat
- Attractivité de l'offre
- Réalisme des objectifs fixés
- Bénéfices attendus

Sélectionner les partenaires commerciaux du réseau

Formaliser la proposition de valeur :
- Définir le concept
- Valider un positionnement

Élaborer et rédiger un cahier des charges
- Déterminer les prestations attendues et les apports du candidat, valider les critères d'éligibilité et modalités de recrutement
- Construire un cahier des charges : présentation de l'entreprise, contexte, diagnostic, solution de développement, objectifs et caractéristiques du partenariat

Recruter les partenaires
- Mettre à profit le réseau pour recruter
- Communiquer sur l'offre de partenariat
- Mettre en place les modalités du recrutement

TESTEZ-VOUS

Quiz sur le chapitre 6
liennathan.fr/7nu9g6

MOTS CLÉS

Analyse de la concurrence · Analyse environnementale · Cahier des charges · Commerce associé · Commerce coopératif · Commerce intégré · Points de vente · Proposition de valeur · Recrutement · Réticulation · Stratégie d'implantation

CHAPITRE 7

Développer un réseau de partenaires

Contexte professionnel

Activité/Tâche
Sélection et constitution de réseaux de partenaires, d'apporteurs d'affaires et de prescripteurs

Compétence
Participer au développement d'un réseau de partenaires

Vers PIX
1.1. Mener une recherche et une veille d'information

Mitsubishi Motors Corporation est une société japonaise automobile appartenant au *keiretsu* (groupe) Mitsubishi. Elle conçoit, produit, commercialise et assure l'entretien de SUV, de voitures de tourisme, de mini-voitures et d'utilitaires légers commercialisés dans plus de 160 pays.

En 2016, fragilisée par le scandale des tests antipollution truqués sur les voitures Diesel, l'entreprise nippone est rachetée pour 34 % de son capital par Renault-Nissan. Le groupe ainsi formé devient le premier constructeur automobile mondial devant Volkswagen et Toyota avec 10,16 millions de véhicules vendus en 2019.

« *La convergence de Groupe Renault, Nissan Motor et Mitsubishi Motors crée une force nouvelle dans le secteur automobile*, a déclaré Carlos Ghosn, PDG de l'Alliance. *La puissance de ce partenariat innovant, entamé il y a 18 ans, nous a permis d'améliorer notre compétitivité, d'accélérer notre croissance et de s'engager dans la course pour concevoir le véhicule du futur.* »

Le groupe se positionne aujourd'hui sur le créneau porteur des SUV.

Votre rôle

Vous venez d'être recruté(e) comme commercial(e) au sein du groupe Mitsubishi pour développer le réseau de concessions partenaires de la marque. Vous devez donc vous interroger sur l'opportunité du développement du réseau, sur la stratégie à mettre en œuvre et sur le choix des outils de développement.

Vos objectifs

I Identifier les opportunités du marché et les forces de l'entreprise

Avant de prendre la décision de développer son réseau de partenaires commerciaux, le groupe Mitsubishi doit connaître l'état du marché de l'automobile et ses propres forces. Vous analysez la situation pour contribuer aux décisions.

1 Le marché de l'automobile est-il favorable au développement du réseau Mitsubishi ? Justifiez votre réponse. — Annexes 1 et 2

2 À quelle période de son cycle de vie le réseau Mitsubishi se trouve-t-il ? Quelles en sont les caractéristiques ? — Fiche ressource 1 ; Annexe 3

3 La situation du groupe Mitsubishi lui permet-elle d'envisager aujourd'hui le développement de son réseau de partenaires ? Justifiez votre réponse. — Annexe 4

II Choisir sa stratégie et sélectionner les partenaires

Pour développer son réseau, le groupe Mitsubishi va définir une stratégie et sélectionner, selon certains critères, des concessions partenaires. Vous identifiez les critères de sélection qui permettront de mettre en œuvre cette stratégie.

4 Qualifiez la stratégie de développement physique choisie par Mitsubishi en France. Justifiez votre réponse. — Fiche ressource 2 ; Annexes 4 et 5

5 Quels types de partenaires le groupe Mitsubishi a-t-il décidé de sélectionner ? Pour quelles raisons ?

III Développer la clientèle

Une fois les partenaires sélectionnés, le groupe Mitsubishi devra tout faire pour leur permettre de développer leur clientèle. Vous faites le point sur les outils qui pourront aider au développement des ventes.

6 Identifiez les cibles primaires visées par Mitsubishi avec ce redéploiement du réseau. — Fiche ressource 3 ; Annexe 5

7 Quelles nouvelles contraintes pèseront sur les partenaires pour accompagner ce changement ?

8 Quelles sont les solutions proposées par Mitsubishi pour permettre aux concessions partenaires de fidéliser les clients ? — Fiche ressource 3 ; Annexe 6

9 Quelles sont les solutions proposées par Mitsubishi pour permettre aux concessions partenaires d'acquérir de nouveaux clients ? — Annexe 7

10 Quels sont, selon vous, les prescripteurs et les influenceurs sur lesquels Mitsubishi pourrait s'appuyer pour faire connaître sa marque ? Donnez des exemples. — Fiche ressource 4

11 Quels avantages le réseau de partenaires peut-il trouver à utiliser les réseaux sociaux pour influencer sa cible ? — Annexe 8

Votre dossier

Annexe 1 — Le marché automobile français et la percée de l'électrique

Frappé par la crise sanitaire, ralenti par la pénurie de puces électroniques, le marché automobile français est resté en 2021 à son niveau historiquement bas de 2020, avec 1,66 million d'unités écoulées (+0,5 % par rapport à 2020), selon des données d'immatriculations provisoires du cabinet NGC Data publiées vendredi par L'Argus. « *La comparaison par rapport à l'exercice 2019 fait peur* », note L'Argus, soulignant une baisse de 25 % des ventes, soit 554 000 voitures.

Les constructeurs ne sont pas égaux face à la crise : Peugeot devient pour la première fois numéro un des ventes devant Renault, avec une part de marché de 17,2 %, et malgré une baisse de ses ventes de 6,1 %. La marque du groupe Stellantis est poussée par le succès de sa compacte 208, numéro un des ventes en 2021, et de ses SUV 2008 et 3008. Renault voit ses ventes reculer de 14,7 % sur un an et sa part de marché baisser à 16,2 %, soit près de 140 000 véhicules de moins qu'en 2019.

Hors ventes aux professionnels, c'est cependant la marque économique du groupe Renault, Dacia, qui se classe numéro un des ventes avec sa Sandero. Ford, Nissan et Opel ont également perdu des parts de marché cette année. Hyundai-Kia, Toyota et Tesla réalisent au contraire une excellente année grâce à leur offre électrique et hybride.

Sur le marché français, les électriques atteignent une part de marché jamais vue de 9,8 % avec près de 162 000 véhicules écoulés (+45,6 % sur un an). La Tesla Model 3 devient pour la première fois numéro un des ventes électriques, devant la Renault Zoé. Les hybrides représentent désormais plus de 17 % des ventes, et les hybrides rechargeables, plus de 8 %. Ensemble, ces motorisations hybrides ont dépassé le diesel (21,1 %, soit -31 % en volume sur un an). Les voitures à essence représentent 40,2 % des ventes, avec un volume en baisse de 14,2 %.

R. Serradeil et AFP, « Le marché automobile français au plus bas en 2021, la percée de l'électrique », www.ladepeche.fr, 31 févr. 2021.

Annexe 2 — Le segment des SUV (véhicules utilitaires sport)

Les SUV comptent aujourd'hui pour 40 % des ventes de véhicules particuliers en France, 38 % en Europe, et 45 % dans le monde.
« *La croissance des ventes des SUV dans certains pays comme la France va de pair avec la diminution des véhicules diesel* », rappelle l'Observatoire [Cetelem], ainsi qu'avec la disparition des monospaces pourrait-on ajouter. « *Le SUV n'est pas un phénomène de mode mais un type de véhicule qui répond aux besoins* », estime Flavien Neuvy [directeur de l'Observatoire Cetelem]. De leur côté, les constructeurs n'hésitent plus à se lancer sur ce juteux segment, ces véhicules faisant partie de ceux qui dégagent les plus fortes marges. Même les plus réfractaires comme Aston Martin, Lotus ou Ferrari ont ou vont investir le segment.

G. Gaudy, « SUV. Pourquoi leur insolent succès est amené à perdurer... », www.largus.fr, 10 déc. 2021.

Annexe 3 — Mitsubishi, un constructeur automobile centenaire

Le Japonais Mitsubishi se rêve un nouveau destin au sein de l'alliance Renault-Nissan. [...]

RENAULT NISSAN MITSUBISHI

Mitsubishi, dont les ventes sont tombées sous le million de véhicules par an, doit repartir à l'offensive. [...] Au printemps 2016, l'annonce du rachat par Nissan de 34 % du capital de la marque aux trois diamants avait pris l'industrie auto de surprise. Ébranlée par une affaire de tricherie à grande échelle et sur des années quant à la consommation réelle de ses voitures, la filiale auto du conglomérat nippon Mitsubishi est alors au plus mal. [...]
Renault-Nissan a beaucoup à gagner dans cette opération à 2,3 milliards de dollars. « *Mitsubishi est une société d'ingénieurs qui maîtrise des technologies clés pour l'Alliance* », rappelle Patrick Gourvennec, président de Mitsubishi France. Le Japonais est le pionnier du 4×4 et fera vivre de grandes heures au Paris-Dakar avec son Pajero. Il est aussi l'un des spécialistes de l'hybride rechargeable. Au Mondial de Paris en 2012, il marque un grand coup avec un nouveau concept qui a depuis fait du chemin : l'Outlander SUV hybride rechargeable quatre roues motrices. « *Nous vendons 100 000 motorisations de ce type dans le monde* », rappelle Patrick Gourvennec. Mitsubishi dispose aussi d'une forte présence dans le Sud-Est asiatique, grâce notamment à des usines en Thaïlande et en Indonésie. [...]

S. Andreau, « Renault met la pression sur Mitsubishi », Journal du dimanche/Scoop, 1er janvier 2018.

MITSUBISHI EN QUELQUES DATES

MITSUBISHI MOTORS

- **1917** Production du premier véhicule à moteur Mitsubishi (le Modèle A). C'était la première tentative du Japon pour produire en série (c'est-à-dire répliquer indéfiniment un même modèle) un véhicule de tourisme.
- **1960** Production du premier véhicule Mitsubishi à quatre roues (la 500). Cette petite voiture technologiquement évoluée, aussi à l'aise en ville que sur piste, fera décoller l'entreprise au Japon puis à l'international.
- **1970** Création de Mitsubishi Motors Corporation, filiale automobile du groupe Mitsubishi. Accords de distribution avec Chrysler pour les marchés américain et canadien. Début de l'expansion mondiale de la marque.
- **1971** Première voiture électrique Mitsubishi (la Minica EV).
- **1974** Mitsubishi Motors Corporation est autorisé par Chrysler à vendre des véhicules en Europe sous son propre nom : accord de distribution avec la Belgique, le Luxembourg, les Pays-Bas et le Royaume-Uni.
- **1978** Arrivée de Mitsubishi Motors en France, via Sonauto.
- **1991** Début de l'activité en Russie.
- **1993** Ouverture du siège social européen des ventes et du marketing à proximité d'Amsterdam (Pays-Bas).
- **2014** L'Outlander PHEV devient le leader des ventes de véhicules hybrides rechargeables en Europe, un titre qu'il détient encore aujourd'hui.
- **2016** Mitsubishi Motors Corporation rejoint l'Alliance Renault-Nissan.
- **2017** Mitsubishi fête ses 100 ans.
- **2021** Mitsubishi Motors annonce le lancement en France de l'Eclipse Cross PHEV, le nouveau SUV compact hybride rechargeable.

Données : www.mitsubishi-motors.fr

Annexe 4 — Mitsubishi sur le marché français de l'automobile

Un accord cadre conclu entre les trois membres [de l'Alliance] prévoit donc qu'à partir de 2023, Mitsubishi Motors complétera sa gamme avec des véhicules de la marque Renault, « *best-sellers* européens qui répondent déjà aux exigences réglementaires », sur certains marchés importants en Europe.
Mitsubishi Motors commercialisera alors deux « véhicules sœurs » produits dans les usines de Renault, « basés sur les mêmes plateformes mais avec des différenciations, reflétant l'ADN de la marque Mitsubishi ». Un mix du modèle Eclipse Cross PHEV de Mitsubishi ainsi que les « véhicules sœurs » développés par Renault permettront à Mitsubishi Motors d'être plus compétitif sur le marché.

J. Pérou, « Mitsubishi reste finalement en Europe, soutenue par l'Alliance », www.prolargus.fr, 10 mars 2021.

Annexe 5 Le réseau Mitsubishi

Le dirigeant de la marque automobile japonaise en France revient sur le marché français dans un contexte de crise sanitaire et de pénurie de semi-conducteurs au cours de l'année 2021. Il rappelle une tendance lourde à travers la digitalisation du parcours client.

La marque reste finalement en Europe

Suite à l'annonce du gel des investissements de Mitsubishi en Europe le 27 juillet 2020, Patrick Gourvennec explique que « *ce fut un choc pour tout le monde. Choc qu'il a fallu surmonter* ». Il rappelle aussi que « *le 10 mars 2021 a été prise la décision de rester en Europe à travers un accord avec l'Alliance et des nouveaux modèles fournis à partir de 2023* ». [...]

Ouverture de sept nouvelles concessions dans le Nord

Côté réseau, le dirigeant rappelle que « *nos partenaires investisseurs sont solides et résilients. Nous avons un dialogue transparent avec eux. C'est un réseau attaché à la marque et à son potentiel,* rappelle-t-il. *Nous avons un très bon réseau que nous allons consolider dans les mois à venir autour de la plaque Nord avec l'ouverture de sept concessions supplémentaires. Nous sommes en pleine discussion également sur la plaque normande.* » Pour mémoire, le réseau compte aujourd'hui 120 distributeurs.

C. Carignano, « Interview de Patrick Gourvennec, Mitsubishi : Nous devrions commercialiser un nouveau véhicule sur le segment B-SUV au premier trimestre 2023 », www.auto.fr, 13 janvier 2022.

Interview de Patrick Gourvennec, président de Mitsubishi Motors France
liennathan.fr/w422bt

Carte des concessionnaires Mitsubishi, www.mitsubishi-motors.fr/concessionnaires

Annexe 6 Le service clients

Le service après-vente de Mitsubishi propose aux propriétaires de véhicules Mitsubishi d'interagir avec la marque *via* le compte client « MyMitsubishi ». Chaque compte donne accès à un espace personnel baptisé « My Mitsu » regroupant des informations sur le véhicule acheté, les accessoires et l'entretien. Les données personnelles collectées par la marque permettent également de proposer des offres « privilège » personnalisées.
Une application complète le dispositif pour les véhicules premium de la marque : « My Mitsubishi Connect » permet de localiser le véhicule, contribue au diagnostic des pannes et assure des services à distance.

www.mitsubishi-motors.fr

Annexe 7 La digitalisation de l'offre

En 2022, la vente automobile a besoin d'une nouvelle stratégie digitale

[…] Pour répondre aux nouveaux besoins des consommateurs, la digitalisation de la relation client dans le monde automobile s'est accélérée. […] En effet, un automobiliste sur trois se dit désormais prêt à acheter sa prochaine voiture entièrement sur internet.

Il semblerait qu'en 2022, il faille également s'adapter dans les concessions aux nouvelles méthodologies de travail et fournir des outils de gestion pour pallier au télétravail et à la relation à distance. Une réflexion dématérialisée doit s'opérer. Les effets de la crise sanitaire seront ancrés dans les années à venir, les automobilistes se sont reportés sur les outils mis à disposition, particulièrement numériques.

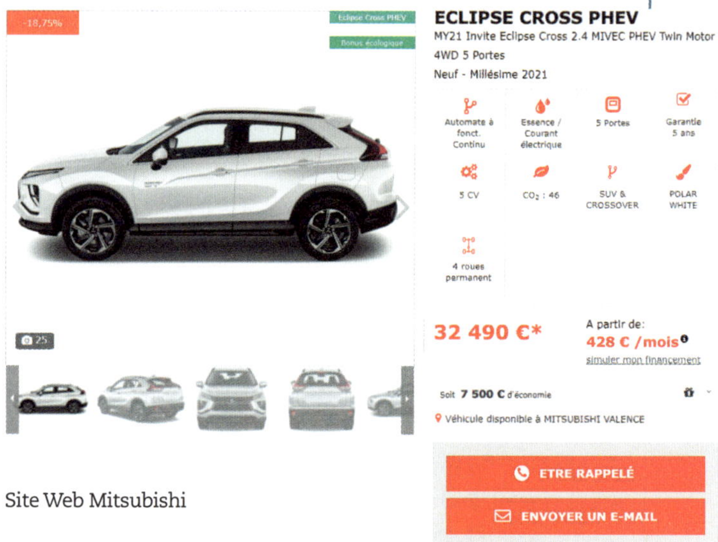

Site Web Mitsubishi

Ainsi, aujourd'hui, les automobilistes se rendent en moyenne 2 fois en concession avant achat, c'est 4 fois moins qu'il y a vingt ans. Il est alors essentiel pour les acteurs du secteur d'être présents à chaque étape du parcours d'achat, notamment lors de la phase recherche. Une nouvelle stratégie digitale doit être impérativement investie par les concessions et les constructeurs. Cela doit passer par :

- le développement du marketing digital automobile : face à ces nouvelles tendances de vente auto, il est indispensable d'augmenter le budget alloué à la stratégie digitale des concessions automobiles ;
- la présence sur les réseaux sociaux : à l'image d'Instagram, Facebook et TikTok, les réseaux sociaux occupent désormais une place centrale dans le processus d'achat automobile ;
- la réactivité : le monde du digital est celui de l'immédiateté, cela passe par exemple par la validation rapide d'une demande d'essai ou une disponibilité à tout instant.

Cela est également vrai dans les parcours Après-vente où la facturation numérique et la signature électronique vont permettre de proposer aux clients de nouvelles opportunités en s'affranchissant par exemple des « classiques » horaires d'ouverture.

Pourquoi ne pas imaginer d'enchérir en 2022 ? Intégrer une offre de révision de sa voiture où et quand le client le souhaite, proposer des casiers pour qu'il récupère les clés de sa voiture... Il s'agit là d'aller plus loin dans l'utilisation des outils existants pour sans cesse s'adapter aux nouvelles habitudes des automobilistes et garder le contact avec eux.

R. Police, www.latribuneauto.com, 21 janvier 2022.

Annexe 8 Les influenceurs dans le secteur automobile

« *Dans le secteur automobile, 65 % des Français viennent sur YouTube dans la préparation de leur achat* », annonce Google, maison mère de Youtube. « *Nous avons mesuré si ces contenus avaient un réel impact sur les ventes*, présente Clémentine Antunes, *Head of brand, Strategy and Communication* chez Hyundai Motor France. *Il y a eu +7 points d'amélioration de couverture sur la cible par rapport à ce qui était fait par ailleurs en télévision, et +18 % de ventes incrémentales en concession. Cela a été mesuré via l'étude économétrique réalisée chaque année avec l'agence média de Hyundai.* […] *Pousser une offre commerciale sur du digital classique ne répond pas aux questions sur ces motorisations* », poursuit-elle. Il fallait créer du contenu engageant et qui réponde aux questionnements des prospects sur ces véhicules hybride et électrique. « *C'est pour cela que nous avons choisi la plateforme YouTube* », explique [Clémentine Antunes].

Hyundai France a fait appel à Julien Fabro, youtubeur qui va à la rencontre des concessions de Hyundai pour faire connaître leurs initiatives locales pour améliorer l'environnement, et réduire les émissions de CO_2. […] Le constructeur auto arrive à descendre en dessous de 33 % de frais de production dans le budget communication, intégrant également le média.

« YouTube : le média vidéo à apprivoiser, exemple dans le secteur automobile », www.larevuedudigital.com, 18 oct. 2021.

FICHE RESSOURCE 1

LE CYCLE DE VIE DU RÉSEAU

De même qu'un produit a un cycle de vie, un réseau de partenaires commerciaux évolue continuellement et traverse quatre étapes importantes : le prélancement, le lancement, la croissance et la maturité. Une fois totalement mature, le réseau doit se renouveler pour ne pas décliner et risquer de disparaître progressivement.
À chacune des phases de son évolution correspondent des objectifs précis et donc des besoins spécifiques.

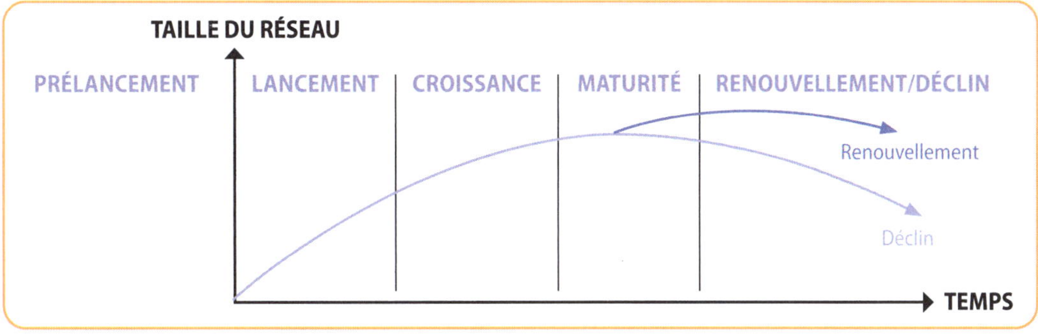

I Le prélancement

Cette étape méthodologique est un peu l'équivalent, dans le cycle du produit, de la recherche-développement. Cette phase de conception inclut la mise au point des produits (lorsque la nature de l'activité s'y prête) et des processus logistiques et commerciaux définissant le projet. Outre les méthodes, il faut aussi lister les objectifs prévisionnels et préparer le plan d'actions stratégique sur la base de l'analyse des potentialités du marché et de l'intensité de la concurrence. Il faut enfin préparer les documents juridiques en vue de la contractualisation des partenariats nécessaires.
Durant le pré-lancement, le concept fait l'objet de tests pour en valider les caractéristiques : les premiers points de vente en propre (appartenant à l'entreprise) sont observés et leurs performances mesurées et comparées afin d'opérer les réglages nécessaires.

EXEMPLE

Créé en 2011, Délices Lamarque est un réseau d'épiceries fines spécialisées dans les confiseries anciennes. Son succès repose sur des techniques de marketing surfant sur les thèmes de la nostalgie et du local, ainsi que sur des produits conçus par des partenaires regroupés autour du projet : artisans confiseurs, Meilleurs Ouvriers de France, etc. Après trois ans d'exercice, le concept s'est développé en franchise.

II Le lancement

Au moment du lancement, le réseau se constitue suivant les prévisions du plan d'actions.
Les études de faisabilité et les décisions stratégiques prises en amont servent de guide tout au long de cette étape cruciale. Différentes missions sont confiées à la tête de réseau :
– communiquer sur l'offre commerciale via les médias traditionnels et les réseaux sociaux ;
– utiliser les relations presse pour susciter un intérêt pour le concept ;
– recruter les membres du réseau ;
– prospecter la clientèle.
Les premiers partenaires sont sélectionnés suivant le cahier des charges établi (voir chapitre 6). Il est souvent difficile de convaincre les tout premiers membres lorsque la notoriété est inexistante ou essentiellement locale. Rendre l'offre attractive permet alors de convaincre et d'amorcer le déploiement du réseau.

EXEMPLE

Centre du Cuir est une entreprise artisanale créée en 2007 qui rénove et entretient les cuirs. La marque intervient en *B to B* (AdP, Bugatti) et en *B to C*. Pour lancer son réseau, l'enseigne propose un contrat de licence de marque (droit d'utiliser la marque Centre du Cuir) pour un montant de 30 000 euros ou un apport de 12 000 euros complété par des mensualités de 399 euros. La rentabilité attendue serait de 230 000 euros après deux ans d'activité.

III La croissance

En phase de croissance, les premiers résultats permettent de valider les orientations stratégiques initiales. Le réseau se développe mais n'atteint pas encore la taille critique qui lui permettra de réaliser des économies d'échelle et d'accroître son pouvoir de négociation sur les fournisseurs.
La phase de croissance est celle du déploiement du concept, de nouveaux segments restent à conquérir et l'emprise territoriale doit être élargie. Des droits d'entrée encore accessibles et une croissance prévisible attirent des porteurs de projet ambitieux, prêts à prendre des risques.
Pour le réseau, les enjeux sont organisationnels tout autant que financiers. C'est le moment d'évaluer les performances et les premiers membres contribuent aux ajustements en vue d'une meilleure mutualisation des ressources. Exemples d'améliorations :

Objectif	Évolution
Améliorer l'attractivité de l'offre	Adaptation de l'offre de produits après une évolution des attentes de la cible
Favoriser le recrutement de partenaires	Adaptation du cahier des charges servant au recrutement des partenaires
Accroître la motivation des membres du réseau	Mise au point de nouveaux *incentives* (événements pour renforcer la cohésion)
Augmenter la rentabilité	Renégociation des accords avec les fournisseurs

IV La maturité

La phase de maturité est la plus longue. Le réseau ainsi positionné peut enfin recueillir le fruit de ses investissements : sans investir plus, le *business model* connaît son apogée, la rentabilité est maximale, la notoriété et l'attractivité de l'enseigne sont très élevées. La croissance de l'activité du réseau se ralentit pour atteindre un rythme stable. Les méthodes et procédures qui font le succès de la formule sont réactualisées périodiquement.
Durant cette phase, les mouvements internes sont les plus importants : d'anciens membres partent lorsque les résultats stagnent ; les nouveaux membres sont attirés par la sécurité apportée par un réseau qui a fait ses preuves. Cependant, les droits d'entrée plus élevés et les zones d'implantation réduites peuvent constituer un frein au recrutement de nouveaux partenaires.
Le maintien de la cohésion du réseau est une priorité absolue pour la tête de réseau afin d'éviter toute dilution de l'esprit *corporate* qui doit l'animer.
L'acquisition de nouveaux clients reste nécessaire pour contrer la concurrence, même si l'objectif de rétention, et en particulier des clients contributifs, devient central.
L'objectif de communication est affectif, tendant à maintenir le lien avec les clients tout en renforçant la visibilité du concept. La tête de réseau et tous ses membres ont un rôle à jouer.

V Le renouvellement / le déclin

L'évolution très rapide des conditions de marché pousse les réseaux à anticiper un déclin avant les premiers signes. Garder l'initiative du changement évite qu'un ralentissement de l'activité du réseau ne vienne endommager son potentiel d'attractivité.
Plusieurs mesures peuvent alors être prises pour rajeunir et redynamiser le réseau : renouvellement de l'offre de produits, lifting de l'identité visuelle, fermeture des points de vente les moins performants, révision des schémas d'implantation géographique (abandonner certaines zones, en conquérir d'autres).
Faute d'avoir pu procéder à ces ajustements, les réseaux perdent leur attractivité et voient leurs partenaires renoncer à promouvoir leur offre.

EXEMPLE

Créé en 1978, le réseau de magasins d'ameublement Fly a compté jusqu'à 114 points de vente dans l'Hexagone. En déclin depuis lors, et malgré un repositionnement tardif en 2018, les franchisés baissent le rideau ou sont rachetés par But, Centrakor ou encore Intersport. Au 31 décembre 2021, 10 magasins Fly sont encore référencés sur le site *fly.fr*

FICHE RESSOURCE

2

LES STRATÉGIES DE DÉVELOPPEMENT PHYSIQUE D'UN RÉSEAU

I La stratégie de prospection

Il s'agit d'une stratégie d'implantation en fonction des opportunités de prospection présentes sur la zone. Le potentiel commercial des sites est évalué. Le choix porte sur des sites prestigieux ou fréquentés par une clientèle naturelle et/ou contributive. L'image du site doit en tout point correspondre au positionnement de la marque.

EXEMPLE

Pompes Funèbres de France, qui ambitionne de devenir le numéro 1 de la franchise funéraire, doit trouver des sites proches des cimetières, des hôpitaux…

II La stratégie de pénétration

Cette stratégie part du postulat qu'une zone déjà servie par la marque n'a pas donné tout son potentiel et de nouvelles unités commerciales sont donc encore implantables sans que cela ne minore le résultat moyen sur le secteur et sans cannibalisation. La densification du maillage vise l'occupation complète d'un territoire, pour rendre difficile l'arrivée de nouveaux concurrents.

EXEMPLE

Depuis 2009, Le Grand Panier Bio (réseau de supermarchés bio) se développe en franchise. La formule avec boucherie s'implante dans les zones commerciales et zones de chalandises de plus de 100 000 habitants ; la formule sans boucherie dans les centres-villes et les zones de chalandise de 10 000 habitants et plus.

III La stratégie de repositionnement

Elle consiste à modifier les implantations existantes en les adaptant au nouveau positionnement retenu par l'enseigne. Les objectifs sont multiples : toucher de nouveaux segments de clientèle, modifier l'image de l'enseigne, réduire l'évasion commerciale, renouveler l'offre.

EXEMPLE

Alain Afflelou (optique) poursuit une stratégie de pénétration en implantant 100 nouvelles franchises en France. Parallèlement, l'enseigne se « premiumise » en offrant de nouveaux services et en installant des miroirs innovants qui prennent les mesures du visage dans les magasins existants.

IV La stratégie d'essaimage

L'essaimage (multiplication rapide des points de vente) traduit le dynamisme d'un réseau. Cette stratégie est caractéristique des phases de lancement et de croissance. Elle comporte certains risques au niveau de la logistique, du financement, du recrutement des partenaires et de leur accompagnement. Un essaimage maîtrisé est moins rapide mais stabilise la progression de l'enseigne et s'accompagne d'une évolution conjointe des processus et de la structure organisationnelle de la marque.

EXEMPLE

En 2016, le franchiseur Sucx (confiserie) met la clé sous la porte. Lancé en 2012, le réseau comptait 18 magasins en 2015. Son expansion trop rapide ne permettait plus à la maison mère d'achalander les magasins.

V La stratégie d'internationalisation

Phase ultime du développement d'un réseau, elle consiste à exporter le concept dans un ou plusieurs pays. On parle de standardisation du concept lorsqu'il s'agit de reproduire à l'identique des formats d'enseigne sur l'ensemble des territoires couverts. Lorsque les opportunités de développement sont considérables mais complexes, la chaîne peut proposer des master-franchises : le franchisé obtient alors le droit exclusif de développer une enseigne en franchise sur un territoire donné.

EXEMPLE

L'offre de pâtisseries des boulangers Paul est identique de Paris à Prague. La chaîne est installée en propre en Espagne et en Grande-Bretagne mais propose une master-franchise en Chine et aux États-Unis.

FICHE RESSOURCE

3

DÉVELOPPER LA CLIENTÈLE

Aussitôt le lancement réussi, l'entreprise déroule son plan d'actions en vue d'assurer le développement fluide et pérenne de ses activités. Elle doit décider du degré de couverture de son marché (locale, nationale, internationale) et des éléments de marque à utiliser pour promouvoir son image (logo, slogan, identité visuelle). Elle pourra alors choisir les actions lui permettant de développer sa clientèle, tout en respectant ses contraintes de budget.
L'acquisition et la rétention de la clientèle constituent l'enjeu central de toute activité entrepreneuriale. Trois phases peuvent être identifiées :

Définition des cibles primaire et secondaire ▶ Acquisition de clientèle ▶ Rétention de clientèle

I La définition précise des cibles primaire et secondaire

En amont de la définition de l'offre, l'entreprise sélectionne les segments de clientèle qu'elle entend satisfaire.
La demande émane de la cible primaire : utilisateurs et acheteurs constituent un réservoir convoité en priorité par la marque. La cible secondaire est composée de prescripteurs et d'influenceurs, elle joue un rôle essentiel et doit être minutieusement étudiée.

EXEMPLE

La cible primaire de Franck Provost (coiffure) est constituée d'hommes et de femmes fréquentant les salons de coiffure. La cible secondaire regroupe la communauté des youtubeur(se)s et instagrameur(se)s susceptibles de relayer efficacement ses messages.

Cette phase prévisionnelle se base sur le résultat d'études de faisabilité d'entreprises pour détecter les opportunités et évaluer le potentiel d'un marché.

II L'acquisition des cibles

Elle démarre dès l'introduction de l'offre sur le marché. L'entreprise s'attend à une montée en puissance lui permettant rapidement de couvrir les frais de recherche et de développement engagés en amont et d'amortir les dépenses de communication pour soutenir le lancement de l'offre.
Elle définit les modes de prospection qui lui permettront d'atteindre les objectifs fixés, et en particulier les relais qui, en interne comme en externe, optimiseront les mises en contact.
Avec le temps, il arrive également que l'entreprise décide d'un élargissement de la cible et se lance dans la conquête de nouveaux segments.

EXEMPLE

Sur le site Web de la Fédération nationale des agents commerciaux, une entreprise champenoise spécialisée dans la fabrication d'étiqueteuses adhésives pour habiller les bouteilles de champagne recherche des agents commerciaux sur l'ensemble du territoire. Elle souhaite ainsi prospecter les producteurs viticoles, les micro-brasseries, les producteurs de miel, d'huiles essentielles, de jus de fruit..., tout petit producteur susceptible d'avoir besoin d'une étiquette sur un support cylindrique.

III La rétention de la clientèle

Une fois les segments visés conquis, il faut mettre en place les conditions de leur fidélité.
Le service marketing croise les données-clients collectées afin d'affiner et de personnaliser les réponses commerciales qu'il convient d'apporter. Les objectifs sont, en particulier, d'évaluer dans quelle mesure les profils observés sont contributifs (c'est-à-dire contribuent au chiffre d'affaires de l'entreprise). La proportion de 20 % des clients contribuant à 80 % du chiffre d'affaires est communément retenue. Il apparaît alors nécessaire de repérer les clients les plus contributifs et d'élaborer une stratégie de rétention indispensable à la survie de l'entreprise.

EXEMPLE

Hilton propose à ses franchisés d'utiliser le système de réservation dédié « ResMax » qui tient compte des spécificités de chaque hôtel : un profil est établi à partir de données concernant le type de marché, la taille et les espaces de réunion, le niveau de revenu, la clientèle, etc. La détection des clients contributifs se fait au travers du programme « Hilton Honors ».

FICHE RESSOURCE 4

LES RÉSEAUX D'INFLUENCEURS

I La relation entre la marque et les influenceurs

Les influenceurs sont des personnes physiques qui :
- partagent leurs avis, échangent des conseils et recommandent des solutions à leurs interlocuteurs ;
- sont reconnus pour leur expertise, leurs compétences, leurs connaissances dans un domaine ;
- ont un relationnel très étendu géographiquement et/ou dans un secteur d'activité précis.

Les influenceurs exercent sur les réseaux sociaux, dans leur milieu professionnel ou personnel. Que la marque recrute un apporteur d'affaires qui met à profit son réseau professionnel ou un blogueur qui conseille sa communauté, la procédure de sélection reste la même :

Définir l'audience ciblée (critères géographiques, socio-démographiques et psychographiques) → Déterminer les habitudes de la cible en matière de supports d'information (Internet, TV, bouche à oreille, etc.) → Établir le profil d'influenceur recherché → Concevoir et rédiger l'ordre de partenariat → Recruter l'influenceur

La relation avec les influenceurs est souple bien que contractuelle.

Points forts	Points faibles
– Rémunération en rapport avec l'affaire apportée (logique de coûts variables) – Canal de prospection additionnel – Contrôle total de la transaction – Pas d'engagement, le contrat peut s'arrêter à tout moment	– Limité au champ d'influence de l'apporteur – Réglementation dans certains secteurs – Pas d'obligation de résultat => manque de régularité – Risque si l'image de l'apporteur devient négative – Pas d'exclusivité

En pratique, les termes « prescripteur » et « apporteur d'affaires » ne sont pas clairement dissociés et on les retrouve parfois utilisés dans un même contrat de commissionnement (voir chapitre 6).

II Le développement d'un réseau d'influenceurs sur les réseaux sociaux

Les influenceurs utilisent tous les canaux de communication pour échanger, depuis la conversation sur un chantier de construction jusqu'à la publication d'un blog sur Internet. Le marketing d'influence est en pleine croissance avec un marché mondial estimé à 9,7 milliards de dollars en 2020 (source : Influencer Marketing Benchmark Report). Il permet aux entreprises de relayer leurs message au plus près de leurs clients.

EXEMPLE
En 2022, avec 7,4 millions d'abonnés, Squeezie (@xsqueezie) est l'Instagramer français le plus suivi.

Disposer d'un réseau d'influenceurs est devenu nécessaire pour un grand nombre d'entreprises. Leur recrutement passe généralement par 3 étapes :

1 La **définition de la stratégie de collaboration** envisagée en déterminant :
- l'objectif de la collaboration : atteindre des segments cibles, soigner/changer son image, booster les ventes, gagner en notoriété, accroître son territoire de marque
- le choix du type de collaboration : création ou partage de contenu éditorial, nombre et fréquence des publications
- le profil de l'influenceur : valeurs véhiculées, cibles touchées

2 La **veille** permettant :
- la collecte de données sur l'activité, les centres d'intérêts et l'univers de l'influenceur pressenti
- l'étude de sa communauté : nombre d'abonnés, caractéristiques sociodémographiques et psychographiques et engagement (taux de partage de contenus, réactions et interactions)

3 L'élaboration d'une **charte de collaboration** reprenant les points suivants :
- les engagements respectifs de la marque et de l'influenceur : code de conduite et charte éthique, respect des valeurs de la marque
- les conditions contractuelles de la collaboration : rémunération, durée, critères de résultats

L'Autorité de régulation professionnelle de la publicité (ARPP) a créé en 2021 l'Observatoire de l'influence responsable (OIR) pour analyser les contenus des collaborations et les liens d'affiliation des influenceurs aux marques grâce à l'intelligence artificielle. Son but est d'accroître la transparence des partenariats d'influence pour protéger le consommateur en l'informant du caractère publicitaire des contenus.

Les **macro-influenceurs** sont suivis par une communauté de plus de 100 000 abonnés, ils ont de ce fait une grande influence sur un ou plusieurs segments ciblés par l'entreprise. Ils vendent leur espace publicitaire et créent du contenu sponsorisé. Leurs tarifs ne permettent pas à toutes les marques de s'adjoindre leurs services.

Les **micro-influenceurs** (moins de 100 000 abonnés) sont encore proches de leur communauté et restent abordables.

La rémunération d'un influenceur dépend de la taille et de la qualification de sa communauté, c'est-à-dire la proximité en termes de ciblage avec celle de la marque, ainsi que de sa capacité à interagir avec ses abonnés. Il peut s'agir de produits à tester envoyés à titre gracieux, de cadeaux, de contenus sponsorisés sur le blog ou encore d'une rémunération financière.

III Les prescripteurs

Le prescripteur influence directement une cible. Il est en effet en mesure, de par sa profession, de prescrire un produit à sa clientèle.

EXEMPLE

Un médecin, un expert-comptable, un notaire, etc.

Dans le domaine de la santé, certaines professions font l'objet de restrictions déontologiques et, pour éviter les conflits d'intérêts, le législateur s'est prononcé : « Les entreprises produisant ou commercialisant des produits à finalité sanitaire ou cosmétique doivent rendre publics les avantages, les rémunérations accordées aux différents acteurs intervenant dans le champ de la santé, notamment aux professionnels de santé, ainsi que l'existence des conventions conclues avec ces acteurs » (Code de la santé publique, art. L. 1453-1).

Bâtir un réseau de prescripteurs est un travail de longue haleine car les prescripteurs engagent leur réputation en influençant leur propre clientèle.

IV Les apporteurs d'affaires

L'apporteur met en relation deux parties. Son relationnel et/ou son environnement professionnel le positionne comme un interlocuteur naturel de la cible. Le recours aux apporteurs d'affaires se justifie d'autant plus que la marque cherche à se faire connaître d'une clientèle peu accessible en raison de sa dispersion géographique ou de son hétérogénéité.

EXEMPLE

Medis Santé commercialise des matériels et solutions de retour à domicile grâce à un réseau d'apporteurs d'affaires recrutés parmi les personnels de santé comme les infirmier(e)s ou les diététicien(ne)s.

Une marque souhaitant élargir sa cible ou mieux pénétrer un marché peut donc faire appel à un apporteur pour la soulager des démarches de prospection.

L'apporteur initie un lien commercial grâce à sa légitimité et n'est rémunéré qu'en cas de réussite.

Applications

Maîtrise

1 Positionner un réseau dans son cycle de vie

Del Arte est une enseigne de restauration italienne, propriétaire du groupe Le Duff (Brioche Dorée, Le Fournil de Pierre, etc), forte de 165 implantations en France. Del Arte est aujourd'hui le numéro 1 des restaurants italiens en France, annonçant un chiffre d'affaires de 280 millions d'euros pour 2020. Un restaurant Del Arte peut servir jusqu'à 2 000 couverts par jour et accueillir en moyenne 100 000 clients par an. Une fréquentation qui lui permet de générer entre 800 000 et 4 millions d'euros de chiffre d'affaires par an selon son implantation.

1 Analysez les caractéristiques de l'offre de franchise Del Arte. Dans quelle phase de son cycle de vie se situe-t-elle ?

2 Quels sont les avantages et inconvénients de cette situation pour un franchisé désireux d'ouvrir un restaurant italien ?

Document 1 — Les points mis en avant par Del Arte

1. L'architecture inspirée des villas toscanes.
2. Une décoration italienne, tout en couleur, dans un fonctionnement de chaîne.
3. Une carte de pizzas, pastas, plats et desserts partiellement préparés sous les yeux des clients et selon les recettes italiennes…
4. Une « cuisine-spectacle » dont les pizzaïolos seraient les vedettes.
5. Des prix accessibles à tous.
6. Des emplacements en centre-ville, dans les centres commerciaux, mais aussi et surtout le long des axes de grande circulation, en périphérie des villes.

Document 2 — Les chiffres 2020

Chiffre d'affaires moyen par unité en national	1 440 000 €
Droit d'entrée	46 000 € HT
Redevance d'exploitation	5 % du CA HT
Durée du contrat	9 ans
Formation	10 semaines
Redevance publicitaire	2 % du CA HT
Apport personnel minimum pour les locataires gérants	175 000 €
Investissement total hors pas-de-porte	850 000 €
Apport personnel minimum	200 000 €
Superficie minimum	350 m^2
Type d'emplacement	Bord des axes autoroutiers ou express, centres commerciaux Carrefour, Auchan, Géant…, hypermarchés, centres-villes… Terrains en moyenne de 2 500 à 3 000 m^2
Zone de chalandise minimale	50 000 habitants
Nombre moyen de salariés d'une unité	20

Maîtrise

2 Bâtir un réseau d'influenceurs

Help Confort est un réseau de franchises qui propose des dépannages rapides pour les urgences de plomberie, vitrerie, serrurerie, électricité et volets roulants.

1. Identifiez les différents membres du réseau Help Confort.
2. Décrivez les objectifs de communication de Help Confort.
3. Consultez le site du franchiseur et décrivez les outils de communication mis en œuvre.
4. Listez les différents types d'influenceurs recrutés par l'enseigne.

Document 1 – Les apporteurs d'affaires pourvoient 43 % du chiffre d'affaires du réseau Help Confort

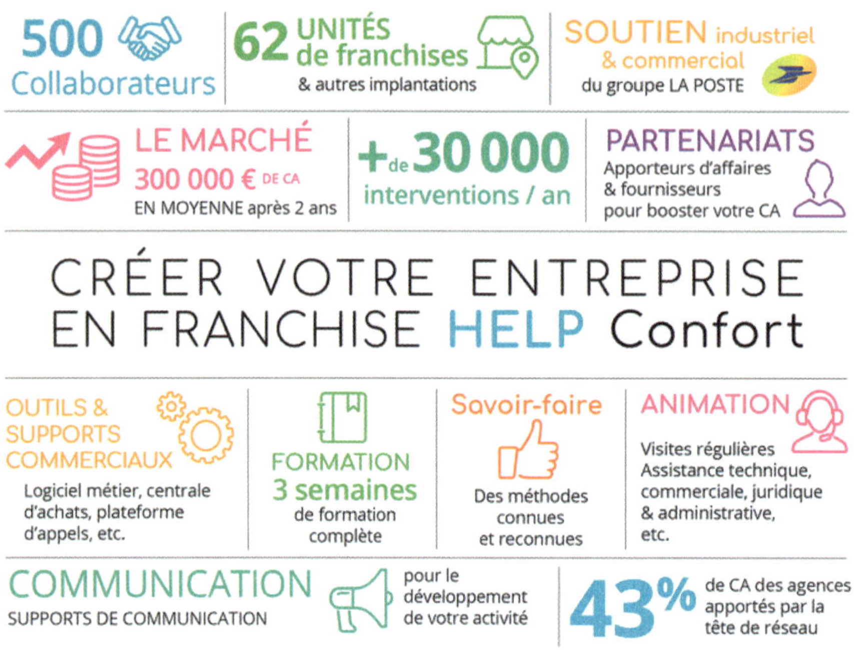

Document 2 – La notoriété du réseau

Au moment du lancement d'un concept, le réseau cherche à établir sa notoriété et communique de manière cognitive : les messages sont informatifs et explicatifs. Durant toute la vie du réseau, il y aura des prospects à informer sur l'arrivée de nouveaux produits, l'ouverture de nouveaux points de ventes, le changement de formule, etc. Pour les nombreuses enseignes qui ont préalablement développé leur structure en propre, le recrutement de partenaires dès la mise en réseau est facilité par l'existence d'une notoriété existante. En revanche, une jeune marque qui débute en réseau sans capital marque doit convaincre ses premiers partenaires des chances de réussite de son projet.

Les outils cognitifs que l'enseigne utilise à cet effet sont choisis en fonction du type de message.

Outils de communication	Messages
Site de la marque Comptes sur les réseaux sociaux (LinkedIn, Facebook…)	Information, explication du concept Dossier de candidature à télécharger
Moteurs de recherche	Référencement par mots-clés
Médias dédiés (site, magazine…)	Parution d'annonces
Bases de données professionnelles	Référencement dans les annuaires

Maîtrise

3 Développer sa clientèle

Venu du Japon, l'*escape game* s'est développé de manière fulgurante en Europe. En 2018, le marché de l'*escape game* compte 37 réseaux de franchise en France, les principaux en nombre d'unités étant Escape Yourself (32 établissements), Get Out (16) et Prizoners (8).

1. Vous ouvrez un *escape game* avec quatre scénarios à Mulsanne, dans la Sarthe (72). Définissez vos cibles primaires et secondaires.
2. Quels supports privilégiez-vous pour attirer la clientèle ?
3. Comment la tête de réseau vous soutiendra-t-elle à cette occasion ?

Document 1 Exemples de supports

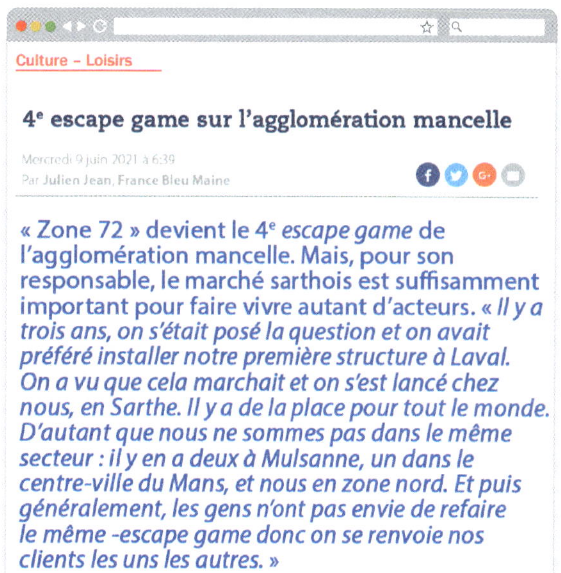

Culture – Loisirs

4e escape game sur l'agglomération mancelle

Mercredi 9 juin 2021 à 6:39
Par Julien Jean, France Bleu Maine

« Zone 72 » devient le 4e *escape game* de l'agglomération mancelle. Mais, pour son responsable, le marché sarthois est suffisamment important pour faire vivre autant d'acteurs. *« Il y a trois ans, on s'était posé la question et on avait préféré installer notre première structure à Laval. On a vu que cela marchait et on s'est lancé chez nous, en Sarthe. Il y a de la place pour tout le monde. D'autant que nous ne sommes pas dans le même secteur : il y en a deux à Mulsanne, un dans le centre-ville du Mans, et nous en zone nord. Et puis généralement, les gens n'ont pas envie de refaire le même -escape game donc on se renvoie nos clients les uns les autres. »*

Document 2 Qui communique dans un réseau ?

• La communication de marque émane de la tête de réseau.

Elle soutient, par exemple, le lancement d'une nouvelle franchise ou d'un nouveau produit au sein des franchises existantes par une campagne nationale, voire globale. Elle entretient la notoriété de l'enseigne et informe les clients et les partenaires des nouveautés. Elle permet également de soigner l'image de l'enseigne et de la rendre plus attractive. La tête de réseau communique dans les médias (télévision, affichage, etc.) et sur les réseaux sociaux. Les enseignes utilisent également les relations presse (dossier et communiqués de presse).

• Les membres du réseau communiquent sur les spécificités de leur site (inauguration, plan, horaires d'ouvertures, événements spéciaux).

La communication est donc cognitive et s'adresse à une audience locale. Les supports de communication privilégiés sont ceux qui permettent la communication de proximité : marketing direct (*flyers*, envoi de *newsletters*, campagnes SMS) et campagnes digitales sur les réseaux sociaux.

Expertise

4 Identifier les stratégies et les outils du développement

McDonald's est une enseigne de restauration rapide très bien implantée en France avec plus de 1 300 restaurants, dont 80 % en franchise. Aujourd'hui, la marque choisit de généraliser la franchise et repense ses menus. Depuis 2015, la marque teste plusieurs concepts innovants : l'Originals est un petit format qui revient aux fondamentaux avec un menu classique, Signature est un sandwich premium et Next propose des salades et des gaufres.

1. Positionnez l'enseigne dans son cycle de vie et faites le diagnostic de la situation de McDonald's.
2. Identifiez la stratégie suivie et expliquez-la. Justifiez les mesures prises le franchiseur.
3. Quelles en seront les conséquences sur la situation financière de l'enseigne ?
4. Quels en sont les effets escomptés sur la relation client ?

Document 1 En perte de vitesse, McDonald's prend des mesures

Aux États-Unis, les ventes ont bondi de 13,6 %, dopées par la hausse du montant moyen des commandes ainsi que par la croissance continue des livraisons et des commandes passées en ligne, deux modes d'achat qui ont bondi avec la pandémie.

McDonald's reconnaît avoir aussi profité des chèques envoyés par le gouvernement à de nombreux ménages américains. Alors que la croissance repart aux États-Unis, le groupe peine à recruter dans le pays.

« *Le marché du travail est clairement très tendu, ce qui met la pression sur le groupe et nos franchisés* », a souligné Chris Kempczinski lors d'une conférence téléphonique. Le groupe réfléchit actuellement aux salaires et aux avantages sociaux à proposer « *pour s'assurer d'avoir les personnes dont nous avons besoin* », a-t-il ajouté.

La performance de la chaîne à l'international, qui compte 39 160 établissements dans le monde, est plus mitigée. Les ventes se sont bien tenues au Royaume-Uni, au Canada et en Australie, ainsi qu'en Chine et au Japon. Elles ont fortement reculé en France et en Allemagne, plombées par la fermeture des salles des restaurants et le couvre-feu. […] « *Les restrictions gouvernementales devraient s'atténuer quelque peu au deuxième trimestre, mais nous ne nous attendons pas à ce que ces marchés retrouvent leurs niveaux de ventes pré-Covid avant la fin de l'année* », a souligné le directeur financier, Kevin Ozan, lors de la conférence téléphonique.

McDonald's a légèrement relevé ses anticipations de croissance des ventes, à taux de change constants, pour l'ensemble de l'année à « environ 15 % » contre 10 % à 15 % auparavant. […] Au premier trimestre, son chiffre d'affaires a progressé de 9 % à 5,12 milliards de dollars, au-dessus des prévisions des analystes (5,03 milliards). Son bénéfice net a bondi de 39 % à 1,54 milliard de dollars. Rapporté par action et hors éléments exceptionnels, il s'est affiché à 2,05 dollars, contre 1,81 dollar attendu par les analystes. Le titre du groupe progressait de 0,6 % à la mi-séance à Wall Street.

P.D. et AFP, « Les ventes de McDonald's reculent en France, mais explosent aux États-Unis », www.bfmtv.com, 30 avril 2021.

Document 2 — Stratégie : numérique et marketing au menu de McDonald's France

Pour la première fois de son histoire, McDonald's a créé le poste de *Chief Customer Officer* au niveau mondial, et une structure qui rassemble les équipes en charge de l'expérience client de bout en bout. L'objectif est de développer le meilleur confort possible pour les clients et une meilleure personnalisation. […]

Engagement numérique des clients et développement des solutions de restauration

La nouvelle équipe en charge de l'expérience client doit transformer la façon dont les clients interagissent avec la marque McDonald's. Cette équipe rassemble l'analyse des données, l'engagement numérique du client, le marketing mondial, le développement mondial des restaurants et des solutions de restauration afin de créer une expérience client inégalée à chaque point de contact client physique et numérique.

« *La formation de l'équipe en charge de l'expérience client renforce la capacité de McDonald's à se placer aux avant-postes de l'industrie, en anticipant et en répondant aux besoins des clients, à chaque étape de leur parcours avec la marque,* se félicite Chris Kempczinski. *Ce parcours client s'étend de plus en plus en dehors des murs des restaurants physiques grâce au digital, à la livraison à domicile et au Drive.* « *Les besoins des clients continuent d'évoluer. Nous allons créer une expérience de marque sans friction de manière transverse à tous nos canaux en utilisant les informations générées par nos plateformes digitales qui deviennent de plus en plus importantes.* » […]

Moment charnière où la technologie et les données façonnent l'expérience client

« *Nos clients sont au cœur de tout ce que nous faisons chez McDonald's. Nous avons atteint un moment charnière où la technologie et les données ont commencé à façonner presque chaque aspect de l'expérience client,* estime Manu Steijaert. *Nous travaillons à créer de meilleurs et plus nombreux moyens de nous connecter avec nos clients à chaque point de contact, en transformant ce qu'est l'interaction client.* » […]

Accélérer la transformation de McDonald's

Combiner les nouvelles technologies, la conception des restaurants et l'excellence opérationnelle était une importante étape dans la transformation en cours de l'expérience McDonald's. La mise en place de la nouvelle équipe en charge de l'expérience client va accélérer ce processus de transformation. […] McDonald's indique qu'il veille toujours à ce qu'un ensemble diversifié d'expériences et de réflexions soit représenté. « *Il s'agit d'un élément important pour favoriser une culture de collaboration et apporter les meilleures idées à la table* », pense le nouveau responsable de la l'expérience client au niveau mondial pour McDonald's. McDonald's anime 39 000 points de vente dans 100 pays. Environ 93 % de ses points de vente sont des franchisés.

« McDonald's explique pourquoi il crée son premier poste de *Chief Customer Officer* », www.larevuedudigital.com, 28 août 2021.

Synthèse

Développer un réseau de partenaires

Le cycle de vie du réseau

- **Prélancement** : Création du concept
- **Lancement** : Ouverture des premiers sites
- **Croissance** : Développement du réseau
- **Maturité** : Stabilité du réseau
- **Renouvellement** : Rajeunissement du concept, restructuration du réseau

Le développement physique d'un réseau de partenaires

- **Stratégie de prospection** : Recherche de sites compatibles avec le positionnement
- **Stratégie de pénétration** : Densification du maillage dans la zone de chalandise
- **Stratégie de repositionnement** : Rénovation en fonction du nouveau positionnement
- **Stratégie d'essaimage** : Multiplication rapide des points de vente
- **Stratégie d'internationalisation** : Conquête de marchés internationaux

Le développement de la clientèle

- Définition des cibles
- Acquisition de la clientèle
- Rétention de la clientèle

Les réseaux d'influenceurs

- **Les influenceurs sur les réseaux sociaux** : Animent une communauté. Vendent leur espace publicitaire
- **Les prescripteurs** : Influencent directement la cible
- **Les apporteurs d'affaires** : Mettent deux parties en relation

Partagent leurs avis, échangent des conseils et recommandent
Sont reconnus pour leur expertise
Font usage de leur réseau d'influence

TESTEZ-VOUS
Quiz sur le chapitre 7
liennathan.fr/x72b3t

MOTS CLÉS
Cycle de vie du réseau · Stratégie de développement physique · Développement de clientèle · Couverture du marché · Influenceur · Prescripteur · Apporteur d'affaire

CHAPITRE

8 Animer un réseau de partenaires

Contexte professionnel

Activité/Tâche
Animation, stimulation et développement de réseaux

Compétence
Mobiliser un réseau de partenaires et évaluer les performances

Vers PIX
1.1. Mener une recherche et une veille d'information

La société de services LafSanté (ex-Lafayette Conseil) dispense des conseils auprès d'un réseau de pharmacies et de magasins d'optique *low-cost*. Elle a été créée en 1995 par Hervé Jouve. Venant de la distribution spécialisée, celui-ci applique les recettes de la franchise à l'univers de la pharmacie et de la parapharmacie. Tête de réseau et membres sont liés par une convention d'assistance mais le principe est celui de la franchise. Une politique d'achat mutualisée et des accords avec des laboratoires permettent aux pharmacies de se fournir à bas coût et d'amortir la faible marge sur de fortes ventes. Les deux tiers de leurs revenus proviennent des médicaments non remboursables et de la parapharmacie, contre 20 % pour leurs concurrents. Avec son approche et son positionnement *low-cost*, le modèle proposé par LafSanté est très attractif : le groupe toulousain réalise plus de 802 millions d'euros de chiffre d'affaires en France en 2020 avec plus de 75 000 passages en caisses par jour. Avec le regain d'intérêt pour ses produits, en partie lié à la pandémie de Covid-19 et le rachat de Cocooncenter pour booster son activité en ligne, le groupe vise le milliard d'euros de chiffre d'affaires en 2022 pour un réseau comptant 233 pharmacies et parapharmacies.

Le concept Pharmacie Lafayette*
liennathan.fr/vr5h65
*Le groupe LafSanté comporte les pharmacies Lafayette entre autres réseaux (optique Lafayette, etc.).

Votre rôle

Vous venez d'être recruté(e) comme animateur(-trice) réseau. Vous devez assurer l'interface entre la tête de réseau et les pharmacies Lafayette pour participer au bon déploiement des actions communes et pour accueillir, accompagner et conseiller les membres du réseau.

Vos objectifs

I Fixer des objectifs et décider des outils

1 Formulez les objectifs du réseau LafSanté en utilisant la méthode SMART. Comparez-les à ceux des adhérents.
Fiche ressource 1
Annexes 1 et 2

2 Décrivez les caractéristiques de la culture LafSanté. Quelle est sa proposition de valeur ? Commentez le positionnement du réseau.
Annexes 2 et 3

II Accueillir et accompagner les partenaires

Deux nouvelles officines ont rejoint le réseau sur votre secteur, vous les accueillez.

3 Quels leviers commerciaux leur proposez-vous d'actionner pour développer leur chiffre d'affaires et leur marge ?
Fiche ressource 2
Annexes 4 et 5

4 Rédigez un guide rapide récapitulant les ressources mises en place par le réseau. Identifiez les services dont bénéficieront les nouveaux adhérents.
Annexes 2, 4, 6, 7

III Informer et motiver les partenaires

5 Quelles actions de communication interne recommanderiez-vous pour favoriser l'intégration des deux officines au sein du réseau ?
Fiche ressource 3

6 Quelles formations mettriez-vous en place pour les pharmaciens et leur personnel ? Expliquez les effets recherchés.
Annexe 6

7 Comment mobiliserez-vous les officines de votre secteur autour du projet de réseau ?
Fiche ressource 4
Annexes 8 et 9

Votre dossier

Annexe 1 — Pharmacies et parapharmacies : la force des réseaux

Les enseignes de pharmacie (magasins franchisés) sont interdites en France en raison du principe d'indivisibilité de la propriété et de l'exploitation d'une officine (art. L. 5125-17 du Code de la santé publique). Les réseaux de pharmacies sont donc des enseignes de pharmaciens, c'est-à-dire un groupement officinal qui se positionne comme un intermédiaire entre les laboratoires et les pharmacies de ville.

Le groupement a une identité propre et développe une culture commune aux pharmacies du réseau : *merchandising*, programme de fidélité, présence sur les réseaux sociaux, etc. Le pharmacien qui rejoint un groupement bénéficie de la visibilité de l'enseigne sur les réseaux sociaux et d'un accompagnement à la gestion de l'officine. En contrepartie, il doit respecter les règles d'agencement imposées par le groupement et respecter un cahier des charges strict quant à la mise en place des promotions ou quant au choix des fournisseurs.

Annexe 2 Interview de Hervé Jouves, PDG de LafSanté

Président de LafSanté, Hervé Jouves fait le bilan de l'année 2021, qui a encore été marquée par la crise sanitaire. Le réseau de pharmacies indépendantes sous enseigne « Lafayette » a encore conquis des officines et annonce un changement de nom.

« Vous incitez les pharmaciens à passer sous l'enseigne "Pharmacie Lafayette". Qu'apporte à un pharmacien de rejoindre votre réseau ? »

« Tout d'abord, cela lui permet de rester indépendant tout en s'adossant à la première enseigne française de pharmacie, celle qui a la plus grande notoriété : dans des études, aujourd'hui, 40 % des gens interrogés disent connaître pharmacie Lafayette. »

« Êtes-vous le leader aujourd'hui ? »

« Oui, au niveau des pharmacies indépendantes sous enseigne, on peut considérer aujourd'hui que pharmacie Lafayette est leader. »

« Donc, le pharmacien indépendant rejoint un réseau, et que lui apporte ce réseau ? »

« Tout un savoir-faire. Un savoir-faire de *merchandising*, de référencement, d'achat, de la formation, des marques propres, une carte de fidélité, des sites internet. Tout ce qu'une enseigne peut apporter aujourd'hui et ce qui fait que, finalement, un pharmacien indépendant va concentrer son temps sur sa relation avec ses clients-patients. »

« Combien de nouvelles officines recrutez-vous chaque année en moyenne ? »

« En moyenne, entre 30 et 40. Dans des périodes un peu compliquées comme avec la Covid, où les pharmaciens sont encore moins disponibles, si on est à 30-35 pharmacies, en temps normal on arrive à peu près à une quarantaine de pharmacies. »

« Y a-t-il des régions dans lesquelles vous êtes plus fort que d'autres ? et des régions où vous devez porter vos efforts pour garder plus d'indépendants ? »

« Nous sommes très forts dans le berceau, donc l'Occitanie, mais nous sommes aussi de plus en plus forts dans l'Est et dans le Sud-Est. Il nous reste encore un maillard à parfaire, en Île-de-France, en Bretagne et dans le Centre. Globalement, la marque commence à vraiment bien se déployer sur le territoire. Fait assez intéressant : la marque est très présente dans les DOM-TOM. »

« Le réseau des 250 pharmacies dégage 1 milliard de volume d'affaires : comment vous rémunérez-vous ? »

« Nos adhérents payent une cotisation pour l'utilisation de la marque et sur le chiffre d'affaires, et nous avons aussi des contrats avec les laboratoires qui nous permettent d'assurer le développement du groupe. La création continue de valeur ajoutée, puisque notre rôle, est d'apporter toujours de plus en plus de valeur ajoutée, de service, d'éléments qui vont travailler le chiffre d'affaires et la rentabilité, puis les outils de gain de temps pour tous les adhérents. »

« Vous transformez un peu le pharmacien en chef d'entreprise… »

« Il l'est déjà ! En revanche, nous l'accompagnons encore un peu plus pour que son entreprise grossisse. Et quand une pharmacie moyenne fait 1,7 million, chez nous elle fait à peu près 4,5 millions. Le pharmacien va gérer des équipes plus importantes, donc il crée de l'emploi. Il est en capacité de mieux répondre : avec la pandémie, quand on n'a plus d'effectif, il est plus facile d'en mobiliser une partie pour faire des tests, de la vaccination ou de la prévention et d'assurer la partie comptoir classique. »

« Comment vos 250 pharmaciens s'en sortent-ils en France ? »

« C'est difficile parce qu'ils veulent répondre efficacement à la population française. Le premier bon point, c'est que nous n'avons jamais de rupture pour les tests, notamment les auto-tests qui sont vendus 2 €, donc peu cher. Nous avons des vaccins, du personnel formé, des espaces pour pouvoir faire tout ça. Ils sont plutôt fatigués parce qu'ils répondent efficacement à cette demande qui est très forte et, en même temps, ils nous poussent à les aider à trouver du personnel. On va sûrement investir sur un CFA pour former en 3 ans des préparateurs en pharmacie pour l'ensemble de nos pharmaciens. Ce sera en Occitanie : Toulouse, Montpellier. »

« Vous êtes également très implantés dans la parapharmacie et vous souhaitez digitaliser cette activité. Vous avez racheté un acteur (Cocooncenter) il y a quelques mois et vous avez lancé votre propre e-boutique… »

« Notre vision de la pharmacie est une pharmacie qui s'inscrit dans un premier relais de santé des villes. Et nous avons une approche de pharmacie phygitale : physique et digital et servicielle. Nous avons d'abord commencé à développer des sites de pharmacien en ligne (136 environ). Nous avons aussi voulu pénétrer le marché de la parapharmacie en ligne, qui se développe énormément. Pour cela nous avons repris une société qui s'appelle Cocooncenter, une société qui a réalisé une soixantaine de millions d'euros de chiffre d'affaires en 2021. Cette société-là nous a permis d'avoir un socle pour créer Parapharmacie Lafayette au mois de novembre de l'année dernière. »

Gil Bousquet, www.ladepeche.fr, 11 janvier 2022.

Podcast : interview de Hervé Jouves, président de LafSanté
liennathan.fr/idc233

Annexe 3 — L'enseigne de pharmacie préférée des Français

Pharmacie Lafayette, première enseigne de pharmacie connue des Français* a été récompensée « Meilleure Relation Client de l'année 2021 » par les consommateurs dans la catégorie beauté, santé, accessoires de mode. Ce nouveau prix témoigne de la relation de confiance toujours plus proche, professionnelle et durable que nous entretenons avec nos 21 millions de clients-patients.

**Enquête Consommateur en mai 2020 – IQVIA*

www.lafayetteconseil.com

La Pharmacie Lafayette remporte les trophées Meilleure Chaîne de Magasins et Meilleure Relation Client
liennathan.fr/u84bc5

Annexe 4 — Les services LafSanté

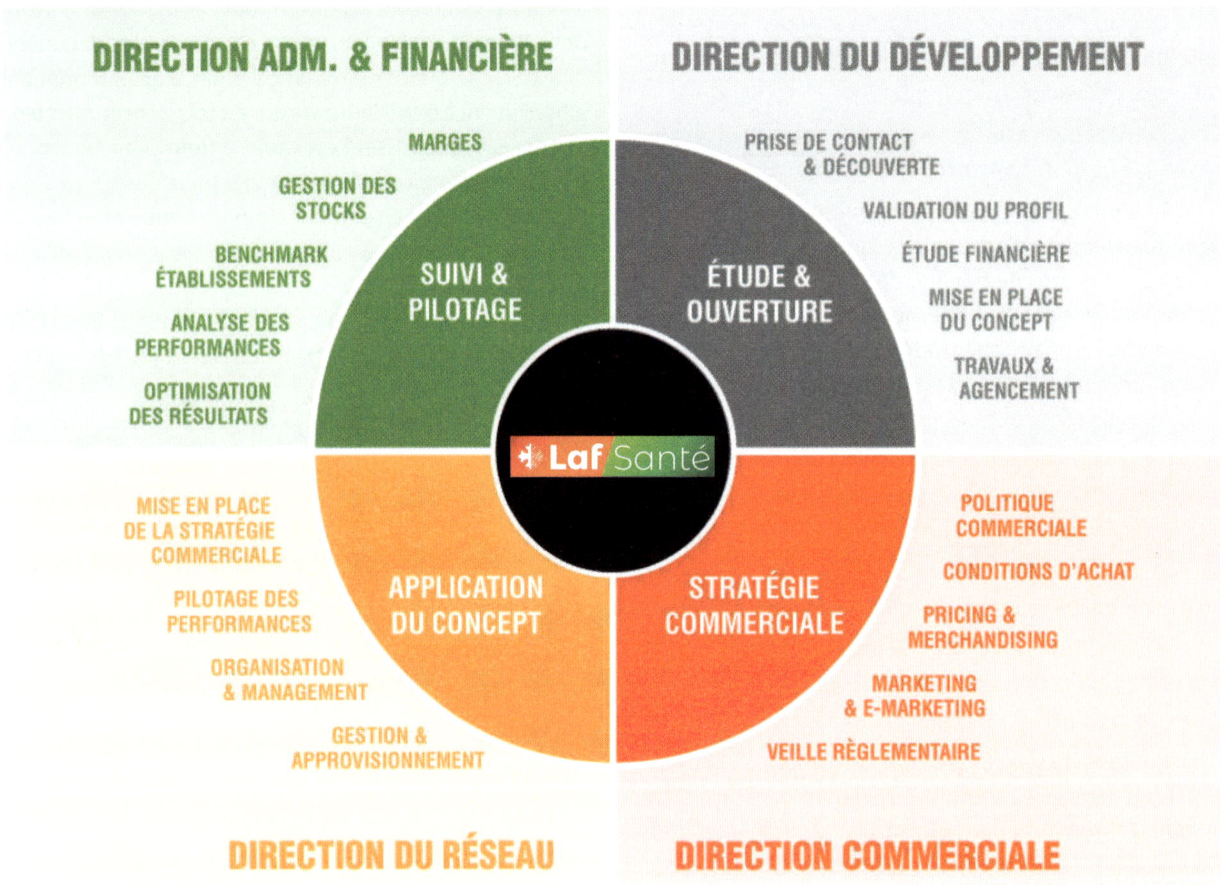

www.lafayetteconseil.com

Annexe 5 — Le programme LAFidélité

LA PREMIERE CARTE DE FIDÉLITÉ EN PHARMACIE

- Près de 1 million de clients adhérents.
- Des avantages privilège sur les produits de parapharmacie : bons d'achat, offres, testing produits…
- Une communication client chaque mois pour générer du trafic en officine.

Annexe 6 LAF'Academy : la formation des pharmaciens du réseau

UNE ÉCOLE DE FORMATION SUR MESURE POUR NOS PHARMACIENS ET OPTICIENS. L'EXPERTISE, NOTRE PRIORITÉ !

POUR LA 6E ANNÉE

Pharmacie Lafayette a la volonté d'accompagner au quotidien ses adhérents avec de nombreux services innovants. Dans cette démarche, un outil sur mesure de formation digitale a été développé à destination des pharmaciens et opticiens et leurs collaborateurs. Une ambition : former les collaborateurs sur la plateforme e-learning, développer leurs compétences et transmettre le bon « réflexe Pharmacie Lafayette – Optique Lafayette – Médical Lafayette », un conseil personnalisé adapté et complet.

Plus de 150 modules disponibles : parcours d'intégration, formations métier et produits ou encore formations sur les techniques de vente et de management.

Le groupe propose un catalogue de formations variées en présentiel dans les officines et sur la plateforme e-learning dédiée autour des axes suivants :

- Formation santé DPC / non-DPC
- Techniques de vente
- Management
- Formation produits

Annexe 7 Alliance Healthcare France devient grossiste exclusif de LafSanté

Le réseau Lafayette vient de signer un partenariat avec Alliance Healthcare France. Le répartiteur [grossiste en médicaments] devient le répartiteur unique de ce réseau de 148 officines. Celles-ci devraient bénéficier « d'une prestation de transport optimisée par la concentration du flux de marques exclusives et des marques propres des deux partenaires », soit Aromaya, Séphyto et Authentine pour Pharmacie Lafayette et Alvita pour Alliance Healthcare France, indique un communiqué commun aux deux entités diffusé ce vendredi 9 février.

Les pharmacies Lafayette profiteront, avec la puissance du réseau logistique d'Alliance Healthcare France, « d'une qualité de service optimale pour les produits de parapharmacie et OTC [d'automédication] avec des livraisons au fil de l'eau pour un coût très compétitif ». [...]

Hervé Jouves, président de Lafayette Conseil [devenu LafSanté], souhaite « renforcer la compétitivité commerciale et baisser les stocks de nos adhérents », avec notamment la centralisation des flux qui « permettra de soutenir le développement de nos marques exclusives et notamment des nouvelles marques qui seront lancées cette année ».

S. Bérard, « Lafayette Conseil : Alliance Healthcare France devient son répartiteur exclusif », Le Moniteur des pharmacies.fr, 9 février 2018.

Annexe 8 Une marque-enseigne repérable de loin

Des officines identifiables

Orange et verte, la façade affiche la croix occitane, symbole de ses origines toulousaines, et le nom de la marque. En entrant, s'impose une forte identité sortant des codes classiques de la pharmacie : sa signalétique claire et percutante permet de visualiser rapidement les 15 univers produits. On y retrouve l'empreinte de la distribution spécialisée par une approche catégorielle.

- Les façades Lafayette sont clairement identifiables par leur arche noire et les deux croix géantes délivrant des messages simples : en orange le « Parti Prix » et en vert « Choix & Conseil ».
- Un espace libre-accès avec une offre large, dense et claire.
- Des univers clairement identifiés proposant un large choix de produits.
- Un espace comptoir bien identifié délimité par une arche noire rappelant nos engagements.

Pharmacie Lafayette
La santé pour tous

Une enseigne de pharmacie connectée

Lafayette Conseil [devenu LafSanté] a imaginé une Solution Web dédiée à l'enseigne Pharmacie Lafayette® : www.pharmacielafayette.com. Chaque pharmacie dispose de son propre site marchand avec près de 10 000 produits en ligne ainsi que des services différenciants.

www.lafayetteconseil.com

Annexe 9 Les lauréats « Meilleure chaîne de magasins »

Récompensée pour la sixième année consécutive, Pharmacie Lafayette est fière de remporter à nouveau le prix de la « Meilleure chaîne de magasins de l'année » 2022 dans la catégorie Parapharmacie. Une récompense qui montre l'adhésion des clients-patients au concept Pharmacie Lafayette et l'implication des pharmaciens auprès de leurs clients-patients, en particulier dans le contexte actuel.
Autre trophée remporté, celui de « Meilleur e-commerçant de l'année » dans la catégorie Parapharmacie, créée cette année. Plébiscité devant les plus importants *pure players* du marché, Pharmacie Lafayette est lauréate dans cette catégorie. Une véritable reconnaissance pour l'enseigne militante qui accélère sa stratégie de développement omnicanale en renforçant sa présence Web et ses services digitaux.

Hervé Jouves, président du groupe LafSanté :

« *Nous sommes très fiers d'avoir été élus "Meilleure chaîne de magasins de l'année" et "Meilleur e-commerçant". Cette double récompense prouve que notre client est devenu omnicanal et que nous savons répondre à ses attentes en nous adaptant à son évolution, toujours avec notre promesse de prix, de choix et de conseil, tant en point de vente physique que sur le Web.* »

UN LEITMOTIV : ÊTRE L'ENSEIGNE DE PHARMACIE PRÉFÉRÉE DES FRANÇAIS ET LE PREMIER RELAIS SANTÉ DES VILLES

Dans un contexte sanitaire très perturbé depuis presque deux ans, Pharmacie Lafayette s'est encore plus impliquée au service de ses clients-patients, en s'adaptant et en innovant pour rendre la santé toujours accessible à tous. Pour cela, elle a accéléré le déploiement des nouvelles missions du pharmacien en accompagnant ses adhérents dans la mise en place, dans des délais et conditions optimales, des actes de vaccination (grippe et Covid-19) et de tests, afin de jouer pleinement leur rôle d'acteur de santé de proximité, notamment dans la lutte anti-Covid.
Elle a également accéléré la digitalisation de ses officines en généralisant le déploiement du *Click&Collect*, du scan ordonnance et de la livraison à domicile ou encore de la prise de rendez-vous en ligne.
En plaçant le client-patient au cœur de ses préoccupations, l'enseigne Pharmacie Lafayette poursuit son ambition d'être le premier relais santé des villes, et le développement de son concept serviciel *on-line* et *off-line* renforce sa relation privilégiée avec les Français.

www.lafsante.com, 6 oct. 2021.

LAF'ACADEMY

FICHE RESSOURCE 1

COORDONNER UN RÉSEAU DE PARTENAIRES

La coordination des actions d'un groupe de partenaires est un facteur clé de réussite. Faire croître un réseau n'est possible que si tous ses membres grandissent ensemble.

I Fixer les objectifs

La démarche s'initie dès la détermination des objectifs fixés au réseau et à chaque entité qui le compose. Même si les finalités du réseau sont communes à l'ensemble de ses membres, chacun des partenaires détermine ses objectifs propres de croissance et de développement. Pour que les partenaires contribuent efficacement au fonctionnement du réseau, il faut donc qu'atteindre les objectifs du réseau leur permettent de réaliser les leurs. Il y a alors convergence des objectifs.

EXEMPLE

RÉSEAU
- Atteindre une taille critique
- Négocier avec les fournisseurs
- Densifier le maillage territorial
- Recruter de nouveaux membres
- Construire une notoriété à l'échelle de la zone d'implantation

PARTENAIRE
- Atteindre le seuil de rentabilité
- Gérer ses stocks
- Ouvrir un nouveau point de vente
- Recruter des collaborateurs
- Construire une notoriété à l'échelle de la zone de chalandise

La compréhension et l'acceptation par les partenaires des objectifs choisis par le réseau sont donc la base de toute collaboration réussie. La méthode SMART aide à en définir les différents aspects. Les objectifs doivent alors être :

	Objectif initial	Objectif reformulé
Spécifiques	Améliorer la position concurrentielle	Augmenter la part de marché de 5 points en Nouvelle-Aquitaine
Mesurables	Augmenter le chiffre d'affaires	Faire croître les ventes de 8 % sur 12 mois
Atteignables	Quadrupler le nombre de franchisés en 1 an	Maintenir la progression actuelle sur les 5 prochaines années
Réalistes	Faire adopter le nouveau produit par tous les clients	Convertir 25 % des clients, sensibiliser les autres
Temporellement définis	Renégocier les contrats d'énergie	Établir un cahier des charges et rencontrer 3 fournisseurs d'énergie d'ici 2 mois avant de choisir l'opérateur

II Faire partager les valeurs du réseau

L'entreprise qui développe son réseau de partenaires le fait autour d'un concept différencié et d'une identité forte. La personnalité et la culture de la marque sont deux aspects primordiaux.

- La **personnalité de marque** se retrouve dans les éléments constitutifs que sont le logo, le message et l'identité visuelle. Pour la définir, il faut se poser la question suivante : *Si la marque était une personne, elle serait… ?* Les réponses correspondent à l'image que la marque renvoie. La personnalité d'une marque la rend plus ou moins attractive aux yeux des consommateurs, mais aussi à ceux des partenaires désireux d'entrer dans le réseau.
- La **culture de marque** transparaît dans ses interactions avec son environnement externe (clients, fournisseurs) et avec son environnement interne (membres du réseau). Ce sont ses valeurs, sa conception de la relation et du service rendu au client.

Le concept de culture de marque est donc étroitement lié au positionnement, il influence la perception que le consommateur final aura de la marque.

EXEMPLES

Marque	Personnalité de marque	Culture de marque
Sweetset (e-commerce de vins et spiritueux)	Citadine, serviable, raffinée	Esprit parisien, hédonisme
Attila Système (réparation, entretien et maintenance des toitures)	Fiable, perfectionniste	Confiance, échange, Interactivité
Carrefour Proximité (supérettes)	Engagé, passionné, positif	Bienveillance, convivialité, innovation

Les valeurs de la marque figurent dans le cahier des charges servant au recrutement des nouveaux membres. La culture de marque est le ciment des relations au sein du réseau. La marque doit faire partager sa culture :
– à l'arrivée du nouveau membre en lui enseignant l'« esprit maison » et en validant son adhésion aux valeurs corporate ;
– régulièrement en consolidant les valeurs partagées par des événements internes.

EXEMPLE

Une fois par an, Attila Système organise un séminaire pour sa centaine d'agences en vue de fédérer les membres du réseau autour de son concept de capital-toit (le toit comme le capital santé de la maison) et de ses valeurs.

II Mutualiser les ressources et les compétences

Les moyens mis en œuvre par la tête de réseau pour faciliter l'activité des membres figurent dans le cahier des charges. Parmi les ressources les plus couramment partagées, on trouve :
– le plateau logistique : l'entreposage, l'allotissement des produits ;
– la gestion des approvisionnements : le sourcing et l'évaluation des fournisseurs, le procurement ;
– une assistance juridique : la protection du dirigeant et des salariés dans l'exercice de leur activité ;
– l'utilisation de processus dédiés : la formation des personnels, la mise en place d'indicateurs de résultats ;
– l'agencement et le merchandising : l'analyse des flux de passage, la mise en rayon, la PLV et l'ILV ;
– les outils de communication : le site internet, les contenus dédiés aux réseaux sociaux, les influenceurs ;
– le service après-vente : le programme de fidélisation, la gestion des retours.

La mutualisation des ressources génère des économies pour les membres du réseau qui, en atteignant une taille critique, bénéficient de meilleures conditions financières ou logistiques.

EXEMPLES

Marque	Moyens mutualisés
Monceau Fleurs	Centrale d'achat
Renault	Transports optimisés vers les concessions (flux tirés)
Pharmabest (groupement de pharmacies)	Programme de fidélisation

La mutualisation des compétences permet :
– d'intégrer plus rapidement les nouveaux membres en partageant avec eux les secrets du métier ;
– de fluidifier la circulation de l'information lors du lancement de nouveaux produits ;
– de trouver des synergies stimulantes.

Enfin, les réseaux de points de vente ou d'agences garantissent une expérience d'achat identique quelle que soit l'enseigne choisie par le client. La mutualisation des moyens sert donc à rassurer le client en permettant une harmonisation des conditions d'exercice de l'activité et donc des services offerts. Ainsi, les enseignes du réseau dupliquent l'approche client préconisée par la tête de réseau, gommant parfois toute particularité pour se fondre dans le moule de l'image corporate. L'enjeu de cette « standardisation » des processus est la satisfaction du client final et la valorisation de la marque.

EXEMPLE

Si le service reçu dans une agence Hertz (location de véhicules) est le même à Metz et à Nice, le client sera satisfait de la qualité constante des prestations et développera un attachement à la marque basé sur la confiance.

FICHE RESSOURCE

2

ACCOMPAGNER LE DÉVELOPPEMENT DES PARTENAIRES

I Identifier les compétences

Un réseau se constitue grâce aux talents et aux énergies cumulées des membres qui le composent. Le projet qui fédère les membres du réseau s'appuie sur un partenariat équilibré et une complémentarité des compétences.

L'identification des compétences permet de :

– définir clairement les caractéristiques requises des partenaires (voir chapitre 6) ;
– utiliser des techniques de *team-building* pour repérer les profils les plus impliqués ;
– valoriser les expériences individuelles pour renforcer l'efficacité du collectif.

II Intégrer les nouveaux membres

Dans la vie d'un réseau, l'arrivée de nouveaux membres est synonyme de renfort mais aussi de challenge. La situation initiale est celle que connaît le groupe avant l'arrivée d'un nouvel adhérent.

L'addition de nouvelles compétences à celles déjà présentes renforce l'efficacité de l'équipe et crée en même temps un déséquilibre. Lorsque la stratégie de développement du réseau est limpide pour ses membres, la marque opère un ajustement consenti par tous et la situation se corrige naturellement.

EXEMPLES

Élément perturbateur	Ajustement et retour à l'équilibre
Implantation d'un nouveau point de vente de l'enseigne sur une zone de chalandise jusque-là contrôlée par un seul point de vente.	Réévaluation des résultats escomptés sur la zone. Recherche de synergies (transport, entreposage, etc.) entre les partenaires.
Contribution d'un macro-influenceur à un réseau d'influenceurs.	Assignation d'objectifs distincts aux différents influenceurs. Adaptation de la stratégie de communication à la nouvelle notoriété de la marque.
Arrivée d'un expert surqualifié dans le réseau d'apporteurs d'affaires.	Mise à profit de ses connaissances pour former d'autres membres. Valorisation des nouvelles compétences de l'équipe.

III Impliquer les membres du réseau dans son développement

La mutualisation des ressources crée des convergences d'intérêts entre les membres en matière de communication, de formation, d'approvisionnement, de gestion du personnel, etc.

Les réseaux qui savent impliquer leurs membres profitent de l'impact positif de cet engagement sur leur développement :

– les membres font cause commune et sont proactifs ;
– les valeurs partagées sont facilement discernables ;
– la relation client est améliorée du fait de l'enthousiasme ambiant ;

En revanche, le désengagement des membres peut avoir de lourdes conséquences sur le réseau :

– le retrait d'un ou plusieurs membres crée une dynamique négative ;
– le réseau doit repenser sa stratégie ;
– les membres démotivés donnent une image brouillée du réseau.

	Impact sur chaque membre	Impact sur le réseau
Implication	– *Team building* – Relation client améliorée – Recherche de synergies	– Dynamique positive – Attractivité accrue – Image améliorée
Désengagement	– Perte de motivation – Retrait du réseau – Insatisfaction de la clientèle	– Redéfinition de la stratégie de réticulation – Image écornée – Recrutement difficile

FICHE RESSOURCE

3

ÉLABORER LA COMMUNICATION INTERNE DU RÉSEAU

I Faire circuler l'information

La mise en réseau d'un concept repose sur la diffusion d'informations sincères sur les potentialités du marché, l'analyse de la concurrence ou encore l'existence d'un besoin pour le produit proposé. Pour un fonctionnement efficace, le réseau doit mettre au point des canaux verticaux de diffusion de l'information permettant la transmission au sein du réseau. Les messages circulent :

– *top-down* (de manière descendante) → du donneur d'ordre vers les membres et partenaires ;

– *bottom-up* (de manière ascendante) → des membres et partenaires vers la tête de réseau.

Flux d'information descendants	Flux d'information ascendants
– Informer sur la stratégie du réseau – Conseiller – Fixer les règles et les objectifs – Former aux nouvelles offres – Donner les consignes opérationnelles (prix, communication, processus…) – Apporter des correctifs	– Informer sur le comportement du client – Envoyer un retour d'expérience à la tête de réseau – Transmettre les résultats obtenus – Suggérer des améliorations – Demander des précisions – Solliciter une assistance

Les outils de communication sont les supports utilisés pour véhiculer les messages. L'activité du réseau, ses caractéristiques et son implantation orientent les choix qui sont faits par la tête de réseau. Les outils les plus fréquemment utilisés sont les groupes de travail, les réunions d'équipes, l'extranet, les plateformes digitales, les newsletters et les comptes rendus.

EXEMPLE

Le groupe PSA-Peugeot-Citroën dispose de deux URL : « www.connect.peugeot.com » et « www.accecit.citroen.com ». L'extranet offre des applications de commande de véhicules et de pièces de rechange, de suivi de garantie, d'information sur les campagnes de modernisation des véhicules.

II Favoriser les échanges et les rencontres entre membres du réseau

La communication transverse ou horizontale désigne les échanges d'information entre participants de même niveau. Elle est indispensable pour motiver les équipes et éviter les conflits. Elle concerne les relations entre membres d'un réseau telles que la tête de réseau souhaite les organiser.

Deux types d'outils en particulier se révèlent très intéressants car ils favorisent ces interactions :

- la **communication digitale** : elle maintient un lien entre sites distants et encourage le partage de compétences et d'expériences (blog participatif, application partagée, groupe Facebook…) ;
- l'**organisation d'événements** : les dates récurrentes rythment la vie du réseau, renforcent le sentiment d'appartenance à un groupe et stimulent les équipes (convention annuelle, séminaire…). Tous les événements sont l'occasion de se rassembler autour d'une histoire commune et fondatrice.

EXEMPLES

Entreprise	Opération	Activité
Toma Interim (agence d'emploi)	Séminaire	Course d'orientation, accrobranche.
Norauto (entretien automobile)	Communication digitale	Fluizy, une application smartphone dédiée aux franchisés, permet les échanges sur les outils promotionnels, les événements, les commandes.
Sage (éditeur de logiciels de gestion)	Concours	Les revendeurs partenaires sont classés en fonction de leur chiffre d'affaires et de la conquête de nouveaux clients.
Le Jardin des Fleurs (fleuriste)	Challenge interne	Fleurir un vélo et inviter les clients abonnés Facebook à *liker* le plus joli.

III Former les partenaires

Les partenaires sont tout d'abord formés aux produits et aux processus mis en place par l'enseigne, et ce dès leur intégration au réseau. Qu'ils soient des revendeurs ou des influenceurs, les membres sont des ambassadeurs de la marque, ils doivent donc être formés aux produits afin d'offrir au client final un savoir-faire équivalent sur l'ensemble du territoire. Outre les produits eux-mêmes, les processus imaginés par l'enseigne doivent être maîtrisés par tous les membres : prise de commandes, accueil de la clientèle, service après-vente, etc.
Les processus mis en place par l'enseigne garantissent un service homogène, des prestations standardisées, l'enjeu étant la rationalisation des relations avec la tête de réseau et la perception uniforme de la qualité de l'offre de produits par la clientèle finale.
Par la suite, des séminaires peuvent être organisés pour réactualiser les connaissances.
Les formations proposées par le réseau peuvent par exemple porter sur les points suivants : le management d'équipe, la comptabilité et les outils de gestion, la gestion des stocks, la réglementation liée à l'activité du réseau et la gestion des avis clients sur les réseaux sociaux.
La plupart des réseaux mixent les formations et offrent des stages pratiques et des séminaires.

1. Formation interne/externe

Certaines marques ou enseignes mettent au point des apprentissages très spécifiques, qu'aucun prestataire extérieur ne pourrait enseigner. Elles ouvrent alors une académie dans laquelle passent tous les membres du réseau à l'occasion de stages ou de formations plus longues.
La formation peut également être suivie dans les locaux d'un prestataire externe comme une école de commerce ou un organisme de formation.

EXEMPLE

ADA (location de véhicules) propose une formation de 4 semaines à l'EM Lyon suivie de 4 à 6 semaines de stage en immersion.

2. Formation individuelle/collective

Formation individuelle	Formation collective
– Intégration d'un nouveau membre – Mise à disposition d'outils de gestion – Qualités managériales – Utilisation de procédés techniques	– Coaching d'équipe (résolution de problème) – *Team building* (cohésion d'équipe) – Formation aux processus – Repérage des talents

EXEMPLE

McDonald's accueille des stagiaires dans son centre de formation à Guyancourt (78). L'enseigne y propose des formations de tous niveaux pour des publics de responsables de centre et d'employés opérationnels.

3. Formation ponctuelle/permanente

Formation ponctuelle	Formation permanente
– Obtention d'une certification – Formation sur les bonnes pratiques – Lancement d'un nouveau service	– Remise à niveau de l'argumentaire commercial – Réactualisation des connaissances réglementaires – Compétences commerciales et métier

Les méthodes de formation retenues dépendent des objectifs et des publics visés.

EXEMPLES

Enseigne	Public	Formation
Nocibé	Franchisés	L'IFN (Institut de formation de Nocibé) offre un parcours d'intégration personnalisé aux responsables de magasins de l'enseigne.
Turbo Fonte (poêles et cheminées)	Concessionnaires	Une formation de 6 semaines aux produits et au métier est délivrée aux nouveaux membres, complétée par une formation de 3 jours pour devenir référent Qualibois.
Le Bon Agent (immobilier)	Affiliés et agents commerciaux	Une formation générale de 15 jours à compléter par 35 heures de modules disponibles en e-learning et 100 heures en format PowerPoint.

FICHE RESSOURCE

4

MOBILISER LES PARTENAIRES AUTOUR D'UN PROJET COMMUN

I Motiver et valoriser les partenaires

Le principal moteur des membres d'un réseau est le sentiment d'appartenance à une communauté qui les anime et duquel découlent l'envie de réussir, le désir de se distinguer et la volonté d'incarner et de défendre les valeurs du collectif. L'enseigne favorise l'intégration réussie des nouveaux membres en cimentant les liens créés par de fréquents messages de soutien et d'assistance.
Les réseaux stimulent leurs membres en instaurant un système d'incitations de deux ordres : financières (intéressement aux résultats du franchiseur, actionnariat, etc.) et non monétaires (participation aux décisions stratégiques, droit de vote aux assemblées, etc.).

EXEMPLE

Happy Cash (achat et vente de produits d'occasion) propose à ses franchisés de devenir actionnaires de sa centrale d'achats et d'être membres d'une commission spécialisée (communication, achats, etc.).

L'animation du réseau implique de motiver les équipes mais aussi de les valoriser en mettant leurs qualités en avant : entrepreneuriat, esprit d'équipe, compétences.
Le challenge commercial vise avant tout à valoriser les meilleurs sans démotiver les autres. Le propre de cet outil est de créer ou consolider une communauté de destins. Les *incentives* d'équipe mettent le collectif au premier plan et gomment les intérêts individuels. Ainsi, il est gratifiant pour l'ensemble du personnel de se voir décerner le prix de la meilleure agence du territoire.

EXEMPLE

En 2020, Up a mis en place avec succès une plateforme de motivation, support de challenges à destination des commerciaux de PMU et de ses points de vente, afin de remonter le chiffre d'affaires impacté par la crise.

Enfin, les partenaires trouvent d'autres sources de valorisation en concourant ou en participant à des challenges extérieurs au réseau.

EXEMPLE

Le magazine *Auto-Moto* organise le grand prix des concessionnaires. Prix « Design et expérience client », « Engagement et satisfaction client », « Performance et dynamique commerciale »...

II Reconnaître et récompenser les résultats

La récompense d'un membre est avant tout l'aboutissement d'un processus d'identification des meilleurs éléments du réseau. Le repérage se fait suivant des critères propres au secteur d'activité et à la dimension territoriale du réseau. Parmi les plus courants, on trouve les résultats commerciaux, la qualité de la relation client, les initiatives créatives, l'attitude corporate, etc.

Il existe plusieurs types de récompenses :

- les **récompenses individuelles** : promotion, intéressement à la stratégie du réseau, etc. ;

EXEMPLE

Procomm (réseau de cabinet d'affaires) récompense les meilleurs collaborateurs du réseau par la remise d'un trophée annuel.

- les **récompenses collectives** : primes ou avantages liés au classement interne.

EXEMPLE

En 2020, Lexus récompense ses concessionnaires européens : la marque a distingué 14 concessionnaires pour la qualité de leur expérience client ; parmi eux, un distributeur français, le groupe Degenève.

Si la récompense a des effets positifs sur le partenaire, elle dynamise et consolide également le réseau en confortant l'importance des valeurs fondatrices.

Effet sur le partenaire	Effet sur le réseau
– Fidélisation du membre récompensé	– Renvoi d'une image de juste partage des succès
– Renforcement de son équipe	– Stimulation de l'ensemble du réseau
– Création de synergie entre les membres	– Homogénéisation du réseau

Applications

Maîtrise

1 Coordonner le réseau

L'association Convi'Foot a été créée en 2006 pour fédérer les complexes sportifs indépendants pratiquant le « foot 5 » et organiser la première compétition nationale de ce sport. Plus de dix ans après, elle lance la première franchise multisport : Convi'Sports.

1. Quel est le projet structurant de Convi'Sports ? Rappelez les objectifs d'un réseau et les principes de la franchise.
2. Quelles ressources le groupe Convi'Sports offre-t-il à ses adhérents ?
3. Proposez un modèle d'affiche pour les Convi'Games, que vous pourrez transmettre aux membres du réseau.

Document Convi'Foot devient Convi'Sports

CONVI'Sports
- Groupe -
1er réseau de centres sport-loisirs de France

Pourquoi avoir fait le pas de passer sous franchise ?

« L'association Convi'Foot était limitée dans ses possibilités d'actions et les gérants adhérents ont alors demandé s'il n'était pas possible de mettre à disposition des centres indépendants encore plus de services, d'outils de gestion, de partenaires et de moyens, à la disposition des complexes tout en leur laissant leur totale indépendance. Ceci dans le but d'améliorer leur rentabilité, de se développer et de faire face à une concurrence toujours plus forte. Nous avons donc travaillé ensemble sur l'idée d'une franchise. Convi'Sports a développé son propre système de vidéo, statistiques, gestion des joueurs, gestion des compétitions qu'il met à disposition de ses complexes franchisés mais au-delà de cet apport, Convi'Sports propose un vrai soutien aux complexes avec des tarifs négociés pour tous les achats, des services, des formations, des séminaires, et surtout un vrai réseau à l'écoute. La relation entre les gérants est très forte et permet à chacun de pouvoir voir, téléphoner ou envoyer un courriel avec des interlocuteurs disponibles à tout moment. »

Quels sont les services qui existent dans la franchise ?

« Nous avons créé un service des complexes, plusieurs personnes sont disponibles chaque jour pour assister, accompagner, conseiller les gérants de centres. Nous avons des spécialistes dans la communication, les réseaux sociaux (nous faisons vos affiches, pages et bandeaux Facebook, nous gérons la communication de vos réseaux sociaux), la gestion quotidienne (nous réalisons un audit gratuit à tous nos franchisés et à partir de cet audit, nous travaillons sur les économies de charges à réaliser, comment augmenter son CA au quotidien), la mise en place de partenariat, le juridique, le social. Tout est pensé pour faciliter le quotidien des responsables de centres et le rendre rentable !

Ensuite nous avons créé notre site internet « www.convigroupe.fr » qui donne une entité de coopération avec l'ensemble des acteurs sports et loisirs pour satisfaire tous les publics. Convikids a pour vocation à devenir le numéro un des sites dans le déploiement des stages et académies d'enfants. Le Convifive reste notre championnat national de foot 5 avec des nouveautés dès la saison prochaine, mais surtout nous créerons dès 2018 les Convigames qui seront des petits « JO » avec des challenges multisports (au moins 3 sports sont pratiqués) proposés aux quatre coins de l'Hexagone. Tout cela est aujourd'hui pensé pour amener aux complexes un surcroît de notoriété et de chiffre d'affaires.

Enfin, notre service vidéo – gestion des compétitions, aujourd'hui mis en place pour le « foot 5 » mais qui sera déployé rapidement sur l'ensemble de nos sports, a été conçu spécialement, à partir des remarques des gérants de centres et sera constamment développé et amélioré en fonction des attentes de chacun. […]

L'objectif de toutes ces actions est de remplir nos complexes et de pallier tous nos inconvénients du quotidien (la récurrence des annulations, la difficulté de remplir les heures en journée). »

Convi'Sports, Communiqué de presse, www.5foot5.fr

Maîtrise

2 Impliquer les membres du réseau

Spécialiste de l'optique développé dès 1979 en franchise, le réseau Afflelou compte aujourd'hui près de 1 500 points de vente dans le monde. Le groupe a connu un recul de près de 15 % de son chiffre d'affaires en réalisant moins de 700 millions d'euros sur l'exercice 2019-2020.

1 Pour quelles raisons le réseau Afflelou met-il en place le « Club Afflelou » ?

2 Décrivez les dispositifs permettant de mobiliser le réseau et d'impliquer ses membres.

Document 1 L'animation du réseau de vente

Vous devez constamment accompagner [vos revendeurs], les impliquer dans votre stratégie, notamment en adaptant votre offre et votre politique commerciale et assurer une présence et une communication régulière avec tous les membres de votre réseau. [...]
En parallèle, vous devez les accompagner en mettant en place des supports de formation et des outils d'aide à la vente permettant à chaque réseau de monter en compétences sur votre offre, de porter le bon discours et de devenir un ambassadeur de votre marque. C'est notamment ce qu'a fait la marque Afflelou, à travers son Club Academy Afflelou, l'un des pans de son programme d'animation de réseau monté en collaboration avec l'agence Muse. Chaque point de vente peut remporter des points convertibles en dotations, en validant des modules *e-learning* depuis une plateforme digitale dédiée. Cette plateforme intègre des modules de formation mais aussi des communications régulières et des outils de reporting permettant de booster les ventes mais, surtout, permettant à l'enseigne de se rapprocher de ses réseaux de vente. Un véritable succès, qui inscrit la relation entre la marque et son réseau de franchisés dans un partenariat gagnant-gagnant.

« Comment animer et engager efficacement son réseau de distribution ? » www.frenchweb.fr, 9 avril 2019.

Document 2 Le Club Afflelou

Le lancement du Club Afflelou a été événementialisé pour susciter l'adhésion et l'engagement : 616 points de vente animés et 1 810 vendeurs ont pris part au challenge, soit un taux de participation de 77 %.

Cas client Muse Afflelou
liennathan.fr/7fq7x4

Expertise

3 Communiquer et mobiliser les partenaires

Créé en 2002 par Michel Morin, Mondial Piscine accompagne les professionnels dans la création et la conception de piscines grâce à un process de construction unique qui permet la fabrication de piscines monobloc en béton armé. Lancé en 2003, le réseau de concessionnaires réunit 89 membres partenaires dont 64 concessions, en France et à l'étranger. Toutes les piscines sont développées et produites sur le site de Cérans-Foulletourte, dans la Sarthe (72).

1 Rappelez les points distinctifs du mode partenarial choisi par la marque. Dressez brièvement le profil du concessionnaire idéal.

2 Définissez les caractéristiques de la culture du réseau Mondial Piscine. Quelles valeurs cette culture met-elle en avant auprès de sa clientèle finale ?

3 Expliquez la stratégie de communication interne et commentez les outils de mobilisation mis en œuvre.

Document 1 Le contrat de partenariat Mondial Piscine

Les 5 bonnes raisons de nous rejoindre :

LA PUISSANCE D'UN FABRICANT

Mondial Piscine [...] a été le premier fabricant à obtenir l'agrément CSTB (Centre spécifique des techniques du bâtiment) et rares sont ceux qui bénéficient de cet avantage reconnu et apprécié car il constitue une assurance au plan de la qualité et de la garantie.

[...] Mondial Piscine s'engage, à travers son « Engagement de bonne fin de travaux », envers le client final.

L'INNOVATION – LES BREVETS – L'EXCLUSIVITÉ

Voilà qui fait la différence dans un marché où tout se copie à l'infini. [...] Mondial Piscine propose des produits uniques : toute la recherche et le développement de nos procédés sont basés sur la qualité. [...]

LA FORCE D'UN RÉSEAU

Être vu sous une enseigne reconnue devient incontournable et est un gage de réussite. Mondial Piscine vous apporte : la force des achats, la synergie des compétences, la puissance de communication, une assistance complète pour l'équipement de votre magasin ; tout ce qui fait la force d'un groupe ! [...]

L'EXCLUSIVITÉ DE VOTRE TERRITOIRE

Mondial Piscine vous garantit une exclusivité de territoire, ce qui permet une efficacité totale de vos investissements et la pérennité de votre notoriété.

LA FORMATION – LA COMMUNICATION

– Mondial Piscine propose des formations de vente, animées par des formateurs de premier ordre qui créent des outils d'aide à la vente performants et exclusifs.

– Mondial Piscine s'est entouré de grands professionnels de la communication, d'un service de presse, de consultants marketing à la pointe dans ce domaine. Les supports de communication sont nombreux : sites internet, campagnes publicitaires, salons professionnels, etc.

www.toute-la-franchise.com

Document 2 La campagne nationale 2020

Afin d'accélérer le développement de son réseau, Mondial Piscine frappe fort en reconduisant la **communication** de ses campagnes TV et en continuant à recruter des pisciniers et paysagistes.

Une nouvelle campagne TV nationale

Mondial Piscine reconduit la communication de ses **campagnes TV**. On pourra découvrir ou re(découvrir) le spot dédié avec **Laure Manaudou**, ambassadrice de la marque, sur France TV (du 24 août au 27 septembre), sur BFM les 22/23/29/30 août, les 5/6/12/13 septembre et sur RMC Découverte du 17 au 30 août.

www.placedupro.com, 23 juillet 2020.

Couloir de nage Chron'Ô by Laure Manaudou
liennathan.fr/s27dg9

Document 3 Le 16e séminaire Mondial Piscine

Les trois jours [du séminaire annuel] ont été rythmés par différents temps forts : présentation du bilan 2019, de la stratégie commerciale 2020 et des nouveautés ; remise des prix pour les concessionnaires les plus performants ; visite des nouveaux bâtiments à Cérans-Foulletourte, siège social de Mondial Piscine ; présentation en avant-première de la nouveauté chez Mondial Spa ; lancement de la marque « Abri d'Ô » ; soirée inaugurale ; rencontre avec les fournisseurs du réseau ; compétition sportive pour les plus téméraires.

« *L'animation et l'accompagnement du réseau représentent des objectifs prioritaires. Notre séminaire annuel, qui s'est tenu cette année au Mans au siège de Mondial Piscine, nous a permis d'intensifier nos relations avec nos concessionnaires dans un site propice aux échanges. [...] Aujourd'hui, le concept de Mondial Piscine a atteint une parfaite maturité, et nous renforçons les liens qui nous unissent avec nos concessionnaires* », déclare Michel Morin, président de Mondial Piscine. [...]

Le séminaire a été l'occasion de présenter en avant-première le premier centre d'entraînement aquatique à domicile. Un bassin de nage tout équipé, compact et au *design* résolument moderne. Présentation en parallèle du nouveau *showroom* Mondial Spa proposé pour les concessionnaires dans leurs magasins respectifs. « *Je suis fier du réseau Mondial Piscine qui rassemble des concessionnaires passionnés et mobilisés sur l'ensemble du territoire. Notre objectif est d'accueillir 8 à 10 nouveaux membres chaque année au sein de notre réseau* », déclare Michel Morin.

www.mondial-piscine.eu, 2 avril 2020.

Synthèse

Animer un réseau de partenaires

Coordonner un réseau de partenaires

- **Fixer les objectifs**
  - Trouver une convergence
  - Utiliser SMART
- **Partager les valeurs**
  - Culture de marque
  - Personnalité de marque
- **Mutualiser**
  - Les ressources
  - Les compétences

Accompagner le développement des partenaires

- Identifier les compétences
- Intégrer les nouveaux membres
- Impliquer les membres du réseau dans son développement

Communiquer en interne

- **Informer**
  - *Top-down*
  - *Bottom-up*
- **Échanger**
  - Communication digitale
  - Événements
- **Former**
  - Formation individuelle
  - Formation d'équipe

Mobiliser autour d'un projet

- **Motiver et valoriser**
  - Incitations financières
  - Incitations non monétaires
- **Reconnaître et récompenser**
  - Récompenses individuelles
  - Récompenses collectives

TESTEZ-VOUS

Quiz sur le chapitre 8
liennathan.fr/v57f3b

MOTS CLÉS

Objectifs SMART · Culture de marque · Ressources · Compétences · Informer · Animer · Communiquer · Formation · Implication · Projet commun · Motiver · Valoriser

CHAPITRE 9

Évaluer les performances du réseau

Contexte professionnel

Activité/Tâche
Évaluation des performances du réseau

Compétence
Mobiliser un réseau de partenaires et évaluer les performances

Vers PIX
1.1. Mener une recherche et une veille d'information
1.3. Traiter des données

Passionné par l'univers de l'enfance, Serge Humbert a fondé « Bout de Jouet » dans le commerce de gros de jeux et jouets à Amiens en 1976. En 1991, il ouvre son premier point de vente, toujours à Amiens, pour vendre ses produits directement aux particuliers. Résolument tourné vers le service, le magasin Bout de Jouet se veut un espace convivial et chaleureux où priment le bonheur de l'enfant et la joie des parents. En 2000 et 2001, il ouvre deux nouveaux magasins, à Berck et à Dieppe. Depuis 2002, Bout de Jouet est accessible à la franchise. M. Humbert a personnellement dirigé les trois points de vente, en plus de son commerce de gros, jusqu'à ce qu'il transmette son entreprise à sa fille, Amy Humbert-Jolliot, en 2005. Forte de ses 26 ans d'expérience sur le marché du jouet, l'enseigne a entamé sa conquête du marché français. Aujourd'hui, elle compte 54 points de vente en France (9 succursales, 11 affiliés et 34 franchises), 7 magasins en Belgique et 3 en Suisse.

Votre rôle

Vous êtes animateur(-trice) réseau pour Bout de Jouet et avez récemment pris en charge le secteur de la Marne (51) pour accompagner l'arrivée de deux nouveaux points de vente dans le réseau, à Châlons-en-Champagne et à Reims. Vous devez veiller à ce qu'ils développent leur activité en maintenant l'homogénéité du réseau et devez suivre leurs performances pour les conseiller si nécessaire.

Vos objectifs

I Identifier les caractéristiques du réseau

1 Identifiez les spécificités de la marque et du concept proposé par Bout de Jouet. Définissez les processus appliqués. Faites ainsi apparaître la norme du réseau. Fiche ressource 1 / Annexe 1

2 Rédigez les grandes lignes des parties « marque », « réseau » et « contrat » du document d'information précontractuel que vous transmettrez aux deux nouveaux membres du réseau.

3 Décrivez les tendances du marché sur lequel intervient l'enseigne. Quelles sont les opportunités à saisir ? Annexe 2

4 Comparez les caractéristiques des concurrents de Bout de Jouet sur le marché français. Quelles sont les perspectives d'évolution du réseau ? Annexe 3

5 Rédigez les grandes lignes de la partie « performances économiques » du document d'information précontractuel. Annexes 1 et 3

II Évaluer les performances du réseau

6 Analysez les échanges d'informations entre l'enseigne et ses partenaires. Proposez des pistes d'amélioration. Fiche ressource 2 / Annexe 4

7 En vue de la visite client mystère trimestrielle que vous allez mettre en place dans les deux nouveaux points de vente, élaborez la grille des points à observer et à valider.

8 Transmettez aux deux nouveaux membres du réseau vos recommandations en matière de *reporting*. Fiche ressource 3 / Annexe 4

9 Vous disposez du *reporting* de la succursale d'Amiens. Évaluez les performances du réseau grâce aux indicateurs fournis. Quelles conclusions en tirez-vous ? Fiche ressource 4 / Annexe 5

III Évaluer les performances des partenaires

10 Rappelez le type de performances dont vous devez suivre l'évolution. Quels critères vous paraissent pertinents pour évaluer les deux nouveaux membres ? Fiche ressource 4

11 Identifiez et analysez les écarts entre les deux partenaires pour l'activité du premier trimestre. Annexes 6 et 7

12 Effectuez un *benchmarking* permettant de comparer les performances des deux points de vente selon la norme définie. Annexe 5

13 Préparez des recommandations pour le magasin de Châlons-en-Champagne. Vous reprendrez les points à améliorer et les solutions proposées puis concevrez un échéancier.

14 Établissez un bilan pour le magasin de Reims. Quelles sont vos recommandations ?

Votre dossier

Annexe 1 — L'offre de Bout de Jouet

BDJ

« Toutes les grandes personnes ont d'abord été des enfants mais peu d'entre elles s'en souviennent »
Antoine de Saint-Exupéry

- Le groupe a conservé sa centrale d'achat et bénéficie donc de sa plateforme logistique. Il a également développé un concept original, fortement modernisé sous l'impulsion de sa nouvelle directrice, Amy Humbert-Jolliot.
- Le concept reste fidèle à ses valeurs d'origine : le sens de la famille, le partage de moments de bonheur et la passion du jouet. L'identité visuelle est forte : des devantures rouges, un logo reconnaissable et un mobilier en bois au design caractéristique créent une atmosphère d'antan.
- Le réseau compte 54 magasins en France en 2022. Les magasins Bout de Jouet ont une surface moyenne de 280 mètres carrés et sont tous implantés en cœur de ville. Ils offrent un assortiment d'environ 4 000 jouets sur l'année, un espace petite enfance et un rayon dédié aux jouets traditionnels en bois.
- La spécificité de Bout de Jouet, ce sont les mercredis après-midi et samedis matin entièrement dédiés au divertissement des moins de 6 ans : deux fois par semaine, les enfants peuvent assister à des spectacles de marionnettes, à des concerts ou encore à des séances de loisirs créatifs. Un bac à bulles et des équipements gonflables sécurisés permettent de recevoir une vingtaine d'enfants par séance.
- Le personnel est nombreux et aux petits soins pour les familles.
- Les magasins connaissent des pics de fréquentation à Halloween, Noël et Mardi gras mais aussi tous les mercredis et samedis en raison des spectacles proposés.

Catalogue des animations organisées tous les mercredis de 14 h à 17 h et samedis de 9 h à 12 h

- Ateliers loisirs créatifs : 2 animateur(-trice)s sur site
- Théâtre, spectacle de marionnettes (liste de prestataires)
- Concert/danse
- Lecture, contes

FICHE ENSEIGNE

Résultats 2021

54 magasins
CA : 75,7 M€
Marge commerciale moyenne : 34 %
Panier moyen : 52 €
Passages en caisse : 86 par jour
Surface de vente : 280 m²
Personnel : 6
***Click & Collect* :** 86 %
Téléchargement de l'application : 71 %
***App-booking* (réservation animations) :** 53 %
Magasins digitalisés : 43 %

Franchise

Durée : 9 ans
Droit d'entrée : 30 000 €
Redevance : NC

Annexe 2 — Le marché du jouet en France

MARCHÉ
source NPD panel consommateurs
EN 2021 : 3,7 MILLIARDS D'€
(+ 2,9 % vs 2020 ; 3,3 % vs 2019)

POIDS DE LA SAISON (sept. à dec.)
source NPD panel consommateurs
En 2021, le 4e trimestre a représenté près de **53 %** du marché total.
Le mois de décembre a représenté, à lui seul, **30 %** du marché.

PRODUITS STARS
source NPD panel consommateurs

JEUX & PUZZLE :	+ 12 %
PELUCHES :	+ 12 %
FIGURINES D'ACTION :	+ 8 %

POPULATION ENFANTINE
source INSEE 2021
- Naissances : 738 000 (- 2 % vs 2019)
- Taux de natalité : 10,9 ‰
- Âge moyen de la maternité : 30,9 ans
- Nombre moyen d'enfants/femme : 1,87

DISTRIBUTION
source NPD panel consommateurs (données 2021)

	Évolution vs 2019	Évolution vs 2020
COMMERCES SPÉCIALISTES JOUETS :	- 4 %	+ 9 %
HYPERMARCHÉS - SUPERMARCHÉS :	- 7 %	- 1 %
INTERNET PURE PLAYERS :	+ 32 %	- 3 %

TENDANCES 2022
Licences : 23 % du CA en 2021 (+ 8 %)
Produits kidultes : 26 % du CA
Jouets éco-responsables

« *C'est la première fois que le marché français dépasse la barre des 3,7 milliards d'euros de chiffre d'affaires. Il passe ainsi devant le Royaume-Uni pour devenir le second marché du jeu et du jouet en Europe, derrière l'Allemagne* », observe Frédérique Tutt, experte mondiale du jouet chez The NPD Group. [...]
L'année 2021 n'a pourtant pas été simple pour les fabricants et distributeurs de jouets, entre le contexte sanitaire toujours compliqué, l'inflation des coûts des matières premières et du transport, et les difficultés logistiques...
« *Nous avions anticipé une croissance en 2021 mais nous l'avons réalisée de façon inattendue. Toutefois, nous ne sommes pas dans l'euphorie car, entre janvier et septembre, le marché affichait une croissance de 4 %. Nous espérions les tenir, voire faire encore mieux* », pondère Florent Leroux, président de la Fédération française des industries jouet-puériculture (FJP) et directeur général de Ravensburger. [...] En volume, les ventes ont progressé l'an dernier de 5,1 %. Et, malgré les craintes inflationnistes, les prix moyens ont chuté de 2,2 % l'an dernier. Une baisse qui ne sera cependant pas durable.

V. Yvernault, « Le jouet bat son record de ventes en 2021 », www.lsaconso.fr, 13 janv. 2022.

Annexe 3 — La concurrence

Les causes de leurs difficultés :
- L'essor du Net s'est ajouté à la pression concurrentielle, déjà forte à Noël, des hypermarchés.
- Les spécificités du jouet (offre banalisée, saisonnalité, effets de mode) compliquent la donne pour les spécialistes.
- Les attentes de la clientèle évoluent vers une efficacité opérationnelle sans faille, des services et du sens.
- La crainte de la hausse des tarifs fournisseurs en raison de la flambée des prix du fret maritime.

Les réponses :
- Le GIE regroupant King Jouet, JouéClub, Maxi Toys, La Grande Récré, PicWicToys et Jouets Sajou, fort de ses 900 points de vente, négocie des exclusivités, déniche les jouets de demain et s'assure de la disponibilité des stocks. Les produits retenus par le GIE sont proposés à la vente dans les six enseignes sous l'estampille « Le coup de cœur des spécialistes du jouet ».
- Les enseignes digitalisent leur parcours client et pérennisent le *Click&Collect* mis en place pendant les confinements.

Picwic fusionne avec Toys R Us en 2019 et devient Picwic Toys

À peine créée, la marque Picwic Toys subit 12 semaines de confinement qui ont contraint le réseau à entamer une restructuration et à fermer 23 magasins sur 63*. Depuis, l'enseigne a organisé le *Drive* et le *Click & Collect*, qui lui permettent de fonctionner quelle que soit la situation.

276 M€ de CA en France en 2019*
45 magasins en France en 2022

*Source : « L'enseigne de jouets Picwictoys annonce un projet de plan social », www.lefigaro.fr, 02/06/2020

JouéClub fédère avec son *Drive*

Seule coopérative du secteur, JouéClub bénéficie de la pugnacité locale de ses commerçants indépendants mais a aussi su les fédérer autour d'objectifs, comme la montée du digital, de ses marques et de son *Drive*.

La marque a lancé en été 2021 un nouveau concept de magasin qui replace la famille au cœur d'un espace convivial. Les adultes apparaissent comme le nouveau segment à séduire grâce à une offre adaptée (puzzles, figurines haut de gamme, etc.).

676 M€ de CA en France en 2020
300 magasins en France en 2022

Source : JouéClub

En 2022, Amazon est le premier vendeur de jouets en France

Le site marchand le plus visité par les Français représente environ 15 % de part de marché avec, depuis 2020, une boutique physique dédiée aux jouets français. 49 labels y sont distribués en exclusivité. Le site sert quant à lui de vitrine et de tremplin aux produits.

King Jouet parie sur le phygital (« physique » + « digital »)

King Jouet continue d'investir dans le digital. Son site marchand représente environ 15 % de son chiffre d'affaires total.

L'enseigne a également renforcé son maillage territorial avec huit nouveaux magasins en France en 2021 et propose un nouveau concept de magasin exploité en succursale et installé en périphérie des villes.

King Jouet s'engage sur le local et le soutien à la filière française du jouet : en 2021, les produits français représentaient 20 % de ses ventes.

243 M€ de CA hors taxe en France en 2021
400 magasins en France en 2022

Source : King Jouet

La Grande Récré revoit son modèle

La Grande Récré est engagée pour la fabrication 100 % française, dont les produits ont représenté 18 % de son CA en 2021. En 2020, le site e-commerce de La Grande Récré a enregistré 17 % de nouveaux utilisateurs supplémentaires par rapport à l'année précédente. Le panier moyen a augmenté de 5,5 %, atteignant 61,74 €.

L'enseigne innove en lançant des boutiques éphémères dans les centres commerciaux et inaugure 9 *corners* dans les hypermarchés Géant Casino en 2021. Du côté de son offre produit, la marque développe à présent le petit mobilier enfant et les jeux pour adultes.

320 M€ de CA en France en 2018
203 magasins en France en 2022

Source : La Grande Récré (Ludendo)

Jouet E.Leclerc revisite les bases du commerce

L'enseigne E.Leclerc souhaite faire de ses magasins des lieux d'échange, d'apprentissage et de découverte mais aussi d'expositions, de démonstrations, de rencontres qui seront proposées régulièrement.

CA 2021 : NC
20 magasins en France en 2019

Source : Jouet E.Leclerc

Annexe 4 La digitalisation des boutiques Bout de Jouet

Comment répondez-vous au défi de la digitalisation ?

AHJ : « La transition digitale est un impératif dans notre secteur. Nous faisons face à la concurrence de gros groupes et, contrairement à eux, nous offrons un service de proximité à nos clients. Il était normal d'aller au bout de la démarche : nos magasins sont équipés de *beacons* qui diffusent des signaux sur les tablettes et smartphones. L'intérêt est double : nos manageurs récupèrent les données sur l'affluence en magasin et peuvent mieux organiser le temps de travail des équipes. D'autre part, nos clients équipés de l'application "Boutdejouet" reçoivent en temps réel des informations lors de leurs visites. »

Vos clients sont-ils demandeurs de ce type de technologie ?

AHJ : « Oui, tout à fait. L'application est opérationnelle depuis plus d'un an. Nous avons lancé une étude sur nos 54 magasins en septembre dernier et nous avons pu constater que 71 % de nos clients l'avaient téléchargée. C'est d'ailleurs à leur demande que nous avons mis en place un système de réservation en ligne et de *Click&Collect* qui a remporté un très grand succès à Noël dernier ! »

Ne craignez-vous pas de faire diminuer la fréquentation de vos magasins ?

AHJ : « C'est un faux débat, nos clients continuent de venir chez nous pour recevoir des conseils personnalisés. L'application et le *Click&Collect* sont des services supplémentaires qui leur font gagner du temps lorsqu'ils en ont le plus besoin. Nous voyons bien au contraire que grâce à l'*App-booking* (les réservations en ligne) pour nos spectacles du mercredi et du samedi, les demandes ont progressé de 17 % depuis le début de l'année. C'est bien la preuve que la digitalisation rend service à tous ! »

Comment revalorisez-vous les données que vous collectez ?

AHJ : « Chez nous, les manageurs sont encouragés à échanger sur leur ressenti pour faire avancer le groupe. Nous nous retrouvons tous les trois mois au siège pour faire un point et partager nos expériences. Nos animateurs sont au service de nos manageurs et répondent à leurs inquiétudes, mais je dois dire que, pour l'instant, tout se passe bien : plus de 9 manageurs sur 10 considèrent que l'investissement réalisé pour digitaliser leur magasin a stimulé les ventes et a amélioré la qualité de la relation client. Nous avons bien sûr encore du chemin à faire, il faut maintenant convaincre tous nos collaborateurs de s'équiper ! Ce devrait être le cas à la fin de l'année. »

Entretien avec Amy Humbert-Jolliot (extrait), Amiens, 24 mai 2021

Les *beacons*, ces petits capteurs qui peuvent communiquer en Bluetooth avec les tablettes et smartphones à proximité

Orange Beacon
liennathan.fr/kd44q5

Annexe 5 — *Reporting* Bout de Jouet : succursale d'Amiens

- **Surface de vente** : 320 m²
- **Personnel** :
  - 1 directrice
  - 1 responsable approvisionnement
  - 3 responsables de rayon
  - 2 vendeurs-animateurs
- ***Click&Collect*** : oui
- **Téléchargement de l'application** : 71 %
- ***App-booking*** : oui
- **Magasin digitalisé** : 4 *beacons*

- **Opérations réalisées sur la période** : tous les mercredis et samedis

Chiffre d'affaires	1 805 547 €
Marge commerciale	649 996 €
Production de l'exercice	0
Valeur ajoutée	560 992 €
Excédent brut (ou insuffisance brute) d'exploitation	313 441 €
Résultat d'exploitation (bénéfice ou perte)	176 399 €
Résultat courant avant impôt (bénéfice ou perte)	159 767 €
Résultat exceptionnel (bénéfice ou perte)	0
Résultat de l'exercice (bénéfice ou perte)	125 761 €

Annexe 6 — Magasin de Châlons-en-Champagne : résultats du 1er trimestre

- **Surface de vente** : 210 m²
- **Personnel** :
  - 1 directeur
  - 2 responsables de rayon
  - 1 vendeur-animateur
- ***Click&Collect*** : non
- **Téléchargement de l'application** : 19 %
- ***App-booking*** : oui
- **Magasin digitalisé** : non

- **Opérations réalisées sur la période** :
  - Le réveil de Guignol
  - Atelier fèves
  - Au pays des lutins bleus
  - La ronde des fées

Chiffre d'affaires	127 560 €
Coût d'achat des marchandises	89 293 €
Consommation en provenance des tiers	12 596 €
Impôts, taxes et versements assimilés	2 911 €
Charges de personnel	33 667 €
Dotations aux amortissements et provisions	8 841 €
Autres charges	15 048 €
Charges financières	2 803 €

Annexe 7 — Magasin de Reims : résultats du 1er trimestre

- **Surface de vente :** 300 m²
- **Personnel :**
  - 1 directeur
  - 1 responsable approvisionnement
  - 2 responsables de rayon
  - 2 vendeurs-animateurs
- ***Click&Collect* :** oui
- **Téléchargement de l'application :** 53 %
- ***App-booking* :** oui
- **Magasin digitalisé :** 3 *beacons*

- **Opérations réalisées sur la période :**
  - Le réveil de Guignol
  - L'ourson Dino
  - Atelier fèves
  - Concert des Rois/Galette
  - Initiation soft tennis
  - Au pays des lutins bleus
  - Mercredi tout est permis ! / Samedi tout est permis !
  - Atelier clochettes
  - Concert des petits amis
  - Atelier peinture à la main
  - Le train des girafes
  - La ronde des fées
  - Atelier crêpes
  - Lulu des alpages

Chiffre d'affaires	30 8010 €
Coût d'achat des marchandises	215 607 €
Consommation en provenance des tiers	21 006 €
Impôts, taxes et versements assimilés	3 209 €
Charges de personnel	50 371 €
Dotations aux amortissements et provisions	11 429 €
Autres charges	16 493 €
Charges financières	3 915 €

FICHE RESSOURCE

1

CONTRÔLER L'HOMOGÉNÉITÉ DU RÉSEAU

I La conformité au concept

À son arrivée dans le réseau de partenaires, le nouveau membre reçoit une formation au concept. Toutes les sessions commencent par la transmission des valeurs de la marque, de son positionnement et de sa proposition de valeur. Selon la nature du concept, la formation portera par exemple sur les processus ou les règles d'approvisionnement. Ces connaissances complémentaires permettent la mise en route du projet.

EXEMPLES

Concept	Spécificités associées	Exemple
Production	Standards de fabrication, mise en conditionnement, stockage	Yoplait (desserts lactés)
Distribution	Règles d'approvisionnement, revente	Biocoop (distribution alimentaire bio)
Services	Réglementation, prospection, relation commerciale	SOS Bricolage (petit bricolage)

Au quotidien, le partenaire peut s'appuyer sur un manuel opératoire complet qui recense les processus et méthodes mises en place par la tête de réseau. Cet outil liste l'ensemble des variables opérationnelles à prendre en compte et propose de les mettre en œuvre en suivant des méthodes validées, en vue d'atteindre les objectifs stratégiques fixés par la tête de réseau.

Le respect du manuel opératoire contribue à homogénéiser l'offre au sein du réseau.

Les premières années qui suivent le recrutement d'un nouveau membre sont rythmées par les **visites de l'animateur du réseau** dont le rôle est de conseiller, d'informer et de répondre aux questions. Ces visites permettent de vérifier que le concept est compris et appliqué et que les bonnes pratiques sont respectées.

EXEMPLES

Le *merchandising*	Les vitrines sont conformes à l'image de l'enseigne. La mise en rayon correspond aux préconisations.
L'assortiment	L'ensemble des produits du catalogue sont en stock ou sont disponibles sur commande. Les offres soutenues nationalement sont suivies et mises en avant.
L'atmosphère	L'ambiance créée est compatible avec l'image de la marque. L'identité visuelle est respectée.
Le personnel	Le personnel est formé aux processus conçus par la marque. Le personnel connaît les produits.

II Le respect de la norme

En phase de prélancement, l'activité et les performances du réseau sont mesurées régulièrement. L'objectif est de modéliser les résultats afin d'en tirer un cadre exemplaire qui sera proposé aux futurs membres. Les premières données proviennent de la tête de réseau elle-même et des éventuels points de vente qu'elle gère en propre. Ces premières expériences permettront de mettre au point un concept fiable et attractif.

Cette étape permet de définir une norme pour le réseau, qui reprend les aspects suivants :

Définition de la marque	Définition du concept	Définition des processus
Positionnement	Cible	Expérience d'achat
Identité visuelle	Attributs de l'offre	Relation client
Proposition de valeur	Politique de prix	*Merchandising*

Dès lors, le respect de cette norme devient le ciment fondateur du réseau. Les partenaires s'engagent à la respecter et la tête de réseau va y veiller.

Cependant, il arrive que le réseau accepte qu'un partenaire s'éloigne de la norme :
- pour maintenir sa présence sur une zone géographique ;
- pour faire face à la concurrence ;
- pour des raisons d'image de marque ou de prestige ;
- pour atteindre un volume de ventes nécessaire pour atteindre ou maintenir la taille critique.

EXEMPLE

Les restaurants McDonald's se sont longtemps implantés au centre des grandes agglomérations dans de vastes zones de chalandise. Aujourd'hui, l'enseigne a deux restaurants sur l'avenue des Champs-Élysées à Paris et entame sa conquête des villes de moins de 15 000 habitants.

III Le document d'information précontractuel (DIP)

La description du concept et de la norme du réseau qui serviront de base au contrôle figurent dans le document d'information précontractuel.

Le DIP est une obligation légale. Les réseaux qui se développent en franchise, en licence, en concession, en commission-affiliation ou en coopérative sous une même marque ou enseigne, et qui demandent à leurs partenaires un engagement d'exclusivité ou de quasi-exclusivité pour l'exercice de leur activité doivent leur remettre un DIP au minimum 20 jours avant la signature du contrat. « Ce document précise notamment l'ancienneté et l'expérience de l'entreprise, l'état et les perspectives de développement du marché concerné, l'importance du réseau d'exploitants, la durée, les conditions de renouvellement, de résiliation et de cession du contrat ainsi que le champ des exclusivités » (article L. 330-3 du Code de commerce).

Le DIP comporte quatre parties :

La marque ou l'enseigne : historique, présentation de l'offre, valeurs institutionnelles, membres fondateurs

Le réseau : historique, présentation des membres, vie du réseau

Les performances économiques : comptes de résultat, analyse des facteurs externes, évolution du marché, perspectives d'évolution du réseau au vu de la norme actuelle

Le contrat : durée, conditions de renouvellement, clauses de résiliation, conditions de cession, montant et nature des investissements à prévoir, droit d'entrée, champ des exclusivités, redevances, etc.

EXEMPLE

Dans le cas d'un réseau de franchise, la Fédération française de la franchise propose d'ajouter les annexes suivantes :
- extrait du K-Bis ;
- justificatif de la date d'enregistrement ou du dernier renouvellement de la marque et du nom du propriétaire ;
- relevé d'identité bancaire ;
- liste des succursales et filiales majoritaires ;
- liste des franchisés comportant pour chacun adresse et date de conclusion ou de renouvellement du contrat ;
- liste des autres entreprises faisant partie du réseau en précisant le mode d'exploitation ;
- plaquette d'assemblée générale ou de comptes annuels ;
- présentation de l'état général du marché des produits ou services faisant l'objet du contrat ;
- présentation de l'état local du marché ;
- perspective de développement du marché ;
- contrat de franchise ;
- Code de déontologie européen de la franchise.

FICHE RESSOURCE

2

LES MODES DE CONTRÔLE DES PARTENAIRES

La méthodologie du contrôle de la performance suit le schéma suivant :

Collecte des données → ***Reporting*** → **Partage de l'information (*benchmarking*)**

Il existe plusieurs modes de collecte des données, qui se complètent. Le réseau sélectionne celles qui restituent le mieux la réalité de la situation des partenaires du réseau. Ainsi, l'offre de services sera auditée par un client mystère, tandis qu'une franchise de production sera contrôlée sur le respect des normes de fabrication mises en œuvre.

I Les études qualitatives

Les études qualitatives (entretiens approfondis, sessions de groupe, techniques projectives) permettent de préciser les thématiques, de discuter des perspectives d'évolution et d'étudier les interactions entre consommateurs ou entre collaborateurs. Ces techniques sont particulièrement adaptées aux entretiens avec les partenaires et à l'étude de la relation client.

II Les audits de qualité

Les audits de qualité valident la conformité des procédures par rapport au cahier des charges remis au partenaire lors de sa formation au concept. Si le concept de l'entreprise pivot s'appuie sur des normes de qualité, elle vérifiera régulièrement que l'obtention et le renouvellement des certifications ou labels exigés pour la pratique est possible, sans attendre la validation de l'organisme certificateur. L'auditeur peut être dépêché en interne par le réseau ou être un prestataire externe. Le COFRAC (Comité français d'accréditation) est l'instance nationale d'accréditation des organismes d'évaluation de la conformité sur la base des normes européennes ou internationales en vigueur. L'AFNOR (Agence française de normalisation) a été le premier organisme accrédité par le COFRAC.

III Les sondages

Les enquêtes de satisfaction auprès des clients, des personnels ou des partenaires permettent de détecter les points de friction et les motifs d'insatisfaction, et d'évaluer la popularité et l'efficacité des actions collectives. L'anonymat garantit la qualité des réponses. La méthode d'échantillonnage varie en fonction de l'objectif poursuivi (méthode aléatoire ou au contraire échantillonnage de convenance pour cibler un type précis de répondants). L'analyse des données se fait grâce à un logiciel d'analyse capable de tester statistiquement les données recueillies.

EXEMPLE

Logiciels couramment utilisés : Qualtrics, SPSS.

IV La digitalisation du point de vente

Le commerce connecté améliore l'expérience client par une analyse affinée des comportements sur site, l'utilisation de technologies optimisant la circulation des flux dans le point de vente ou encore les moyens de paiement digitaux permettant la remontée immédiate d'informations comptables comme la gestion des stocks ou la prise de commande automatisée.

V La technique du client mystère

Le client mystère permet de valider la conformité au concept. Souvent externalisée, cette opération fait l'état des lieux et permet d'initier des actions correctives en vue d'améliorer l'adhésion des partenaires au concept. Certains réseaux y ont recours trimestriellement, d'autres mensuellement, et vérifient jusqu'à 100 points décrits dans leurs processus. Le contrôle s'effectue souvent par le biais d'un prestataire externe pour maintenir une totale neutralité. Le client mystère utilise une grille comportant les points à évaluer et peut compléter sa visite par des photos ou vidéos.

EXEMPLE

CRITÈRES	NOTE	COMMENTAIRE
PROPRETÉ DES LOCAUX **Extérieur :** – L'entrée du point de vente est-elle propre ? – La devanture est-elle attractive ? – Les produits en vitrine sont-ils bien agencés ? – L'affichage extérieur est-il lisible ? **Intérieur :** – Le sol est-il propre ? – Les rayons sont-ils en ordre ? – Les personnels portent-ils une tenue soignée ? – Les cabines d'essayage sont-elles débarrassées de tout détritus ? – Les mobiliers de vente sont-ils nettoyés ? – Les sanitaires sont-ils propres ?		
AGENCEMENT – Le mobilier de vente est-il esthétique ? – Le magasin est-il décoré avec goût ? – Les rayons sont-ils facilement repérables ? – Les couleurs dominantes sont-elles agréables ? – L'éclairage est-il suffisant ? – Le niveau sonore est-il correct ? – L'ambiance sonore est-elle plaisante ? – Avez-vous senti une odeur désagréable dans le point de vente ?		
ACCUEIL – Avez-vous attendu moins de 30 secondes avant d'être accueilli(e) ? – Le personnel est-il chaleureux ? – Le personnel est-il poli ? – Le personnel est-il naturel ? – Avez-vous été questionné(e) sur vos attentes ? – Vous êtes-vous senti(e) libre de déambuler dans le point de vente ? – Avez-vous pu prendre votre temps ?		
OFFRE – L'affichage vous a-t-il permis de trouver facilement le produit recherché ? – Les offres promotionnelles sont-elles visibles ? – L'étiquetage est-il suffisant ? – Tous les produits référencés sont-ils en rayon ? – Est-il facile de trouver des informations sur les produits ? – Le personnel a-t-il su répondre à vos questions ?		
DÉROULEMENT DE LA VENTE – Tous les moyens de paiement sont-ils acceptés ? – Vous a-t-on proposé une facilité de paiement ? – Est-il possible d'échanger le produit en cas de non-satisfaction ? – Est-il possible de se faire rembourser en cas de non-satisfaction ? – Avez-vous dû attendre pour obtenir un renseignement ? – Êtes-vous passé(e) directement en caisse ? – Avez-vous attendu plus de 4 minutes en caisse ? – Le personnel de caisse vous a-t-il dit bonjour ? – Le personnel de caisse vous a-t-il souhaité une bonne journée ?		
IMPRESSION GÉNÉRALE – Ce magasin est-il agréable ? – Les rayons sont-ils bien fournis ? – La signalétique est-elle claire ? – Le personnel est-il compétent ? – Êtes-vous satisfait(e) de votre visite ?		

FICHE RESSOURCE

3

LE *REPORTING* RÉSEAU

Le *reporting* est la remontée d'informations chiffrées en vue d'analyser les tendances, les évolutions et les écarts. C'est un outil de management du réseau et de pilotage des performances.

I Mettre en place un *reporting*

Le *reporting* réseau mis en place par la tête de réseau permet aux membres de communiquer périodiquement sur les indicateurs clés de performance (ICP) retenus.
Les points de contrôle sont les performances commerciales, la qualité de la relation client, les données comptables, les éléments juridiques et les ressources humaines. Les informations sont transmises sous forme d'agrégats dont les valeurs normées sont propres à l'activité du réseau.

EXEMPLES

Ratio de fréquentation du point de vente, grandes masses du bilan (actif immobilisé, capitaux permanents, actif circulant et passif circulant), résultats d'un challenge commercial…

La mise en place d'un *reporting* réseau permet :
- d'établir des tableaux de bord à l'usage exclusif du point de vente ;
- de partager des données pour générer une émulation entre membres du réseau ;
- de suivre les résultats des opérations commerciales nationales.

Les données sont présentées dans un tableau de bord propre au réseau et alimenté en temps réel pour permettre la transmission et le partage des informations.
Le suivi statistique et le repérage des écarts améliorent la réactivité du réseau pour :
- secourir un partenaire en difficulté ;
- identifier un partenaire au parcours exemplaire pour le récompenser et le citer en exemple ;
- constater un changement des conditions de marché et adapter l'offre.

Les performances des partenaires sont généralement partagées sur l'extranet et relayées dans les supports de communication interne (*newsletter*, page Facebook, etc.).

EXEMPLE

Un réseau de bijoutiers en franchise relaie les résultats du challenge commercial organisé pour la Saint-Valentin.

II Comparer les caractéristiques et les résultats des partenaires

Le *benchmarking* consiste à comparer les caractéristiques et les résultats de différentes unités grâce à des tableaux conçus spécifiquement pour cette tâche. Il est établi grâce au *reporting*, qui permet de collecter les données nécessaires à la construction des tableaux de comparaison.
L'établissement d'un *benchmarking* trimestriel fait partie des prestations d'assistance proposées par la tête de réseau à ses partenaires.

1. Établir des critères de comparaison

L'enseigne doit vérifier que les partenaires :
- appliquent le concept tel qu'il leur a été présenté ;
- adoptent les bonnes pratiques défendues par la marque ;
- utilisent les processus mis en place ;
- gèrent leurs stocks de la manière préconisée par le réseau ;
- comprennent et font bon usage des outils de gestion mis à leur disposition ;
- réalisent les performances commerciales attendues ;
- ont choisi un style de *leadership* compatible avec l'esprit de l'enseigne pour animer leurs équipes ;
- recréent une expérience d'achat homogène par rapport à la proposition de valeur du réseau ;
- gèrent la relation client en accord avec les préceptes de la marque ;
- communiquent de manière cohérente par rapport aux campagnes nationales de soutien.

L'enseigne établit ainsi une liste de critères pertinents qui seront contrôlés de manière récurrente dans l'ensemble des points de vente du réseau.

EXEMPLE

Comparaison de la structure des coûts par point de vente, de l'évolution des marges commerciales par zone de chalandise, de l'excédent brut d'exploitation des partenaires par rapport à la moyenne du réseau, de la productivité des salariés par unité commerciale.

Pour que le *benchmarking* présente un intérêt, il faut que les unités comparées utilisent **les mêmes références et outils comptables et statistiques**.
Les normes utilisées dépendent de l'activité et de la taille du réseau, ainsi que de sa mixité (proportion de points de vente développés en propre ou grâce à un partenaire). Souvent, les résultats des partenaires sont supérieurs à ceux des unités exploitées directement par l'enseigne car ils ont une meilleure connaissance de l'environnement local.

EXEMPLE

Dans le secteur hôtelier, le calcul du taux d'occupation de l'établissement permet de mesurer l'impact de la saisonnalité de l'activité. Associé au revenu par chambre disponible (REVPAR), il contribue à l'élaboration de stratégies d'optimisation de l'espace et de maximisation de la rentabilité de l'établissement. Ce sont donc deux indicateurs pertinents de la rentabilité hôtelière.

	Ensemble du réseau	Hôtels en franchise	Hôtels en propre
Nombre de chambres	66,10	57,34	86,55
Taux d'occupation	77,53 %	79,82 %	72,20 %
Prix de la chambre	65,32 €	65,28 €	65,40 €
REVPAR	39,37 €	38,26 €	41,96 €

Ce tableau fait ressortir des indicateurs similaires malgré la différence de taille entre les établissements possédés en propre et ceux développés dans le cadre d'une franchise.

C'est à la tête du réseau qu'incombe la tâche de fournir les éléments commerciaux, comptables et financiers du réseau en vue de permettre au partenaire de se positionner. Le principal intérêt est de mettre en relief les disparités et d'identifier des leviers possibles d'amélioration.

2. Communiquer les résultats

Après analyse, les informations recueillies sont partagées, par internet, intranet ou extranet suivant le type de données et le degré de partage souhaité.
– Internet est l'interface logique entre l'utilisateur et le réseau. Les réseaux sociaux permettent d'interagir avec les communautés d'utilisateurs et de gérer notamment l'insatisfaction et les réclamations.
– L'intranet est un réseau local interne idéal pour véhiculer les informations *top/down* et *bottom/up*.
– L'extranet permet d'étendre le système d'information d'une marque à l'ensemble de ses partenaires. Il est donc particulièrement adapté à la communication transverse au sein des réseaux.

III Améliorer les performances

La relation partenariale qui découle de la mise en réseau aboutit à la mise en œuvre convergente des compétences en vue d'atteindre des objectifs communs. Le soutien de l'entreprise pivot aux entreprises partenaires du réseau peut être contractuel ou non. Dans le cas de la franchise, le franchiseur a une obligation d'assistance technique, commerciale et/ou comptable, suivant les clauses du contrat.
En cas de difficulté identifiée grâce au *reporting*, l'enseigne aide le partenaire à s'améliorer :
– en lui proposant une formation spécialisée ;
– en l'aidant à prendre des décisions opérationnelles correctives ;
– en l'accompagnant dans la gestion de ses approvisionnements ;
– en le conseillant pour le management de son équipe.
Quelle que soit la nature du problème rencontré, la tête de réseau propose au partenaire de refaire le point de sa situation après correction des écarts constatés, suivant un échéancier. Si les difficultés perdurent malgré un environnement favorable au développement de l'activité, la marque peut être amenée à revoir la pertinence de la présence du partenaire dans le réseau. En effet, les partenaires sont les ambassadeurs de la marque et se doivent d'en porter les valeurs en en défendant le concept. Quoique rares, les exclusions de membres défaillants permettent au réseau de conserver tout son dynamisme en écartant les éléments perturbateurs.

FICHE RESSOURCE

4

LES INDICATEURS DE PERFORMANCE DU RÉSEAU

Les critères choisis par le réseau pour rendre compte du succès de chaque membre et de l'évolution du collectif dépendent du secteur dans lequel évolue le réseau, de la zone géographique concernée et de l'état de la concurrence.
Les indicateurs clés de performance sont quantitatifs et qualitatifs. Ils couvrent les performances commerciales, comptables et financières du réseau. Ils incluent également les performances qui relèvent de l'humain : la relation client et les performances des partenaires et de leurs collaborateurs.

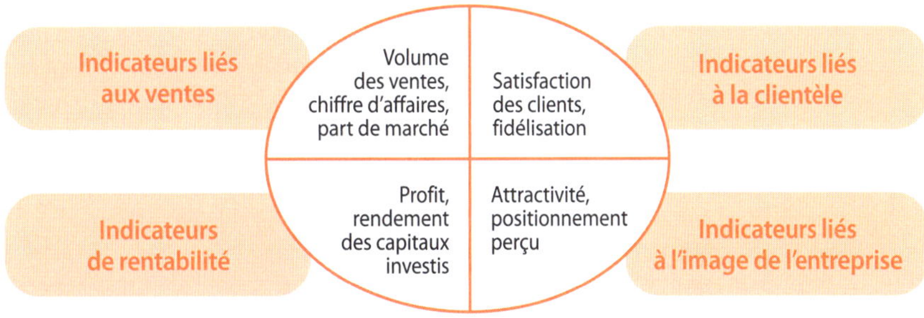

I Les indicateurs quantitatifs

1. Les performances commerciales

Le réseau sélectionne les indicateurs clés qui illustrent le mieux la situation des partenaires et permettent la comparaison de leurs résultats à ceux de la norme établie par la tête de réseau. Certains indicateurs sont spécifiques à la zone de chalandise retenue.

Volume des ventes	Son suivi permet de constater si les écarts entre prévisions et réalisations sont positifs ou non.
EXEMPLE Volume des ventes 2020 : 137 000 unités. Taux de croissance attendu pour 2021 : + 2 %. Volume des ventes 2021 : 141 000 unités. Écart constaté : (141 000 – 137 000) / 137 000 = 0, 029 soit 2,9 %. Les ventes ont donc excédé les attentes.	
Chiffre d'affaires (CA)	Il est généralement calculé mensuellement afin de rendre compte des progressions. Comme pour le volume des ventes, on analyse l'écart entre prévisionnel et réalisé.
Part de marché	Part des ventes de l'enseigne sur son secteur d'activité. Cet indicateur renseigne sur la position concurrentielle de la marque à une période donnée.
Taux d'emprise commerciale	Pourcentage de CA réalisé par une enseigne sur sa zone de chalandise.
EXEMPLE CA 2021 toutes enseignes confondues sur Strasbourg : 20 769 324 €. CA 2021 de l'enseigne Huto : 1 770 291 €. Taux d'emprise Huto : 1 770 291 / 20 769 324 = 0, 085 soit 8,5 %.	
Taux d'évasion commerciale	Pourcentage de CA réalisé par une enseigne sur sa zone de chalandise.
EXEMPLE Nombre de ménages sur la zone : 34 768. Panier moyen : 79,34 €. Taux d'évasion commerciale : 11 %. Chiffre d'affaires réalisé sur la zone = (34 768 × 79,34) x 89 / 100 = 2 455 058,88 €.	
Indice de disparité des dépenses de consommation (IDC)	Rend compte des disparités de dépenses au niveau local. L'IDC est toujours de 100 au niveau national, il est estimé au niveau local chaque année par l'INSEE pour 7 familles de postes de dépenses regroupant 156 produits de consommation courante.
EXEMPLE Dépense moyenne par ménage en France : 84,58 €. IDC Normandie : 98. Les ménages normands dépensent 2 % de moins pour ce poste par rapport au niveau national. Dépense moyenne par ménage en Normandie : 84,58 × 98 / 100 = 82,89 €.	

2. Les performances comptables et financières

Marge commerciale	Différence entre coût d'achat et prix de vente des marchandises. Se calcule hors taxes. Le taux de marge du secteur fait office d'étalon pour évaluer la maîtrise des charges qui pèsent sur l'exploitant.
Marge commerciale = ventes de marchandises – coût d'achat des marchandises vendues Taux de marge = (marge commerciale / coût d'achat des marchandises vendues) x 100	
Valeur ajoutée	Mesure la valeur de la production réalisée par une entreprise dans le cadre de son activité. **Rémunère le travail, les partenaires financiers, les investisseurs et l'État.**
Valeur ajoutée = marge commerciale + production de l'exercice – consommations de l'exercice en provenance des tiers (approvisionnements, charges externes…)	
Excédent brut d'exploitation (EBE)	Permet d'appréhender le CA HT et l'ensemble des dépenses qui ont participé à sa réalisation. Un EBE négatif indique que le CA généré n'est pas suffisant pour couvrir les charges, l'activité n'est donc pas rentable.
Excédent brut d'exploitation = valeur ajoutée + subventions d'exploitation – impôts, taxes et versements assimilés – charges de personnel	
Résultat d'exploitation	Rend compte de la performance économique réelle de l'entreprise. Mesure la rentabilité de son modèle économique. **Si le résultat d'exploitation est positif, il y a un bénéfice d'exploitation ; s'il est négatif, il y a une perte d'exploitation.**
Résultat d'exploitation = excédent brut d'exploitation + reprises sur provisions d'exploitation + autres produits d'exploitation – dotation aux amortissements et provisions – autres charges d'exploitation	
Résultat courant avant impôt	Intègre les conséquences des choix financiers de l'entreprise sur son résultat d'exploitation. C'est un indicateur dont il convient de commenter l'évolution.
Résultat courant avant impôt = résultat d'exploitation +/– résultat financier	

Le **résultat exceptionnel** et le **résultat net** ne sont pas les meilleurs indicateurs de la performance de l'entreprise car ils intègrent d'autres éléments que les charges et produits de l'activité courante.

Résultat net (bénéfice ou perte) = résultat courant avant impôt +/– résultat exceptionnel – impôt sur les bénéfices – participation des salariés

II Les indicateurs humains

1. Les performances de la relation client

Les indicateurs qualitatifs permettent de profiler les clients suivant des critères géographiques, sociodémographiques, psychographiques et comportementaux. Ces éléments sont essentiels pour :
- identifier une typologie de clientèle afin de reconnaître les clients les plus contributifs ;
- comprendre les attentes de chaque type de client ;
- définir et adapter les processus qui permettront d'optimiser la satisfaction de chacun ;
- former les personnels aux spécificités de la relation client.

La mise en place d'indicateurs quantitatifs permet de quantifier les phénomènes observés et de suivre leur évolution dans le temps.

EXEMPLES

Nombre de visiteurs par jour ou par tranche horaire, nombre de passages en caisse, fréquence des visites par client, taux de fidélisation, taux de transformation, panier moyen, nombre d'articles par client, temps moyen de visite dans le point de vente, temps moyen d'attente en caisse.

2. Les performances en ressources humaines

Les compétences et qualifications du partenaire, sa connaissance spécifique du tissu économique local, sa sphère d'influence, sont autant d'outils au service des performances du réseau.

Les performances humaines sont analysées au travers des relations entre le réseau et le partenaire, des relations entre partenaires, et des relations entre le partenaire et son équipe.

Dans tous les cas, les éléments suivants contribuent au maintien d'un lien fort et constructif :
- rechercher la cohésion par la fixation d'objectifs convergents ;
- repérer les talents pour une gestion dynamique des carrières ;
- mettre en place des canaux de communication pour favoriser les échanges.

Les indicateurs correspondants sont recueillis lors des entretiens annuels d'évaluation et au gré des interactions entre partenaires et avec le réseau.

Applications

Maîtrise

1 Évaluer les performances commerciales

L'enseigne Mercogarden propose aux particuliers une offre d'outillage de jardin, semences, produits phytosanitaires et mobilier de jardin. L'enseigne privilégie le conseil et la relation client dans des points de vente à taille humaine. Établie dans tout le Sud-Ouest de la France en zones périurbaines, elle prévoit d'ouvrir une nouvelle concession en Dordogne.

1. Calculez les dépenses de jardinage réalisées dans la zone de chalandise.
2. Évaluez le chiffre d'affaires potentiel de la concession de Dordogne. Pour cela, vous tiendrez compte d'un taux d'emprise commerciale de 12 % et d'un taux d'évasion commerciale de 18 %.
3. Après un an d'ouverture, élaborez le diagnostic des performances du nouveau membre du réseau.

Document 1 Les caractéristiques de la zone de chalandise

Taille de la zone de chalandise	120 000 habitants
Taille moyenne d'un ménage	2,1 personnes
Revenu moyen par ménage	21 340 €
Dépense moyenne nationale pour le poste jardinage	148,25 € par an et par ménage
IDC Fleurs, plantes, jardinage, mobilier de jardin sur la zone	119 (moyenne nationale à 100)

Document 2 Les performances d'une concession type

- Le chiffre d'affaires réalisable après 2 ans est de 1,52 million d'euros en moyenne, en hausse de 10 % par rapport à l'an passé.
- La surface moyenne est de 250 m^2
- Montant du stock de départ : 325 000 €
- Redevance annuelle de fonctionnement : 5 000 €
- Redevance annuelle publicitaire : 2 % du CA HT

Document 3 Résultats du point de vente – 1re année d'activité

Marge commerciale	35 % du CA HT
Frais de personnel	12 % du CA HT
Panier moyen	57,30 € TTC
Passages en caisse	45 par jour

TVA : 20 %
Ouverture 52 semaines, 6 jours sur 7

Expertise

2 Analyser la qualité de la relation client

FNAC DARTY

L'enseigne Fnac Darty compte parmi les trois plus grands distributeurs européens omnicanaux. Sa position de leader repose notamment sur un trafic important : 179 millions de visites en magasins au niveau du groupe, et plus de 29 millions de visiteurs uniques cumulés en moyenne par mois sur internet. En 2020, le trafic en magasin a été fortement impacté par les mesures de confinement et les jauges mises en place dans le cadre de la crise sanitaire. Le groupe est présent dans 13 pays, notamment en France, en Belgique, aux Pays-Bas, en Espagne et au Portugal. En France, Fnac Darty est leader pour la distribution des produits techniques et la vente de billets de spectacle. C'est un acteur incontournable de la distribution de produits éditoriaux (premier libraire avec plus de 46 millions de livres vendus) et un acteur majeur du marché de l'électroménager. Le groupe a poursuivi la densification de son maillage territorial, à un rythme toutefois moins soutenu que par le passé, avec l'ouverture de 36 magasins en 2020, dont 27 en franchise.

1. Décrivez le concept Darty.
2. Présentez dans un tableau les éléments marquants de la norme définie par Darty.
3. Quels sont les efforts déployés par l'enseigne pour maximiser la satisfaction client ?
4. Élaborez une grille d'évaluation pour une visite de client mystère dans un nouveau point de vente franchisé.

Document 1 Devenir franchisé Darty

Fnac Darty en 2021

- Extension du *Click&Collect* en 1 heure, sur le segment des produits éditoriaux, dans l'ensemble des magasins Fnac en France.
- Près de 370 magasins digitalisés fin 2020.
- Près de 280 magasins Darty désormais éligibles au retrait de commandes fnac.com.
- Élargissement des offres de livraison avec une gamme de services unique sur le marché.
- Partenariats exclusifs avec Deezer et Google pour une expérience client enrichie.

Chiffres clés

- Chiffres d'affaires : 7,5 md€
- Nombre de collaborateurs : 25 000
- Nombre de magasins : 908
- 2e acteur e-commerce en France
- Poids des ventes omnicanales : 42 % des ventes en ligne au cours de l'année

Fnac Darty France 2018
liennathan.fr/p84i9c

Le Groupe privilégie un développement en franchise, peu consommateur de capitaux et qui permet de s'appuyer sur le savoir-faire opérationnel des partenaires et sur leur connaissance du marché local. […] Un franchisé est alors redevable d'une redevance pour l'usage des signes distinctifs de la marque, représentant un pourcentage du chiffre d'affaires du point de vente concerné, ainsi que du respect des règles précises garantissant l'intégrité de la marque vis-à-vis des consommateurs. Fin 2020, Fnac Darty compte 344 magasins exploités en franchise. Le fort ancrage territorial du groupe, au travers d'un parc de magasins important, contribue à l'économie locale, sociale et culturelle en agissant sur l'emploi et en démocratisant l'accès à la culture au plus grand nombre.

Fnac-Darty, Document d'enregistrement universel, AFD, 2020.

Document 2 Le service après-vente et la satisfaction client

L'enseigne Darty se présente comme le leader en France du service après-vente. L'enseigne propose un service de réparations et assistance en magasin *via* des comptoirs et des « *workshops* » afin d'apporter aux clients un dépannage immédiat, plutôt que d'envoyer les produits en centre de réparation. Fin 2020, le groupe dispose de 16 espaces service Darty.

Darty a également lancé une offre innovante et unique intitulée « Le Bouton Darty ». Elle a été développée en y ajoutant la technologie vidéo, permettant aux clients d'utiliser la fonction vidéo de leur smartphone pour avoir un lien visuel avec un conseiller et échanger avec lui par téléphone, ce qui permet au personnel Darty d'effectuer plus facilement un diagnostic. […]

Devenir franchisé Darty

Les deux enseignes proposent par ailleurs des prestations de formation en magasin ou à domicile et des installations de matériel à domicile. […]

En 2020, le groupe Fnac Darty a procédé à la refonte de son programme de fidélité avec le lancement d'une nouvelle carte Fnac+, qui vise à accompagner la digitalisation du comportement d'achat des clients et leur offrir une expérience enrichie cross-enseigne. Grâce à cette nouvelle carte, les clients Fnac pourront profiter de nombreux avantages (réductions, ventes privées…) et de la livraison gratuite chez Fnac et Darty.

Fnac-Darty, Document d'enregistrement universel, AFD, 2020

Document 3 Repenser l'accueil et le SAV

Darty propose de digitaliser son offre de bout en bout : depuis la prise de commande jusqu'à la livraison, tout est accessible *via* l'application, le site Web et le *Click&Collect.* L'enseigne mise également sur l'importance de l'accueil et de l'orientation en magasin. Des postes de welcomers sont créés dans les points de vente physique.

« Le conseil et la digitalisation seront augmentés à tous les niveaux : le groupe entend investir dans la formation de ses collaborateurs pour faire rayonner leur expertise sur les réseaux digitaux et sociaux. Afin d'améliorer l'expérience en magasin, le rôle clé du "*welcomer*" sera pérennisé, et les moyens IT à disposition des experts vendeurs seront renforcés afin d'apporter une réponse sur mesure à chaque client en magasin (retrait de la commande, SAV, besoin de réparation, recherche spécifique, etc.). Ainsi, Fnac Darty renforce son rôle, celui de conseiller au mieux le client pour son usage et ses besoins, de manière éclairée et indépendante. »

[…] En sa qualité de premier acteur du SAV en France, le groupe […] développe depuis plus de trois ans des outils innovants […] pour mettre en avant les marques les plus durables. Ces informations répondent à un réel besoin des clients. En sa qualité de distributeur, Fnac Darty est convaincu qu'il peut agir sur ce levier pour les guider vers des produits plus durables, et ainsi encourager les fabricants à concevoir des produits plus fiables et plus réparables.

Dalila Bouaziz « Fnac Darty renforce les services et l'occasion *via* son nouveau plan 2025 », www.ecommercemag.fr, 24 févr. 2021

Synthèse

Évaluer les performances du réseau

Contrôler l'homogénéité du réseau

La conformité au concept
- Nature du concept
- Bonnes pratiques
- Compréhension du concept

Le respect de la norme
- Éléments de la marque
- Cible et attributs du concept
- Définition des processus

Le document d'information précontractuel
- La marque
- Les performances économiques
- Le réseau
- Le contrat

Les modes de contrôle des partenaires

- Études qualitatives
- Audits de qualité
- Enquête de satisfaction
- Digitalisation du point de vente
- Technique du client mystère

Le *reporting* réseau

- Points de contrôle : performances commerciales, qualité de la relation client, données comptables, éléments juridiques, ressources humaines
- Tableaux de bord

- *Benchmarking* : comparaison des caractéristiques et des résultats des entités
- Références et outils communs
- Critères de comparaison
- Communication des résultats

Pour améliorer les performances

Former, accompagner, conseiller, établir un échéancier

Les indicateurs clés de performance

Performances commerciales
- Volume des ventes
- Chiffre d'affaires
- Part de marché
- Taux d'emprise commerciale
- Taux d'évasion commerciale
- Indice de disparité des dépenses de consommation

Performances comptables et financières
- Marge commerciale
- Soldes intermédiaires de gestion

Performances de la relation client
- Typologie de clientèle
- Analyse des attentes de chaque segment
- Définition de processus adaptés
- Formation des personnels

Performances en ressources humaines
- Fixation d'objectifs convergents
- Repérage des talents
- Communication transverse

TESTEZ-VOUS

Quiz sur le chapitre 9
liennathan.fr/2h5m7u

MOTS CLÉS

Conformité au concept · Norme du réseau · DIP · Enquête de satisfaction · Étude qualitative · Client mystère · Collecte des données · *Reporting* · *Benchmarking* · Performances commerciales · Performances comptables et financières · Performances de la relation client · Performances des ressources humaines

CHAPITRE 10

Découvrir la vente directe

Contexte professionnel

Activité/Tâche
Animation, vente et conseil à domicile

Compétence
Prospecter, organiser des rencontres et vendre en réunion

Vers PIX
1.1. Mener une recherche et une veille d'informations
3.1. Développer des documents textuels

« Légendes gourmandes » est une marque de produits alimentaires fondée en 2000 par deux amies, Christelle Lotz et Emmanuelle Sotty, en Bourgogne. Après l'ouverture d'une épicerie fine à Chalon-sur-Saône, la marque se développe autour de produits sucrés originaux fabriqués à Crissey. Le sucre, fourni localement, est la star des produits, décliné dans tous ses états et dans toutes les couleurs.
La marque lance ensuite une collection de sachets prêt-à-cuisiner : cakes, cookies, riz au lait..., présentés dans des emballages ludiques et colorés. Forts de leur succès, les produits se diversifient et la production augmente. En plus de ses deux boutiques, la marque distribue également ses produits en épiceries fines dans toute la France, représentant 50 % de son chiffre d'affaires en 2020. En parallèle, l'entreprise développe une distribution omnicanale *via* le site de vente en ligne « la-big.com » et pratique depuis 2018 la vente à domicile.

Votre rôle

Christelle Lotz vous demande de vérifier l'opportunité de continuer à vendre ses produits au domicile des clients : elle reste intéressée par ce mode de distribution mais elle doute de la réussite du projet sur le long terme. Pour lui répondre, vous devez :
– évaluer l'intérêt de la vente directe en réunion pour Légendes gourmandes ;
– élaborer un concept adapté ;
– préparer la mise en place d'un réseau de vente directe.

Vos objectifs

I Évaluer l'intérêt de la vente en réunion

1. En quoi l'activité de Légendes gourmandes se prête-t-elle à la mise en place d'un circuit de vente en réunion ? Montrez la cohérence de ce mode de commercialisation avec les produits, l'entreprise et la cible.

Fiche ressource 1
Annexes 1, 2

2. Quels avantages la marque peut-elle attendre de ce mode de commercialisation ? Rédigez une synthèse à l'attention de Christelle Lotz.

Annexes 3, 4

II Élaborer un concept adapté

Lors de vos recherches, vous avez jugé très intéressante l'initiative de la marque Bonduelle, d'autant qu'elle concerne aussi le secteur du culinaire. Vous étudiez ce cas de plus près pour mieux définir votre projet.

3. Quel est le type de vente directe développé par Bonduelle ? Expliquez son fonctionnement.

Fiche ressource 2
Annexes 5, 6

4. Proposez à Légendes gourmandes un concept de vente directe (produits, cible, méthode de vente, recrutement des vendeurs…). Préparez une présentation écrite et argumentez votre proposition.
5. Votre responsable est convaincue. Listez les différents moyens que vous pouvez utiliser pour communiquer sur le projet et recruter des vendeurs(euses) et hôtes(ses).
6. Préparez le communiqué de presse annonçant le lancement de la nouvelle version des réunions de vente « Légendes gourmandes ». Vous l'adresserez au *Journal de Saône-et-Loire*.

Annexe 7

III Préparer la mise en place d'un réseau de vente directe

Vous savez que la Fédération de la vente directe (FDV) est un acteur incontournable : vous vous renseignez sur les formalités d'adhésion.

7. Quelles garanties l'adhésion à la FVD apporte-t-elle aux entreprises, aux vendeurs et aux clients ?

Fiche ressource 3
Annexe 8

8. Pourquoi le consommateur est-il particulièrement protégé dans le cadre d'une vente à domicile ?
9. Pour préparer le dossier d'adhésion à la FVD, créez un bon de commande pour Légendes gourmandes.

Annexe 9

10. Quels sont les risques pour Légendes gourmandes en cas de non-respect des obligations légales par les vendeurs ? Élaborez une *check-list* de ces obligations pour les futurs vendeurs.
11. Pour compléter le dossier d'adhésion à la FVD, concevez une documentation illustrée sur vos produits vendus à domicile.

La PME Légendes gourmandes dispose d'un équipement informatique essentiellement dédié à la vente en magasin. Si le réseau de vente directe prend de l'ampleur, l'entreprise aura besoin d'outils plus adaptés.

12. Évaluez les besoins de la PME et l'intérêt des solutions Moka.

Fiche ressource 4
Annexe 10

Votre dossier

Annexe 1 — Les produits Légendes gourmandes

Depuis sa création, Légendes gourmandes s'est démarquée en matière de préparations culinaires sucrées et salées grâce à sa créativité et son conditionnement dans des bocaux en verre.

Chaque bocal contient les ingrédients nécessaires à la préparation, avec un souci esthétique et ludique permanent.

Des coffrets cadeaux proposent des kits de préparation en lien avec un évènement ou une thématique : « Mon kit à crêpes », « Mon kit pop-corn », « Joyeux anniversaire » ou « Soirée à deux »...

Annexe 2 — Les valeurs de Légendes gourmandes

De la bienveillance à tous les étages

Que ce soit dans ses relations avec ses fournisseurs, ses clients ou ses salariés, c'est toujours avec la même bienveillance que la PME a pu se développer. « Le succès d'une entreprise repose en partie sur le dirigeant, le chef d'orchestre, mais surtout sur tout un travail d'équipe », insiste Christelle Lotz.

[...] Pour améliorer le bien-être de ses salariés, et donc au final la productivité de la PME, les horaires sont aménagés, un berceau en crèche a été réservé pour l'une des jeunes mamans employées, les enfants des salariés sont embauchés durant l'été... Des événements sont aussi organisés pour fédérer les salariés en dehors des heures de travail. « Nous sommes un peu comme une famille », se plaît à dire la dirigeante. La PME est également ancrée dans le territoire et sa vie économique. « Nous avons aussi à cœur que les consommateurs se reconnaissent dans nos valeurs et fassent confiance à nos marques et à nos produits », ajoute-t-elle. Depuis 2017, Légendes gourmandes vient de rejoindre la centaine de PME déjà labélisées « Entrepreneur engagé ».

N. Desroches, *Le Journal de Saône-et-Loire*, 8 février 2018.

Annexe 3 — Le secteur économique de la vente directe

- **4,63** milliards d'euros de chiffre d'affaires (+ 3,5 %)
- **699 775** emplois directs
- **63 000** emplois indirects (fonctions supports, R & D, production, sous-traitance)
- Entre 2017 et 2019, le nombre d'intervenants sur le marché a été multiplié par **4,5**.
- **89 %** des chefs d'entreprises en vente directe prévoient une hausse du chiffre d'affaires dans les trois à cinq ans, et autant envisagent une croissance des effectifs.
- **92 %** des acteurs du secteur souhaitent continuer dans cette voie pour les trois ans à venir.

Données : FDV et Xerfi Études, 2016-2019.

Xerfi Canal, la vente à domicile
liennathan.fr/3u23pc

Annexe 4 — Quand les industriels se font aussi distributeurs

Et encore un ! Début 2018, Panasonic lance les soins « électro-beauté » à domicile pour développer les ventes de son sauna facial, associé à des produits de beauté et une brosse de fermeté visage. Mais pourquoi donc les industriels cherchent-ils à s'introduire dans les salons et les cuisines de leurs clients finaux ?

« Les industriels continuent de jurer fidélité à leurs partenaires historiques, les distributeurs. Mais ces derniers, avec la montée en puissance du digital, ont perdu le monopole de la distribution et, surtout, de la connaissance client », constate Jean-Marc Megnin, directeur général de ShopperMind. De fait, les expériences menées par les industriels prennent diverses formes avec, en ligne de mire, un objectif clair : entrer en contact avec le consommateur et mieux cerner ses attentes. À Lille, Bonduelle organise, depuis début 2015, des ateliers culinaires à domicile. Pour cela, le géant des légumes en conserve a déjà recruté près de 25 ambassadeurs – des vendeurs indépendants rémunérés à la commission sur le chiffre d'affaires réalisé. […]

Plus utile qu'une étude marketing

Car ce type d'expérience est riche : passer trois heures avec des consommateurs, leur donner des idées de recettes va au-delà de n'importe quelle étude marketing. […] Pour Jean-Marc Megnin, « beaucoup d'industriels ne connaissent leurs clients que par l'intermédiaire des distributeurs. Ils sont en train d'apprendre un nouveau métier et vont devoir passer de la culture B to B à la culture B to C ».

Marie Cadoux,
www.lsa-conso.fr

Annexe 5 — Bonduelle et le concept « Mon panier secret »

Bonduelle et la vente à domicile

Notre mission : donner envie de cuisiner à tous en faisant rimer légume avec plaisir et gourmandise !

Le concept de vente à domicile chez Bonduelle

Nos premiers ambassadeurs se sont lancés dans notre concept en **septembre 2014**. Pour une relation plus directe avec nos consommateurs, ces vendeurs à domicile viennent à votre rencontre pour vous présenter nos produits, vous garantir l'accès à toutes nos gammes et vous proposer des ateliers culinaires conviviaux.

Comment se déroulent les ateliers ?

« Mon panier secret », ce sont des ateliers culinaires, animés par une ambassadrice de la marque, chez vous et avec vos proches. Vous dégustez **des recettes** proposées par Bonduelle, découvrez comment cuisiner nos produits et faites le plein de **conseils culinaires**. Vous retrouverez tous nos produits à des **prix avantageux** et bénéficiez d'un **service de qualité**, même après votre atelier.

Pour personnaliser cette expérience, nous vous proposons 5 thématiques d'ateliers selon vos besoins et selon vos envies !

Qu'allez-vous découvrir pendant un atelier ?

- Des produits gourmands,
- Des offres exclusives,
- Des recettes surprenantes,
- Des idées de menus pour le quotidien,
- Des trucs et astuces simplifiant la vie en cuisine,
- Des informations sur l'alimentation végétale et les légumes de saison, etc.

Bonduelle France, le concept Mon panier secret
liennathan.fr/a97ry4

Qu'est-ce qu'un ambassadeur ?

L'ambassadeur **signe un contrat de VDI** (vendeur à domicile indépendant) avec Bonduelle. Il trouve des hôtes chez qui réaliser des ateliers culinaires Mon panier secret afin de présenter l'offre.

Il gagne des commissions sur ses ventes et sur les ventes de son réseau qu'il anime. À chaque atelier, l'ambassadeur cumule également des épis qu'il peut échanger contre les cadeaux de son choix.

Qu'est-ce qu'un hôte ?

L'hôte **invite et partage** un moment convivial avec son entourage autour d'un atelier à thème.

Il reçoit des épis (système de points) en fonction du chiffre d'affaires réalisé lors de l'atelier, échangeables contre des cadeaux.

Comment recevoir mes produits ?

monpaniersecret.bonduelle.com/notre-concept

Annexe 6 — Devenez ambassadeur(-drice) Mon panier secret

Le VDI est rémunéré par des commissions et un système de points qui permet de se réapprovisionner en produits pour réaliser les ateliers. Les commissions varient de 15 % à 26 %.
Nous vous offrons la possibilité de monter votre propre équipe en devenant VDI pionnière (de 2 % à 6 % supplémentaires sur les ventes de votre réseau), cela consiste à recruter et animer des VDI.

www.unjourunevente.com

Annexe 7 — Communiqué de presse Bonduelle

Bonduelle

INÉDIT : BONDUELLE DÉPLOIE UN SYSTÈME DE VENTE À DOMICILE DANS LE NORD-PAS-DE-CALAIS ET LA PICARDIE

Après l'ouverture de son magasin Bonduelle Bienvenue, puis plus récemment du site e-commerce dédié à la marque Cassegrain, Bonduelle se lance dans la vente à domicile. Après un an de test, l'entreprise souhaite déployer cette nouvelle forme de commercialisation dans toute la région Nord-Pas-de-Calais – Picardie et lance une campagne de recrutement d'ambassadrices ! […]

Une façon originale de démontrer que l'on peut facilement consommer des légumes

Les ateliers cuisines organisés par les ambassadrices ont pour objectif de faire connaître les gammes de légumes en conserve que les consommateurs ne trouvent pas forcément à côté de chez eux. La vente à domicile tient un vrai rôle complémentaire à celui des circuits habituels de distribution. Les ambassadrices Bonduelle organisent ainsi chez des hôtes, des réunions sous forme d'ateliers culinaires permettant d'apprendre à cuisiner différemment et facilement les légumes en conserve. Les recettes sont simples et chaque atelier est consacré à un thème en particulier : création de verrines pour des apéritifs, recettes autour des tartes, etc. Le tout dans une ambiance conviviale et chaleureuse. Les commandes sont ensuite centralisées et livrées directement sur le lieu de la réunion. Un vrai service de proximité apporté par la marque ! […]

Pour cette nouvelle activité, le groupe Bonduelle recrute des ambassadeurs. Pour tout renseignement concernant la vente à domicile : […]

Bonduelle, Communiqué de presse vente directe.

Annexe 8 — Formalités d'adhésion à la FVD

Liste indicative des documents à fournir :

- ✔ Un exemplaire de vos documents contractuels : bon de commande client, contrats vendeurs (contrat de travail, contrat de mandat, etc.), plan de rémunération, guide de formation.
- ✔ Un extrait de votre inscription au Registre du Commerce et des Sociétés délivré depuis moins de trois mois.
- ✔ Les documents explicitant le dispositif de protection sociale de vos vendeurs (bulletins de précompte, de paie, bordereau récapitulatif des cotisations sociales du dernier trimestre).
- ✔ La documentation illustrée sur vos produits vendus à domicile. […]
- ✔ Le récépissé de déclaration effectuée auprès de la CNIL (Commission Nationale de l'Informatique et des Libertés) préalablement au traitement automatisé d'informations nominatives concernant vos fichiers. […]
- ✔ Tout élément significatif de votre activité (économiques, sociaux, juridiques, fiscaux) susceptible d'avoir des conséquences positives ou négatives sur la notoriété ou l'image de marque de votre entreprise, du secteur de la vente directe, des autres membres ou de celle de la Fédération.

FVD, formalités de demande d'adhésion.

Annexe 9 Modèle de bon de commande (extraits)

MODÈLE DE BON DE COMMANDE

LOGO

SOCIÉTÉ X (SA, SARL ou SNC) Capital social de .... €
RCS de .... n° ....
Adresse et téléphone ....

Désignation du client
Nom : .... Prénom : ....
Adresse : n° .... rue ....
Code postal : .... Ville ....
Téléphone : ....

Désignation précise des caractéristiques des marchandises ou des services offerts

Désignation de l'article	Réf.	Quantité	Prix unitaire	Total
		(éventuellement) Frais de port		
		Prix total		

☐ Exonération de TVA, article 293B CGI
(Cette mention doit apparaître sur les bons de commande des VDI acheteurs/revendeurs)

Modalités de livraison : ....
Date limite de livraison : ....
Adresse de livraison : ....

Modalité de paiement :
(Après l'expiration du délai de réflexion prévu à l'article L.121-25 du Code de la consommation)
(cocher la case correspondante)

☐ **Comptant**
☐ Chèque ☐ Espèces ☐ Prélèvement

Nom du vendeur : ....
Fait à : ....
(adresse de signature du contrat)

	Client	Vendeur
Date		
Signature		

Si vous annulez votre commande, vous pouvez utiliser le formulaire détachable ci-contre

---

Adresse complète à laquelle le bon de rétractation doit être envoyé*

FVD, modèle de bon de commande.

Annexe 10 La gamme logicielle Moka de DC Systems

Logiciels et solutions pour les entreprises

La **solution MOKA** est constituée d'un logiciel de gestion à installer chez vous autour duquel peuvent s'ajouter des modules permettant la mise à disposition et l'échange d'informations en ligne avec vos VDI. La connexion internet n'est pas indispensable, mais elle est recommandée.

Gestion des VDI, gestion des clients privilégiés et des distributeurs, gestion des commandes, des factures, des avoirs et des règlements, suivi des encaissements, gestion des articles, des stocks et des nomenclatures, etc. **MOKA** met à votre disposition un outil de gestion commerciale complet et communicant : les commandes passées par les VDI via leur module internet sont directement importées dans le logiciel afin d'être traitées, modifiées, mises en attente ou encore supprimées.

N°1 des logiciels Vente Directe en France !

Logiciels à l'usage des VDI

Un module de mise à disposition d'informations sur internet permet à vos VDI de se connecter à un espace personnel et avoir accès à de nombreuses fonctionnalités. Vous trouverez notamment des outils de : suivi des prospects, suivi des clients et des ventes, saisie en ligne et suivi des commandes, planification des rendez-vous et des réunions, analyse statistique des ventes et des rémunérations, etc.

www.moncomptevdi.fr/

FICHE RESSOURCE

1

CHOISIR LA VENTE DIRECTE

Troisième mode possible de distribution des produits à côté de la vente en magasin et de la vente à distance, la vente directe met directement en contact fabricant et consommateur, sans intermédiaire et sans lieu de commercialisation. Il s'agit d'un circuit court, essentiellement utilisé en B to C.

I Les critères de choix de la vente directe

1. Selon le produit ou le secteur d'activité

C'est un choix adapté aux produits pour lesquels il est nécessaire de développer des explications ou une démonstration, notamment du fait de leur technicité. Contrairement à la vente à distance, où le conseil est restreint et la preuve difficile à apporter, la relation personnalisée avec le consommateur permet au vendeur direct de développer les arguments de vente et de les prouver concrètement.

EXEMPLE

Le robot de cuisine multifonctions Thermomix, créé par l'entreprise allemande Vorwerk, connaît un grand succès grâce à ses qualités techniques, qui sont mises en valeur par des démonstrations lors des ateliers de vente à domicile.

La vente directe est aussi adaptée aux produits et aux marques ne bénéficiant encore d'aucune notoriété, aux produits originaux et innovants, aux produits qui se renouvellent rapidement.
Selon la Fédération française de la vente directe (FVD), les principaux secteurs d'activité ayant recours à ce mode de distribution sont les univers habitat (33 %), culinaire (23 %), bien-être et diététique (14 %), textile et mode (10 %), cosmétique (8 %) et entretien ménager (6 %).

2. Selon l'entreprise

Les entreprises de vente directe sont imprégnées d'une forte culture d'entreprise. Elles s'organisent de manière souple, hors des traditionnelles structures hiérarchiques. La motivation collective des vendeurs est créée et entretenue par l'appartenance à un groupe social qui partage des valeurs communes, basées sur la réussite économique, le développement personnel, la croyance dans le produit.
Les entreprises de vente directe ont généralement fait le choix de l'indépendance financière et commerciale. L'absence d'intermédiaire dans le circuit de distribution leur permet plus de liberté dans la conception de leur offre, de leur mode de production, de leurs tarifs, de leur croissance.
L'efficacité de la vente directe est favorisée par la notoriété et l'image positive de l'entreprise. La vente à domicile ayant fait l'objet de pratiques douteuses et d'une perception intrusive de la vente, les entreprises travaillent leur image pour positionner vendeur et client dans une atmosphère positive.

3. Selon les cibles

Ce mode de distribution séduit des clients avant tout en quête de convivialité et de proximité.

EXEMPLE

Little Marcel, marque « ludique, familiale et populaire », s'est lancée sur le créneau de la vente directe en 2015 pour faire (re)découvrir en petit comité choisi les basics et les nouveautés de ses collections.

II Les avantages et les limites de la vente directe

Avantages	Limites
Maîtrise de la relation client. Relation directe qui permet une identification client, une collecte des besoins et une personnalisation précises de l'offre. Construction d'une relation de proximité et de confiance.	**Risque de perception intrusive** (vente en porte à porte) ou gênante (la vente en réunion s'appuie sur le réseau social du client). Participer à une réunion à domicile demande également du temps au client.
Maîtrise des coûts. Réduction des investissements publicitaires (publicité faite par le vendeur et incluse dans le processus de vente). Réduction des coûts de distribution (absence d'intermédiaire).	**Nécessité d'intégrer des compétences** en distribution, logistique, management de la force de vente… qui ne sont pas le cœur de métier du fabricant.
Maîtrise de la force de vente en contact avec le client, sans forcément augmenter les frais de personnel (vendeurs indépendants plutôt que salariés).	**Marché restreint** qui n'est pas adapté pour tous les produits. Ex. : difficile d'élargir la cible sans intermédiaires de distribution pour les produits de grande consommation ou les produits informatiques.

FICHE RESSOURCE

2

LES MÉTHODES DE VENTE DIRECTE

Une vente est qualifiée de directe lorsqu'elle est conclue entre un client et un vendeur réunis physiquement dans un lieu non dédié à la commercialisation. Ce mode de vente est caractérisé par une démarche personnalisée, la possibilité de démonstration en situation réelle et le service offert par le vendeur.

I Le mode de vente directe

Au sens large, la vente directe est la commercialisation des produits d'un fabricant directement auprès du consommateur. Le Code éthique de la vente directe précise toutefois que « *la vente directe est une démarche commerciale qui se caractérise par la présence physique simultanée d'un consommateur et d'un vendeur hors établissement commercial* ». La vente n'a donc pas lieu en magasin ni un lieu dédié (salon, marché, foire…). Il peut alors s'agir :

- d'une vente individuelle : elle consiste à présenter une offre à un prospect/client, le plus souvent à son domicile, dans le cadre d'une prospection spécifique. Ce type de démarchage commercial est utilisé pour les produits nécessitant un diagnostic et un suivi personnalisé ou des commandes régulières ;
- d'une vente en réunion : elle peut se dérouler au domicile d'un particulier, ou bien sur le lieu de travail à destination des salariés (par exemple sur invitation du comité d'entreprise).

EXEMPLE

L'entreprise KparK, enseigne du groupe Lapeyre (filiale du groupe Saint-Gobain) et membre de la FVD, est spécialisée dans la menuiserie sur mesure auprès des particuliers. Elle développe ses ventes essentiellement par la vente au domicile du consommateur.

II La vente en réunion

Si la vente individuelle demande un investissement important en temps passé dans la démarche commerciale, la vente en réunion permet de présenter les produits à une assemblée de consommateurs et de regrouper les ventes.

1. Définition

La vente en réunion est une technique de vente selon laquelle un vendeur et un particulier « hôte(sse) » organisent une réunion de vente, à laquelle l'hôte(sse) invite son réseau de connaissances (les prospects).

La vente s'appuie sur la démonstration du ou des produits, parfois dans le cadre d'ateliers (cuisine, couture, soins…). La vente en réunion est utilisée pour divers produits : vêtements et lingerie, cosmétiques, bijoux, produits bio, équipements ménagers, concepts de décoration, produits culturels…

EXEMPLE

Tupperware, enseigne d'origine américaine fabricant des accessoires et ustensiles de cuisine, est le précurseur de la vente en réunion en France.

2. Objectifs

Dans ce type de vente, les compétences du vendeur reposent essentiellement sur sa capacité à créer un climat de confiance et de convivialité, et sur son savoir-faire en animation. Le vendeur se présente comme un conseiller, un ambassadeur, un coach… Son objectif est de développer ses ventes, mais également de recruter de nouveaux(-velles) hôte(sse)s.

La plupart des entreprises de vente en réunion pratiquent également la **vente par réseau** (aussi appelée vente multiniveaux ou marketing de réseau). En plus de la recherche d'hôte(sse)s et de la vente des produits, le vendeur profite des réunions de vente pour recruter de nouveaux vendeurs dont il deviendra le manageur. En contrepartie, il perçoit une prime ou un pourcentage du chiffre d'affaire de ses recrues.

EXEMPLE

It Works, entreprise américaine fabricant des produits d'amincissement, s'implante en France avec une stratégie de vente par réseau.

FICHE RESSOURCE 3

LE CADRE LÉGAL DE LA VENTE DIRECTE

I Le Code de la consommation (articles L.121-16 et suivants)

- **Obligation d'information :** le vendeur doit s'identifier et informer sur tous les aspects de l'offre commerciale (produits, conditions de vente, droit du consommateur, service après-vente). Les informations fournies font l'objet d'un document d'informations précontractuelles (DIP). Dans le cadre de la vente en réunion, le DIP doit être signé par le client en amont du bon de commande.
- **Démarche commerciale respectueuse du client :** les pratiques commerciales agressives sont interdites (sollicitations répétées et insistantes, contrainte) ; les besoins du client doivent être pris en compte et sa vie privée doit être respectée (horaires, moyens de communication, protection des données, interruption de l'entretien à sa demande).

  EXEMPLE

  Une entreprise de rénovation a été condamnée pour pratiques commerciales agressives car ses commerciaux, qui se faisaient passer pour des contrôleurs, démarchaient des propriétaires en leur affirmant, par exemple, que la toiture de leur maison menaçait de s'écrouler.
- **Obligation de contractualisation de la vente** par un bon de commande, daté et signé par le client, avec mention des : noms du fournisseur et du vendeur, adresse du fournisseur, adresse de conclusion du contrat, nature et caractéristiques des biens ou services concernés, conditions d'exécution du contrat (modalités et délai de livraison notamment), prix et modalités de paiement (taux d'intérêt en cas de vente à crédit), bordereau de rétractation.
- **Délai de paiement :** interdiction de paiement au cours des 7 jours suivant la commande (exceptions : **ventes en réunion**, travaux urgents).
- **Délai de rétractation :** 14 jours à partir de la livraison ou de la signature du contrat de prestation de service (exception : biens périssables, biens personnalisés pour le client).
- **Obligation de livraison conforme** aux engagements pris.

L'abus de faiblesse est une protection supplémentaire des consommateurs fragiles en raison de leur âge, de leur état de santé ou d'une connaissance limitée de la langue.
En cas de non-respect de ces dispositions par les vendeurs, même indépendants, **la responsabilité civile de l'entreprise est engagée.** Elle peut être condamnée à des dommages et intérêts.
Le code de la consommation pose également **l'interdiction de la vente pyramidale** (art. 122-6) ou procédé dit « de la boule de neige ». En imposant des dépenses conséquentes pour intégrer le réseau (droit d'entrée, acquisition d'un stock sans garantie de reprise…), l'entreprise et les anciens adhérents se rémunèrent sur le recrutement de nouveaux membres et non sur la vente de produits.

II La réglementation professionnelle

La Fédération de la vente directe (FVD) a pour missions de défendre les intérêts des professionnels et d'encadrer leurs pratiques. Elle est à l'origine d'un code de conduite et d'un code éthique qui engagent ses adhérents. Près de 150 entreprises de vente directe sont adhérentes de la FVD.

- **Le code de conduite des entreprises de vente directe**
  Il a pour but « le développement d'une concurrence loyale dans le cadre de la libre entreprise, et la promotion de l'image de la vente directe dont la finalité est la vente à un consommateur de produits de qualité à des conditions compétitives. » Les sociétés adhérentes s'engagent également à porter une attention particulière aux méthodes de recrutement et aux programmes de formation des vendeurs, pour développer leurs compétences et leur intégrité.
- **Le code éthique de la vente directe**
  Il reprend et renforce le cadre légal de la protection du consommateur. Une instance de médiation gratuite est notamment proposée au client en cas de conflit : la Commission paritaire de médiation de la vente directe (CPMVD). Les plaintes sont traitées dans un délai de 2 mois.

FICHE RESSOURCE

4

LES OUTILS DE GESTION COMMERCIALE ET DE RELATION RÉSEAU

Comme pour toute entreprise, l'organisation de l'activité commerciale de l'entreprise de vente directe repose sur une gestion optimisée des ventes, des données clients et des vendeurs. Des besoins spécifiques doivent être couverts pour le vendeur, qui peut également être recruteur et manageur, et pour l'hôte(sse), qui est un client très particulier.

I Les acteurs de la vente à domicile et leurs besoins

L'entreprise	Le vendeur
• Communiquer et gérer sa notoriété • Analyser les performances (tableaux de bord) • Suivre les vendeurs (base de données vendeurs : statut, rémunération, résultats, vendeurs recruteur et recrutés) • Mettre à disposition les outils de l'entreprise (catalogue, formation, bon de commande…) • Gérer les produits, les stocks et les commandes • Suivre les clients (base de données clients)	• Suivre ses prospects, ses hôte(sses) et ses clients (chaque client est associé à un vendeur qui perçoit une commission sur ses achats) • Suivre les produits et les commandes • Accéder aux outils et documents de l'entreprise (argumentaires, procédures de recrutement…) • Suivre ses résultats et sa rémunération • Suivre son équipe de vendeurs • Planifier son temps

L'hôte(sse)	Le client
• Accéder aux informations sur la réunion • Suivre ses cadeaux et bons de réduction	• Suivre ses commandes • Passer des commandes de réassort

Ces différents besoins peuvent être couverts par des solutions numériques complémentaires ou par des suites logicielles dédiées tout-en-un. D'autres entreprises font le choix d'une solution sur mesure.

Il est essentiel que le choix de l'outil tienne compte du besoin de mobilité des vendeurs et s'adapte à la diversité de leur équipement (smartphone, tablette, PC portable).

II Les principales solutions numériques dédiées

Plusieurs éditeurs de logiciels sont partenaires agréés de la FVD pour leur offre adaptée à la vente directe.

- DC Systems propose Moka, accessible soit par installation sur poste, soit à distance. Développé et mis au point spécialement pour la vente directe et les réseaux de vente multiniveaux, Moka est un logiciel de gestion commerciale complet permettant la gestion commerciale, la gestion des vendeurs et des solutions. Moka est disponible par abonnement (mode SAAS : *Software As A Service*) ou en achat ponctuel.
- Sogiciel propose la suite SRC (Solution réseau commercial) basée sur quatre modules :
  - SRC pour l'entreprise ;
  - SRC VDI pour les vendeurs (recrutement, gestion des hôtesses, gestion des réunions, calcul des rémunérations) ;
  - SRC Web pour la mise en place d'e-boutiques.

  Sogiciel est une solution *online*, accessible à distance avec synchronisation des données en temps réel. Les données sont hébergées par un prestataire indépendant.
- SellingAtHome développe des solutions logicielles *online* et par abonnement (mode SAAS) :
  - pour l'entreprise : une interface Web ;
  - pour le vendeur : une interface Web et une application mobile.

  EXEMPLE

  La solution de signature électronique « e-signproof ».

Applications

Maîtrise

1 Postuler pour développer un réseau de vente à domicile

La marque Boîtes & Cie a été créée en 2015 à Seignosse, dans les Landes. L'entreprise imaginée par Valérie Cousseau propose un concept de vente en réunion autour du rangement décoratif. C'est avec la découverte d'un rayon dédié au rangement dans un magasin de New York que la créatrice d'entreprise se lance en France dans la vente d'accessoires de rangement. Constatant la faible offre dans ce secteur et les besoins des consommateurs, Valérie Cousseau décide de commercialiser une large gamme de boîtes et accessoires de rangement pratiques et utiles. Les produits sont vendus en ligne mais le mode de distribution privilégié est la vente en réunion. Les conseiller(ère)s organisent chez les client(e)s des ateliers où chacun(e) peut découvrir des idées de rangement déco lors d'un moment de détente et de convivialité.

Vous avez plusieurs années d'expérience dans la vente à domicile et vous apprenez que Boîtes & Cie recrute pour développer son réseau. Vous vous renseignez sur l'entreprise et ses méthodes de vente pour préparer votre entretien de recrutement.

1. Pourquoi l'entreprise Boîtes & Cie développe-t-elle la vente à domicile ? En quoi est-ce cohérent avec le produit, l'entreprise et la cible ?
2. Montrez que Boîtes & Cie a mis en place une stratégie de distribution multicanale. Soulignez la complémentarité entre ces différents canaux.
3. Quelle est la méthode de vente directe choisie par Boîtes & Cie ? Expliquez son fonctionnement.
4. Quelles seront les missions du futur recruté ?
5. Analysez vos atouts et vos motivations pour candidater. Argumentez.

Document 1 Offre d'emploi

Vous recherchez une activité complémentaire ou principale ?

Vous aimez la déco, le design ?

Boîtes & Cie vous propose de participer au développement de sa marque de **vente à domicile d'accessoires de rangement et d'objets design** : une gamme de boîtes, corbeilles, paniers, accessoires pour tous les univers de la maison et pour les déplacements.
Un grand choix de couleurs, des produits créatifs et originaux.
Rejoignez-nous pour une collaboration valorisante en toute indépendance !
Statut VDI – Formation et accompagnement assurés

Votre mission

Organiser des présentations de la collection à domicile auprès de votre réseau d'amis, de collègues, de relations ou de clientes : assurer le suivi des commandes et de la clientèle ; développer et animer votre propre réseau de conseillères.

Profil recherché

Vous possédez un certaine aisance relationnelle : vous êtes autonome, vous maîtrisez l'outil informatique, vous aimez notre concept et la collection, vous disposez d'un véhicule.
Postes à pourvoir sur toute la France.

www.objectifvdi.com

Document 2 Les boutiques éphémères Boîtes & Cie

Elles ont aimé nos boutiques éphémères !

Livraison assez rapide, produits intéressants et originaux, conseillère sympathique et efficace.

Véronique B.
suite à une expérience du 08/10/2019

Délai de livraison respecté. Articles très bien emballés et surtout une conseillère très à l'écoute de ses clients.

Sandrine F.
suite à une expérience du 09/10/2019

Vraiment ravie, j'ai trouvé une conseillère de boîte et cie vraiment au top. Je découvre cette boutique c'est vraiment génial.

Emilie B.
suite à une expérience du 08/07/2019

Organiser une boutique éphémère

Trois raisons qui vont vous faire aimer recevoir en toute convivialité

1. Vous gagnez des cadeaux
Vous choisissez votre produit préféré dans notre programme « CADEAUX HÔTESSES ».

2. On s'occupe de vous
Vous préparez les amuses-gueules, votre conseillère se chargera du reste.

3. C'est simple et facile
Vivez un moment en toute convivialité avec vos amis ou vos proches en découvrant des idées de rangement.

En savoir +

www.boites-et-cie.fr

Jessica, conseillère de ventes Boites & Cie
liennathan.fr/za23p8

Document 3 Manuella, animatrice

« J'ai choisi la vente à domicile pour avoir un complément de revenu tout en restant indépendante. Je voulais pouvoir gérer cette activité en fonction de mon emploi d'assistante maternelle et aussi reprendre confiance en moi. Sortir de la maison et de ma zone de confort. J'ai choisi de devenir VDI car j'adore les boîtes, les accessoires et tout ce qui est astucieux et pratique »

www.boites-et-cie.fr

Maîtrise

2 Faire le choix de la vente directe

Le Domaine apicole de La Louvière est une coopérative innovante qui a développé une large gamme de produits naturels à partir des récoltes de leur centaine de ruches : miel sous toutes ses formes (mélanges spéciaux, coffrets dégustation...), gâteaux et friandises au miel (pain d'épices, caramels, confiture...), compléments alimentaires pour la santé (gelée royale fortifiante, propolis immunisant, pollen antioxydant...), boissons chaudes (thés, infusions), produits d'hygiène (déodorant, dentifrice...) et produits de beauté (savon, crème...).
La distribution est assurée à la fois par des points de vente où le Domaine de La Louvière a pu être référencé (pharmacies, boulangeries, magasins bio, supermarchés locaux), par le site Web et par une présence régulière sur les marchés des environs où les retrouvent de nombreux clients fidèles.
Vous venez d'être recruté(e) dans l'équipe commerciale du domaine. Le directeur vous demande de l'aider à évaluer l'opportunité d'un réseau de vente directe pour dynamiser les ventes du Domaine de La Louvière.

1. Identifiez les produits du Domaine les plus adaptés à la vente directe. Justifiez votre choix.
2. Analysez les atouts du Domaine pour se lancer dans la vente directe par réseau.
3. Proposez un concept de vente en réunion pour mettre en avant vos produits.
4. Comment pourrez-vous communiquer sur le projet et recruter les premiers ambassadeurs et les participants ?

Document La vente directe séduit de nouveaux acteurs

Selon le baromètre de la FVD, la vente directe est la troisième façon de consommer en France, après la vente en magasin et la vente à distance.

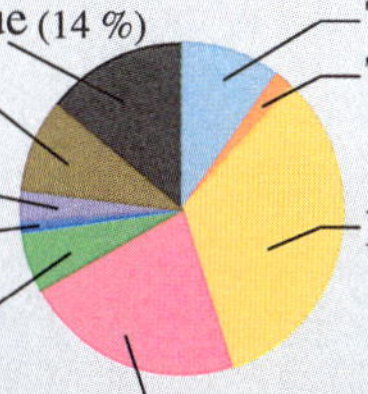

Univers de la vente directe (CA 2018)

Selon Olivier Guilbaud, président de la FVD, la vente directe offre aux entreprises de « grandes perspectives de rentabilité », car les consommateurs sont, de plus en plus, « en recherche d'authenticité, de qualité et de transparence dans la distribution ». En outre, note-t-il, elle est devenue, depuis quelques années, la « composante incontournable » d'une approche « multicanale ». Christian Lainé, dirigeant des Laboratoires Rivadis (Rivadouce, Auriège, Milton), présente également « l'omnicanalité » comme une façon de « faire vivre une expérience unique au client », à travers une « dose de *storytelling* » et de communication sur les réseaux sociaux, lors d'événements et à travers les ventes à domicile. Mais pas question, pour autant, de privilégier la vente par le Web ou par les *stores*, avant la vente directe : « La rencontre à domicile prime, car le lien humain est irremplaçable », explique Christian Lainé. Pour lui, ces différents canaux de distribution sont « complémentaires ». Le Web et les *stores* permettent ainsi de découvrir des produits et aussi d'en commander, mais « rien ne vaut une vente à domicile durant laquelle on fait vivre au client une expérience et durant laquelle on peut lui faire bénéficier d'une démonstration des produits ». [...] « Dans les cinq prochaines années, tout un ensemble d'acteurs nouveaux, tournés traditionnellement vers d'autres canaux de distribution, rejoindront la vente directe, pour trois raisons majeures : certains pour améliorer leur rapport au consommateur final (la prescription, la connaissance du client final est quelque chose de très important pour les marques, ce qui n'était pas le cas hier) ; d'autres, pour fidéliser les clients, tandis que sur le Web, les consommateurs sont volatils ; et d'autres enfin pour générer une plus grande rentabilité », constate Jacques Cosnefroy, délégué général de la FVD.

F. Soyez, www.ventedirectemagazine.fr, 8 oct. 2019.

Maîtrise

3 Comprendre le cadre légal de la vente directe

En recherche d'emploi depuis trois mois, vous assistez à une réunion de vente à domicile de vêtements. L'activité vous séduit et vous rencontrez l'animateur de la réunion qui cherche à recruter de nouveaux vendeurs. Lors d'un entretien, il vous explique le fonctionnement de l'entreprise et vous fournit un plan de rémunération très attractif.

1. Quelles sont les caractéristiques du plan de rémunération proposé ?
2. Quelles sont les perspectives d'évolution de cette offre ?
3. Quelles sont les contraintes pour débuter l'activité ?

Document 1 Plan de rémunération

Votre rémunération : commission de 25 % sur le chiffre d'affaires réalisé + commissions liées au chiffre d'affaires réalisé par les vendeurs que vous allez recruter.

Exemple : *vous avez réalisé en un mois des ventes pour 5 000 € HT. Votre commission est de 1 250 €.*

Vous devenez manageur et recrutez de nouveaux vendeurs, qui eux-mêmes recrutent de nouveaux vendeurs. Vous percevez des commissions sur leurs ventes allant de 6 % en premier niveau à 3 % pour les niveaux suivants, sans limite de niveaux.

Exemple : *vos trois vendeurs de premier niveau réalisent chacun 1 500 € de chiffre d'affaires sur un mois. Vos cinq vendeurs de deuxième niveau réalisent 1 500 € de chiffre d'affaires dans le mois. Vous percevez donc :* $3 \times 1\,500 \times 6\,\% = 270\,€ + 5 \times 1\,500 \times 3\,\% = 225\,€$.

Ces commissions s'ajoutent à vos ventes. Vous percevez donc au total : 1 250 + 270 + 225 = 1 745 €.

Pour débuter l'activité, vous devez vous munir d'un pack de démonstration de 3 produits minimum pour un tarif préférentiel de 300 euros*, payables en 3 chèques. Chaque chèque vous sera restitué pour chaque nouveau vendeur recruté se recommandant de votre nom.

** Les stocks ne sont ni repris ni échangés.*

Document 2 Vente pyramidale et vente multiniveaux

Pour bien comprendre la différence entre ces deux méthodes, il importe de rappeler en quoi consiste la vente pyramidale. Il n'existe pas, en droit, de définition de ce système, mais le principe est simple : un nouvel adhérent dépense, pour des motifs multiples, une somme souvent conséquente pour intégrer le réseau, et cet argent est ensuite réparti entre les personnes situées plus haut dans la pyramide, la vente de produits devenant accessoire. « Elle ne recherche pas tellement la vente de produits, mais la multiplication du nombre de vendeurs », explique Yann Bédard, ancien responsable juridique de la FVD et avocat. En revanche, la vente multiniveaux est une activité économique, reconnue par la loi, qui consiste, pour un distributeur indépendant décidant de vendre un produit pour lequel il est satisfait en tant que consommateur, à parrainer d'autres vendeurs, et à être en partie rémunéré par une commission évaluée en pourcentage sur les ventes des recrues. Cette fois, donc, les gains ne sont pas le fruit des dépenses des adhérents mais évoluent en fonction des ventes réalisées. « Là, on recherche la vente de produits finaux, avec un catalogue attractif, performant et cohérent, quand celui de la vente pyramidale est souvent sans intérêt », note par ailleurs Yann Bédard.

En 2016, le législateur a édicté plusieurs conditions strictes à suivre pour que la distribution soit licite et pour éviter qu'une vente multiniveaux se transforme en système pyramidal. L'article L. 121-15 du Code de la consommation impose d'abord de construire son *business model* sur la vente de produits et non sur le recrutement. « S'il est fondé sur le fait de faire payer d'autres personnes pour intégrer votre société/réseau, il sera d'office qualifié d'illégal », indique ainsi Yann Bédard. La loi interdit ainsi, concrètement, « le fait de proposer à une personne de collecter des adhésions ou de s'inscrire sur une liste en exigeant d'elle le versement d'une contrepartie quelconque et en lui faisant espérer des gains financiers résultant d'une progression du nombre de personnes recrutées ou inscrites plutôt que de la vente, de la fourniture ou de la consommation de biens ou services. »

F. Soyez, www.ventedirectemagazine.fr

Maîtrise

4 Respecter le cadre légal de la vente directe

Vous démarrez une activité de vendeur à domicile indépendant pour une marque renommée. Vous vous formez sur votre nouveau métier. Vous étudiez les obligations légales qui pèsent sur votre activité et les recours juridiques de vos futurs clients.

1. Élaborez une *check-list* des obligations juridiques à respecter pour l'entreprise.
2. Vérifiez la validité du modèle de bon de commande qui vous est fourni. Si nécessaire, indiquez ce qu'il manque et justifiez.
3. Rédigez une fiche de synthèse des pratiques à éviter dans le cadre de votre activité.

Document 1 Modèle de bon de commande

Recto du bon de commande

BON DE COMMANDE

Entreprise
Adresse
Coordonnées

CLIENT		**VENDEUR**	
Nom :	Prénom :	Identifiant :	Nom :
Adresse :	Code postal : Ville :	Téléphone :	Prénom :
Téléphone :		Email :	
Email :		SIRET :	

RÉFÉRENCE	**DÉSIGNATION DES PRODUITS DEMANDÉS**	**QUANTITÉ**	**PU TTC**	**PRIX TTC**
☐ J'aimerais organiser un atelier chez moi ☐ J'aimerais en savoir davantage sur l'activité vendeur **MODALITÉS DE PAIEMENT** ☐ Chèque / N° du chèque .... ☐ CB ☐ Espèces		Sous total HT		
		Sous total TTC (TVA 20 %)		
		Port et emballage		
☐ Je reconnais également avoir lu et accepté les termes du présent bon de commande y compris les conditions générales de vente qui se trouvent au verso de ce document et déclare les accepter dans leur intégralité sans exception ni réserve.		Net à payer TTC		
		LIVRAISON Date estimée de livraison : Délai maximum : Nom et adresse :		

Date et heure :

Signature Client : Signature Vendeur :

liennathan.fr/c2bb97

Document 2 Le Code éthique de la vente directe (extrait)

2. Les engagements vis-à-vis du consommateur

2.1 Une identification du vendeur et de l'entreprise.
Dès le premier contact avec le consommateur, le vendeur indique son nom, le nom et l'adresse de l'entreprise, les produits présentés et l'objet de la visite ou de la réunion. La FVD agrée ou délivre auprès des entreprises adhérentes des cartes d'identification pour les vendeurs afin d'être présentées aux consommateurs.

2.2 Une information détaillée du produit et de l'offre commerciale.
Le vendeur, qui dispose obligatoirement de la formation appropriée, effectue une présentation détaillée et loyale du produit. Il communique les prix, les modalités de paiement, les conditions de crédit, la période de rétractation, les conditions de livraison et de garantie ainsi que les modalités du service après-vente. Le vendeur donne des réponses claires et précises aux questions des consommateurs. Les informations communiquées verbalement ou par écrit sur le produit, en particulier relatives à ses qualités, doivent être préalablement autorisées par écrit par l'entreprise. La documentation remise doit comporter le nom, l'adresse et le numéro de téléphone de l'entreprise. L'entreprise et le vendeur n'utilisent pas de comparaisons trompeuses et incompatibles avec une concurrence loyale. Les éléments de comparaison sont significatifs et vérifiables et sont présentés en respectant les règles d'une concurrence loyale. Les références et les témoignages sont récents, autorisés, et exacts.

2.3 Un service personnalisé de qualité.
Les visites au domicile et les communications téléphoniques et électroniques sont effectuées dans le respect de la vie privée et à des horaires qui n'entraînent pas une gêne de la vie familiale. Le vendeur interrompt l'entretien sur une simple demande. Le vendeur justifie la confiance du consommateur en prenant en compte son manque d'expérience commerciale, son âge, son état de santé, sa connaissance éventuellement limitée de la langue. Ainsi, le vendeur s'interdit toutes pratiques condamnables tendant à provoquer une décision d'achat précipitée. Le vendeur s'efforce d'adapter son offre commerciale aux besoins du consommateur. L'entreprise et le vendeur doivent prendre les dispositions nécessaires pour assurer la protection de toutes les informations privées fournies par le consommateur, qu'il soit client ou prospect.

2.4 Un document d'informations précontractuelles et un bon de commande complets et lisibles.
Un exemplaire du document d'informations précontractuelles et du bon de commande est remis au consommateur. Il comporte notamment le nom, l'adresse et le numéro de téléphone de l'entreprise, le nom du vendeur, la désignation du produit, le prix, la date de livraison, la période de rétractation éventuelle et toutes les conditions spécifiques du contrat. Le bon de commande doit être daté et signé par le consommateur. Toutes ces informations sont d'une parfaite lisibilité.

2.5 Un principe d'interdiction de paiement et un délai de rétractation.
Le document d'informations précontractuelles et le bon de commande comportent un formulaire de rétractation dès lors que le consommateur bénéficie de ce droit, qui permet dans ce cas au consommateur d'annuler sa commande dans le délai légal de rétractation de 14 jours. En outre, sauf autorisation légale dont l'entreprise peut justifier, celle-ci ne reçoit aucun paiement pendant les 7 jours qui suivent la signature du bon de commande. Lorsqu'un droit de retour est offert au consommateur en complément des exigences légales, les conditions en sont précisées dans le contrat.

2.6 Un service après-vente.
Les conditions de garantie et de service après-vente, le nom et l'adresse de l'entreprise garante, l'ouverture des droits et de la durée de la garantie sont indiqués sur le document d'informations précontractuelles et le bon de commande ou par un autre document systématiquement fourni au consommateur. L'entreprise et le vendeur traitent la commande du client conformément aux engagements contractuels pris et dans le respect de la date limite de livraison. Toute commande est traitée aussi rapidement que possible et dans tous les cas dans les 30 jours suivant la date de signature du bon de commande, sauf si les parties en ont convenu autrement. Tout produit qui ne répondrait pas aux caractéristiques indiquées est mis en conformité, échangé ou remboursé. L'objectif de la satisfaction client guide tout accord éventuel entre les parties. L'entreprise donne une réponse motivée aux réclamations des consommateurs dans un délai de 21 jours calendaires.

www.mediation-vente-directe.fr

Expertise

5 Les solutions digitales intégrées

Fort de quatre années d'expérience en tant que vendeur(-se) à domicile, vous souhaitez créer votre propre entreprise de vente directe en réunion. Vous vous interrogez sur les solutions digitales que vous pourriez mettre en place.

1. Listez les fonctionnalités dont vous avez besoin en tant qu'entreprise, puis celles nécessaires à l'activité de vos vendeurs et au suivi de vos clients et hôte(sse)s.
2. À partir des documents et des sites des deux éditeurs, vérifiez l'adéquation des solutions proposées avec vos besoins.
3. Faites des recherches et identifiez d'autres solutions dédiées au métier.

Document 1 Popsell : une plateforme de *social commerce* pour le réseau

Guy Demarle nous fait confiance

Depuis plus de vingt ans, Guy Demarle est un acteur majeur de la vente à domicile de produits de cuisine performants (robots, accessoires, ustensiles…). […] Guy Demarle a choisi Popsell pour équiper ses VDI d'un outil commercial performant pour booster sa visibilité des produits et de la marque sur les réseaux sociaux. Résultat : +3 % de ventes par VDI. Pour Guy Demarle, la solution Popsell permet de garder le lien avec ses conseillers et de les challenger au quotidien pour les motiver dans leur activité.

www.popsell.com

- **Tracking** : grâce au tracking des posts et des ventes e-commerce, la capacité de ventes d'un VDI a été doublée. Chaque vente sur le site est associée à son VDI.
- **Facilité** : la plateforme a facilité l'utilisation des réseaux sociaux pour des VDI qui ne sont pas toujours tous 2.0.
- **Inspiration** : les VDI ont accès à beaucoup de contenus de marque ; cela permet de garder le lien avec les clients entre les ateliers et de déclencher de nouvelles réunions. Les ateliers des VDI sont facilement renouvelés.

Document 2 Une solution métier : SellingAtHome

SellingAtHome propose une plateforme Web et mobile en marque blanche pour les marques de vente à domicile

Solution logicielle en mode SAAS (*Software As a Service*), SellingAtHome est composé d'un socle de base (noyau) et de modules optionnels qui permettent de venir enrichir la plateforme en fonctionnalités couvrant ainsi toutes les interactions possibles entre la marque, ses VDI et ses clients.

www.sellingathome.com

Synthèse

Découvrir la vente directe

Définition de la vente directe
La vente directe est un mode de distribution par lequel le fabricant distribue en direct et sans intermédiaire au consommateur ses produits ou services, hors établissement.

- **La vente individuelle** à domicile (porte-à-porte, démarchage à domicile)
- **La vente en réunion** à domicile ou sur le lieu de travail
- **La vente en réseau** (ou vente multiniveaux ou marketing relationnel)

Atouts	Limites
• Mode de distribution adapté aux produits nécessitant des explications ou une démonstration. • Permet de toucher de nouvelles cibles. • Construit une relation client de confiance, de proximité. • Permet de baisser les coûts de distribution et de préserver les marges.	• La méthode peut être perçue comme intrusive. • Dans le cas de la vente en réunion, le client peut être gêné à l'idée de mêler relations personnelles et relations commerciales. • La prise en charge de la distribution par le fabricant peut être complexe. • La distribution indirecte peut être nécessaire pour élargir la cible et distribuer intensément les produits.

Le cadre légal de la vente directe

- Interdiction de la vente pyramidale
- Respect du Code de la consommation
- Code de conduite des entreprises de vente directe
Code éthique de la vente directe
Commission de médiation de la vente directe

Une organisation flexible

- L'entreprise est un groupe social familial qui se rassemble autour d'une culture commune
- L'organisation commerciale est pour l'essentiel constituée de vendeurs indépendants
- L'entreprise se dote de solutions digitales globales au service de l'entreprise, du vendeur indépendant, du client et des hôtes(ses)

TESTEZ-VOUS
Quiz sur le chapitre 10
liennathan.fr/4cme44

MOTS CLÉS
Vente directe · Vente en réunion · Vente en réseau ou vente multiniveaux · Vente pyramidale · Code de la consommation · Code éthique de la vente directe

CHAPITRE 11

Prospecter et organiser des rencontres

Contexte professionnel

Activité/Tâche
Animation, vente et conseil à domicile

Compétence
Prospecter, organiser des rencontres et vendre en réunion

Vers PIX
1.2. Gérer des données
2.1. Interagir
4.2. Protéger les données personnelles et la vie privée

ConnectIT est une entreprise spécialisée dans la distribution d'objets connectés. Créée en 2016, elle distribue ses produits par le biais de son site internet. Malgré des produits innovants et simples d'utilisation, l'entreprise a des difficultés pour augmenter son chiffre d'affaires. Le dirigeant souhaite développer une distribution *via* la vente à domicile, et plus spécifiquement la vente en réunion. Une étude montre en effet que, pour avoir plus d'informations sur les objets connectés, plus de 60 % des Français souhaitent essayer gratuitement le produit.
ConnectIT organise déjà des animations sous forme d'ateliers de démonstration dans les commerces spécialisés. À cette occasion, ses ventes progressent significativement.
Depuis six mois, l'entreprise a lancé un recrutement de vendeurs sous le statut de vendeur à domicile indépendant (VDI) répartis dans toute la France.

Votre rôle

Vous avez été recruté(e) par ConnectIT en tant que VDI par un manageur qui a démarré son activité dès la création de la vente à domicile de ConnectIT. Après une formation solide sur la gamme produits, vous vous lancez. Pour cela, vous devrez :
– élaborer votre fichier de contacts prospects ;
– prospecter pour organiser votre première vente en réunion ;
– préparer la vente en réunion.

Vos objectifs

I Identifier les cibles

1 En fonction de la gamme de produits de ConnectIT, identifiez la cible des consommateurs potentiels de l'entreprise. — Fiche ressource 1 ; Annexes 1 et 2

2 Élaborez les critères de ciblage détaillés de vos consommateurs potentiels.

3 Quels autres types de cibles peuvent être identifiés pour développer vos ventes ?

4 Repérez les différentes sources de contacts à votre disposition.

5 À partir de votre réseau et avec l'outil de votre choix, construisez votre fichier de contacts. — Annexe 3

II Contacter des prospects et organiser la prospection

6 Pour chaque profil de prospect, choisissez le mode de contact approprié. — Fiche ressource 2

7 En tenant compte des conseils de votre manageur, préparez l'e-mailing et le script téléphonique destinés aux prospects.

8 Fixez vos objectifs et planifiez votre prospection de la semaine sur votre agenda. — Fiche ressource 3

III Convaincre un(e) nouvel(le) hôte(sse)

Après un contact téléphonique, vous rencontrez Florent Gastin pour le convaincre d'organiser un atelier chez lui.

9 À partir des notes prises lors de l'appel téléphonique avec Florent, préparez le plan de découverte, l'argumentaire et le traitement des objections. — Fiche ressource 4 ; Annexes 4 et 5

10 Lors du rendez-vous, réagissez aux remarques de Florent. — Annexes 6 et 7

Florent a accepté d'organiser un atelier de démonstration à son domicile. Vous avez fixé un nouveau rendez-vous pour l'aider à organiser l'atelier qui aura lieu dans 2 semaines.

11 Préparez votre entretien (étapes et outils). — Fiche ressource 5

12 Listez les questions qui aideront Florent à établir sa liste d'invités.

13 Concevez l'invitation que Florent devra envoyer.

14 Préparez et motivez Florent pour la réunion : expliquez-lui le thème, le déroulement, les produits, son rôle, le vôtre… — Annexe 8

15 Rédigez l'e-mail de confirmation que Florent devra transmettre à ses invités deux jours avant la réunion.

Votre dossier

Annexe 1 Le marché des objets connectés

CARTOGRAPHIE DES FRANÇAIS SELON LEUR RAPPORT AUX OBJETS CONNECTÉS

J'adore acheter les dernières technologies.

Je trouve important que mon foyer soit équipé en nouvelles technologies.

Les ultra-connectés
Cible commercialement acquise

Les passionnels
early adopters,
experts au profil versatile

Sur-représentés chez les hommes de -35 ans, actifs CSP +, cadres avec enfants de -2 ans ou -14 ans, étudiants.

Les fonctionnels
ont besoin de s'assurer de l'utilité réelle des objets connectés pour eux-mêmes et leur famille

Sur-représentés chez les femmes de -35 ans, actives CSP +, cadres, étudiantes.

J'ai besoin que l'on me montre avant d'acheter.

J'attends que le prix baisse pour acheter.

Les apprentis connectés
Cible attentiste

Les précoces
ont besoin de pédagogie et de démonstration

Sur-représentés chez les femmes et les + de 50 ans, les retraités CSP +.

Les suiveurs
ont des réticences quant au bénéfice perçu / prix

Sur-représentés chez les étudiants, ouvriers, professions intermédiaires et familles nombreuses.

Je ne vois pas l'intérêt d'utiliser ces nouvelles technologies.

J'ai le sentiment que ça va trop vite.

Les réfractaires
Cible à conquérir

Les anti-gadgets
ne voient pas d'utilité

Sur-représentés chez les retraités CSP +.

Les craintifs
se sentent exclus

Sur-représentés chez les femmes inactives, les + de 65 ans, les retraités.

Manque d'intérêt pour le sujet avec le sentiment d'avoir trop peu d'infos

Données : Kantar TGI, Panel Propriétaire. Lagardère publicité.

Le marché des objets connectés

FOCUS SUR LES SENIORS ET LEUR RAPPORT AUX OBJETS CONNECTÉS

Qui a dit que les personnes âgées et internet ne faisaient pas bon ménage ?
L'utilisation d'internet par les personnes âgées a considérablement augmenté ces dernières années. En 2016, on estimait que seuls 30 % des personnes de plus de 60 ans étaient connectées. Début 2021, on estime désormais que 3 seniors sur 4 naviguent sur internet (selon une étude de Pro Senectute Suisse). Généralement aidés par les plus jeunes générations de la famille, les personnes âgées ont appris à utiliser ordinateurs, tablettes et smartphones pour pouvoir établir un appel ou une connexion vidéo avec les autres membres de la famille. Le choix du matériel à présenter au senior est important : l'ordinateur pour une personne âgée doit permettre une utilisation simple et ergonomique. C'est également l'occasion de lui proposer des objets connectés qui pourront lui faciliter le quotidien et rassurer la famille lorsqu'elle ne peut pas être présente. Voici une courte sélection des objets connectés les plus intéressants pour les personnes âgées : les montres ou les colliers connectés, le pilulier connecté, les assistants personnels.

www.cuideo.fr, 20 avril 2021.

FOCUS SUR LE MARCHÉ

Contrôler à distance son chauffage, l'ouverture des volets ou ses lumières… : les Français se montrent de plus en plus séduits par les objets connectés qui facilitent le quotidien et sont enfin à prix abordables. 63 % d'entre eux déclarent posséder un appareil connecté chez eux, selon une étude réalisée par OnePoll pour Reichelt Elektronik. Ils se laissent principalement séduire par le contrôle de l'éclairage à distance à 65 %. Suivent la sécurité (caméra, détecteur de fumée, etc.) avec 48 %, et le ménage (robot aspirateur, etc.) avec 43 %. L'économie de ressources à long terme est le critère le plus cité dans les intentions d'achat pour plus de la moitié des Français (54 %).

« Les Français de plus en plus séduits par les objets connectés »,
ladepeche.fr, 4 juin 2020.

Occuper son quotidien grâce aux objets connectés devient une motivation prioritaire pour 44 % des Français. Si les montres connectées (22 %) monopolisent toujours la première place des ventes, les chiffres indiquent que les Smart TV arrivent à un niveau quasiment similaire (21 %). Quant aux amplificateurs de son et diverses enceintes, ils grimpent à 14 %, juste derrière les assistants vocaux (15 %). « On observe un glissement d'image des objets connectés de la performance vers le confort, la qualité du temps partagé et le divertissement. L'objet connecté permet de se réapproprier son foyer. Les Français se recentrent sur leur habitat et anticipent le temps croissant qu'ils vont passer chez eux », constate Claire Verbrugge, directrice marketing chez Boulanger.

Mourad Krim, « Les Français, les objets connectés et la crise :
une consommation utile et éthique », itsocial.fr, 7 octobre 2020.

Annexe 2 La gamme de produits de ConnectIT

ConnectIT propose une large gamme de produits divisée en six familles :

Forme et santé : tracker d'activité, tensiomètres, facilitateurs de sommeil, balance intelligente, mesure du diabète, assistance aux personnes âgées, piluliers connectés, poids et nutrition.
Sport : capteurs d'activité, cardio-fréquencemètre, mesure d'hydratation, électrostimulation.
Sécurité et domotique : caméras, détecteur incendie, alarmes, capteurs, économies d'énergie.
Famille : jeux, cuisine, drones, son et vidéo, puériculture.
Smartphone : différentes marques de Smartphone avec applications intégrées.
Accessoires : chargeurs, batteries externes, stockage des données.

Annexe 3 Votre réseau

Fiche contact PDF
liennathan.fr/8mj9p9

Nom	Adresse	Téléphone	E-mail

Annexe 4 — Fiche contact

FICHE DE PROSPECTION TÉLÉPHONIQUE	
DATE	04/05
IDENTITÉ DU CONTACT	Florent Gastin
ADRESSE	28 rue Lamartine 69003 Lyon
TÉLÉPHONE	04 72 56 79 13
E-MAIL	Florent1269@gmail.com
OBJET DE L'APPEL	Voir si Florent accepte le projet d'organisation d'un atelier.
TYPE DE CIBLE	Hôte
BESOINS DU CONTACT	Intéressé par le sport ou le jeu
REMARQUES DU CONTACT	• Inquiet du prix. • Se demande comment se déroule l'atelier. • Pas à l'aise avec la vente à domicile. • Aime la nouveauté des produits.
RÉSULTAT DE L'APPEL	Rendez-vous pris le 25 mai à 17 heures. Réunion envisagée mi-juin.
REMARQUES	Ami

Annexe 5 — La gamme de produits de ConnectIT

En tenant compte du besoin des consommateurs en démonstration sur les objets connectés, l'entreprise ConnectIT propose des ateliers autour de ses différentes catégories de produits.

Le vendeur est équipé d'une tablette et d'un Smartphone, ainsi que d'un kit d'objets connectés correspondant au thème de l'atelier. Il réalise une démonstration d'utilisation sur lui-même, puis propose l'essai aux invités.

Son argumentaire doit rassurer les invités sur :
- la facilité d'utilisation ;
- l'utilité des produits ;
- la sécurité et la durée de vie des produits.

Annexe 6 Les réactions de Florent lors du rendez-vous

« Ton atelier a l'air super-long. Je n'ai pas beaucoup de temps en ce moment, j'ai beaucoup de travail. Si c'est pour que tout le monde s'ennuie, ça ne vaut pas la peine… Et je n'aurai pas le temps d'organiser ça, sans compter le manque de place si on est trop nombreux. En plus, on va tous se sentir obligés d'acheter. Ça ne me met pas très à l'aise vis-à-vis des copains… D'ailleurs, je ne vois pas tant de monde que ça qui peut être intéressé. »

Annexe 7 Les avantages ConnectIT pour les hôtes

1re récompense	2e récompense	3e récompense
Réduction de 10 % sur le montant TTC de l'atelier réalisé pour un chiffre d'affaires TTC minimum de 300 €.	Remise supplémentaire de 5 % pour un atelier ayant généré plus de 300 € TTC de chiffre d'affaires.	Au-delà de 1 000 € TTC de chiffre d'affaires réalisé, une remise de 50 % sur le produit préféré (dans la limite de 50 €).

Annexe 8 Compte-rendu du rendez-vous avec Florent Gastin

Compte-rendu du rendez-vous du 25 mai à 17 h.
Objet : Atelier du 14 juin à 18 h

- Les produits à découvrir : essentiellement des produits relatifs au sport.
  Présenter également des produits plus ludiques comme les drones ou le jeu Sphero.
  Tous les invités sont sportifs et sensibles aux jeux vidéo. Ils auront envie de tester les produits.
- Espace de l'atelier : le salon et la terrasse (30 m²) qui peut servir à la démonstration des drones. Nombre de places dans le salon : 8.
- Le sol est glissant. Prévoir un tapis antidérapant. Il faudra pousser les meubles pour plus de sécurité. Prévoir deux espaces : un pour le test sportif, et un pour le jeu.
  Le test Drone est à faire à part pour plus de sécurité (le vendeur doit être présent).
- Le WiFi fonctionne mal. Il faudra utiliser la connexion 4G.
- Prévoir une collation pour les invités.

FICHE RESSOURCE

1

CIBLER LES PROSPECTS

I Les différents types de cibles

La prospection en vente directe est une activité permanente du vendeur, qui recherche non seulement à développer ses ventes mais également à alimenter de manière permanente son fichier de contacts.

1. Les clients et prospects

- **Consommateurs potentiels :** toute personne susceptible d'être intéressée par l'offre et non encore contactée. Les consommateurs potentiels et les prospects sont identifiés en fonction des critères de segmentation classiques de la prospection : critères géographiques, critères socio-économiques et démographiques (sexe, âge, catégorie socioprofessionnelle…), critères psychographiques (cadre de vie, mode de vie, centres d'intérêt).

  EXEMPLE

  Une entreprise qui vend des robots de cuisine ciblera les consommateurs potentiels aimant cuisiner et découvrir de nouvelles saveurs. Le prix du robot Thermomix (1 200 €) conduit à rechercher une CSP supérieure.

- **Prospects :** toute personne ayant accepté de participer à un rendez-vous ou à une réunion de vente à domicile.
- **Clients :** toute personne ayant déjà acheté un produit lors d'un rendez-vous ou d'une réunion de vente à domicile. La vente directe à domicile s'adresse essentiellement à une clientèle B to C.

2. Les hôte(sse)s

Cible incontournable de la vente directe en réunion, les hôte(sse)s acceptent l'organisation de ventes à leur domicile en invitant leur propre réseau. Les hôte(sse)s sont non seulement des consommateurs potentiels mais les premiers fournisseurs de nouveaux contacts. Les critères psychographiques sont particulièrement adaptés à leur ciblage : vie sociale riche, plaisir de recevoir, passion à partager.

EXEMPLE

Un conseiller proposant des produits d'entretien bio pourra cibler de nouveaux contacts d'hôte(sse)s ayant un profil de passionné(e)s de défense de l'environnement.

3. Les autres cibles

- **Les prescripteurs :** toute personne susceptible de recommander le produit. Ils peuvent être identifiés grâce aux critères de ciblage des consommateurs potentiels.

  EXEMPLE

  Compex développe des produits d'électrostimulation performants destinés aux sportifs ou à la rééducation. Les consommateurs potentiels peuvent être contactés *via* les salles de sport ou les professions médicales sur la zone géographique des conseillers.

- **Les acheteurs :** le consommateur utilise le produit ; l'acheteur est celui qui effectue l'acte d'achat.

  EXEMPLE

  L'entreprise Oika Oika distribue des jeux et loisirs créatifs, qui seront utilisés par les enfants mais achetés par les parents.

- **Les vendeurs potentiels :** la vente directe en réseau suppose le développement de la force de vente. Parrainer un nouveau vendeur augmente la rémunération du parrain, qui perçoit un pourcentage des ventes de tous les vendeurs recrutés. Les critères de ciblage sont surtout socio-économiques et démographiques : personnes en recherche d'emploi, femmes au foyer recherchant une activité d'appoint…

II Les sources de contacts

1. Le réseau relationnel

Dans le cadre de la vente directe, la source principale de prospection est constituée du réseau relationnel du vendeur. Différents cercles existent : cercle familial, cercle amical, cercle professionnel, cercle d'influence (les réseaux sociaux) et cercle relationnel externe (activités, quartier…).
Le réseau peut également être identifié en fonction de son niveau : cercle de 1er niveau (relations directes), cercle de 2nd niveau (amis d'amis).

EXEMPLE

Collecter 70 à 100 noms à partir de l'entourage, qui connaissent à leur tour 70 à 100 personnes.

2. Les fichiers existants

Les contacts prospects peuvent être fournis par le biais de fichiers existants :
– un fichier interne à l'entreprise de vente directe, qui acquiert des contacts *via* son site internet, ses réseaux sociaux institutionnels ou ses *newsletters* ;
– un fichier externe acheté auprès de sociétés spécialisées.

EXEMPLE

La société ITL fournit des fichiers de consommateurs potentiels, hôte(sse)s ou vendeurs potentiels ciblés.

3. Les autres sources de contacts

Les comités sociaux et économiques (CSE) et les associations	Les foires et les salons	Les initiatives du vendeur	Autres sources
Obligatoire dans les entreprises de plus de 50 salariés et doté de missions sociales, le CSE est une source de contacts ou de présentation des produits. Des associations choisies de manière pertinente selon leur objet social peuvent également fournir des contacts.	La participation à des foires et salons spécialisés permet d'identifier de nouveaux prospects correspondant à l'activité de l'entreprise.	Le vendeur, autonome dans son activité, peut multiplier les initiatives : – organisation d'une journée portes ouvertes – dépôt de supports dans des endroits fréquentés (salles d'attente, salles de sport…) – organisation de conférences dans les entreprises…	Selon le type de produit ou service proposé, le vendeur recherche dans son environnement des sources de contacts. EXEMPLE La publication des permis de construire en mairie permet d'accéder à des contacts spécifiques pour la vente de produits de décoration.

III La base de données

1. Le fichier des contacts

Le vendeur crée et met à jour un fichier, qui regroupe des informations sur les cibles. La plupart des entreprises de vente directe proposent un outil de GRC permettant le suivi des contacts selon leur type (prospects, hôte(sse)s, clients) ; à défaut, le vendeur peut utiliser un outil personnel.

La qualification du fichier prospects consiste à recueillir des informations sur le prospect. Plusieurs rubriques sont créées pour rassembler ces informations : nom, prénom, adresse, code postal, ville, téléphone, e-mail, numéro de téléphone, âge, situation matrimoniale, profession… Ces rubriques sécurisent le mode de contact et assurent la segmentation grâce à un filtre des contacts.

2. La protection des données personnelles

Les données personnelles collectées auprès des clients sont protégées par la loi informatique et libertés du 6 janvier 1978. Cette protection comprend des principes clés : finalité déterminée, légitime et explicite, pertinence des données collectées, conservation limitée des données, respect des droits de la personne, sécurisation des données.
Le règlement européen du 27 avril 2016 ou RGPD (Règlement général de protection des données) renforce ces principes (droit à l'oubli, droit à la portabilité des données, consentement éclairé et positif) et accentue la responsabilité des entreprises. La CNIL (Commission nationale informatique et libertés) assure le contrôle de la protection des données à caractère personnel.
Il appartient donc au vendeur de faire preuve de transparence lors de la collecte des données personnelles et de s'assurer du consentement des nouveaux contacts.

FICHE RESSOURCE

2

CONTACTER LES PROSPECTS

Pour contacter les prospects, le vendeur doit choisir la méthode d'approche la mieux adaptée à sa cible. Quel que soit le mode de contact, les règles du Code éthique de la vente directe doivent être respectées : identification du vendeur et de l'entreprise, objet du contact, respect de la vie privée et du manque d'expérience commerciale du consommateur, informations claires, précises et loyales.

1. La prospection téléphonique

La prospection téléphonique (ou *phoning*) est incontournable. Le *phoning* est utilisé à toutes les étapes de la prospection : prise de contact, relance, suivi du prospect/client. Peu coûteux et rapide, il permet de créer un premier contact personnalisé. Il nécessite une préparation rigoureuse grâce à la construction d'un guide d'entretien téléphonique (GET) qui peut utiliser la méthode CROC (Contact, Raison, Objectif, Conclusion).

La prospection téléphonique est généralement réalisée depuis le domicile du vendeur. L'organisation doit être d'autant plus soigneuse (maîtrise des bruits ambiants, posture professionnelle). Lorsque l'appel s'adresse à une connaissance personnelle, le ton reste informel mais l'objet de l'appel et l'entreprise doivent malgré tout être précisés.

2. La prospection numérique

- **E-mailing :** rapide et peu coûteux, son efficacité reste faible. Il constitue une première approche et permet de préparer une démarche de prospection physique ou de *phoning*. Adressé à un particulier sans son consentement, il est considéré comme un spam et est donc interdit. Il doit indiquer le droit de se désinscrire des listes de diffusion.
- ***Social selling*** (recherche, sélection et interaction avec des prospects potentiels *via* les réseaux sociaux) **:** méthode particulièrement adaptée aux cibles jeunes et/ou citadines. Les prospects sont contactés grâce aux réseaux personnels (Facebook, Instagram, WhatsApp, Snapchat) ou professionnels (LinkedIn, Viadeo). Cette méthode s'appuie sur des outils élaborés par le vendeur (profil réseau, blog) qui génèrent une interaction avec le prospect (marketing *One to Few* ou *One to One*) *via* les partages de contenus. Le vendeur rédige des contenus pertinents, crée des visuels dans le respect de l'image commerciale de l'entreprise et actualise régulièrement les contenus.

De nombreux outils permettent le suivi de la prospection numérique (mesure de consultation de profils, diffuseurs de contenus). Les solutions logicielles de vente directe proposent des interfaces avec les réseaux sociaux, voire des mini-sites pour les conseillers. Certains réseaux proposent des campagnes ciblées de publicité.

3. La prospection physique

Elle consiste à se déplacer chez le prospect pour obtenir un rendez-vous. Coûteuse et considérée comme intrusive, elle est souvent précédée d'un contact préalable à distance de type *phoning* ou e-mailing. Elle permet pourtant la présentation physique de produits : le vendeur s'appuie sur les produits qu'il vend pour susciter l'attention, communiquer son enthousiasme et engager la conversation. Elle est donc particulièrement adaptée pour les produits nécessitant des démonstrations. Son efficacité suppose la préparation d'outils d'aide à la vente complets (plan de découverte, argumentaire et traitement des objections, supports produits, négociation du prix).

EXEMPLE

La livraison aux clients peut être l'opportunité de prospecter dans l'environnement géographique (boîtage, commerces de proximité…).

FICHE RESSOURCE

3

ORGANISER SA DÉMARCHE DE PROSPECTION

Assisté par son manageur, le vendeur à domicile acquiert l'expérience de la prospection grâce au suivi personnalisé et aux formations régulières. Il doit faire preuve d'autonomie et de persévérance et mettre en place une organisation rigoureuse.

I Planifier sa prospection

La prospection du vendeur fait partie de son quotidien. Indépendant, il planifie ses objectifs personnels de manière à instaurer une routine dans la prospection de ses contacts.

Exemples d'objectifs quantitatifs	Exemples d'objectifs qualitatifs
– Contacter 5 personnes par jour – Ajouter 2 contacts par jour – Conserver 100 % des contacts invités aux ateliers	– Communiquer sa passion, son enthousiasme pour le produit – Rassurer le contact sur la vente directe

Le temps du vendeur à domicile est partagé entre plusieurs types d'activité, dont la proportion varie selon son expérience : prospection, organisation des ateliers, gestion des commandes, livraison des commandes, suivi de la satisfaction client, suivi des contacts, réunions réseau.
Le vendeur tient un planning hebdomadaire qui prévoit une répartition pertinente de ces différentes tâches dans la semaine. En début d'activité, le temps consacré à la prospection est plus important.

EXEMPLE

À partir de 18 h 15, Nadège Delaquaize, coach Herbalife, organise son *phoning* : « Je vais appeler cinq nouvelles personnes puis je vais en relancer six autres que je n'ai pas réussi à contacter la semaine dernière. »

Au-delà de cette organisation rigoureuse, le vendeur saisit toutes les opportunités de son quotidien pour parler de son activité, mettre en valeur ses produits. Ce mode de contact informel permet une prise de contact naturelle, peu intrusive et en face à face.

EXEMPLE

Une conseillère de vente pour des bijoux les porte régulièrement lors de ses sorties.

II Contrôler les coûts

Le coût de la prospection est budgété en tenant compte des frais de déplacement, du temps passé et des outils utilisés. Optimiser les déplacements en regroupant les rendez-vous ou en les mutualisant avec des déplacements courants (livraisons, réunions d'équipe) permet d'en contrôler les coûts.

III Piloter sa prospection

Une prospection réussie nécessite une évaluation régulière de son efficacité. Elle est suivie grâce à un tableau de bord.

Critères	Objectifs fixés	Performances réalisées	Écarts
Nombre de contacts			
Nombre de prospects contactés			
Nombre de rendez-vous obtenus			
Nombre d'hôte(sse)s recruté(e)s			
Nombre de participants aux réunions			

Les écarts permettent d'identifier les points à améliorer. Grâce au manageur et aux échanges avec l'équipe sur les pratiques, le vendeur développe ses techniques d'accroche et de prise de contact.

FICHE RESSOURCE 4

CONVAINCRE L'HÔTE(SSE)

Dans la vente en réunion, les clients potentiels sont essentiellement contactés grâce au réseau des hôte(sse)s, qu'il faut convaincre d'organiser une réunion. La prospection et le recrutement d'hôte(sse)s sont donc primordiaux.

I La prise de contact

La prise de contact auprès d'un proche ou d'un contact inconnu, mais souvent recommandé, est particulière dans le domaine de la vente directe. Elle s'appuie sur un contexte familier et amical. Elle respecte cependant des étapes clés :

- Se présenter : la présentation dépend de l'origine du contact.

  EXEMPLE

  « Bonjour, Florence, je suis Emma, l'amie de Sabine. Nous sommes dans le même cours de fitness du lundi soir. »

- Éveiller la curiosité : les premières secondes suivantes sont déterminantes pour obtenir un rendez-vous avec le (la) futur(e) hôte(sse). En s'appuyant sur des informations obtenues sur le contact, le vendeur doit lui donner envie d'en savoir plus. Les vendeurs en vente directe sont souvent eux-mêmes utilisateurs des produits qu'ils vendent. À ce titre, ils sont des consommateurs convaincus par leur produit et souhaitent le faire connaître ; en communiquant leur conviction, ils génèrent l'adhésion.

  EXEMPLE

  « Sabine m'a dit que tu aimais cuisiner et que tu partageais plein de recettes avec tes amies. Comme j'organise des ateliers culinaires originaux, je me suis dit qu'un atelier autour de nouvelles recettes bien-être pourrait te plaire. »

- Proposer un rendez-vous et fixer une date : le vendeur propose ce rendez-vous comme un service rendu ou une opportunité pour son interlocuteur.

  EXEMPLE

  « Ces ateliers sont très sympa et nous pourrions ainsi faire découvrir de nouvelles recettes. Ça te dit que je passe te voir pour te montrer comment ça fonctionne ? On peut se voir après le cours de fitness de lundi par exemple, ou nous pouvons boire le café ensemble la semaine prochaine quand tu es disponible. »

- Traiter les objections : voir ci-après.
- Prendre congé : à la fin de l'entretien, le vendeur rappelle les conditions du RDV avant de saluer.

II Le plan de découverte

Lors du rendez-vous, le vendeur prend connaissance du contexte et des besoins de son contact.

Phases	Exemples
Situation actuelle	Quelles recettes préfères-tu réaliser ? Cuisines-tu pour ta famille ou pour recevoir ? As-tu apprécié la dernière vente en réunion ? As-tu déjà été hôte(sse) ?
Solution actuelle	Combien de fois par semaine cuisines-tu ? Es-tu satisfait(e) des produits de notre marque ? À quelle fréquence commandes-tu nos produits ?
Situation future	Que souhaiterais-tu de particulier pour la prochaine vente en réunion ? Combien de personnes aimerais-tu inviter ? Qui seront les invités ? Préférerais-tu organiser une réunion l'après-midi ou le soir ? Quels produits souhaiterais-tu commander ?
Solution future	As-tu des remarques pour l'organisation de cette réunion ? Y a-t-il des aspects que nous n'avons pas abordés et qui sont importants pour toi ?

III L'argumentaire

L'argumentaire pourra s'appuyer sur la méthode SONCASE.

EXEMPLE

Florence pratique le fitness. Elle aime cuisiner et partager ses recettes avec ses amies. Les arguments à mettre en valeur sont : Orgueil (elle aime prendre soin de son corps), Sympathie (convivialité), Nouveauté (découvrir de nouvelles recettes) et Argent (cadeaux).

	Caractéristiques	Avantages	Preuves
Sécurité	Les réunions sont encadrées. Je m'occupe de tout.	Tu auras juste à inviter et à recevoir tes invités.	Le déroulement prévu.
Orgueil	Tu seras la star de la réunion.	Tes amis te remercieront de les avoir invités quand ils découvriront nos produits.	Notre produit star.
Nouveauté	Je vous présenterai nos dernières nouveautés.	Tu connaîtras les nouveautés avant tes amis.	Notre dernier catalogue.
Confort	La réunion durera une heure. Tu auras juste à suivre mes consignes.	Tu pourras profiter de tes invités, pendant la réunion.	Les consignes que je donnerai.
Argent	Tu auras juste à prévoir des collations pour tes invités.	C'est un faible investissement pour toi et tu recevras des cadeaux.	Voici tes cadeaux.
Sympathie	Ce sera un moment convivial.	Tu pourras partager des recettes et des conseils avec tes amis.	Voici nos dernières recettes.
Écologie	La consommation de papier sera minimale.	Respectueuse de l'environnement.	Voici les documents papier utilisés.

IV Les objections

Objections	Réponses
Je n'ai pas le temps d'organiser une réunion	Je comprends mais je suis présente et je m'occupe de tout : invitations, réponses, préparation, animation. Es-tu rassurée ?
Je n'aime pas le principe de la vente en réunion.	Je comprends. Nos ateliers permettent surtout de partager une passion commune et de partager notre savoir-faire. Que penses-tu d'assister à une réunion avant de te décider ?
Je n'organise jamais de réunion chez moi.	Je vois, mais nous pouvons organiser une réunion plus intime avec peu d'invités. Je peux aussi la faire chez moi avec tes invités. Tu garderas tes avantages d'hôtesse. Qu'en penses-tu ?
Je n'ai pas assez de place chez moi.	Je comprends. Nous pourrions limiter le nombre d'invités, ce sera plus convivial. Cela te convient-il ?
Je ne sais vraiment pas qui inviter.	J'entends, mais je suis sûr(e) que cela intéressera tes ami(e)s. Je viendrai chez toi pour préparer la réunion et je t'aiderai à faire une liste. Es-tu d'accord ?
Cela ne m'intéresse pas.	Je comprends, peux-tu me préciser ce qui ne t'intéresse pas ? Si ce sont nos produits, je te propose de les essayer avant de décider. S'il s'agit de la vente en réunion, cela permet de faire connaître de nouveaux produits de qualité sans obligation d'achat. Qu'en dis-tu ?

V Convaincre avec la communication interpersonnelle

1. L'écoute

- **L'écoute active.** Cette technique est particulièrement adaptée à la vente à domicile. Elle se caractérise par une interaction émotionnelle grâce à une attitude authentique, compréhensive et chaleureuse à l'égard de l'interlocuteur. Elle suppose l'empathie (faculté de se mettre à la place d'autrui). Le vendeur respecte la parole de son interlocuteur et participe à son expression grâce à la reformulation et à un questionnement ouvert.
- **Le paralangage.** Nos gestes expriment nos pensées. Par une position ouverte et disponible, le vendeur montre son intérêt à son interlocuteur. Les émotions exprimées par le visage, l'intonation et le rythme de la voix, la franchise du regard communiquent l'enthousiasme, l'écoute et la sympathie.

2. La relation de confiance

Le vendeur instaure une relation de confiance par son expertise des produits et son rôle de conseil auprès de ses prospects et clients. La vente à domicile permet de faire partager l'expérience vécue autour du produit.

EXEMPLE

Pour Apicia (produits de la ruche), la vente privée est avant tout une approche humaine : « La meilleure façon de conseiller et d'apporter de l'information de qualité ; une rencontre dans le confort et la chaleur d'un chez-soi ou d'un café familier ; la chance de pouvoir tester, goûter les produits ; une expérience forte à l'origine d'une relation pérenne avec sa clientèle, fondée sur la confiance ».

FICHE RESSOURCE 5

PRÉPARER UNE VENTE EN RÉUNION

I Aider l'hôte(sse) à inviter ses relations

1. Lister les invités

Lorsque l'hôte(sse) est convaincu(e) et que la date de la réunion est fixée, le vendeur assiste l'hôte(sse) dans le lancement des invitations. Ce moment est déterminant pour la réussite de la réunion et pour le nombre de nouveaux contacts que le vendeur pourra identifier. Le nombre d'invitations dépend du type d'atelier et des souhaits de l'hôte(sse), mais il faut toujours prévoir plus large pour tenir compte de ceux qui ne participeront pas.
Après avoir déterminé le nombre d'invitations, le vendeur prépare une liste à remplir pour l'hôte(sse). Il lui suggère d'abord d'utiliser ses répertoires téléphoniques ou ses listes de contacts dans sa boîte mail. Il relance la réflexion grâce à un questionnement.

EXEMPLE

« Avez-vous pensé à vos collègues de travail ou à vos relations Facebook ? » ; « Avez-vous pensé aux personnes que vous rencontrez à la sortie de l'école ? » ; « À qui dites-vous bonjour ? » ; « Avec quel voisin discutez-vous ? » ; « Avec quel commerçant avez-vous un contact privilégié ? ».

À ce stade, le vendeur qualifie déjà la liste afin d'en savoir plus sur les futurs invités et d'identifier le type de cible (consommateurs potentiels, futurs hôte(sse)s ou futurs vendeurs).

EXEMPLE

« Qui aime cuisiner ? » ; « L'un d'entre eux a-t-il déjà participé ou organisé une réunion ? » ; « Qui aime les cadeaux ? » ; « Qui aime recevoir ? » ; « Qui recherche un emploi ? ».

Cette liste, dont une copie est conservée par le vendeur, servira de support pour relancer les invitations et faire le point des présents en fin de réunion.

2. Inviter

Le vendeur assiste ensuite l'hôte(sse) en fournissant des invitations aux couleurs de la marque, et personnalisées, ou en proposant la création d'un mini-site de la réunion qui lui permettra d'inviter, de tchatter avec les participants et de présenter la marque.
Le vendeur conseille sur la transmission de l'invitation, en privilégiant le contact personnel (téléphone, remise en main propre).
Les invités doivent savoir qu'ils participent à une réunion à caractère commercial. Le vendeur transmet à l'hôte(sse) les arguments à utiliser et les précisions à apporter à ses invités (notion de vente sans obligation d'achat, marque et produits…).
Il transmet également à l'hôte(sse) des astuces pour traiter les objections de ses invités.

EXEMPLE

« On passera un bon moment, ça me ferait plaisir de te voir. » « Tu verras, les produits sont super et on ne les trouve pas dans le commerce. » « Si tu ne veux rien acheter, ce n'est pas grave, ce n'est pas obligé et on va apprendre plein de nouvelles recettes. »

Ce moment de préparation se termine par des félicitations à l'égard de l'hôte(sse) pour le nombre de personnes invitées : « Bravo pour tout ce monde, ce sera un moment génial grâce à vous. »

II Préparer la réunion

1. La connaissance produit

L'hôte(sse) doit connaître et aimer les produits pour les présenter et donner envie à ses invités de les acheter. Il/elle devient ambassadeur de la marque. Il faut donc lui présenter les avantages du produit.

Les avantages par rapport aux produits concurrents	La composition	Les prix	Les bénéfices
Origine France, Italie…	100 % naturelle, certifiée Ecocert, sans paraben…	Moins cher que Chanel, Dior, Urban Decay…	Unifie, corrige, tenue longue durée…

Le (la) vendeur(-se) peut également faire tester les produits ou inviter le/la futur(e) hôte(sse) à participer à une réunion qu'il/elle anime. Au-delà du produit, le (la) vendeur(-se) montre ainsi également le concept d'atelier proposé.

2. La motivation de l'hôte(sse)

La réussite de la réunion dépend du degré d'implication de l'hôte(sse). Le rendez-vous de préparation de la réunion est un moment privilégié pour en faire un(e) complice et solliciter son aide pour réaliser une bonne présentation.
L'implication de l'hôte(sse) dépend de :
– sa connaissance des produits ;
– son enthousiasme pour l'atelier : le thème de l'atelier peut être personnalisé selon ses goûts et les invités choisis ;
– son implication matérielle et financière dans la vente : les entreprises de vente directe proposent des cadeaux produits et des participations au chiffre d'affaires réalisé en réunion, ou des bonus en cas de recrutement de nouveaux(lles) hôte(sse)s.

EXEMPLE

OPdélices (épicerie fine et accessoires de cuisine) propose un cadeau aux hôte(sse)s dans quatre situations : pour organiser une réunion, selon le CA de la réunion, pour aider à dater d'autres réunions, pour de nouvelles commandes.

3. Le planning de préparation de la réunion

J-15	**Rendez-vous de préparation avec l'hôte(sse)** Objectif 1 : Motiver l'hôte(sse)	Transmettre son enthousiasme et sa confiance.
		Être à l'écoute des attentes de l'hôte(sse) et lui expliquer ses avantages (cadeaux).
		Faire connaître et aimer les produits (tests produits).
		Féliciter l'hôte(sse) à chaque étape de l'entretien.
		Récompenser l'hôte(sse) de son accueil (1er cadeau, échantillons gratuits).
		Faire participer l'hôte(sse) aux objectifs de vente.
	Objectif 2 : Organiser matériellement la réunion	Expliquer l'organisation matérielle et le déroulement de la réunion (horaires…).
		Préciser le rôle de l'hôte(sse) à chaque étape de la réunion.
		Repérer le matériel disponible pour la réunion et la configuration des lieux.
		Lister les invités avec l'hôte(sse) et lancer les invitations.
		Mettre éventuellement un mini-site à sa disposition.
		Former aux produits, fournir brochures et fiches produits.
		Expliquer le métier, le suivi client, le fonctionnement des commandes et les droits des invités (code éthique de la vente directe).
		Fournir des bons de commande et des catalogues pour les invités qui ne peuvent pas venir mais susceptibles de commander.
J-7	**Construire le programme**	Lister et tester les éventuels nouveaux produits.
		Actualiser les offres.
		Planifier le déroulement de la réunion et préparer ses OAV.
J-2	**Rappel et relance**	Confirmer le rendez-vous à l'hôte et lui rappeler les consignes pour la réunion.
		Demander à l'hôte(sse) d'effectuer une relance auprès de ses invités.

Applications

Maîtrise

1 Définir la cible

Secrets de Miel s'inscrit dans le cadre de l'activité professionnelle et commerciale du domaine apicole familial d'Élise Hernaez. Un domaine spécialisé dans les produits de la ruche (miel, gelée royale, pollen et propolis). La société commercialise ses produits via la vente en réunion. Les « Api'Time » durent 1 h 30 et permettent de tester les produits en toute convivialité, dans des échanges ludiques et instructifs.
En stage auprès d'un conseiller Secrets de Miel, vous êtes chargé(e) d'enrichir le fichier de contacts afin d'organiser de nouvelles réunions en vue d'augmenter les ventes.

1 Identifiez l'activité de Secrets de Miel et les caractéristiques des produits.
2 Identifiez les différentes cibles qui pourraient être démarchées par votre tuteur.
3 Élaborez pour chaque cible des critères de ciblage pertinents.

Document Une ligne exclusive de soins autour de l'apithérapie

Secrets de Miel, c'est une ligne exclusive haut de gamme de soins pour la beauté et le bien-être, qui puisent leurs vertus au cœur des ruches. Secrets de Miel fait dialoguer avec complicité le monde des abeilles et celui des femmes, des hommes et des enfants. Des produits qui font rimer un bien-être intérieur et une beauté éclatante, pour toute la famille !

Nos produits sont fabriqués dans nos laboratoires français et conçus avec une concentration maximale en produits de la ruche et autres actifs naturels, rigoureusement sélectionnés.

LES 5 ENGAGEMENTS SECRETS DE MIEL

1. Qualité irréprochable
Nos produits sont de fabrication française, haut de gamme, issus d'un savoir-faire familial irréprochable de 5 générations. Nos miels sont récoltés principalement en France. […]

2. Commercialisation directe sans intermédiaire
Nos produits sont diffusés exclusivement en vente à domicile car nos conseillers, passionnés et formés à l'apithérapie, sont notre meilleure publicité.

3. Respect de l'environnement
Secrets de Miel est engagé pour la protection des abeilles et des écosystèmes et le partage des connaissances en apithérapie.

4. Respect de la santé publique
Les produits Secrets de Miel sont sans paraben, sans silicone, sans phénoxyéthanol, non testés sur les animaux.

5. L'humain au cœur de tout
[…] Une ligne téléphonique est dédiée 5 jours sur 7 à nos clients, que nous souhaitons également, à travers nos produits, sensibiliser à l'importance de vivre en accord avec la nature.

www.secretsdemiel.com

Maîtrise

2 Constituer un fichier prospects

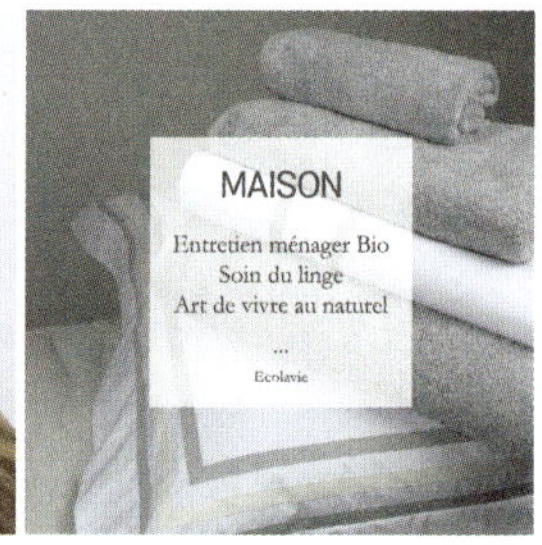

Écolavie est une entreprise française située en région toulousaine. Elle fabrique des produits bio dans les domaines du bien-être, de la cosmétique et de l'entretien ménager. Les produits sont distribués en vente à domicile individuelle ou en réunion. Écolavie revendique son ancrage local et bio ainsi que son exigence de qualité et d'efficacité.
Vous êtes conseiller(ère) VDI pour Écolavie et devez réaliser une campagne de prospection auprès des habitants de la commune de Bassens, près de Chambéry, pour faire connaître les produits. Vous avez donc besoin d'un fichier de prospects.

1. Présentez les avantages concurrentiels des produits de l'entreprise Écolavie.
2. Identifiez les cibles qui peuvent être prospectées pour votre activité.
3. Appréciez l'achat d'un fichier. Présentez les avantages et les inconvénients.
4. Construisez un fichier prospects en incluant les rubriques qui vous semblent pertinentes.
5. Préparez le guide d'entretien pour votre prospection par téléphone.

Document 1 Les valeurs de l'entreprise

Nos priorités

- Produire sans détruire la nature.
- Concevoir des produits bio aussi efficaces que les produits conventionnels.
- Proposer des solutions respectueuses envers l'utilisateur et l'environnement.
- Agir au niveau des particuliers et être actif dans le secteur de l'entretien professionnel.
- Informer avec des conseils personnalisés par l'intermédiaire de nos délégués.
- Améliorer la qualité de votre environnement.

Comprendre pour agir

La philosophie du bio peut se résumer au respect du vivant végétal ou animal.
Une entreprise bio, quant à elle, cherche à prendre en compte la dimension temporelle (hier, aujourd'hui, demain), générationnelle et spatiale (ici, là-bas, local, global, Nord, Sud) pour produire en limitant son empreinte sur la planète.

Choisir Écolavie

- Les matières premières utilisées sont sur base végétale bio exclusivement.
- Les substances d'origine animale ou pétrochimique sont exclues.
- Les composants tels que les silicones, phosphates, lécithine, NTA, EDTA, le chlore, le formol, les phénols ou éthers de glycols sont absents de nos produits.
- Formule très concentrée pour un dosage minimum et une réduction des emballages.
- Choix des matériaux visant à limiter l'impact écologique (emballages réduits et recyclables, flocons de calage biodégradables…).
- Supports en papier recyclé et encres végétales (imprimeur répondant aux cahiers des charges Imprim'Vert).
- Conseils et suivi de votre délégué(e) environnemental(e).
- Matières premières d'excellente qualité avec le choix des meilleurs ingrédients pour vous offrir ce que la nature a de plus pur.

www.produit-entretien-bio.fr

Document 2 — Kit découverte bio Écolavie

Ce kit découverte de produits d'entretien bio permet d'assurer un nettoyage **écologique et efficace** de tout votre intérieur. Il est composé de 8 articles à un prix **très doux.**

Tous les produits bio sont très **concentrés** et sont par conséquent très **économiques** à l'usage.
Exemple : avec le nettoyant multi-usages 1 litre, vous pouvez faire jusqu'à 200 litres de prêt à l'emploi.

› Composition du kit découverte :
Lessive concentrée bio, Vaisselle main bio, Nettoyant multi-usages bio, Désinfectant bio, Pulvérisateur + Dosette graduée 50 ml, Carré essuyage microfibre

www.produit-entretien-bio.fr

Document 3 — Location ou achat de fichiers clients/prospects *B to C*

FOYER/FAMILLE & PÉRIODES DE LA VIE

Fichier d'adresses (e-mail ou postales) des naissances, fichiers d'adresses de nouveaux emménagés, listing d'adresses de jeunes retraités ou jeunes actifs… Les listings/fichiers clients de cette rubrique vous permettront de cibler des listings prospects selon une période ou un événement important de la vie de la famille et des individus.

- Fichier d'adresses de bébés / naissances
- Listing clients de nouveaux emménagés
- Fichier d'adresses de personnes qui vont déménager
- Listing d'adresses de foyers actifs
- Listing clients jeunes actifs
- Listing clients de foyers avec jeunes enfants
- Listing d'adresses de femmes enceintes
- Listing d'adresses d'étudiants & bacheliers
- Listing d'adresses de célibataires
- Fichier d'adresses de retraités / seniors

www.ideactif-md.com

Document 4 — Exemple de fichier clients *B to B*

RAISON SOCIALE	ADRESSE POSTALE	CP	VILLE	DÉPARTEMENT	RÉGION	EFFECTIF	NOM DIRIGEANT	ACTIVITÉ	TÉLÉPHONE	E-MAIL
SAGIL	Chemin du Sud	13440	Cabannes	Bouches-du-Rhône	Provence-Alpes-Côte d'Azur	10-19	M. Marie	Matériel hydraulique	0620104574	sagil@yahoo.fr
CHAMPAGNE	10960 Fontette	92350	Le Plessis	Hauts-de-Seine	Île-de-France	10-19	M. Levis	Location de matériel	0611205746	champagne@wanadoo.fr
ALTI-LOC	Rue Marcellin	35500	Vitry	Ille-et-Vilaine	Bretagne	20-49	Mme Bouton	Études, installation	0644770210	Alti-loc@sfr.fr
RECAM	Chemin du Halage	37260	Monts	Indre-et-Loire	Centre	1-9	M. Bart	Transport routier	0641748512	recam@orange.fr
ONEO	Zone d'activité Boulevard Foch	34000	Montpellier	Hérault	Languedoc	1-9	Mme Gilson	Formation infographie	0741256984	oneo@orange.fr
MATECOM	Avenue Henri Barbusse	25000	Besançon	Doubs	Franche-Comté	1-9	M. Noel	Bâtiment	0677589912	matecom@gmail.com
PACARD	Place Carnot	54000	Nancy	Meurthe-et-Moselle	Lorraine	1-9	Mme Desay	Agence immobilière	0658412547	pacard@gmail.com

Applications

Maîtrise

3 Réaliser le suivi de la prospection

L'entreprise Charlott', implantée à Chaponost près de Lyon, fabrique et vend à domicile de la lingerie féminine et du prêt-à-porter. La société, créée en 1994 par Véronique Garnodier et Frédéric Montolio, dispose aujourd'hui d'un catalogue de 700 à 800 références. Le panier moyen par cliente est de 80 €, ce qui permet de réaliser environ 640 € de chiffre d'affaires par réunion. L'entreprise crée six collections exclusives chaque année et son chiffre d'affaires est en croissance de 25 %.

Vous êtes conseiller(ère) Charlott' sur le secteur de Vannes dans le Morbilan ; vous faites le point sur votre prospection de la semaine.

1. Élaborez un outil de suivi de la prospection. Indiquez les objectifs fixés et les résultats obtenus.
2. Analysez les écarts entre les objectifs fixés et les résultats obtenus. Dressez le bilan de l'opération de prospection.
3. Proposez des solutions d'amélioration.

Document 1 Vos objectifs

- ✓ **Fichier contacts :** 50 nouveaux contacts par semaine
- ✓ **Prospection téléphonique :** 5 appels par jour
- ✓ **Prospection physique :** 6 rendez-vous par semaine

Document 2 Agenda de la semaine

Lun. 23	Mar. 24	Mer. 25	Jeu. 26	Ven. 27	Sam. 28
Meeting équipe 8 h – 10 h	Facebook : 2 contacts 9 h – 10 h		LinkedIn : 5 invitations envoyées 9 h – 10 h	Prospection téléphonique : 3 appels • 10 h – 11 h	Atelier Camille à Vannes Gare : 6 nouveaux contacts 14 h – 16 h
Commandes et suivi clients semaine précédente 10 h 30 – 12 h	Atelier Florence à Saint-Nolff : 2 nouveaux contacts 10 h – 12 h		Prospection téléphonique : 7 appels 10 h – 12 h	Administratif 11 h 30 – 12 h 30	
Atelier Sylvie à Muzillac : 6 nouveaux contacts 14 h – 16 h	Prospection physique à Saint-Nolff : 2 contacts hôtesses, 2 clientes 14 h – 17 h			Atelier Gaëlle à Vannes Port : 2 nouveaux contacts 14 h 30 – 16 h 30	
Visite clients à Muzillac : 2 contacts hôtesses 16 h – 17 h 30	Commandes et suivi clients 17 h – 18			Visites clients et suivi Vannes Port : 3 16 h 30 – 18 h	
Appels téléphoniques : 5 17 h 30 – 18 h 30					

Expertise

4 Préparer les outils de prospection des hôte(sse)s

L'entreprise PartyLite a été créée au début des années 1900 par une institutrice, Mabel Baker, qui fabriquait des bougies à partir de baies sauvages. Dès 1909, l'activité de Mabel est devenue florissante et l'entreprise est aujourd'hui un groupe d'envergure mondiale, spécialisé dans la vente directe de bougies parfumées. PartyLite travaille avec des parfumeurs renommés et la répartition de la fragrance dans toute la cire garantit une diffusion longue durée. La stratégie de PartyLite est de trouver pour chaque client la ou les fragrances qui lui ressemblent. Vous êtes conseiller(ère) PartyLite depuis peu et devez préparer les outils d'aide à la vente qui vous permettront de recruter les hôte(sse)s de vos futures ventes en réunion.

1. Préparez une présentation de l'entreprise et des produits.
2. Rédigez la trame de prise de contact avec l'hôte(sse).
3. Élaborez un plan de découverte et un argumentaire CAP/SONCASE pour convaincre votre futur(e) hôte(sse) d'organiser une Party.
4. Préparez une réponse aux objections les plus courantes rencontrées lors d'une vente PartyLite.

Document 1 Fabriquer des bougies : un véritable savoir-faire

Allumer une bougie d'ambiance offre un éclairage unique à forte connotation festive, créant une sensation de confort et de détente. Mais, il faut savoir que, pour créer cette ambiance agréable, leur parfum et leur couleur ne seront pas les seuls éléments à prendre en compte [pour] évaluer la qualité et le niveau de sécurité des bougies.
En Occident, on utilise traditionnellement des bougies fabriquées à base de cire d'abeille. Toutefois, de nos jours, la majorité des bougies sont fabriquées à base de paraffine, un produit dérivé du pétrole, ou à partir d'un mélange de plusieurs cires. Les consommateurs pensent généralement que le composant déterminant dans la fabrication d'une bougie est la cire, mais la qualité de la mèche est en fait bien plus importante. [Elle] va drainer la cire jusqu'à la flamme et plus elle sera épaisse et plus la consommation de cire sera importante. Une mèche de haute qualité sera fabriquée à base de fibres tricotées ou tressées, afin de garantir une combustion lente et régulière. Les mèches de basse qualité seront, elles, composées de fibres simplement torsadées.
Les fabricants de bougies doivent ainsi s'assurer que leurs produits passent cinq tests : stabilité de la bougie, absence d'allumage secondaire des paillettes de plus de 10 secondes, hauteur de la flamme de 75 mm maximum, extinction automatique après consumation, fumée non incandescente et stoppée après arrêt de la combustion.

« Vous ne regarderez plus jamais une bougie de la même façon », wsafety-news.com

Document 2 Les bougies PartyLite

- Nos produits ne contiennent pas de graisses animales ni de pesticides.
- Nos mèches sont 100 % coton, sans plomb et sans sulfates.
- Combustion optimale pour une diffusion intense de nos fragrances à partir d'huiles essentielles soigneusement sélectionnées.
- Composés de paraffine de qualité supérieure, non toxique.
- Fabriqués avec du verre 100 % recyclable et conforme aux normes de sécurité internationales.
- Fabriqués à la main aux États-Unis par des experts parfumeurs depuis plus de 40 ans.

www.partylite.fr

Document 3 — Organiser une Party

Vous adorerez nos Parties

Amusez-vous entre amis
Détendez-vous avec vos amis et profitez de l'incroyable ambiance des Parties.

Des fragrances fabuleuses
Les souvenirs prennent vie grâce à nos délicieuses fragrances. Trouvez votre Signature parfumée.

Récompenses Hôte(sse)s
Vous recevrez des offres exceptionnelles sur nos fragrances et nos accessoires.

Des cadeaux juste pour vous !

Jusqu'à 50 % de réduction sur vos fragrances et vos accessoires favoris.

Ventes rémunératrices en Party	Privilège Hôte(sse)*	Articles à 50 % de réduction**
250 €	50 €	1
500 €	100 €	2
750 €	150 €	3
1 000 €	200 €	4

Plus vous faites de parties, plus vous gagnez !

* 20 % de Privilège Hôte(sse) pour les Parties de 250 € de ventes rémunératrices et un rendez-vous dans les 30 jours. 15 % de Privilège Hôte(sse) si moins de 250 € de ventes rémunératrices ou pas de rendez-vous.

**Articles à sélectionner dans le catalogue en cours. 5 articles à moitié prix maximum. Les articles à moitié prix et les offres Hôte(sse)s ne peuvent être achetés avec le Privilège Hôte(sse).

www.partylite.fr

Document 4 — Liste des objections

"Je ne connais pas ces produits."

"Les produits sont trop chers et je ne veux rien acheter."

"Je ne comprends pas l'intérêt d'une vente à domicile pour des bougies."

"Les produits ne durent pas longtemps."

"La vente à domicile ne me plaît pas."

"Je n'ai pas le temps."

"Je n'ai pas de place à la maison pour inviter autant de monde."

"Je suis sûre que personne ne viendra."

Expertise

5 Préparer une vente en réunion

Léonard Vins & Terroirs est une entreprise créée en 2013, qui distribue des vins et produits du terroir en alliant réseau de vente à domicile et vente en ligne. Les réunions de vente sont l'occasion de déguster des produits authentiques et d'exception. En tant que conseiller(-ère), vous avez contacté Bernard, un client qui a passé commande en ligne et souhaite bénéficier d'un atelier de dégustation à domicile gratuit. Vous l'avez convaincu d'organiser un atelier entre amis dans trois semaines, un vendredi à 18 heures. Vous préparez votre prochain rendez-vous avec Bernard pour organiser la réunion.

1. Décrivez le concept d'une réunion Léonard Vins & Terroirs.
2. Présentez le planning d'organisation de la réunion (J-15, J-7, J -2 et J).
3. Listez les outils nécessaires au vendeur.
4. Détaillez les missions et les tâches à réaliser pour le prochain rendez-vous avec Bernard.
5. Répondez aux objections de Bernard sur les invitations à lancer.
6. Concevez l'e-mail d'invitation à la vente en réunion de Bernard.

Document 1 Les ateliers Léonard

Pour vous remercier de votre achat, **Léonard vous propose en cadeau dans chacune de vos commandes** de partir à la découverte des terroirs avec un **atelier de dégustation à domicile**, entièrement gratuit et sans engagement de 5 vins et 3 produits gastronomiques. Seul ou entre amis, pour vous ou à offrir, vous partirez avec Léonard dans une ambiance conviviale et ludique explorer de nouveaux horizons gustatifs.
Un de nos conseillers prendra contact avec vous pour planifier votre atelier.

leonard-vins-et-terroirs.com

Document 2 Interview d'Antoine Jouault, l'un des fondateurs

« Nos vendeurs proposeront ces produits dans le cadre de réunions de dégustation. Notre différence par rapport à d'autres concepts de vente de ce genre, c'est que nous voulons avant tout passer un bon moment de partage, pas forcément vendre à tout prix. L'autre différence, c'est que notre force de vente est reliée à notre site internet. C'est la vitrine de la marque où nous donnons la parole aux petits producteurs à travers des vidéos et des reportages. Sur le site internet, nous avons aussi créé une communauté autour des produits pour proposer à nos clients des recettes, un forum, mais aussi leur donner la possibilité de vendre leur propre vin. »

« Léonard Vins & Terroirs cherche des ambassadeurs de la bonne bouffe », www.regionsjob.com, 13 mars 2014.

Document 3 Les objections de Bernard sur les invitations à lancer

"Je suis mal à l'aise pour obliger mes amis à acheter vos produits."

"J'ai peur qu'ils ne viennent pas."

"Je ne sais pas comment m'y prendre."

"Nous avons déjà des dégustations entre amis."

Synthèse

Prospecter et organiser des rencontres

Les cibles en vente directe

- **Les cibles clients**
  - Les consommateurs potentiels
  - Les prospects
- **Les hôte(sse)s**
- **Les autres cibles**
  - Les prescripteurs
  - Les acheteurs
  - Les distributeurs

Les sources de contacts

Le réseau relationnel du vendeur	**Les fichiers existants**	
Famille, amis, voisins, réseaux sociaux…	Fichiers internes et externes	Les associations, les CSE, les foires et les salons, les initiatives du vendeur

Pour respecter le règlement sur la protection des données personnelles et éviter d'engager la responsabilité de l'entreprise, le vendeur doit collecter les données de manière transparente (finalité, durée de conservation, sécurité…) et avec le consentement des contacts.

Les méthodes de contact en vente directe
- La prospection téléphonique
- La prospection numérique
- La prospection physique

Convaincre L'hôte(sse) d'organiser une réunion
- Prise de contact
- Plan de découverte
- Argumentaire
- Réponses aux objections

Préparer la vente en réunion

J –15
- Informer et motiver l'hôte(sse)
- Dresser la liste des invités
- Lancer les invitations
- Repérer les lieux et le matériel

J –7
- Actualiser ses connaissances produit
- Construire le programme
- Préparer ses OAV

J –2
- Rappel et relance

TESTEZ-VOUS

Quiz sur le chapitre 11
liennathan.fr/227dxu

MOTS CLÉS : Hôte(sse) · Consommateurs potentiels · Prospects · Distributeurs · CSE · Foires et salons · RGDP · E-mailing · Social selling · Prise de contact · Plan de découverte · Argumentaire · Objections · Communication interpersonnelle · Invitation

CHAPITRE 12

Vendre en réunion à domicile

Contexte professionnel

Activité/Tâche
Animation, vente et conseil à domicile

Compétence
Prospecter, organiser des rencontres et vendre en réunion

Vers PIX
2.2. Partager et publier
3.2. Développer des documents multimédia

Les produits de l'entreprise ConnectIT sont désormais distribués en vente directe par une quinzaine de vendeurs sous statut de VDI mandataire. Les réunions de vente sont organisées à partir d'ateliers de démonstration de quatre types différents pour les quatre familles de produits : santé, sport, sécurité et domotique, famille.
Les vendeurs ont toute latitude en fonction des cibles invitées pour personnaliser les ateliers.

Ils disposent d'un kit de démonstration de base pour chaque famille de produits et sont formés à l'utilisation des objets connectés.
Leur plan de rémunération prévoit des commissions sur le chiffre d'affaires, des bonus sur les packs produits de démonstration supplémentaires, ainsi que des incitations au recrutement de nouveaux vendeurs (commissions sur le chiffre d'affaires des nouveaux vendeurs parrainés).

Votre rôle

Vous êtes vendeur(-se) VDI pour l'entreprise ConnectIT depuis peu. Après une première prospection auprès de votre réseau proche, vous avez convaincu l'un de vos amis, Florent Gastin, d'organiser un atelier de démonstration chez lui (chapitre 11). Vous allez donc animer votre première vente en réunion le 12 juin.
Pour réaliser cette mission, vous devrez :
– préparer et mettre en place l'atelier de démonstration ;
– animer l'atelier et conclure des ventes ;
– assurer le suivi de vos contacts.

Vos objectifs

I Préparer l'atelier de démonstration

1 Réalisez la check-list des informations et éléments nécessaires avant de partir à l'atelier. (N'oubliez pas le tapis antidérapant : voir chapitre 11.) — Fiche ressource 1

2 Actualisez vos connaissances sur les offres actuelles de ConnectIT et élaborez les fiches produits à fournir lors de la réunion. — Annexe 1

3 Préparez une enquête de satisfaction, que vous soumettrez aux invités en fin d'atelier. — Annexe 2

4 Vous arrivez chez Florent Gastin 30 minutes avant le début de l'atelier. Quelles informations importantes devez-vous lui transmettre avant l'arrivée des invités ?

II Animer la vente

Les invités arrivent peu à peu et le groupe est au complet à l'heure du début de la réunion. Florent a fait les présentations selon vos recommandations et vous êtes resté(e) très attentif(-ve) aux premiers mots et gestes échangés.

5 Effectuez votre pitch de présentation devant les invités. — Fiche ressource 1, Annexe 2

6 Adaptez votre argumentaire selon les informations obtenues sur chaque invité. — Fiche ressource 2, Annexe 3

7 Réagissez aux attitudes et objections émises par les invités lors de la démonstration. — Annexe 4

8 L'un des invités, Xavier Plestre, décide d'acheter le drone. Assistez-le pour remplir son bon de commande. Proposez une vente additionnelle. — Annexe 5

III Évaluer les performances et suivre les ventes

9 En fonction des nouveaux clients et des résultats de l'enquête réalisée auprès d'eux, planifiez les actions à réaliser à leur égard dans votre agenda. — Fiche ressource 3, Annexe 6

10 Réalisez le bilan chiffré de votre atelier. Identifiez les axes d'amélioration. — Annexe 7

11 Proposez des actions de communication à mettre en place à la suite de cet atelier.

12 Élaborez le contenu à mettre en ligne sur votre blog pour décrire votre dernier atelier.

Votre dossier

Annexe 1 Extranet vendeurs de ConnectIT

Voici les offres promotionnelles du mois de juin

FITBIT INSPIRE 2

Aussi discret qu'indispensable ! Apprenez à vous connaître et à mieux appréhender votre quotidien à l'aide du bracelet Fitbit Inspire 2. […]. Équipé d'un cardio-fréquencemètre, il vous donne la possibilité de suivre en continu votre rythme cardiaque afin d'ajuster parfaitement la cadence de toutes vos sessions sportives. […] Vous profitez d'informations concernant les dépenses caloriques, la distance parcourue et vous disposez également de conseils personnalisés liés à vos précédentes performances pour progresser. […] En associant votre smartphone, vous bénéficiez du GPS ainsi que de la réception de vos notifications relatives à vos SMS, mails et événements. 82 € au lieu de 99 €.

www.i-run.fr

Sphero Mini est une version mini de l'incontournable Sphero. Sphero Mini mesure 42 mm et tient facilement dans votre main. Tout comme le Sphero, Sphero Mini est pilotable de différentes manières avec l'application Mini ou tout simplement avec votre visage avec la nouvelle fonctionnalité « Face Drive ». Différents jeux sont disponibles et sont tout aussi addictifs. Sphero Mini est un concentré de technologie et dispose d'un petit gyroscope, d'un accéléromètre et de lumières Led. Les coques colorées sont interchangeables, de sorte que vous pourrez facilement les changer suivant votre humeur. Vous avez l'âme d'un codeur ? Téléchargez l'application Sphero Edu et programmez votre robot en utilisant JavaScript. Sphero Mini a une autonomie de 45 minutes. 55 € au lieu de 59 € 99.

www.robot-advance.com

GARMIN FORERUNNER 645 MUSIC

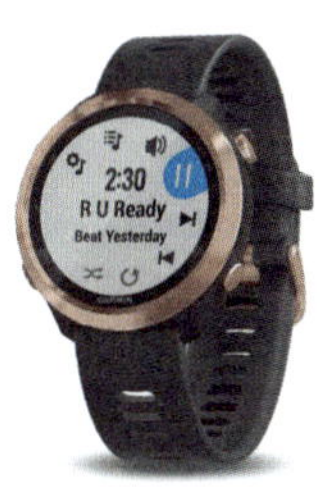

Performante et ultra-connectée ! […] La montre Garmin Forerunner 645 Music regorge d'éléments de mesures avancés. Son système running Dynamics permet une analyse précise des caractéristiques de votre foulée. L'association de ses deux systèmes de navigation GPS, Galileo et Glonass, vous assure des mesures précises lors de vos pratiques sportives. […] Garmin Forerunner 645 Music est équipée d'un écran Chroma Display ultra-résistant et facile à lire, même par forte luminosité. Parfait compagnon de tous les jours, cette montre légère est conçue pour résister à une pression de 5 ATM (50 mètres) et peut être utilisée sans danger pour vos séances de natation et sous la douche. L'incroyable autonomie jusqu'à 7 jours en mode montre intelligente et 14 heures en mode GPS de la montre Garmin Forerunner 645 Music lui permet de vous accompagner dans tous vos défis ! Promotion limitée en quantité. Vous économisez 44 % à 249 € (prix public conseillé : 449 €).

www.i-run.fr

DRONE PNJ R-RAPTOR HD

Ce drone avec caméra HD sera parfaitement adapté aux pilotes de drones débutants ou plus expérimentés. Il se connecte rapidement à votre smartphone et peut être piloté à une distance entre 30 et 50 mètres […]. Les utilisateurs débutants pourront apprécier les différents modes d'aide au pilotage du drone comme le mode sensoriel pour un pilotage par inclinaison du smartphone, le mode Alti pour maintenir l'altitude du drone ou encore le décollage et l'atterrissage automatiques qui permettront également d'optimiser l'utilisation de la batterie en optimisant ces deux phases. Le drone R-Raptor HD de PNJ est livré avec un pack complet d'accessoires pour le transport et la sécurité du drone. […] 89,90 € au lieu de 99,90 €.

www.robot-advance.com

Tous nos produits peuvent bénéficier d'une extension de garantie 2 ans :
19,90 € jusqu'à 250 € d'achat, puis 29,90 €.
Recommandez ces extensions de garantie lors de la conclusion de la vente.

Annexe 2 — Fiche formation ConnectIT : Mon premier atelier (extrait)

Le déroulement de votre atelier démonstration (environ 1 h 30)

10 min	Pitch d'introduction : – Remercier l'hôte et les invités – Se présenter – Présenter ConnectIT – Présenter l'offre (les produits, les avantages hôtes et le métier de vendeur)
20 à 30 min	Démonstration : Le lieu a été aménagé en fonction de la thématique de l'atelier. Vous démontrez l'utilisation des produits sur vous-même grâce à votre Smartphone et/ou votre tablette. Pour chaque produit, vous expliquez son fonctionnement et ses atouts tout en mettant en valeur la simplicité d'utilisation.
30 min	Essais individualisés par les invités. L'hôte peut servir la collation. Ils peuvent utiliser leur propre Smartphone en téléchargeant gratuitement les applications dédiées ou utiliser votre tablette. L'espace de démonstration doit être sécurisé (tapis antidérapant, espace délimité pour les vols de drones).
10 min	– Distribution des catalogues (avec des stylos !) – Explications sur les conditions de livraison, le prix et le SAV – Assistance à la commande – Faire remplir l'enquête « À votre avis ? » en valorisant le rôle de l'hôte et le métier de vendeur
10 min	– Conclure en annonçant l'avantage hôte du jour – Remercier – Ranger l'atelier

ConnectIT

ConnectIT a été créée en 2016 par trois amis passionnés par l'intelligence artificielle. Leurs objectifs : vulgariser les nouvelles technologies, montrer l'intérêt des objets connectés dans notre vie quotidienne. Six mois plus tard, l'entreprise distribue plus de 150 produits, représentant les plus grandes marques du secteur, via son site de vente en ligne. Le succès des démonstrations effectuées dans les lieux de vente a fait germer l'idée d'une vente directe qui offre conseils personnalisés, possibilité d'essai des produits dans une ambiance conviviale. Déjà 15 vendeurs se répartissent dans toute la France. Les valeurs de l'entreprise : fiabilité des produits, simplicité d'utilisation, des produits au service de notre quotidien.

Enquête « À votre avis ? »

En fin d'atelier, prévoyez une enquête qui vous permettra :

- ✅ de récupérer les coordonnées des invités ;
- ✅ de connaître leurs caractéristiques ;
- ✅ d'identifier leur désir de devenir hôte ou vendeur ;
- ✅ de connaître leur ressenti sur votre atelier et les points à améliorer.

Annexe 3 — Liste des invités de la réunion

Liste de Florent avec mention des confirmations de présence

Cercle familial		Cercle amical		Cercle professionnel		Autre cercle relationnel	
Antoine Gastin		Andrea Termani	X	Jean-Louis Fival		Soraya Meradi	
Xavier Plestre	X	Farida Dib	X	Bernard Travois		Sacha Vardier	X
Stéphanie Vial	X	Olivier Laurent	X	Quentin Tronçais	X	Léa Farini	
Françoise Gastin		Salim Amari	X	Valérie Peters		Farid El Alami	
Pierre Gastin		Julien Touvet		Pedro Anconi		Léo Marin	
Annie Vial		Floriane Vertel		Samuel Hebert		Martin Barrois	
Jean-Michel Vial		Chloé Bonenfant		Emma Vardi		Xavier Proudon	
Louis Plestre		Djamel Bakari		Céline Balland		Maria Alvar	

Liste des invités de la réunion

Informations sur les invités

Nom	Adresse	Téléphone	E-mail
Salim Amari	5 rue Jean-Revel 69004 Lyon Profil : ami, homme, 22 ans, sportif, étudiant	0925476312	salim0612@hotmail.fr
Farida Dib	32 avenue Albert Thomas 69190 Saint-Fons Profil : amie, femme, 23 ans, sportive et moderne, étudiante	0478963175	Farida.dib@laposte.net
Olivier Laurent	36 rue Pierre-Chevrier 69007 Lyon Profil : ami, homme, 23 ans, pratique le jeu vidéo, commercial	0964512354	olivier.laurent@orange.fr
Andrea Termani	15 rue de l'Abondance 69003 Lyon Profil : ami, homme, 22 ans, passionné d'informatique, étudiant	0478256412	andreatermani@hotmail.fr
Xavier Plestre	28 rue Garibaldi 69006 Lyon Profil : famille, homme, 25 ans, sportif, informaticien	0630485127	xavier.plestre@hotmail.fr
Quentin Tronçais	25 rue Chevreuil 69007 Lyon Profil : collègue, homme, 27 ans, sportif (tennis, footing), commercial	0789654191	quentin.troncais@gmail.com
Sacha Vardier	17 rue Jacquart 69004 Lyon Profil : voisin, homme, 26 ans, sportif, graphiste	0478736482	sacha6902@hotmail.fr
Stéphanie Vial	31 rue Jarente 69002 Lyon Profil : famille, femme, 24 ans, pratique le fitness, conseillère bancaire	0482976321	stephvial@laposte.net

Annexe 4 Attitudes et objections des invités

Sacha Vardier est sceptique. Il hésite à se lancer dans un essai :

« *Je ne comprends pas comment ça fonctionne. Ça m'a l'air bien compliqué.* »

Stéphanie Vial est enthousiaste. Elle monopolise un produit en essai.

« *C'est super ce truc ! Cela dit, j'utilise déjà une appli sur mon Smartphone pendant mes cours de fitness.* »

Quentin Tronçais reste en retrait du groupe. Il participe peu aux essais. Il s'adresse à son hôte :

« *Encore des gadgets hors de prix !* »

Farida Dib, Olivier Laurent, Salim Amari et Andrea Termani restent ensemble. Ils s'amusent avec entrain mais ils n'écoutent pas vos conseils d'utilisation et ne semblent pas désireux d'acheter

« *Très amusant ! J'ai vu le même l'autre jour dans un magasin. Là-bas au moins, si on a un problème de fonctionnement, on peut le rapporter au SAV du magasin.* »

Xavier Plestre teste les produits mais la vente à domicile l'énerve : il se sent contraint à l'achat.

Annexe 5 Bon de commande

Client		Vendeur	
Nom :	**Prénom :**	**Identifiant :**	
Adresse :		**Nom :**	**Prénom :**
Code postal :	**Ville**	**Téléphone :**	
Tél :		**E-mail :**	
E-mail :		**Siret :**	
Entreprise :			
Siret :			
Adresse :			

Référence	Produit	Quantité	Prix unitaire	Prix TTC
			Sous-total HT	
			Sous-total TTC (TVA 20 %)	
			Port et emballage	
			Net à payer TTC	
			Livraison Date estimée : Date limite : Adresse :	

MODALITÉS DE PAIEMENT

Article L. 121-18-2 du Code de la consommation

❏ *La vente a été conclue au cours d'une réunion organisée par le vendeur au domicile de M/Mme..., qui l'a expressément acceptée.*

❏ Chèque/N° du chèque ______________________

❏ CB

❏ Espèces

❏ *Je reconnais avoir pris connaissance des informations précontractuelles, et avoir bénéficié du délai nécessaire à leur compréhension. Je reconnais également avoir lu et accepté les termes du présent bon de commande y compris les conditions générales de vente qui se trouvent au verso de ce document et déclare les accepter dans leur intégralité sans exception ni réserve.*

❏ *J'accepte que mes coordonnées soient réexploitées à des fins commerciales par ConnectIT*

Fait à :

Signature du client

Date et heure :

Signature du vendeur

Si vous annulez votre commande, vous pouvez utiliser le formulaire détachable ci-contre.

Annexe 6 Résultats de l'enquête auprès des invités

Nom	Intéressé(e) pour organiser une réunion	Intéressé(e) pour le métier
Xavier Plestre		
Stéphanie Vial	X	
Andrea Termani		
Farida Dib	X	
Olivier Laurent		
Salim Amari	X	X
Quentin Tronçais		
Sacha Vardier		

Annexe 7 Les données chiffrées de l'atelier

Nombre de produits vendus (dont ventes additionnelles)	7
Nombre d'invités ayant acheté	4
Ventes TTC	460,80 €
Taux de marge	21 %

FICHE RESSOURCE

1

METTRE EN PLACE ET LANCER LA RÉUNION

I Avant le début de la réunion

1. La préparation du vendeur

Le jour même, le vendeur prépare tout ce dont il a besoin pour la réunion et la réalisation des ventes.

Préparer les ventes et le suivi de la réunion	Préparer le matériel
– Vérifier les stocks de produits sur le site de l'entreprise – Lister les offres actualisées – Dernier catalogue produits – Fiches produits détaillées – OAV préparés en amont ou fournis par l'entreprise – Liste des invités – Cartes de visite – Support de présentation du métier de conseiller ou du rôle d'hôte pour les invités intéressés – Enquête de satisfaction (en fin de réunion)	– Matériel de décoration – Pack cadeau pour l'hôte(sse) – Collation (boissons, gâteaux…) si ce n'est pas pris en charge par l'hôte(sse) – Produits de présentation – Produits complémentaires éventuels – Agenda – Stylos – Bons de commande – Calculette – Moyens de règlement : porte-monnaie, lecteur de carte bancaire, Smartphone avec application de paiement

2. L'arrivée sur le lieu de la réunion

Le vendeur anticipe (15 à 30 minutes) son arrivée sur le lieu de la réunion afin d'accompagner l'hôte(sse) et de préparer le cadre de l'événement.

a. Accompagner l'hôte(sse)

Le vendeur prend le temps d'échanger avec l'hôte(sse) en adoptant une attitude positive et confiante. Il prend connaissance des invités ayant confirmé leur présence et de leur profil, et si nécessaire anticipe avec lui/elle leur placement. Il lui confie la mission d'accueillir discrètement les retardataires. Il identifie grâce à lui/elle les invités susceptibles de devenir hôte(sse)s à leur tour.
Il rappelle le thème de la réunion et son déroulement. Il implique à nouveau l'hôte(sse) dans sa réussite.

b. Préparer le cadre de l'événement

Le vendeur crée le cadre de sa présentation sur le lieu de la réunion en fonction de ses produits. Il crée une ambiance accueillante, confortable et conviviale. Il met en scène les produits (boutique éphémère), en ajoutant des éléments de décoration correspondant au thème choisi et en s'adaptant au domicile de l'hôte(sse). Il peut jouer sur tous les sens des invités : fond musical, parfum d'ambiance, plaisir des yeux. En cas de démonstration produit, il prépare la mise en scène.

EXEMPLE

Salir volontairement une vitre pour démontrer l'efficacité d'un produit nettoyant.

Il prépare un espace pour les documents à distribuer et un espace pour la collation.

II Le début de la réunion

1. L'accueil des invités

Dès le premier invité, le vendeur se consacre à l'accueil des invités. Le premier contact avec l'invité(e) est réalisé par l'hôte(sse). Avec son aide, le vendeur va à la rencontre de chacun en retenant son nom pour l'animation à venir.
Il se présente en respectant la charte éthique de la vente directe.

EXEMPLE

« Bonjour, bienvenue, Éléonore Gardant, conseillère Rayonnor, je vous remercie de votre présence. »

Les premiers moments sont le cadre d'un échange informel durant lequel chacun s'installe et se salue. Le vendeur peut saisir l'opportunité de ce moment pour distribuer les documents que l'invité doit avoir s'il part avant la fin de la réunion (fiche contact ou enquête à remplir).
Le début de la réunion doit respecter l'heure fixée. Le vendeur ayant anticipé les retardataires avec l'hôte(sse), il débute la réunion au plus tard 15 mn après l'horaire convenu.

2. Débuter la réunion

Le début de la réunion permet de poser les trois objectifs du vendeur : vendre les produits, recruter des hôte(sse)s, recruter de nouveaux vendeurs.

a. Se présenter

Présentation personnelle et rapide du parcours professionnel avec pour objectif éventuel d'identifier de nouveaux conseillers potentiels.

EXEMPLE

« Bonjour, mesdames, messieurs, je suis Éléonore Gardant, conseillère indépendante de la marque Rayonnor. Merci à tous et à toutes de votre présence. Je suis conseillère Rayonnor depuis déjà 3 ans après avoir été comptable pendant 10 ans. Je pratique cette activité en élevant mes 2 enfants. C'est très agréable de faire ce métier, de vous rencontrer et d'échanger avec vous tout en m'organisant comme je le souhaite pour rendre ma famille heureuse. »

b. Remercier l'hôte(sse) et présenter le déroulement de l'événement

L'hôte(sse) étant stratégique pour le bon déroulement de l'événement, le vendeur le (la) valorise et cherche également à susciter auprès des invités le désir de devenir hôte(sse) à leur tour.

EXEMPLE

« Je remercie madame Harkoni qui a la gentillesse de nous recevoir. Pour la remercier de son accueil, je lui offrirai ce pack en cadeau. Grâce à son sens de l'organisation, nous allons vivre un moment agréable pendant lequel je vais vous présenter la marque, nos produits et leurs atouts. Chacun d'entre vous pourra ensuite les essayer. Vous n'avez bien sûr aucune obligation d'achat. »

c. Présenter l'entreprise

Le Code éthique de la vente directe et le Code de la consommation imposent aux vendeurs de présenter l'entreprise. Cette présentation permet également d'être ambassadeur de la marque et de profiter de la notoriété de la marque.
La plupart des entreprises de vente directe proposent des guides d'animation d'atelier à leurs vendeurs. Une partie est dédiée à la présentation de l'entreprise, ses valeurs, son historique.

EXEMPLE

« La marque Rayonnor est une marque de référence depuis 1937, qui pratique la vente à domicile depuis les années 1960. Rayonnor est une entreprise familiale. La marque a développé la charte Rayobio pour ses produits cosmétiques. Les formules ont depuis toujours été pensées dans un souci de préservation de l'environnement. La vente à domicile permet de démontrer la qualité des produits et de fournir des conseils personnalisés pour leur utilisation. »

d. Présenter les produits

La présentation des produits commence par leurs avantages distinctifs globaux par rapport à la concurrence. Une vision globale des gammes est fournie aux invités.

FICHE RESSOURCE

2

ANIMER LA RÉUNION, VENDRE EN RÉUNION

Un atelier de vente a une durée différente selon le produit et son utilisation. Il est cependant clairement délimité dans le temps afin de donner du rythme à l'événement et de ne lasser ni les invités, ni l'hôte(sse).

I La démonstration

La vente directe est choisie par les entreprises qui recherchent à la fois un contact personnalisé avec le client et un partage de l'expérience produit, une initiation à son utilisation.
Les ateliers ou réunions proposés sont des moments d'échanges et de partages d'expérience, plus ou moins organisés en fonction des thématiques : présentation de chaque produit et ses avantages, mise en scène d'expériences, réalisation collective.

EXEMPLE

La vente de robots ménagers se fait par la réalisation d'une nouvelle recette devant et avec les invités.

La démonstration permet d'entrer dans le descriptif du produit. Il conduit à faire participer les invités à l'atelier. Le vendeur distribue les rôles et favorise les interactions entre les invités. Il valorise les invités au fur et à mesure de l'atelier. Il construit une ambiance chaleureuse et enthousiaste en s'appuyant sur la complicité qui peut exister entre des invités qui se connaissent déjà.

II La découverte des besoins et le conseil personnalisé

Le conseil personnalisé est l'occasion de découvrir les besoins de chaque invité. Il s'effectue soit au fur et à mesure du déroulement de l'atelier, soit à un moment dédié après la présentation des produits.
Le vendeur développe ainsi un contact personnel avec chacun des invités grâce à :

- **l'observation :** vers quels produits se dirige l'invité ? Quelle est son attitude dans le groupe ? S'implique-t-il dans la réunion ? Quels commentaires l'invité émet-il sur les produits ? sur l'atelier ?
- **le questionnement :** « *Appréciez-vous cet atelier ? Que pensez-vous des produits ? Ce produit vous convient-il ? Comment pensez-vous l'utiliser dans votre quotidien ? Avez-vous déjà essayé ce type de produit ? Avez-vous déjà assisté à une vente à domicile ? Où habitez-vous ? Aimez-vous recevoir des cadeaux ? Avez-vous des questions sur ce métier ?* »
- **la reformulation :** à la fin de chaque échange, le vendeur résume l'information obtenue de l'invité et lui montre qu'il a été compris.

EXEMPLE

« Donc vous avez déjà un robot de cuisine mais vous ne l'utilisez jamais, il dort dans un placard… Vous devriez lui trouver une place dans votre cuisine pour prendre l'habitude de l'utiliser. Il deviendra vite indispensable quand vous verrez le temps gagné ! »

C'est l'occasion de distribuer le catalogue et de présenter les offres. L'hôte(sse) sert la collation prévue. Le vendeur peut l'aider au service pour échanger avec chacun à cette occasion.

III Convaincre

1. Argumenter

a. Pendant la démonstration

La démonstration ou l'expérimentation s'appuient sur la méthode CAP.

EXEMPLE

Caractéristique produit : « *Vous voyez ce robot a plusieurs fonctions qui s'exécutent très simplement grâce à ce panneau de commande.* »
Avantage produit : « *Vous gagnez du temps. Il se nettoie facilement. Il est simple d'utilisation.* »
Preuve : « *Regardez, cela n'a pris que 5 minutes.* »

b. Lors des conseils personnalisés

La découverte du client a permis d'identifier le type de contact (vente produit et/ou recrutement). À cette occasion, le vendeur peut s'appuyer sur les renseignements obtenus pour réaliser une argumentation personnalisée avec la méthode SONCAS.

Vendre le produit	Recruter un(e) hôte(sse)	Recruter un(e) vendeur(se)
Sécurité : *« Vous vous inquiétez de la durée de vie du produit : j'ai des clients qui l'utilisent sans souci depuis 5 ans. »* **Orgueil :** *« Ce vêtement vous va très bien. Il s'adapte parfaitement à votre morphologie. »* **Nouveauté :** *« Je suis ravie de vous avoir fait découvrir une nouvelle recette. En achetant nos ustensiles, vous découvrirez de nombreuses autres recettes sur votre espace privilégié. »* **Confort :** *« Je vois que nous n'aimez pas perdre de temps dans votre quotidien : tous les accessoires du robot passent au lave-vaisselle. »*	**Argent :** *« Vous trouvez que notre hôtesse a de la chance d'avoir tous ces cadeaux… Si vous voulez, nous pouvons organiser un atelier chez vous. »* **Sympathie :** *« J'ai vu que vous vous amusiez beaucoup à cuisiner avec les autres. Ça vous dit de faire la même chose chez vous ? » « Vous êtes disponible au même moment dans 3 semaines ? »*	**Argent :** *« Je vous ai entendu dire que vous aimeriez acheter ce robot de cuisine mais que vous n'en aviez pas les moyens. Vous pourriez gagner un complément de revenu en faisant la même chose que moi, en plus d'avoir des produits gratuits. Si vous êtes intéressé, nous pouvons nous rencontrer autour d'un café cette semaine. »*

2. Traiter les objections

Lors de la réunion, le vendeur est confronté à de nombreuses objections.
Certaines sont expressément formulées à son attention lors de la présentation ou des conseils personnalisés. À cette occasion, le vendeur reformule l'objection, montre son empathie et argumente.

EXEMPLE

« Le prix est vraiment trop élevé par rapport à un produit équivalent dans le commerce. »
« Vous trouvez le prix trop cher. Je comprends qu'en comparant avec un tarif en grande distribution, cela peut paraître élevé. Mais nous garantissons la traçabilité de notre produit, contrairement à un supermarché. En plus, son efficacité est telle que vous en consommerez moins. »

Les objections peuvent également être formulées de manière indirecte, par une attitude réticente de l'invité ou par une remarque effectuée à un autre invité. Le vendeur ne doit alors pas les ignorer mais accorder son attention à l'invité et l'aider à formuler ouvertement son objection pour pouvoir y répondre.

IV Conclure la vente

1. Présenter le prix

Les prix proposés en vente en réunion sont indiqués TTC. Le moment de l'annonce du prix varie. Si le produit a un coût élevé ou si une offre promotionnelle existe, le prix est annoncé en début de réunion. Sinon, il est fourni lors des conseils personnalisés ou lors des commandes en fin de réunion. Il doit être clairement indiqué aux invités.

2. La commande

Les commandes sont effectuées dans le respect du droit de la consommation et du Code éthique de la vente directe. En fin de réunion, le vendeur remet le document précontractuel et le bon de commande aux invités en leur précisant clairement les conditions de livraison, les garanties, les conditions de paiement et leur droit de rétractation de 14 jours.
L'étape de la prise de commande est particulièrement suivie par le vendeur, qui assiste les invités dans le remplissage du document et propose à ce moment un produit additionnel.

3. Le paiement

Depuis la loi Hamon du 17 mars 2014, le paiement peut s'effectuer immédiatement lors de la réunion de vente à domicile par carte bancaire, par chèque, en espèces ou par paiement mobile, contrairement aux autres formes de vente à domicile pour lesquelles tout paiement est interdit avant la fin du délai de rétractation. Le vendeur est donc équipé d'une caisse, d'un terminal de paiement ou d'une application mobile pour finaliser les règlements.

4. La fin de la réunion

La fin de la réunion permet au vendeur d'alimenter son fichier de contacts. Il peut notamment pour cela réaliser une enquête qui lui permettra d'obtenir les coordonnées des invités.
Dernières démarches à accomplir :
- annoncer aux futur(e)s hôte(sse)s ainsi qu'aux client(e)s un contact ultérieur dans le cadre d'un suivi de qualité ;
- motiver l'hôte(sse) pour parler de la réunion à ses proches et transmettre des bons de commandes aux invités absents lors de la réunion ;
- ranger le matériel, prendre congé et remercier.

FICHE RESSOURCE

3

LE SUIVI DE LA RELATION

I Les indicateurs de la vente en réunion

1. Les indicateurs quantitatifs

La vente en réunion conduit à l'utilisation de ratios spécifiques pour suivre la performance des ventes.

Indicateurs	Définitions
Capital rendez-vous	Nombre de réunions programmées dans l'agenda à réaliser
Nombre moyen de rendez-vous pris par réunion	$\frac{\text{Nombre de RDV pris en réunion pendant une période}}{\text{Nombre de réunions réalisées pendant cette période}}$
Taux de présence	$\frac{\text{Nombre de personnes présentes}}{\text{Nombre d'invités}} \times 100$
Taux de transformation	$\frac{\text{Nombre de nouveaux clients}}{\text{Nombre de participants à la réunion}} \times 100$
Panier d'achat	Panier d'achat moyen par participant : $\frac{\text{Chiffre d'affaires de la réunion}}{\text{Nombre de participants}}$ Panier d'achat moyen par client : $\frac{\text{Chiffre d'affaires de la réunion}}{\text{Nombre d'acheteurs}}$
L'indice de vente	Mesure du nombre de produits vendus par panier d'achat, y compris les ventes additionnelles. Plus cet indice est faible, plus le vendeur a des possibilités de réaliser des ventes additionnelles. $\frac{\text{Nombre de produits vendus}}{\text{Nombre d'acheteurs}}$

EXEMPLE

Le vendeur s'est fixé pour objectif de recruter au moins 3 hôtesses à chaque réunion. Après le bilan de l'année, il apparaît qu'en moyenne 4 rendez-vous sont pris parmi les participants aux réunions.
Pour chaque réunion, l'objectif est qu'au moins 50 % des personnes invitées soient présentes et que 60 % achètent les produits pour un chiffre d'affaires global moyen par réunion de 450 €. L'indice de vente doit être au moins de 0,6.

Nombre moyen de RDV pris en réunion	6 réunions 24 RDV	$\frac{24}{6} = 4$
Taux de présence	30 invités 6 présents	$\frac{6}{30} \times 100 = 20\ \%$
Taux de transformation	6 participants 5 acheteurs	$\frac{5}{6} \times 100 = 83{,}33\ \%$
Panier moyen d'achat par participant	575 € par réunion 6 participants	$\frac{575}{6} = 95{,}83$ €
Panier moyen d'achat par client	5 acheteurs	$\frac{575}{5} = 115$ €
Indice de vente	4 produits vendus par panier	$\frac{4}{5} = 0{,}8$

2. Les indicateurs qualitatifs

Le succès de la vente en réunion se mesure aussi à la satisfaction de l'hôte(sse) et des invités. Ils partageront ainsi leur enthousiasme avec leur entourage. La mesure de la satisfaction se fait en fin de réunion par l'échange avec les invités et l'hôte(sse), grâce également à l'enquête à distribuer à ce moment-là. Les participants peuvent ainsi exprimer leur ressenti.

II La fidélisation client

1. Le fichier clients

Les nouveaux contacts obtenus par le vendeur à l'issue de la réunion sont intégrés dans sa base de données. Le vendeur va qualifier le fichier : il va vérifier les informations (adresse, numéro de téléphone, activité, achats…) mentionnées dans les fiches clients et prospects, il complète les informations dans le fichier grâce aux questionnaires remplis par les invités à la réunion et grâce à leurs achats.

2. Le suivi des commandes et le suivi client

- **La livraison des commandes :** après la réunion, les commandes sont réalisées par le vendeur auprès de l'entreprise de vente directe. La livraison peut être effectuée directement par le vendeur, qui profite de ce moment pour fidéliser et rechercher de nouveaux contacts auprès du client.
- **L'appel de remerciement :** le client est rappelé dans les 48 heures suivant la réception de sa commande : *« Bonjour Pascale, c'est Samia d'Elora. Je voulais simplement vous dire que j'ai apprécié de pouvoir vous rencontrer. Merci pour votre commande. Je sais que vous allez adorer le produit que vous avez choisi ; vous devriez le recevoir dans les 10 prochains jours. »*
- **L'appel de satisfaction :** deux semaines après son achat, le client est appelé pour s'assurer qu'il a bien tout reçu et savoir s'il a éventuellement besoin de conseils pour utiliser le produit.
- **L'appel d'offre commerciale :** si l'entreprise met en place une nouvelle offre commerciale, le vendeur appelle les clients pour les en informer.
- **L'appel de réapprovisionnement :** lorsque les produits sont consommables (produits d'entretien, de beauté, alimentaires…), le vendeur relance les clients à des dates pertinentes.
- **L'appel de relance des réservations :** la réservation est un rendez-vous pris par le vendeur auprès d'un invité pour une nouvelle réunion à son domicile. Un rendez-vous a été daté pendant la réunion. Le vendeur confirme le rendez-vous de préparation du (de la) futur(e) hôte(sse).

3. Le parrainage de nouveaux consommateurs potentiels

Le vendeur recherche de nouveaux consommateurs grâce au réseau des nouveaux clients acquis lors de la réunion. Satisfait, le nouveau client devient ainsi prescripteur du produit auprès de son propre réseau. Certaines entreprises de vente directe proposent des offres de parrainage aux clients qui génèrent de nouvelles ventes auprès de leur réseau.

III Les actions de communication

Dans le respect de l'image commerciale de l'entreprise, le vendeur va poursuivre sa relation commerciale grâce à des actions de communication régulières et en multipliant les outils de communication.

- **Réseaux sociaux :** ils constituent une communauté d'utilisateurs des produits. Le vendeur y poste ses dernières réunions, les nouvelles offres ou de nouveaux conseils.
- **Blog :** le blog permet de produire des contenus thématiques (offres, vidéos de conseils d'utilisation…) et de créer un univers personnel.
- **Newsletter et e-mailing :** le suivi client peut être effectué par l'inscription à des newsletters ou l'envoi d'emails grâce à un outil personnel ou aux solutions logicielles fournies par l'entreprise de vente directe.
- **Mini-site personnel :** certaines entreprises de vente directe proposent à leurs vendeurs un site web personnalisé, gratuit ou payant, qui fournit au vendeur une vitrine pour son activité.
- **Espace client :** après la première commande, le client peut accéder à un espace client sur le site de l'entreprise de vente directe pour effectuer son réapprovisionnement. Les nouvelles ventes additionnelles sont prises en compte dans le calcul de la commission du vendeur.
- **Les actions de communications ciblées :** le vendeur opère des actions de communication ciblées à des moments clés de l'année (fêtes, nouvel an, anniversaire du client).
- **Les journées portes ouvertes, salons :** elles sont l'occasion d'inviter les clients et contacts.

Applications

Maîtrise

1 Préparer et lancer une réunion de vente

Créée en 2003 par Michel et Isabelle du Cray, l'entreprise Zabok commercialise des bijoux fantaisie personnalisables. Elle est basée à Maxéville, près de Nancy (54).
Vous avez récemment rejoint l'équipe des conseillères de la marque et allez bientôt participer à une première réunion de vente avec la conseillère qui vous a recruté(e). C'est elle qui animera cette réunion mais, pour vous préparer à être autonome, vous travaillez les présentations de début de réunion et l'argumentaire de vente.

1. Rédigez votre présentation de début de réunion (5 étapes : se présenter ; remercier l'hôte(sse) ; présenter le déroulement de la réunion, l'entreprise et les produits).
2. Analysez les points forts de votre entreprise. Élaborez un argumentaire de vente CAP/SONCASE sur les produits Zabok.

Document 1 Zabok, créateur de bijoux fantaisie

PORTRAIT [...]

ZABOK [...], marque de bijoux fantaisie « *modulables et personnalisables à l'infini* ». « *Nous trouvions étrange que le monde du bijou soit passé à côté de la tendance de la personnalisation* », explique le dirigeant de cette pépite qui recrute en permanence grâce à son concept de « bijou évolutif ».

CA : PLUS DE 1 M€

Zabok emploie aujourd'hui 500 « conseillères » réparties dans toute la France, dont 6 personnes au siège à Maxéville, sur le site Saint-Jacques, où les bijoux sont conçus et où sont dispensées les formations. La production se trouve en Asie et en Europe. Le chiffre d'affaires dépasse le million d'euros.

Particularité : l'effectif compte très peu de salariés, les « conseillères » de la maison exercent une activité de VDI (vendeur à domicile indépendant). [...]

VENTES PRIVÉES

Si Zabok dispose d'une boutique en ligne depuis 2015, plus de 17 000 *followers* sur son compte Instagram et 6 400 sur sa page Facebook, c'est surtout grâce à la bonne vieille méthode « Tupperware » et ses réunions entre copines que l'entreprise s'est développée. C'est en effet principalement par le canal des ventes privées que les collections s'écoulent. « *Pour comprendre le concept, il faut un moment d'intimité.* »

www.saint-jacques-activites.fr

Document 2 Le concept Zabok

Il suffit de feuilleter la presse féminine pour s'apercevoir que la personnalisation est une tendance profonde de ces dernières années. Or, l'univers de la bijouterie semble être massivement passé à côté de ce phénomène.

Sauf à s'offrir un bijou hors de prix, il n'est pas possible d'avoir un bijou unique, réalisé pour soi. Résultat : il n'est pas rare de croiser une femme dont la parure nous est familière, ou pire, que nous possédions la même !

Nous croyons qu'il n'est plus possible d'imposer aux femmes les mêmes bijoux ! ZABOK permet aux femmes de porter des bijoux uniques, sur mesure et accessibles, qui révèlent leur singularité. En associant les accessoires et en mariant les matériaux – acier joaillier, pierres fines, argent, ou cristaux – chacune d'entre elles peut révéler sa singularité et posséder un bijou unique et sur mesure !

www.zabok.fr

Maîtrise

2 Préparer et animer une vente en réunion

Parenthèse Café est une entreprise de vente à domicile qui propose d'organiser une pause-café ou thé entre ami(e)s en dégustant les cafés, thés, infusions et douceurs sucrées commercialisés par la marque. Vous êtes vendeur(-se) à domicile pour Parenthèse Café et avez aujourd'hui une réunion chez Françoise, une voisine.

1. Définissez le concept de l'entreprise Parenthèse Café.
2. Présentez la gamme de produits de l'entreprise.
3. Élaborez la *check-list* des éléments utiles à votre réunion avant votre départ chez Françoise.
4. Vous avez prévu d'arriver chez votre hôtesse 20 minutes avant la réunion. Listez les étapes importantes à respecter.
5. Préparez l'entretien que vous aurez avec Françoise avant la réunion.

Document 1 — Des boissons et gourmandises bio et naturelles

La gamme

[…] Les produits sont sélectionnés auprès d'artisans et de producteurs français, ce qui implique des circuits plus courts. Les ingrédients sont naturels, sans additifs nutritionnels issus de l'industrie agroalimentaire ou pharmaceutique. Enfin, une attention toute particulière est portée sur le bio et le commerce équitable dont une large gamme possède ces labels. […]

Que trouve-t-on chez Parenthèse Café ?

Cafés

- Une sélection issue du monde entier : Guatemala, Éthiopie, Indonésie, Inde
- Des intensités allant du plus doux au plus corsé
- Un conditionnement s'adaptant à vos habitudes de dégustation : le café est proposé en grain, moulu, en dosettes souples ou capsules

Biscuits : tous les biscuits sont certifiés bio.

- 3 types de macarons bio sans gluten et sans lait : chocolat, noisettes et amandes
- Dégustez également des navettes à la fleur d'oranger, des croquants aux amandes et des canistrelli

Thés : blanc, noirs, verts, rooibos, matcha… parfumés ou non – la gamme est extrêmement variée

Infusions : verveine fruitée, taille de guêpe ou silhouette parfaite, souvenirs d'enfance, poire baie de goji. Les ingrédients sont une véritable invitation au voyage : […] hibiscus, cynorhodon, cardamome, noix de coco, papaye…

lesenviesdejosephine.com

Document 2 — Devenir hôte(sse)

[…] Le concept est simple. Il s'agit de mettre votre créativité en action en associant au café ou au thé quelques petits desserts ou friandises (mais pas trop), l'ensemble délicatement présenté dans une sous-tasse allongée. La réussite de votre café gourmand tient autant aux produits que vous aurez sélectionnés qu'à la sophistication de votre présentation. Pour les produits, nous vous conseillerons d'associer un café ou un thé d'exception de la gamme Parenthèse Café avec les biscuits, friandises et chocolats artisanaux de la marque. Que penseriez-vous, par exemple, d'un café des Indes Malabar accompagné de grains de café enrobés de chocolat noir, d'un napolitain lait-café, d'un croquant aux amandes bio ou d'un macaron au chocolat sans gluten et sans lait ? Vous pourriez aussi convenir avec votre vendeur à domicile Parenthèse Café d'y apporter votre touche personnelle en accompagnant votre dégustation par votre propre recette de dessert.

Pour la présentation de votre table, choisissez l'élégance et la sobriété. Munissez-vous d'un service à café ou thé adapté et surtout ne surchargez pas les sous-tasses de présentation.

www.parenthesecafe.fr

Document 3 — Entretien téléphonique avec Françoise

« Bonjour, pour la réunion qui aura lieu chez moi demain, je te laisse le choix des produits à présenter. De mon côté, je prépare un dessert original au thé matcha. J'ai de quoi décorer la table mais je n'ai pas de service à thé présentable. Tu me rappelleras demain comment se déroule la réunion ? »

Document 4 — Le déroulement de la réunion

Pour instaurer un climat de confiance et de convivialité, vous vous présentez succinctement aux convives, puis vous parlez de la société. Ensuite, vous détaillez la gamme Parenthèse Café et enchaînez avec des anecdotes sur l'origine du café, du thé et du chocolat tout en commençant la dégustation des produits grâce au kit de démarrage complet Parenthèse Café. À l'issue de cette dégustation, vous prendrez les commandes individuellement sur des bons de commande fournis par Parenthèse Café ou directement sur votre tablette ou votre téléphone. […] Chaque bon de commande papier devra comporter la signature du VDI et du client. Vous recevrez l'ensemble des commandes à votre domicile et livrerez vous-même les produits chez l'hôte(sse) qui se chargera de les distribuer aux clients. Il est important pour vous, de noter en bas du bon de commande, la date de la prochaine réunion Parenthèse Café souhaitée par le client. Pour l'aider à rassembler le maximum d'amis, vous lui laisserez des cartons d'invitation.

www.parenthesecafe.fr

Document 5 — Les cadeaux réservés à l'hôte(sse)

Un bon d'achat de 5 % du total des ventes TTC de la réunion, quel que soit le montant de la réunion.

Un produit de la gamme café ou thé, ou une pince à infuser, offert en plus pour toute réunion dont le montant total des ventes sera égal ou supérieur à 100 € TTC.

L'ensemble des cadeaux est remis à l'hôte(sse) en même temps que la livraison des commandes de la réunion. La commande de l'hôte(sse) pourra être réduite à la seule utilisation du bon d'achat. Aucune obligation de commande n'est donc imposée à l'hôte(sse).

www.parenthesecafe.fr

Maîtrise

3 Animer une vente en réunion

L'entreprise Mamie & Co, implantée à La Rochelle, revisite les « trucs, astuces, remèdes et recettes de grand-mère » à partir de produits simples, écologiques et économiques qu'elle commercialise. Mamie & Co est « une marque très traditionnelle dans l'âme, mais très contemporaine dans l'approche ». Elle s'est d'abord fait connaître via Facebook.
Vous êtes VDI pour Mamie & Co et vous accompagnez Amina, une nouvelle conseillère que vous avez recrutée, pour sa première réunion.

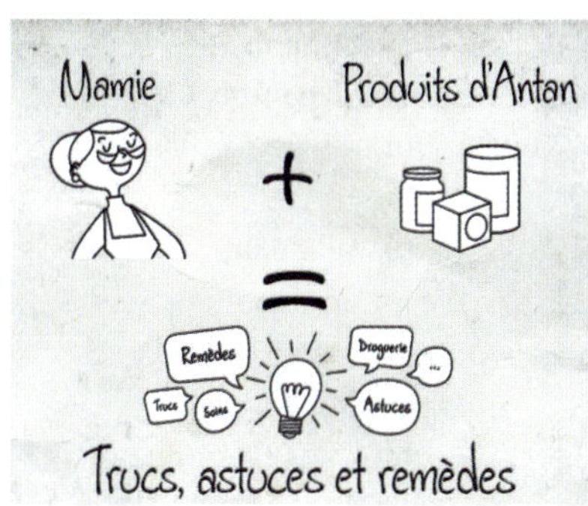

1. Listez vos recommandations à Amina pour qu'elle puisse accueillir ses invités (étude de la motivation, des traits de caractère et des particularités de chaque invité).
2. Aidez la nouvelle conseillère à concevoir sa présentation de début de réunion. Proposez-lui des fiches mémoire sur les étapes à respecter.
3. Conseillez Amina dans sa gestion des invités en fonction de leur profil.

Document 1 — Liste des invités

NOM	PROFIL
Isabelle Dupyré	Enthousiaste à l'idée de participer à la réunion. Très extravertie. Se demande si elle n'organisera pas une réunion à son tour si ça se passe bien.
Nicole Perrin	Vient pour être avec ses amies. Très sociable mais peu habituée à cuisiner.
Sarah Fantin	Peu motivée. C'est sa première vente en réunion et elle est méfiante.
Samia Tiwik	Timide mais très à l'aise dès que l'ambiance est bonne.
Mélanie Maghe	Ne connaît personne mais intéressée par le concept.

Document 2 — Présentation du concept

Ce n'est pas une légende : les mamies, elles ont tout compris. Ingrédients naturels, remèdes et astuces secrets, les mamies savent utiliser et respecter les produits qui les entourent.

Voilà les valeurs de la marque : répondre aux besoins quotidiens, se nourrir, prendre soin de sa peau, nettoyer sa maison, garder une bonne santé, mais de façon saine pour le corps et la nature, pérenne et économique. [...]

Alors, qu'est-ce qu'elle fait Mamie ? Elle propose des cosmétiques à base d'Alep ou d'argile, des miels, des produits pour la maison et le linge, ainsi que des épices.

lucieandvenus.blogspot.fr

Document 3 — Présentation des produits

Des produits essentiellement « Made in France »

95% C'est le pourcentage de nos produits qui sont d'origine française. [...] Tout ça pour favoriser l'économie locale et encourager le savoir-faire français.

La saisonnalité de nos produits

Tous les miels des recettes de Mamie sont bio et issus des ruches de France. [...] Nous respectons les périodes de récolte [...]. Nos méthodes de récolte respectent les abeilles.

Le savoir-faire avant tout

Tout comme le savon de Marseille qui vient de Marseille, notre savon d'Alep provient d'une des meilleures savonneries qui continue de perpétuer cette tradition millénaire [...] avec un procédé 100 % artisanal, c'est pourquoi nous importons nos savons [de Syrie].

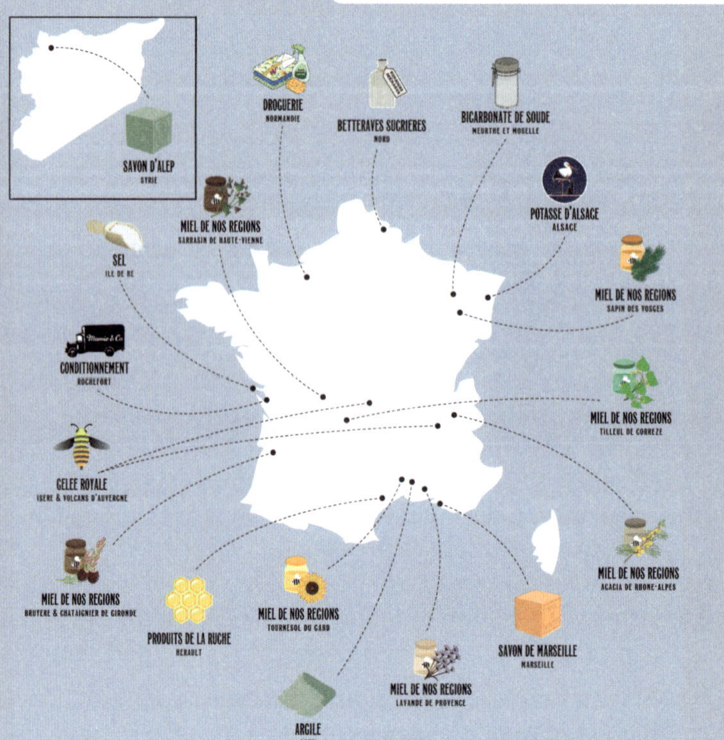

www.mamieandco.com

Maîtrise

4 Animer une vente en réunion

« Mon Caviste » est une société angevine spécialisée dans la vente de vins à domicile en réunion. Elle propose des dégustations gratuites de vins sélectionnés aux quatre coins de France, accompagnées de gourmandises. Le principe est simple, convivial et ludique : le caviste prépare une jolie table, une carte de France, un quiz pour échanger sur les impressions et goûts des convives après une dégustation « à l'aveugle ». Vous êtes caviste ambassadeur depuis quelques semaines et allez animer votre première réunion de dégustation.

1. Construisez le déroulement détaillé de la prochaine réunion (session de 1 h 30).
2. Rédigez le plan de découverte pour les invités.
3. Préparez un plan de réponse aux objections (deux objections fondées, deux objections non fondées).

Document 1 Vin : le top 10 des innovations et applications

[...] « On constate une vraie dynamique à tous les niveaux », confirme Arnaud Daphy, consultant en marketing spécialisé dans la filière vin. « Le vin a changé de statut ces vingt dernières années. Il est passé de "boisson aliment" comme le pain à une "boisson culturelle", d'où cette profusion de projets afin d'apprendre à consommer de façon plus sophistiquée », analyse-t-il.

[...] Avec Mon Caviste à la maison, c'est un peu le producteur qui vient à vous. [...] Pendant une heure trente, une douzaine de convives réunis chez l'hôte organisateur peuvent ainsi déguster gratuitement cinq vins [...] accompagnés de quelques spécialités culinaires apéritives de la maison. Le tout se fait « à l'aveugle », et donc sans l'appréhension intrinsèque à cette discipline, afin de se focaliser sur le « ressenti » de chacun. Les hôtes donnent une note à chaque vin et se fient uniquement à leur propre goût. L'expérience se veut conviviale, il s'agit avant tout de « redécouvrir le plaisir du vin, qui s'adresse plus au consommateur qu'à l'amateur », insiste Christophe Guicheteau, le fondateur.

Mounia Van de Casteele, www.latribune.fr

Document 2 Présentation du concept

C'est en prenant du recul sur les différents canaux de vente de vin aux particuliers que Christophe Guicheteau a dessiné son modèle. Il est parti du constat de marché que huit bouteilles de vin sur dix sont vendues en GMS – où le plaisir d'achat et le conseil sont absents – 15 % chez les cavistes et la distribution spécialisée où, selon lui, le client ressort avec un vin qu'il n'a pas toujours choisi, le reste des ventes se faisant sur Internet. Christophe Guicheteau a décidé que Mon Caviste à la Maison amènerait le vin directement aux consommateurs car le meilleur moyen de choisir est de goûter.

Ancien caviste et ancien courtier en vin, Christophe Guicheteau connaît la filière. Après avoir testé le concept dans son entourage, l'intérêt se confirme. « Le concept de Mon Caviste à la Maison ne s'adresse pas aux experts en vin, souligne Florent Argentier, le directeur marketing et communication, mais plutôt à des novices qui aiment le bon vin sans savoir forcément en parler avec des mots savants ». Le caviste « à la maison » joue un rôle central dans l'animation des soirées : « Il est là pour animer la soirée, faciliter l'expression du ressenti sur les vins dégustés et les accords entre les mets et les vins proposés », précise Florent Argentier. Un concept pour « dédramatiser » la dégustation. [...]

« Les participants échangent très librement, ils expriment ce qu'ils ressentent avec leurs mots, et l'ambassadeur n'est pas là pour les corriger ou leur faire un cours d'œnologie. Ce n'est pas le but. D'ailleurs, quand nous choisissons nos ambassadeurs, nous retenons plus leur capacité à créer du lien qu'à commenter des vins. »

www.winebusinessnews.fr

Expertise

5 Animer et évaluer une vente en réunion

La célèbre société américaine Tupperware a été fondée en 1946 par un ingénieur, Earl Tupper, inventeur du bol hermétique en polyéthylène. Elle fut pionnière dans le développement de la démonstration-vente à domicile. Aujourd'hui, Tupperware propose une large gamme de produits pour conserver les aliments (au réfrigérateur, au congélateur, au placard), pour les cuire (au micro-ondes, au four traditionnel, au four multi-sources) et pour les servir ou les maintenir au chaud. Les réunions de vente, ou « ateliers culinaires savoir-faire », permettent d'apprendre à réaliser des recettes entre ami(e)s en utilisant les produits.
Vous êtes VDI Tupperware ; lors de votre prochaine réunion, vous devrez présenter le produit phare de la catégorie cuisson au micro-ondes, le Micro Vap'. Pour vous aider, vous avez téléchargé la fiche produit et avez repéré un blog qui l'a testé.

1. Préparez l'argumentaire CAP/SONCASE du Micro Vap'.
2. Imaginez les activités à réaliser en atelier culinaire pour la démonstration du Micro Vap'.
3. Élaborez le questionnaire destiné aux invités à la fin de la réunion.
4. Évaluez les résultats de votre réunion.
5. Listez les actions de suivi à réaliser après la réunion.
6. Préparez un récit attrayant de cette réunion pour alimenter votre blog.

Document 1 Le Micro Vap', c'est la révolution dans votre micro-ondes !

Tupperware

- Dans le but de toujours faire gagner du temps et de faciliter la vie dans la cuisine, Tupperware a mis au point un produit révolutionnaire qui permet de cuire à la vapeur dans votre four à micro-ondes : le Micro Vap'.
- Le Micro Vap' permet de cuire à la vapeur dans votre four à micro-ondes : légumes, fruits, poissons, viandes, fruits de mer…
- Le Micro Vap' possède 2 passoires de tailles différentes :
  - la passoire inférieure : permet de cuire à la vapeur de grandes quantités ;
  - la passoire supérieure est adaptée à la cuisson du poisson, de la viande…
- Le réservoir à eau avec repère de remplissage (400 ml) servant à produire de la vapeur au micro-ondes.
- Des pictogrammes à l'intérieur du couvercle rappellent au consommateur les 4 points indispensables pour une bonne utilisation du produit :
  - puissance de cuisson dans le four à micro-ondes : 800 watts max ;
  - temps de cuisson consécutif : 30 min max ;
  - cavité du micro-ondes : le produit doit être à au moins 5 cm des parois du four à micro-ondes ;
  - réservoir à eau : toujours mettre 400 ml d'eau froide dans le réservoir à eau, au risque de l'endommager de façon irrémédiable.
- Les dimensions du Micro Vap' ont été optimisées pour permettre un rangement compact.
- Pour réaliser encore plus de recettes, 8 ramequins 80 ml sont en vente individuelle. Démoulage facilité grâce à leurs larges bords. […]

Dimensions : 26 cm ø x 13,7 cm H

Matières :
Réservoir à eau + passoire supérieure : PP1 : Polypropylène
Passoire inférieure et couvercle : PP1 : Polypropylène + métal faisant barrière aux ondes

Prix : 99,90 €

www.tupperware.fr

Document 2 Le blog de Mademoiselle Cuisine

La promesse :

« L'unique cuiseur vapeur qui transforme votre micro-ondes en véritable four vapeur »

Le bouclier métallique inséré dans la matière plastique fait barrage aux ondes qui ne passent qu'à travers le réservoir, contenant l'eau. L'eau ainsi chauffée se transforme en vapeur qui, elle-même, cuit les aliments ; ces derniers n'entrent donc jamais en contact avec les ondes.
Le plus simple c'est de regarder le petit schéma :

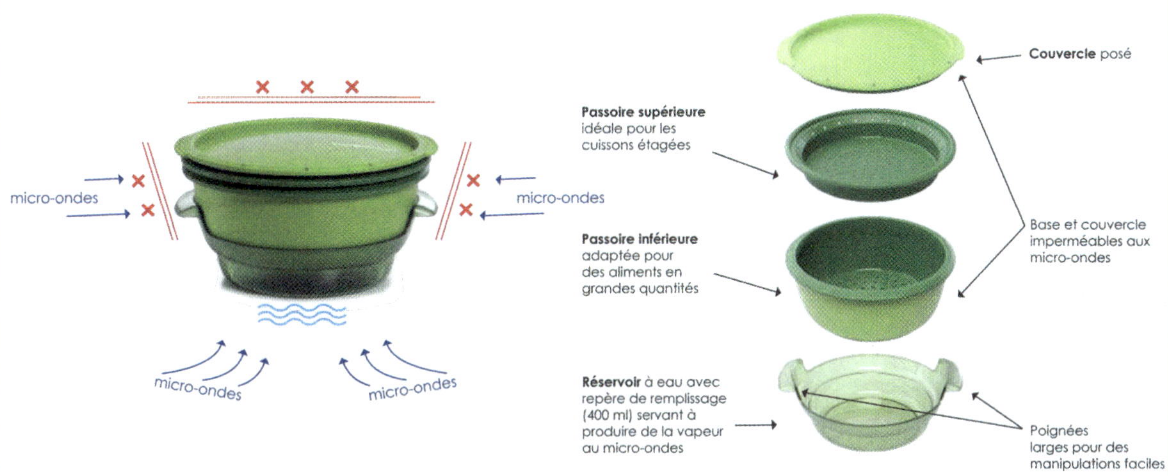

1er point : la qualité
Pour un « truc en plastique », je dois dire qu'on retrouve bien ici la qualité Tupperware, l'ensemble à l'air très solide, bien fini, pas de souci de ce côté.

2e point : les possibilités
Là vraiment j'ai été bluffée, j'ai testé plusieurs recettes ce week-end sucrées ou salées et j'ai envie de continuer ! Que ce soit des petits gâteaux moelleux, des œufs cocotte, du poisson ou des légumes, tout a été réussi (sauf quand j'ai oublié la levure dans les gâteaux...).

3e point : le côté pratique
Pas besoin d'une énième machine dans sa cuisine ; on le glisse dans le micro-ondes, c'est trop facile, ensuite on le passe au lave-vaisselle (et ça j'apprécie vraiment), on le range et c'est fini.
J'ai déjà un cuit-vapeur, mais quand on a une petite cuisine comme la mienne, ça prend la moitié du plan de travail... alors que là, pas de souci.
Je pense qu'il est facile à utiliser et répond bien aux problématiques actuelles : manger sainement, mais vite !

D'après www.mademoisellecuisine.com

Document 3 Les données chiffrées de la réunion

Nombre d'invitations lancées	22
Nombre d'invités présents	8
Nombre de produits vendus (dont ventes additionnelles)	14
Nombre d'invités ayant acheté	5
Ventes TTC	675,50 €
Taux de marge	23 %
Nombre d'invités intéressés pour organiser une réunion	2
Nombre d'invités intéressés par le métier	1

Synthèse

Vendre en réunion à domicile

Avant la réunion

- **Accompagner l'hôtesse :** mettre en confiance et échanger sur les invités
- **Créer une ambiance accueillante**
- **Accueillir les invités**

Pendant la réunion

Lancer la réunion
- Se présenter
- Remercier l'hôtesse
- Expliquer le déroulement
- Présenter l'entreprise et les produits

Animer la réunion et vendre
- Découvrir les besoins
- Gérer le groupe
- Démontrer et argumenter
- Traiter les objections
- Conclure la vente

Terminer la réunion
- Réaliser une enquête
- Annoncer le suivi de la relation
- Inciter à échanger avec les invités absents
- Ranger, remercier, prendre congé

Après la réunion

- Mettre à jour le fichier clients
- Suivre les commandes
- Réaliser un suivi client pour fidéliser
- Mettre en œuvre des actions de communication

Les indicateurs de performance de la vente en réunion	
Taux de présence	$\frac{\text{Nombre de personnes présentes}}{\text{Nombre d'invités}} \times 100$
Taux de transformation	$\frac{\text{Nombre de nouveaux clients}}{\text{Nombre d'invités}} \times 100$
Panier d'achat par participant	$\frac{\text{Chiffre d'affaires de la réunion}}{\text{Nombre de participants}}$
Panier d'achat par client	$\frac{\text{Chiffre d'affaires de la réunion}}{\text{Nombre de clients}}$
Indice de vente	$\frac{\text{Nombre de produits vendus}}{\text{Nombre d'acheteurs}}$

TESTEZ-VOUS

Quiz sur le chapitre 12
liennathan.fr/68xy4a

MOTS CLÉS

Enquête · Atelier type · Objectifs de communication · Méthode Pitch · Démonstration · Conseil personnalisé · Taux de présence · Taux de transformation · Panier d'achat · Indice de vente · Parrainage

CHAPITRE 13

Recruter et former les vendeurs

Contexte professionnel

Activité/Tâche
Animation, vente et conseil à domicile

Compétence
Prospecter, organiser des rencontres et vendre en réunion

Vers PIX
1.1. Mener une recherche et une veille d'information
2.3. Collaborer
3.1. Développer des documents textuels

L'entreprise Biotext est spécialisée dans la création de textiles bio : vêtements et linge de maison. Bien que le marché du bio soit en plein essor, les produits de l'entreprise restent surtout distribués dans les points de vente spécialisés bio. Pour développer ses ventes, Biotext a donc créé un réseau de vente directe. Plusieurs vendeurs ont été recrutés, d'abord dans la région d'Annecy, où est basée l'entreprise, puis dans la région de Lyon, très dynamique. Pour rendre les réunions de vente plus attractives, Biotext propose des ateliers de customisation des vêtements et des conseils d'entretien pour le linge de maison. Les résultats sont très encourageants et l'entreprise cherche à développer son réseau de vendeurs.

Votre rôle

Vous travaillez avec M. Sauramps, le responsable des ventes à domicile. Pour développer le réseau de vendeurs, il a été décidé de recruter un second responsable des ventes à domicile, qui prendra en charge le département du Rhône pour augmenter l'activité de ventes en réunion de Biotext. Il faut également recruter de nouveaux vendeurs pour la Haute-Savoie et faire en sorte qu'ils contribuent ensuite eux-mêmes au développement de l'équipe. Vous aidez M. Sauramps à mener à bien ces recrutements.

Vos objectifs

I Choisir le statut des vendeurs à domicile

Le réseau de vente à domicile a été développé jusque-là par M. Sauramps, selon un calendrier et des méthodes parfois différents entre les deux départements.

1. Quel est le statut actuel du poste de responsable des ventes et du poste de vendeur ? Quel est le problème ? — Fiche ressource 1 ; Annexe 1
2. Analysez les avantages et les contraintes du statut des vendeurs Biotext, pour l'entreprise et pour le vendeur.
3. Proposez à M. Sauramps le statut des futurs vendeurs qui vous semble le mieux adapté à la stratégie commerciale de Biotext.
4. Recommandez à M. Sauramps le statut à proposer au nouveau responsable régional des ventes. Justifiez votre choix.
5. Préparez un plan de rémunération des vendeurs à transmettre à M. Sauramps. — Fiche ressource 2 ; Annexe 2

II Recruter et intégrer les vendeurs à domicile

M. Sauramps a approuvé vos propositions. Il va se charger du recrutement du responsable des ventes et vous demande d'organiser celui des vendeurs. Il vous transmet sa fiche de poste.

6. Élaborez la fiche de poste des vendeurs à domicile. Vous pouvez consulter le site de la FVD (Fédération de la vente directe) et ses fiches métiers pour vous aider. — Fiche ressource 3 ; Annexe 3
7. Identifiez les canaux de diffusion pertinents pour l'offre d'emploi de vendeur à domicile Biotext.
8. Rédigez deux annonces différentes pour deux canaux de votre choix. — Annexes 4 et 5

Vous avez reçu des candidatures *via* le site Web de l'entreprise et avez donné rendez-vous à Valérie Marsot et Sangor Feroudane. Vous préparez leurs entretiens.

9. Préparez vos questions destinées à identifier la motivation et le profil des candidats. — Annexes 6, 7 et 8
10. Rédigez une présentation du métier et du statut en utilisant la méthode CAP.
11. Lors de l'entretien, Valérie Marsot se montre dynamique et intéressée mais elle craint de ne pas savoir s'organiser seule, elle n'a jamais travaillé avec autant d'autonomie. Comment réagissez-vous ?
12. Lors de l'entretien, Sangor Feroudane montre beaucoup d'intérêt pour le métier et les produits mais il est jeune et se demande s'il ne ferait pas mieux de poursuivre ses études. Comment réagissez-vous ?

Après concertation avec M. Sauramps, Valérie Marsot va être recrutée.

13. À l'aide du modèle de contrat fourni, identifiez les obligations de Valérie Marsot à l'égard de votre entreprise. — Fiche ressource 4 ; Annexe 9
14. Identifiez les trois premiers modules de formation à planifier pour la nouvelle conseillère. — Fiche ressource 5

Votre dossier

Annexe 1 Présentation de Biotext

Les produits et/ou services proposés

Biotext propose des produits textiles bio conçus avec du coton bio, certifié par un organisme indépendant.
Les produits sont conçus pour être personnalisables. Toutes les gammes prévoient une ligne « nature » avec un coton blanc. Les lignes s'étendent ensuite vers des textiles teintés unis pour faciliter également la customisation. Biotext propose également des services associés de personnalisation des produits selon la demande du consommateur.

Le marché

Biotext vise le marché des particuliers. Les ventes de textiles bio sont en plein essor grâce au succès de nouveaux modes de consommation, orientés vers des produits plus respectueux de l'environnement et notamment biologiques.

Le modèle économique

Dès sa création, Biotext a développé son offre essentiellement auprès des magasins spécialisés. Toutefois, le développement commercial est limité par le nombre de magasins bio disposant d'un rayon textile. Un site d'e-commerce sera en service dans les six mois à venir. Le réseau de la vente à domicile est en plein essor. Il est bien implanté dans l'esprit du consommateur pour la vente de produits bio. En outre, le concept, propre à Biotext, de personnalisation des produits est particulièrement bien adapté à la vente en réunion, en alliant vente et expérience de consommation. Les deux équipes actuelles sont débordées par les demandes de réunions.

La stratégie commerciale de vente à domicile

Biotext recherche un développement géographique élargi à partir des départements (recrutement d'un responsable des ventes à domicile) du Rhône et de la Haute-Savoie, puis sur tout le territoire. Biotext cherche à développer la vente par réseau avec des vendeurs recruteurs.
La vente à domicile prend la forme d'une vente en réunion de type atelier nécessitant un kit de démarrage et un stock de produits. L'atelier propose une customisation des produits (teintures, couture, broderie, thermocollage, peinture...).

L'organisation actuelle de l'entreprise

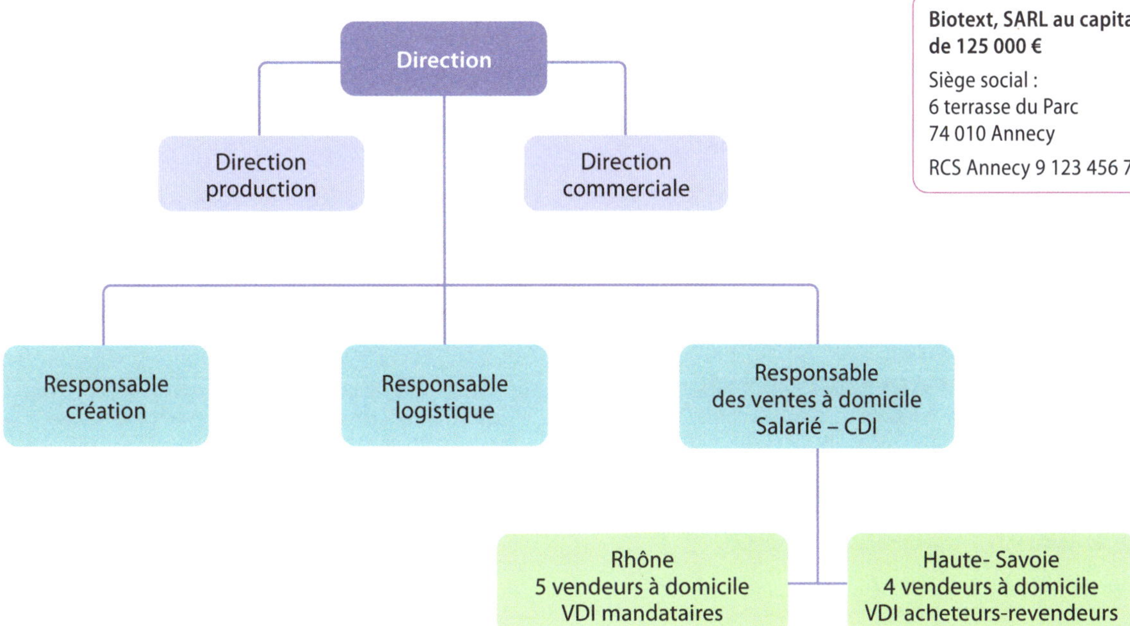

Biotext, SARL au capital de 125 000 €
Siège social :
6 terrasse du Parc
74 010 Annecy
RCS Annecy 9 123 456 789

Annexe 2 — Plan de rémunération : les conseils de M. Sauramps

- Le plan de rémunération doit être évolutif en tenant compte du niveau de chiffre d'affaires obtenu par les vendeurs et de leur expérience.
- Selon le statut, il est établi sous forme de commissions ou de marges.
- Il comprend un kit de démarrage : documentation d'entreprise (catalogue, fiches ateliers), pack de customisation (150 €), outils commerciaux (50 €).
- Il prend en compte une rémunération d'animation d'équipe et des commissions sur le CA réalisé par les filleuls et les clients en réassort.
- Il est important de prévoir aussi des bonus lors de challenges de ventes.
- Le plan de rémunération doit tenir compte des objectifs de l'entreprise.

Objectif de ventes par réunion (CA)	Objectif de ventes par réunion (quantité)	Objectif de recrutement moyen par réunion	Remise sur l'achat des produits par les vendeurs
250 €	5 produits	0,5	De 15 à 30 %

Annexe 3 — Fiche de poste – Responsable des ventes

Fonction	Responsable régional(e) des ventes (H/F)
Responsable hiérarchique direct	Directeur
Finalité	
Développer l'activité vente directe à domicile de l'entreprise	
Missions et activités	
Savoir-faire	• Développer la force de vente sur le terrain • Former, animer le réseau et suivre les vendeurs • Analyser la performance commerciale • Concevoir et mettre en place les actions nécessaires pour atteindre les objectifs fixés : discours, outils, challenges… • Réaliser ses objectifs (CA, effectifs, indicateurs clés) • Respecter les valeurs de l'entreprise et la déontologie
Compétences requises	
Savoirs	• Formation supérieure, bac + 2 minimum • Expérience de 2 à 5 ans dans les métiers de la vente à domicile
Savoir-être	• Tempérament commercial • Rigueur • Dynamisme • Fermeté et diplomatie • Goût pour le travail en équipe
Marge d'autonomie	
Élargie	
Évolution possible dans le poste	
Responsable nationale des ventes	
Éléments du poste	
Type de contrat	Contrat de travail/CDI
Durée du travail	35 heures/semaine
Mode et niveau de rémunération	Salaire brut annuel : 30 000 € + Commission de 10 % sur le CA réalisé par l'équipe

Annexe 4 — Les annonces de recrutement : les conseils de M. Sauramps

- Les annonces doivent être diffusées le plus largement possible et être attractives.
- Le plan de l'annonce pourra être le suivant (il sera remanié en fonction du support de diffusion et des fiches de postes) :
  - À propos de l'entreprise
  - Description des missions
  - Diplômes et expérience
  - Compétences requises
  - Profil
  - Clientèle ciblée
  - Description des produits
  - Informations complémentaires : secteur géographique, rémunération, assistance fournie
  - Informations contact

Annexe 5 — Exemple d'annonce dans la vente directe de vêtements

www.magasins-bleus.com

MAGASINS BLEUS — on s'habille comme on veut

SOCIÉTÉ | PRODUITS | RECRUTEMENT | ACTUS | MAISON DE RETRAITE | CONTACT

REJOIGNEZ L'ÉQUIPE MAGASINS BLEUS

La mission d'un vendeur conseil est de commercialiser une gamme de prêt-à-porter Homme, Femme, Enfant auprès d'une clientèle de particuliers.

Afin de vous assurer une pleine réussite dans ce métier, nous proposons :

> Une formation à nos outils et méthodes de vente

Durant une semaine, vous recevrez une formation théorique sur les techniques de vente, sur les produits et sur l'organisation de votre activité. Par la suite, vous serez régulièrement accompagné(e) sur le terrain par un vendeur(-se)/formateur(-trice), qui sera votre référent(e) durant toute cette période. Cet accompagnement s'espacera progressivement en fonction de votre prise d'autonomie.

> Un véhicule boutique contenant une collection de vêtements nécessaire au développement de votre activité

Nous vous fournissons une carte carburant ainsi qu'une carte d'entretien du véhicule. Vous n'aurez aucun frais à votre charge.

> Un secteur géographique à proximité de votre domicile ainsi qu'un fichier de clients existants

Vous fidéliserez et développerez ce fichier grâce à vos actions commerciales et notamment au travers d'une prospection quotidienne sur votre secteur. […]

Contrat et rémunération

Nous vous proposons un contrat à durée indéterminée avec un statut de VRP salarié. […] Votre rémunération sera calculée par un pourcentage sur votre chiffre d'affaires mensuel.

Profil requis

Vous possédez une première expérience de la vente, idéalement sur un poste à responsabilité (responsable de boutique, gérant d'un commerce, artisan…).
Une réelle motivation, la volonté de réussir dans un nouveau métier et le souhait de vous investir pour notre entreprise pourront pallier votre manque d'expérience et votre candidature sera étudiée avec soin.
Homme ou femme de terrain, vous êtes doté(e) d'un sens relationnel naturel et d'une capacité à travailler de manière autonome. Ambitieux, animé par le goût du challenge et une rémunération à la commission, rejoignez-nous !

Permis B indispensable

POSTULEZ EN LIGNE

Annexe 6 Candidature de Valérie Marsot

Outlook | Nouveau | Envoyer | Répondre | Transférer | Enregistrer | Supprimer | ...

Bonjour,

Je suis très intéressée par votre annonce. Je suis passionnée de mode et très sensible au respect de l'environnement. Un métier permettant d'associer autonomie et relations humaines m'attire particulièrement. Âgée de 27 ans, je suis à la recherche d'un emploi pour un revenu complémentaire après un congé parental de 3 ans. De formation CAP Couture Vêtement flou suivi d'un BEP Vêtement sur-mesure, j'ai eu l'occasion de travailler 3 ans en atelier de couture. Je suis à votre disposition pour convenir d'un entretien.

Bien cordialement,

Valérie Marsot

09 07 06 12 18

79 rue de Wattignies
74 600 Montagny-les-Lanches

Annexe 7 Candidature de Sangor Feroudane

Mail

Madame, Monsieur,

Fraîchement diplômé d'un baccalauréat Vente (prospection, négociation, suivi de clientèle) après avoir réussi mon BEP des métiers de la relation aux clients et aux usagers, je cherche à mettre en avant mes compétences acquises lors de mon contrat d'apprentissage à la SNCF. Persuadé que, hormis mes diplômes, je possède les qualités humaines et commerciales que vous recherchez, je me permets de vous proposer une rencontre afin de débattre de votre opportunité professionnelle.
Dans l'attente de ce contact, je vous prie d'agréer, Madame, Monsieur, mes salutations les plus respectueuses.

Sangor Feroudane

09 99 95 94 00

2, rue du Mûrier
73 200 Albertville

Annexe 8 Guide d'entretien de recrutement

Nom, prénom	Adresse
Âge du candidat	Date de l'entretien
Étape 1 **Identification de la motivation et du profil**	• Situation du candidat : situation professionnelle et personnelle, disponibilité et attentes financières • Profil : savoirs, savoir-faire et savoir-être • Utiliser la méthodologie SONCAS : sécurisez le candidat (Sécurité) et valorisez-le (Orgueil). Mettez en valeur l'originalité de l'activité (Nouveauté), la qualité de vie (Confort), le plan de rémunération (Argent) et l'ambiance de travail (Sympathie).
Étape 2 **Présentation de l'offre**	• Description du métier et du statut • Utilisez la méthode CAP en tenant compte des motivations détectées Caractéristiques du métier, Avantages pouvant être obtenus, Preuve.
Étape 3 **Convaincre**	Si le profil du candidat semble correspondre, il faut qu'il soit séduit par l'offre. • Techniques possibles : proposition d'essai, déclencher une cascade de « oui » par des questions fermées, rassurer le candidat en mettant en valeur ses qualités et ses compétences. • Aidez le candidat à identifier ses objectifs.

Annexe 9 Modèle de contrat

Fichier Word
liennathan.fr/jgq822

ENTRE LES SOUSSIGNÉS :

La société .... au capital de .... euros, ayant son siège social à .... et immatriculée au Registre du commerce et des sociétés de .... Sous le numéro .... représentée par .... son ....

FICHE RESSOURCE

1

LES DIFFÉRENTS STATUTS DES VENDEURS EN VENTE DIRECTE

I Le statut de salarié

Statut	Définition – Conditions	Régime social
Vendeur représentant placier (VRP)	Article L. 7311-3 du Code du travail : • travailler pour le compte d'un ou plusieurs employeurs (VRP monocarte ou multicarte) ; • exercer d'une façon exclusive et constante une profession de représentant ; • ne réaliser aucune opération commerciale pour son compte personnel ; • être lié à l'employeur par des engagements sur les prestations, la région ou les catégories de clients pour lesquels l'activité est exercée, la rémunération.	• Régime général de sécurité sociale (ils bénéficient de l'assurance chômage), avec prise en charge particulière. • Caisse de retraite spécifique.
Représentant non statutaire	Vendeur salarié ne réunissant pas l'ensemble des conditions ci-dessus (commercial salarié).	Régime général de sécurité sociale ; assurance chômage.

Le statut de salarié est plutôt adapté aux échelons hiérarchiques supérieurs et aux vendeurs de produits techniques ou à forte valeur ajoutée. Il implique un contrat de travail entre l'entreprise et le vendeur. Il est donc adapté à une activité régulière à temps complet et permet une relation hiérarchique.
L'inconvénient de ce statut est de complexifier la gestion administrative pour l'entreprise (respect du droit du travail et contraintes réglementaires).

EXEMPLE
Le laboratoire Body Nature recrute ses responsables de secteur sous le statut de salariés en CDI.

II Le statut de VDI

Le statut de vendeur à domicile indépendant (VDI) est régi par les articles L. 135-1 et suivants du Code de commerce : le VDI conclut des contrats de vente ou de prestation de services auprès d'un particulier, pour distribuer les produits et/ou services de l'entreprise avec laquelle il a conclu un **contrat de distribution**. Le VDI est indépendant sans avoir à créer sa propre entreprise. Il n'a pas de lien de subordination avec l'entreprise et peut travailler en même temps pour plusieurs entreprises de vente directe.
Créé en 2013, le statut de VDI a beaucoup contribué au développement de la vente directe car il facilite l'embauche et le démarrage d'activité. Toutefois, dès lors que la société fixe unilatéralement les conditions de travail, donne des directives et contrôle l'exécution de l'activité de vente à domicile, ce statut peut être requalifié en statut salarié (Cour de cassation, chambre sociale, 18 janvier 2012).

1. Le VDI mandataire

Le vendeur (le mandataire) conclut des ventes au nom et pour le compte de l'entreprise (le mandant). **L'entreprise reste propriétaire de la marchandise**. En contrepartie de son activité, le vendeur perçoit des commissions sur le chiffre d'affaires réalisé.
Le VDI mandataire est affilié au régime général de la Sécurité sociale, avec un barème de charges sociales allégées. L'entreprise est chargée du recouvrement des cotisations pour le vendeur. Il ne bénéficie pas de l'assurance chômage et il déclare ses commissions sous le régime des bénéfices non commerciaux (BNC).

2. Le VDI acheteur-revendeur

Le vendeur **achète puis revend la marchandise** fournie par l'entreprise. Il bénéficie de remises quantitatives sur les produits, qu'il revend et livre à ses clients avec une marge bénéficiaire.
Le VDI acheteur-revendeur bénéficie du même statut social que le VDI mandataire. Il est cependant imposé au titre des bénéfices industriels et commerciaux (BIC).

3. Le choix entre VDI mandataire et VDI acheteur-revendeur

Statut	Avantages pour l'entreprise	Inconvénients pour l'entreprise
VDI mandataire	• Vend au nom et pour le compte de l'entreprise : contrôle des marges, des prix et des conditions commerciales, gestion du fichier clients • Statut plus sécurisé pour le vendeur qui favorise le recrutement	• Lourdeur administrative : facturation à chaque client • Management nécessitant plus de suivi
VDI acheteur-revendeur	• Gestion administrative allégée : facturation uniquement au VDI, pas de gestion des impayés • Le vendeur achète son stock de marchandises et l'entreprise est rémunérée quels que soient les résultats de la vente à domicile	Vend en son nom et pour son compte : • stock géré par le vendeur, risque de rupture de la gamme en démonstration • fixation libre des prix par le vendeur • le vendeur gère une clientèle exclusive

EXEMPLES

L'entreprise Charlott' (lingerie à domicile) a choisi le recrutement de VDI acheteurs-revendeurs. OPdélices (vente à domicile de produits d'épicerie fine) a opté pour le statut de VDI mandataire.
Chez Nu Skin (produits de soins et compléments alimentaires), il est possible de choisir entre le statut de VDI mandataire et celui de VDI acheteur-revendeur.

III Les indépendants inscrits à un registre professionnel

Au-delà d'un certain seuil de revenu, le vendeur indépendant à domicile a l'obligation de devenir agent commercial (en s'inscrivant au Registre spécial des agents commerciaux) ou commerçant (en s'inscrivant au Registre du commerce et des sociétés). Ce seuil correspond à 50 % du plafond annuel de la Sécurité sociale, dépassé trois années de suite (le plafond est de 41 136 € pour l'année 2021).

EXEMPLE

Un VDI dont la rémunération brute annuelle est supérieure à 20 568 € trois années de suite ne peut plus bénéficier du statut de VDI.

Statut	Définition – Conditions	Régime social et fiscal
Agent commercial	Art. L. 134-1 et s. du Code de commerce : • Mandataire chargé, de façon permanente et indépendante, de négocier et éventuellement de conclure des contrats de vente, d'achat, de location ou de prestation de services, au nom et pour le compte d'autres entreprises. • Personne physique (entreprise individuelle) ou personne morale (société commerciale).	• Régime social des indépendants (RSI) ou régime dont dépend le dirigeant selon la forme juridique choisie pour l'entreprise. • Imposition sur les bénéfices non commerciaux si personne physique. • Imposition sur les sociétés si personne morale.
Commerçant	• Achète et revend, pour son propre compte, la marchandise de la ou des entreprises avec lesquelles il collabore. Il est libre d'appliquer les tarifs de revente qu'il souhaite, dans la limite d'un éventuel tarif maximum conseillé par l'entreprise. • Personne physique (entreprise individuelle) ou personne morale (société commerciale).	• Régime social des indépendants ou régime dont dépend le dirigeant selon la forme juridique choisie pour l'entreprise. • Imposition sur les bénéfices industriels et commerciaux si personne physique. • Imposition sur les sociétés si personne morale.

Les entreprises de vente directe optent pour le statut de vendeur indépendant (VDI ou vendeur inscrit à un registre professionnel) lorsqu'elles distribuent des produits à faibles coûts et qu'elles ont recours à un grand nombre de vendeurs. La gestion administrative et juridique est alors simplifiée et les vendeurs peuvent exercer leur activité de manière occasionnelle ou complémentaire. Les entreprises de vente directe mettent en place des méthodes de management relationnel propres à l'animation d'un réseau de vendeurs indépendants.

FICHE RESSOURCE 2

LA RÉMUNÉRATION ET LES CONDITIONS DE RÉMUNÉRATION

I La rémunération nette des VDI

Le statut de VDI bénéficie d'un régime spécial de prélèvements sociaux. Le barème de calcul des cotisations sociales est émis par l'URSSAF, l'organisme qui collecte les cotisations.
C'est à l'entreprise de vente directe qu'il revient de calculer et verser trimestriellement les cotisations sociales dues. Un document nommé « Bulletin de précompte » doit être remis au VDI. Il récapitule les numéros d'identification du VDI, les rémunérations nettes perçues durant le trimestre écoulé, le montant des cotisations sociales dues et payées.
Le manageur ou l'animateur réseau a donc un rôle déterminant dans la connaissance que le vendeur a de sa rémunération. Les solutions logicielles dédiées à la vente directe offrent généralement la possibilité pour le vendeur de suivre sa rémunération nette.

Barème des cotisations au 1er janvier 2021 (plafond journalier de 189 €)

Revenu trimestriel brut	Cotisations dues
Moins de 567 €*	Exonération
De 567 € à 1 511 €**	Cotisations forfaitaires
De 1 512 € à 5 103 €***	Cotisations calculées sur la base d'assiettes forfaitaires
Plus de 5 103 €	Cotisations calculées sur le salaire réel

* 3 fois le plafond journalier de la Sécurité sociale au 1er janvier
** 8 fois le plafond journalier de la Sécurité sociale au 1er janvier
*** 27 fois le plafond journalier de la Sécurité sociale au 1er janvier

EXEMPLE

Une vendeuse réalise en moyenne 425 € HT de ventes par mois, soit 1 275 € HT par trimestre. Les cotisations forfaitaires seront de 51 € pour la part salariale et 105 € pour la part patronale.

II Les conditions de rémunération des vendeurs

Le calcul de la rémunération varie selon le statut du vendeur.

- **Vendeur salarié ou VRP** : le contrat de travail prévoit un salaire fixe et une partie variable.
- **Vendeur à domicile indépendant mandataire** : la commission est calculée sur le chiffre d'affaires hors taxes (de 20 à 35 % selon les entreprises et leur réussite dans le réseau).
- **Vendeur** à domicile indépendant **acheteur-revendeur** : le revenu correspond à la marge sur le prix de revente des produits. Il dépend donc de ses prix d'approvisionnement.
- **Agent commercial** : les honoraires sont fixés par le contrat de distribution avec l'entreprise.

En début d'activité, la rémunération peut être amputée par des coûts d'entrée qui correspondent à l'investissement dans l'équipement nécessaire au vendeur (kit produits, pack de démonstration).
De nombreuses entreprises de vente directe proposent des paliers progressifs de commissions en fonction du chiffre d'affaires et de l'expérience.
Les entreprises de vente directe en réseau proposent également des commissions supplémentaires sur le chiffre d'affaires des nouveaux distributeurs recrutés par les vendeurs, voire des primes de recrutement. Elles doivent être attractives car le recrutement est essentiellement réalisé par les vendeurs.

EXEMPLE

Chez Prowin France (produits d'entretien, de soins, alimentation pour animaux), la grille de commission des vendeurs qui ont développé le réseau est la suivante :
– 43 % sur le CA HT réalisé par le vendeur ;
– 11 % sur le CA HT réalisé par un vendeur recruté ;
– 8 % sur le CA HT réalisé par un vendeur recruté qui a recruté à son tour.

FICHE RESSOURCE

3

LE RECRUTEMENT DES VENDEURS À DOMICILE

I Le profil du vendeur en vente directe

La FVD (Fédération de la vente directe) distingue différents métiers :

- **conseiller(ère) en vente directe** (vendeur/se à domicile, représentant(e), distributeur(rice), ambassadeur(rice)...) : il/elle commercialise les produits et services de l'entreprise auprès d'une clientèle de particuliers à domicile ;
- **animateur(rice) d'équipe** (responsable de réseau, responsable de zone, directeur(rice) de district, chef de zone, *team coach*, leader d'équipe...) : il/elle développe et suit la clientèle et recrute, forme, motive, anime et accompagne une équipe de vendeurs ;
- **animateur(rice) des ventes** (promoteur des ventes, directeur(rice) de division, directeur(rice) de région, responsable régional, responsable national...) : il/elle est le garant de la mise en place de la stratégie commerciale de l'entreprise sur son secteur.

Le métier de conseiller en vente directe est accessible sans condition de diplôme ou d'expérience. Le vendeur peut ensuite évoluer dans la hiérarchie du réseau. Il doit faire preuve de certaines qualités :
– sens du relationnel pour animer les réunions ou démarcher, développer son réseau ;
– persévérance pour démarrer son activité et développer son chiffre d'affaires ;
– empathie et écoute pour connaître les besoins du client, vendre mais aussi conseiller ;
– enthousiasme en appréciant lui-même les qualités de son produit ;
– sens de l'organisation pour gérer son autonomie et être performant ;
– technicité par la connaissance de son produit et de ses outils d'aide à la vente.

Devenir animateur d'équipe ou des ventes suppose de l'expérience en tant que conseiller en vente directe, mais également des qualités de leader d'équipe susceptible de générer de la motivation, de la cohésion au sein du réseau, ainsi que d'assurer son développement.

II Les modes de recrutement des vendeurs

1. Le recrutement externe

Les entreprises de vente directe mettent en place une procédure de recrutement externe par diffusion d'offres d'emploi. Contrairement aux annonces traditionnelles, le recrutement de vendeurs à domicile ne précise ni rémunération, ni expérience ou diplôme exigé. Le recrutement d'animateur ou leader de réseau, par contre, nécessite de l'expérience dans le métier de la vente à domicile. Les annonces sont attractives et diffusées largement sur les sites institutionnels (Pôle Emploi), les blogs et sites dédiés à la vente directe.

EXEMPLES

objectifvdi.com, www.vente-directe-vdi.fr, ventedirectemagazine.fr, www.unjourunevente.com...

Étant donné leur fort besoin de vendeurs, elles utilisent leur site internet pour attirer de nouveaux vendeurs en développant les avantages du statut et de l'entreprise.

EXEMPLE

Secrets de Miel liste les arguments pour « convaincre de nouvelles conseillères de rejoindre l'aventure ».

2. Le recrutement par le réseau

Les entreprises de vente directe utilisent leur réseau actuel de vendeurs pour recruter de nouveaux conseillers dans le réseau. Le démarchage ou la vente en réunion sont l'occasion de convaincre de participer au réseau soit en tant qu'hôte/hôtesse d'accueil, soit en qualité de nouveau conseiller/conseillère. Les vendeurs sont motivés au recrutement par des rémunérations supplémentaires (commissions sur les ventes de leurs recrues), par une évolution de carrière (de vendeur à animateur de réseau) et par des challenges de recrutement leur permettant de bénéficier d'avantages et de cadeaux.
Dans le cadre d'un recrutement par le réseau, c'est le vendeur recruteur qui prend en charge tout le processus de recrutement.

FICHE RESSOURCE

4

LE CONTRAT DU VENDEUR À DOMICILE INDÉPENDANT

La signature d'un contrat avec un vendeur sous le statut de VDI est obligatoire.

I Le contrat de VDI

1. Le contenu du contrat

Le contrat reprend les obligations juridiques applicables au statut ainsi que les conditions de la collaboration entre l'entreprise et le vendeur.
Il précise : le statut du vendeur, son statut social, la législation en vigueur, le mode de rémunération, sa durée (le contrat peut être à durée déterminée).
Il peut être accompagné d'une demande d'agrément ou d'un bulletin d'adhésion pour devenir VDI de l'entreprise, ainsi que d'un bon de commande des packs de démarrage ou des stocks de produits à constituer.

2. Le cadre commercial de l'activité

Le contrat de VDI précise les conditions commerciales de collaboration entre le VDI et l'entreprise :
- les **engagements de l'entreprise** : assistance au démarrage de l'activité, assistance commerciale et assistance en matière de gestion et d'administration ;
- les **engagements du vendeur** : respect des normes commerciales de l'entreprise, respect de la législation et des règles professionnelles, respect des règles d'utilisation de la marque et de l'image du réseau.

Le contrat peut prévoir une clause de non-concurrence mais il ne peut pas restreindre l'activité du VDI. Il peut distribuer tous les produits de l'enseigne sur l'ensemble du territoire national.
Pour démarrer, le nouveau vendeur doit s'équiper des supports commerciaux, kit de démonstration ou stock de produits à vendre prévus au contrat de VDI.
Un nouveau VDI est toujours suivi par un parrain, qui est soit son recruteur, soit un parrain désigné par l'entreprise lors de son recrutement. Le parrain transmet au VDI les premières formations juridiques, techniques et commerciales. Beaucoup d'entreprises imposent la première formation obligatoire au tout début de l'activité.

II Les formalités de démarrage d'activité

Le VDI a un statut particulier car il est un travailleur indépendant bénéficiant du régime général de Sécurité sociale. Il doit déclarer son activité auprès du Centre de formalités des entreprises de l'URSSAF dont dépend son domicile dans les 15 jours du début d'activité. Il obtient alors un numéro Siret identifiant son activité professionnelle. Cette déclaration peut se faire en ligne grâce à un formulaire dédié.
L'entreprise assiste le VDI dans ces premières démarches. La plupart des sites de recrutement prévoient un guide d'information ou une FAQ sur le statut de VDI.
L'URSSAF fournit un guide complet sur ce statut (www.urssaf.fr, onglet « Entreprise », « Employer du personnel », « Le statut social du salarié », « Les cas particuliers », puis « Les vendeurs à domicile (VDI) »).

FICHE RESSOURCE 5

LA FORMATION DES VENDEURS

Les vendeurs indépendants ne bénéficient pas des dispositifs prévus pour la formation professionnelle continue des salariés. Cependant, leur contrat prévoit en général une assistance technique au vendeur. Par ailleurs, sous l'impulsion de la Fédération de la vente directe (FVD), le secteur se professionnalise et s'organise autour de certifications et de formations externes.

I La formation interne

Les entreprises de vente directe recrutent pour la plupart sans exigence de diplôme ou d'expérience et investissent donc beaucoup dans la formation des vendeurs. En moyenne, les vendeurs bénéficient de une à trois semaines de formation par an, soit plus que la population générale des vendeurs et que l'ensemble des salariés.

Lors du début de l'activité, la formation porte en premier lieu sur l'entreprise, les produits, la législation et l'éthique de la profession, avec l'apprentissage du **code éthique de la vente directe**. Les objectifs sont également d'acquérir et d'améliorer les performances du vendeur au fur et à mesure de son parcours sur les compétences clés du métier :

– prospection (définition et recherche de la cible, prise de contact, réponse aux objections) ;
– principes de la communication commerciale ;
– principes de vente (généraux, en face à face, en réunion… selon l'activité de l'entreprise) ;
– suivi client ;
– méthodologie et organisation du travail (gestion du temps, bilan d'activité) ;
– management d'équipe en cas de développement du réseau.

Les modalités de formation peuvent être multiples :

– supports numériques, papier, vidéo… ;
– séminaires, formation en groupe, ateliers ;
– *e-learning* (formation à distance) ;
– académie interne à l'entreprise.

EXEMPLE

Stanhome (numéro 1 de la vente directe de produits d'entretien et de cosmétiques en France) forme les vendeurs aux produits et techniques de la vente à domicile dès leur arrivée et leur propose différents modes de formation : avec leur manageur, qui les accompagne à tout moment ; des réunions de formation une à deux fois par mois ; un site dédié à l'autoformation accessible 24h/24 ; des tutoriels vidéo réalisés par les coachs Stanhome ; un magazine mensuel et un intranet.

Les formations internes sont généralement gratuites, mais les vendeurs ne perçoivent pendant ce temps aucune rémunération.

II La formation externe

1. La formation auprès d'organismes extérieurs

Les entreprises adhérentes de la FVD ont accès à la Vente Directe Académie, une formation interactive à distance développée en collaboration avec un organisme de formation professionnelle et un organisme paritaire et collecteur agréé. Elle propose aux vendeurs débutants et aux professionnels expérimentés différents modules : approches commerciales de prospection de vente en individuel (ou en face-à-face) ou en réunion, techniques de suivi de clientèle…

En tant que travailleur indépendant, le vendeur peut également être à l'initiative de sa formation. De nombreux organismes proposent des formations spécifiques au métier.

2. Les certifications et diplômes

La Vente Directe Académie permet d'obtenir des certifications professionnelles, notamment pour les métiers de conseiller/ère, animateur/trice d'équipe et animateur/trice des ventes. Ces certifications professionnelles valident un niveau de compétence professionnelle et sont accessibles *via* un parcours de formation continue et la validation des acquis de l'expérience (VAE).

Toujours en lien avec la FVD, une licence professionnelle pour la vente directe a été créée à l'université de Paris-Est Créteil.

Applications

Maitrise

1 Recruter de nouveaux vendeurs

Vous êtes commercial(e) pour Aquipro, un fabricant de piscines enterrées en kit qui propose également différents accessoires (margelles, dallages, pompes à chaleur, robots nettoyeurs…). Vous avez lu sur l'intranet de l'entreprise un projet d'annonce pour recruter de nouveaux vendeurs en Bretagne.

1. Identifiez les conditions d'embauche des nouveaux vendeurs.
2. Repérez les deux statuts proposés. Quels sont leurs avantages et inconvénients pour l'entreprise ?
3. Comment expliqueriez-vous ces avantages et inconvénients aux candidats potentiels ?

Document Texte de l'annonce

AQUIPRO

Notre entreprise est reconnue au niveau national. Grâce à notre réseau national, nous assurons un projet clair, fiable et basé sur les désirs des clients. Nos piscines en kit sont conçues pour garantir une qualité et une sécurité optimales, tout en respectant l'environnement.

DESCRIPTION DE LA MISSION

Nous recherchons des agents ou VRP multicartes afin de vendre des kits piscines, des accessoires et des abris directement aux particuliers.

Vous avez la fibre commerciale et aimez le challenge ?
Vous avez une expérience dans la piscine et les abris et/ou une bonne connaissance du secteur ?
Alors venez rejoindre notre équipe dynamique et sérieuse sans plus attendre !

CLIENTÈLE CIBLÉE

B to C, particuliers

INFORMATIONS SUPPLÉMENTAIRES

Commissions : 15 à 20 %
Rémunération très attrayante, commissions versées sur le montant HT (hors transport) 15 jours après la livraison du matériel.

OUTILS D'AIDE À LA VENTE

Formation – Fichier prospects fourni – Site internet

SECTEUR GÉOGRAPHIQUE

Bretagne

Maitrise

2 Choisir entre travail indépendant et contrat de travail

Vous êtes vendeur(se) à domicile depuis deux ans. Votre amie Ayako, attirée par la vente directe, a candidaté pour devenir VDI d'une entreprise de cosmétiques. Elle a reçu une proposition de contrat mais, comme elle n'a aucune expérience, elle vous demande conseil avant d'accepter.

1. Analysez les caractéristiques du contrat proposé à Ayako.
2. Que pouvez-vous lui recommander ?

Document 1 Extraits du contrat de VDI mandataire

Article 4. Engagements du VDI occasionnel

Il est rappelé que le VDI occasionnel est libre d'organiser son activité en toute autonomie et n'est tenu à aucun lien de subordination à l'égard de l'entreprise.

Cela étant rappelé, le VDI occasionnel s'engage à :

4.1. Respecter strictement la législation relative à la protection des consommateurs [...].

4.2. Respecter les règles de fonctionnement et les normes commerciales de CosmoVD.

Le VDI s'engage à utiliser le matériel fourni et à atteindre les objectifs fixés par l'entreprise. Le vendeur s'engage à être disponible pour son parrain le matin de 9 h à 12 h, du lundi au vendredi.

Le VDI occasionnel s'engage également à :

– répondre aux demandes de réunions envoyées par CosmoVD.

– prévenir la société CosmoVD au plus tôt en cas d'indisponibilité pour assurer une réunion datée.

– utiliser le nom, le logo ou la marque commerciale de la société aux seules fins de la distribution des produits et services de sa gamme ou de recherche de nouveaux VDI occasionnels en respectant les normes et l'image de la société et après accord préalable de celle-ci.

D'une façon générale, le VDI ne doit en aucun cas porter atteinte à l'image commerciale de cette dernière.

Le VDI s'engage à communiquer à la société toute infraction pénale dont il aurait connaissance dans le cadre de son activité.

Ces règles s'imposent également lors de la constitution par le VDI occasionnel de son propre réseau de VDI occasionnels qu'il s'engage à assister et animer.

4.2. Choisir le kit de démarrage [...].

Document 2 Jurisprudence

[...] La société Newsys a conclu avec Dominique X... deux contrats successifs de « vendeur distributeur indépendant » [VDI] les 1er mai et 30 décembre 2004, le premier sous l'enseigne Fédéral immobilier et le second sous l'enseigne Netimmo, donnant chacun mission de représenter l'agence, de prospecter une clientèle de particuliers, en s'organisant librement et en déterminant lui-même ses horaires et son temps de travail moyennant une commission sur les ventes. [...] À la suite de la rupture des relations contractuelles, le 8 juillet 2005, Dominique X... a saisi la juridiction prud'homale pour voir requalifier son contrat de vendeur indépendant en un contrat de travail. [...] La société [Newsys a fait appel de la décision de requalification puis a demandé un pourvoi en cassation] [...]

Attendu [...]

[...] que le contrat de travail suppose un lien de subordination, caractérisé par l'exécution d'un travail sous l'autorité d'un employeur qui a le pouvoir de donner des ordres et des directives, d'en contrôler l'exécution et de sanctionner les manquements de son subordonné ; [...]

[...] que l'existence d'un contrat de travail dépend seulement des conditions de fait dans lequel il est exécuté [...] ;

[...] que Dominique X..., qui n'était plus inscrit au Registre des agents commerciaux depuis 1996 et qui, selon les contrats, devait être assujetti au régime général de Sécurité sociale, était chargé de représenter l'agence et de prospecter une clientèle de particuliers afin de recueillir des mandats de vente, qu'il bénéficiait d'un matériel mis à sa disposition par la société Newsys ainsi que de la logistique de ses agences locales, que s'il était payé à la commission, il percevait néanmoins une rémunération fixe minimum telle que prévue par la Convention collective nationale de l'immobilier ;

[...] que l'intéressé travaillait sous la subordination de la société Newsys, ce qui caractérisait l'existence d'un contrat de travail ; [...]

PAR CES MOTIFS : REJETTE le pourvoi ; Condamne la société Newsys aux dépens [...].

Extraits de l'arrêt de la Cour de cassation, chambre sociale, 4 juin 2008.

Maitrise

3 Recruter un VDI en externe

Vous êtes responsable des ventes pour le secteur Sud-Est de l'entreprise Cyan, spécialisée dans la vente à domicile de peintures et accessoires de décoration intérieure. L'entreprise utilise la méthode de la vente en réunion. Vous êtes chargé(e) de recruter 20 nouveaux conseillers et un manageur confirmé pour une équipe de 30 vendeurs.

1. Quels seront les statuts des personnes à recruter ?
2. Quel est l'argumentaire de l'entreprise pour motiver les candidats ?
3. Rédigez l'annonce à publier pour le poste de conseiller.
4. Choisissez le canal de diffusion de vos annonces.
5. À l'aide de l'outil de votre choix, concevez la page internet de l'entreprise destinée à ce recrutement.

Document 1 Profils recherchés

- **Conseillers Cyan :** VDI mandataires.
- **Évolution de carrière :** postes de manageur d'équipe, manageur confirmé et responsable des ventes secteur. Au-delà d'un réseau de 25 conseillers, proposition de CDI et intégration à l'équipe de management commercial interne.
- **Manageur confirmé :** expérience d'au moins 5 ans en vente directe, certification « Animateur/trice d'équipe en vente directe ». Rémunération : partie fixe et partie variable.

Document 2 Conditions d'exercice de l'activité

DÉMARREZ VOTRE ACTIVITÉ

Kit de démarrage : 150 € (valeur : 400 €), remboursés si vous atteignez un CA de 800 € le 1er mois de votre activité.

Ce kit comprend :

- nos catalogues
- flyers, cartons d'invitation, cartes de visite
- accès à notre portail distributeurs + page personnelle pour le développement de votre activité + application mobile
- système d'encaissement par CB
- échantillons des gammes peintures et accessoires
- documents commerciaux
- code éthique de la vente directe et code de déontologie de l'entreprise

DÉTERMINEZ VOS REVENUS

- 20 % de commission sur le CA réalisé en conseiller junior (jusqu'à 800 € de CA par mois)
- 25 % de commission en conseiller confirmé (de 800 à 1 800 € de CA par mois)
- 30 % de commission en conseiller expert (au-delà de 1 800 € de CA par mois)
- 15 % de commission sur le CA réalisé par le réassort de vos clients

AUGMENTEZ VOS REVENUS

- 6 % de commission sur le CA réalisé par vos filleuls de 1er niveau
- 3 % de commission sur les filleuls de 2e niveau
- 1 % sur les filleuls de 3e, 4e et 5e niveaux
- Bonus de 2 % pour des ventes de plus de 5 500 € sur 1 trimestre
- Cadeaux et voyages à gagner lors des challenges

AVANTAGES FOURNIS PAR L'ENTREPRISE

- Suivi personnalisé par nos équipes de manageurs
- 2 jours de formation d'intégration avec votre parrain
- Formations régulières en ligne, en réunion et accès à notre plateforme de fiches formation sur notre intranet
- Inscription aux différentes certifications de la vente directe auprès de la Vente Directe Académie
- Ambiance chaleureuse, conviviale
- Congrès d'entreprise annuel

Document 3 Fiche métier de la FVD

Animateur des ventes

Une participation active à la stratégie de l'entreprise

Quelles sont ses missions ?

- ☐ Encadrer les animateurs d'équipe.
- ☐ Développer le niveau d'activité d'un réseau de vente.
- ☐ Participer à la stratégie commerciale de l'entreprise.
- ☐ Créer et mettre en œuvre son plan d'action commerciale.
- ☐ Réaliser ses objectifs (CA, effectifs, indicateurs clés).

Quels sont les prérequis à ce métier ?

- ☐ Justifier d'une expérience reconnue au poste d'animateur d'équipe.
- ☐ Avoir validé avec succès le parcours de formation de l'entreprise.

Quels sont les statuts ?

- ☐ Commerçant
- ☐ Salarié
- ☐ Salarié VRP
- ☐ Agent commercial

Fédération de la Vente Directe

Expertise

4 Recruter par le réseau

Vous êtes VDI mandataire depuis trois mois. Votre chiffre d'affaires est satisfaisant et vous obtenez le statut de conseiller(ère) confirmé(e). Vous souhaitez augmenter votre rémunération : votre animatrice vous suggère de recruter de nouveaux vendeurs pour développer votre propre réseau.

1. Qu'est-ce que le parrainage ? Quel est l'intérêt pour vous de parrainer un nouveau filleul ?
2. À quelles conditions réussirez-vous votre recrutement ?
3. Présentez un plan d'actions pour vos recrutements : choisissez votre outil de diffusion, rédigez votre argumentaire.

Document 1 Le parrainage

[…] « Une entreprise qui veut recruter essaye de trouver toutes les solutions. Et c'est l'un des moyens les plus intéressants en vente directe. Le vendeur est un bon vecteur de communication car il a une vision globale et peut en parler », explique Évelyne Platnic Cohen, fondatrice de Booster Academy […]. En effet, le filleul vous a sûrement vu travailler ou vous a entendu vanter les mérites de ce que vous faites et c'est ce qui lui a donné envie. Pour vous remercier de votre recrutement et aussi vous encourager à continuer de ramener des gens, la plupart des entreprises vous offrent un pourcentage sur les ventes du filleul. […] « Tout conseiller peut parrainer quelqu'un de son entourage. L'avantage est que dès que l'on recrute une personne, on perçoit une rémunération sur ses ventes. Les bonus vont de 2 % à 11 % et à partir du moment où le filleul se construit lui-même son réseau, ils passent de 4 % à 11 % sur l'ensemble de ses ventes », explique Véronique Parein, directrice chez Guy Demarle, société de produits de loisirs culinaires. […]

Lien affectif

Si la relation entre le parrain et le filleul fonctionne, c'est parce que les deux se connaissent et qu'il y a un lien affectif réel », explique Évelyne Platnic Cohen. […]

La motivation, premier facteur de réussite […]

On doit prendre quelqu'un avec qui on a des chances d'y arriver », recommande-t-elle. En effet, il faut bien que vous lui expliquiez que même s'il vous a vu réussir, il n'y arrivera pas sans efforts. Ainsi, posez-lui des questions sur ses attentes et sur ce qu'il est prêt à investir en termes d'effort. « Si cela ne fonctionne pas, il y a en a toujours un qui en voudra à l'autre. L'un va se plaindre de ne pas avoir été assez suivi ou l'autre va dire au second que c'est parce qu'il n'y a pas mis assez d'énergie » […]. Ainsi, essayez de privilégier quelqu'un qui a compris le fonctionnement du système de la vente directe et qui comprend où est son intérêt. « Le démarrage de la filleule incombe à la marraine. […] Mais cela va aussi dépendre de la recrue, de sa motivation ».

Innocentia Agbe, « Parrainage : affection et accompagnement au service de la vente », ventedirectemagazine.fr

Document 2 — E-mail de votre animatrice

Outlook | Nouveau | Envoyer | Répondre | Transférer | Enregistrer | Supprimer | ...

Bonjour,
Voici quelques conseils pour recruter un réseau :
– utilise ton réseau de proches ou diffuse des annonces près de chez toi ;
– crée un blog professionnel spécialisé ou un vlog (à animer régulièrement !) ;
– utilise les réseaux sociaux (pages Facebook, Instagram ou Google Adwords) ;
– n'oublie pas la prospection (mailing, phoning) à partir de tes contacts.

Expertise

5 Former les vendeurs

Naturellement Bien est une entreprise de vente directe spécialisée dans les médecines douces : aromathérapie, phytocosmétique, hydrothérapie... Vous venez de recruter une nouvelle conseillère, Philippine. En tant que parrain/marraine, vous l'aidez pour organiser sa formation.

1. Planifiez avec Philippine les formations de son premier mois d'activité pour bien débuter.
2. Présentez-lui les formations proposées pour évoluer dans le métier de conseillère.
3. Quels outils sont mis en place pour la formation des conseiller(ère)s ?
4. Élaborez avec Philippine un plan d'actions sur l'année pour l'aider à évoluer dans le métier.

Document 1 — Programme de formation obligatoire Naturellement Bien

Étape 1
à suivre dès que vous avez reçu vos accès à l'espace formation

Étape 2
dès que vous avez reçu vos produits

Étape 3
à suivre avant de faire votre première démonstration

Étape 4
après la livraison de vos premières commandes à vos clients

Ce programme comporte au total une douzaine de modules de formation à suivre (environ 6 heures) afin d'être efficace dès son lancement !

En effet, nous n'allons pas vous demander de devenir aromathérapeute pour vendre nos huiles essentielles, en revanche les plantes médicinales sont des produits actifs avec lesquelles il ne faut pas faire n'importe quoi.

Nous demandons donc à nos conseillers de préparer, dès leur arrivée chez nous, un book commercial qui les suivra lors de toutes leurs réunions, avec les fiches Naturellement Bien de votre espace de formation.

Ce book commercial se composera des fiches d'animation permettant de présenter les thématiques du catalogue mais également les fiches techniques des produits afin de pouvoir présenter les produits en toute sécurité (indications, dosage, contre-indications, précautions d'usage, interactions connues de certaines plantes médicinales avec certains médicaments, interactions entre plantes médicinales...) et enfin les fiches recettes indispensables pour vos démonstrations et ateliers.

www.naturellementbien.fr

Document 2 — Espace formation Naturellement Bien

Vous aider à réussir dans votre activité de vendeur à domicile indépendant et dans vos évolutions futures, telles sont les ambitions de cet espace de formation continue.

Il vous permet d'acquérir les **5 compétences indispensables** à tout conseiller pour réussir durablement :
- La maîtrise de nos outils commerciaux
- Les bases des médecines douces et de nos produits
- Les techniques fondamentales de la vente en réunion
- La mise en place des « Ateliers du fait maison »
- La création et le développement d'un réseau et les approches managériales

www.naturellementbien.fr

Synthèse

Recruter et former les vendeurs

Le statut des vendeurs en vente directe

Salarié
- Type de contrat : de travail
- Management traditionnel
- Adapté à la vente de produits techniques/chers
- Activité régulière à temps complet

→ **Voyageur, représentant et placier**
→ **Représentant non statutaire**

Indépendant
- Type de contrat : de distribution
- Management relationnel
- Adapté à la vente de produits à faible coût
- Activité occasionnelle (VDI) ou habituelle (professionnels inscrits)

→ **Vendeur à domicile indépendant**
→ **Agent commercial**
→ **Commerçant**

Vendeur à domicile indépendant :

- **VDI mandataire** : Vend au nom de l'entreprise, qui garde le contrôle des prix et des données clients
- **VDI acheteur-revendeur** : Vend en son nom : gère les stocks, les impayés, sa clientèle

La rémunération des vendeurs

Salarié	VDI mandataire	VDI acheteur-revendeur	Agent commercial
Salaire fixe et/ou variable	Commission sur le chiffre d'affaires	Marge sur le prix de revente des produits	Honoraires en pourcentage du chiffre d'affaires

- Paliers de progression en fonction du chiffre d'affaires réalisé et de l'expérience
- Bonus grâce aux challenges
- Primes d'animation et de recrutement
- Commissions supplémentaires sur le chiffre d'affaires des vendeurs recrutés

Le recrutement et l'intégration des VDI

- **Recrutement externe** : Réalisé par l'entreprise
- **Recrutement par le réseau** : Réalisé par le vendeur
- **Contrat écrit**
- **Déclaration de début d'activité**

La formation des vendeurs

- **Technique** : Produits, entreprise
- **Commerciale** : Prospection, suivi
- **Managériale** : Organisation, management
- **Juridique** : Législation, éthique

TESTEZ-VOUS

Quiz sur le chapitre 13
liennathan.fr/58u5my

MOTS CLÉS

VRP · VDI · Agent commercial · Commerçant · URSSAF · Déclaration de début d'activité · Vente directe académie

CHAPITRE 14

Accompagner les vendeurs et animer les équipes

Contexte professionnel

Activité/Tâche
Développement d'un réseau de conseillers de vente à domicile

Compétence
Impulser une dynamique de réseau

Vers PIX
2.3. Collaborer
3.1. Développer des documents textuels
3.2. Développer des documents multimédia

Monique Duchêne, présidente d'Asthéya : « Asthéya est une entreprise de vente à domicile dont l'ADN est le bien-être. Bien-être au travail avec la volonté de créer une entreprise où il fait bon vivre et bien-être pour nos clients au travers de moments partagés. Nous proposons de valoriser le thé et ses bienfaits sous toutes ses formes au cours d'escales bien-être sur la route du thé, tout en restant chez soi : dégustation de thés, recettes à base de thé, histoire du thé dans le pays "visité"... ! Nous proposons aussi des brumes d'ambiance en rapport avec le pays ainsi que d'autres gammes alliant bien-être et thé, par exemple des cosmétiques aux actifs de thé. Nos conseillers Globe-Trotteurs ont le statut de VDI mandataire et partagent nos valeurs dont la bienveillance est le pilier. »

Créée en 2014 par quatre amis, cette entreprise en pleine expansion compte aujourd'hui plus de 200 conseillers en France, répartis dans plus de 57 départements.

Asthéya, communiqué de presse
liennathan.fr/8c8c6r

Votre rôle

Vous êtes conseiller(-ère) « Globe Trotteur » au sein d'Asthéya depuis deux ans. Vous avez recruté dix nouveaux conseillers pour devenir animateur d'équipe. En plus des « escales » autour du thé que vous continuez à organiser, vous êtes chargé(e) de :
– suivre et accompagner individuellement chaque conseiller(-ère) VDI ;
– animer votre réseau de conseillers.

Vos objectifs

I Accompagner le démarrage d'activité d'une nouvelle conseillère

Nadhya, votre dernière recrue, va bientôt démarrer son activité. Vous savez que les débuts d'une conseillère sont très importants et qu'il y a beaucoup d'éléments à transmettre et à mettre en place.

1. Préparez une présentation de l'entreprise Asthéya et de ses valeurs. — Annexe 1
2. Identifiez les caractéristiques de la nouvelle conseillère. — Annexe 2, Fiche ressource 1
3. À partir de ces caractéristiques, aidez Nadhya dans la fixation de ses objectifs. — Annexes 3 et 4
4. Assistez la nouvelle conseillère dans l'organisation de son temps. Concevez un agenda partagé avec les actions hebdomadaires à mettre en place. — Annexe 5

II Assurer le suivi individuel d'un conseiller(ère)

Vous préparez les entretiens hebdomadaires. Françoise, conseillère depuis 2017, vous a laissé un message plutôt décourageant…

5. Prenez connaissance du profil de la conseillère. Faites le bilan de ses motivations, de ses difficultés et de ses statistiques de ventes. — Fiche ressource 2, Fiche ressource 3
6. Identifiez les actions à entreprendre face à ses difficultés. — Annexes 6 et 7
7. En quoi l'entretien de suivi nécessite-t-il une approche de management relationnel ? Préparez le guide d'entretien pour assurer le suivi de Françoise. — Fiche ressource 4, Annexe 8

III Préparer la réunion d'équipe mensuelle

Vous consultez le tableau de bord de votre équipe grâce à l'application CRM de l'entreprise et prenez connaissance des statistiques de ventes mensuelles.

8. Repérez les écarts d'efficacité commerciale entre les conseillères au regard de leur profil et de leurs objectifs. — Fiche ressource 3, Fiche ressource 5
9. Identifiez les axes d'amélioration pour chaque conseillère. — Annexe 7
10. Préparez l'animation de votre prochaine réunion. — Annexe 9

IV Faire participer l'équipe à un challenge de vente

L'entreprise vous a fait parvenir des informations sur le nouveau challenge VDI qu'elle organise.

11. Préparez un support de présentation du challenge pour la prochaine réunion de votre équipe. — Fiche ressource 6, Annexe 10
12. Réalisez le bilan chiffré collectif et individuel du challenge. — Annexe 11
13. Présentez les résultats à votre équipe et préparez un commentaire (félicitations, conseils…) pour chacune des conseillères.

Votre dossier

Annexe 1 — Les valeurs d'Asthéya

ASTHÉYA… UNE ENTITÉ RICHE DE SENS

Le nom d'Asthéya trouve son origine dans le mot sanscrit *asteya*, « qui éclaire le rapport aux autres ». « *C'est refuser de s'approprier ce que l'on ne peut pas posséder. Les idées d'autrui mais aussi les idées générales : Asteya invite à* ***penser par soi-même****, à* ***faire confiance à ses propres idées****, et à ce que l'on est et possède en soi. […] C'est donc commencer par* ***savourer la posture que l'on maîtrise****… Autrement dit,* ***c'est avoir la grâce de ne pas vouloir ce pourquoi nous ne sommes pas encore prêts****.* »

La vie est trop courte pour du mauvais thé !

LE BIEN-ÊTRE… ADN DE L'ENTREPRISE

Chez Asthéya nous souhaitons mettre l'essentiel au cœur de l'important et faire de nos valeurs une ligne de conduite professionnelle :

- **Épanouissement :** s'épanouir dans le respect des autres, prendre plaisir à travailler, être en accord avec ses valeurs.
- **Équilibre :** permettre un équilibre pour tous entre vie professionnelle et vie privée et des relations équilibrées entre tous. Refuser les rapports de force.
- **Bienveillance :** travailler en bonne intelligence pour le bien de tous, avoir de la considération pour les autres, faire preuve d'altruisme.

www.astheya.fr/decouvrir-astheya

Annexe 2 — Informations sur la nouvelle conseillère

Bilan d'entretien de recrutement

Date : 12 février 2022

À 22 ans, Nadhya est étudiante dans une filière commerciale. Elle recherche un revenu d'appoint pour l'aider à financer ses études et, pourquoi pas, s'investir ensuite professionnellement. Elle attend une rémunération brute d'environ 500 euros par mois et est disponible hors de ses cours le week-end et 1,5 jour par semaine.

« *Je suis une grande buveuse de thé. J'aime pratiquer le yoga et je voyage beaucoup.* »

Nadhya est sociable et ouverte d'esprit. Elle a su écouter et comprendre les valeurs d'Asthéya. Elle fait preuve de dynamisme et a déjà une expérience de vente en magasin. Elle est motivée pour développer cette activité et fait preuve d'enthousiasme.

astheya — Fiche de renseignements

Nom : SELLAMI — Nom de naissance :
Prénom : Nadhya
Parainé(e) par : — Date de contrat : 17 / 02 / 22
Date de lancement* : 13 / 03 / 22 — Date 2ᵉ escale : 18 / 03 / 22

Situation professionnelle

- Emploi à temps complet ○
- Emploi à temps partiel ○
- Retraité(e) ○
- Autre activité VDI ○
- Sans emploi ○
- En formation ○
- Etudiant(e) ☑

Précisez :

Annexe 3 Statistiques de référence de l'entreprise

Le conseiller Globe Trotteur débutant perçoit une commission brute de 22 % sur les ventes réalisées. Un conseiller expert perçoit 24 % et un animateur d'équipe 27 %. Le plan de rémunération prévoit également des primes d'animation et de recrutement.

Statistiques moyennes d'une escale :

Nombre de clients par escale	CA moyen TTC	Panier moyen
7,5	352,50 €	47 €

Commissions moyennes d'un conseiller Globe Trotteur, hors primes et bonus :

Nombre d'escales par mois	CA moyen TTC	CA moyen HT*	Commission brute
2	705 €	659 €	145 €
4	1 410 €	1 318 €	290 €
6	2 115 €	1 977 €	435 €
8	2 820 €	2 636 €	580 €

* Le thé est soumis à une TVA de 5,5 %. En tenant compte des autres produits du panier soumis au taux normal de 20 %, le taux moyen de TVA de l'entreprise est de 7 %.

Annexe 4 Support de fixation d'objectifs

MON PROJET PROFESSIONNEL

(découvrir, me reconvertir, faire carrière, encadrer une équipe…)

Objectifs professionnels	À quelle échéance ?

MES ATTENTES EN TERMES DE RÉMUNÉRATION

(200, 500, 1 500… euros par mois)

Objectifs de rémunération	À quelle échéance ?

MES DISPONIBILITÉS

(tous les jours, les matins, le mercredi…)

Disponibilités	Contraintes

MES OBJECTIFS

Données chiffrées		À quelle échéance ?
Nombre d'escales mensuelles	______	
Nombre d'invités	______	
Nombre moyen de participants	______	
Panier moyen	______	

Annexe 5 — Accompagner un nouveau conseiller Globe Trotteur

L'animateur d'équipe doit construire un cadre de travail dans le respect des valeurs d'Asthéya, basées sur le bien-être, le plaisir et l'épanouissement. Son objectif est de renforcer le professionnalisme et l'engagement de l'équipe, d'accompagner l'équipe pour la fédérer, de former aux produits et escales pour développer les compétences spécialisées dans l'univers du thé.

Accompagner un nouveau conseiller demande une organisation rigoureuse afin de donner du rythme à la période des 3 premiers mois. Le plan d'action tient compte des objectifs du nouveau conseiller. L'animateur fait le point régulièrement sur l'organisation, conseille et encourage le nouveau conseiller Globe Trotteur.

Le plan d'action fixe les premières échéances (formation, escale de lancement, 2e escale), les modalités de suivi. L'animateur d'équipe prend contact après les premières escales pour faire le point sur les succès ou les difficultés rencontrées.

ÉTAPES À PRENDRE EN COMPTE POUR ÉLABORER LE PLAN D'ACTION

- Rappel des valeurs de l'entreprise
- Formation sur la législation et la déontologie professionnelle
- Formation produits niveau 1
- Formation aux solutions digitales fournies : espace privé (source documentaire et d'information de l'entreprise à consulter au moins 2 fois par semaine, avant chaque préparation d'escale, avant chaque escale), extranet (gestion des commandes et suivi de l'activité), Vente Directe Académie (formation)
- **Formation :** Comment animer une escale
- **Préparation du « Road Book » :** fiches techniques des produits et offres commerciales, trame d'escale, tarifs, feuille de route
- **Préparer l'escale de lancement :**

J-10 : RDV de préparation avec l'hôte	*Choisir la date et le thème* *Préparer la trame de l'escale* *Lister les invités* *Lancer les invitations*
J-5 : 1er rappel chef d'escale	*Suivi de l'hôte de l'escale*
J-1 : 2e rappel	
Jour J : *check-list*	*Déroulement de l'escale*
J+1	*Programmation du suivi de l'escale (débriefing avec le parrain, commandes à réaliser, renouveler l'invitation pour les invités absents, autoévaluation des compétences acquises)*

- **Aider au suivi de l'activité :** panier moyen, rendez-vous
- Consacrer du temps à la prospection pour développer le nombre d'escales

Annexe 6 — Message téléphonique de Françoise

« Bonjour, nous devons nous voir lundi pour notre entretien hebdomadaire. Je voulais te dire que je commence à désespérer. Je ne sais plus comment trouver de nouveaux hôtes pour mes escales. J'ai épuisé tous mes contacts et je ne sais pas comment m'y prendre. Pourtant, je veux y arriver… J'aime tellement les produits et la convivialité des escales ! Je compte sur ton aide… Bonne journée et à lundi.

Annexe 7 Profils des conseillères de votre équipe

	Nom	Date entrée	Statut	Commentaires et objectifs mensuels
	**Nadhya Sellami**	17/02/2022	Conseillère	Nouvelle recrue à présenter
	**Françoise Tardier**	01/09/2019	Conseillère	Retraitée Disponible le matin et parfois le week-end Objectif : 800 €
	**Lisa Jouvelle**	21/06/2019	Conseillère	Travail d'appoint Quelques week-ends Objectif : 300 €
	**Solène Festres**	22/05/2019	Conseillère	Travail à mi-temps pour s'occuper de ses enfants Objectif : 400 €
	**Valérie Sastre**	05/03/2018	Conseillère	Travail à mi-temps avec une possible évolution à temps complet Objectif : 700 €
	**Myriam Ziani**	15/01/2018	Conseillère	Travail d'appoint 2 jours maximum par semaine Objectif : 400 €
	**Léane Berthet**	22/08/2017	Conseillère experte	Travail à mi-temps Objectif : 600 €
	**Estelle Gastier**	14/02/2017	Conseillère experte	Travail complémentaire Mercredi et week-end Objectif : 500 €
	**Adilah Samba**	15/03/2017	Conseillère experte	Travail à temps complet Objectif : 1 200 €
	**Delphine Marin**	22/12/2016	Conseillère experte	Travail à temps complet Objectif : 1 300 €

Statistiques de l'équipe pour le mois

Nom	Nbre d'escales	Nbre moyen participants	CA TTC
Nadhya S.	1 (lancement)	6	210 €
Françoise T.	7	4	1 456 €
Adilah S.	16	9	6 912 €
Solène F.	8	6	2 160 €
Delphine M.	14	9	5 166 €

Nom	Nbre d'escales	Nbre moyen participants	CA TTC
Myriam Z.	3	5	525 €
Valérie S.	12	9	4 104 €
Léane B.	10	7	2 870 €
Lisa J.	5	6	1 170 €
Estelle G.	5	8	1 000 €

Annexe 8 — Guide d'entretien hebdomadaire

ÉTAPES	POINTS À ÉVALUER	PRÉCONISATIONS
1. Rappeler l'objectif de l'entretien	J'ai mis à l'aise la conseillère de vente.	
	J'ai rappelé l'objectif de l'entretien.	
2. Écouter le débriefing de la conseillère de vente	Je me suis montré(e) à l'écoute des propos de la conseillère.	
	J'ai rebondi sur ses propos.	
3. Avancer les points forts de la conseillère de vente	Je me suis montré(e) encourageant(e).	
	J'ai pris le temps de la féliciter sur chacun des points forts observés.	
4. Lister les points à améliorer	J'ai expliqué les différents points à améliorer sans l'offusquer.	
	J'ai apporté des exemples appuyant mes propos.	
	Je me suis montré(e) rassurant(e).	
5. Donner des conseils	J'ai apporté des conseils personnalisés.	
6. Planifier un prochain accompagnement si besoin	J'ai proposé un prochain entretien d'accompagnement.	
7. Conclure l'entretien	J'ai vérifié la bonne compréhension des points abordés en entretien.	
8. Suite à l'entretien	J'ai noté les informations importantes de l'échange.	

Annexe 9 — Guide d'animation de réunion d'équipe

Le rôle de l'animateur est d'être un relais d'Asthéya auprès de votre équipe et de transmettre ses valeurs au quotidien.

L'animation de l'équipe suppose des engagements :

- Service *(être présent pour votre équipe en respectant leur autonomie)*
- Animation *(faire vivre l'équipe et proposer des actions motivantes)*
- Considération *(reconnaître les qualités et valoriser les réalisations)*
- Rémunération *(accompagner dans l'atteinte des objectifs)*
- Enthousiasme *(donner envie)*

Pour faire avancer l'équipe, vous devez bien connaître vos équipiers et comprendre ce qui est important pour eux, les convaincre, les faire agir.
La réunion d'équipe permet de fédérer, de mutualiser les compétences et s'entre-aider, de développer la motivation et rassurer, d'écouter, de prendre en compte les attentes des conseillers et remonter l'information, d'informer et former.

Pour préparer un point d'étape, nous vous conseillons la méthode d'animation de réunion **TOAST** :

- Thème *(idée principale)*
- Objectif *(objectifs pédagogiques)*
- Animation *(méthodes d'animation : atelier, tour de table…)*
- Séquence *(organisation du contenu en séquences)*
- Temps *(organiser le timing du point d'étape et des contenus)*

En amont

Réfléchir au contenu, inviter par mail, envoyer l'ordre du jour en fonction des attentes reçues.

Déroulement

Accueil (remerciements et présentation), tour de table (temps d'expression), vie d'Asthéya (point nouveautés et informations entreprise, bilan chiffré du mois écoulé, mise en avant des réussites et initiatives, point sur le mois à venir), formation, conclusion (redater, fédérer, tour de table, mot de la fin).

Annexe 10 — Challenge Asthéya

Le challenge se déroulera du 1er septembre au 31 décembre.

Les objectifs des VDI seront de « parcourir » le plus de kilomètres possible, sachant que pour participer à une escale, un invité se déplace en moyenne de 44 km.

Seules les escales réunissant au moins 5 participants et 4 bons de commande d'un montant total minimum de 200 euros de CA TTC seront prises en compte dans les résultats du challenge.

Conditions pour gagner des cadeaux : réaliser au minimum 16 escales sur la période, avec au moins 3 escales par mois.

Transformez vos km **en cadeaux !**

11 000 km parcourus

Escale à Capri
en *all inclusive* !

4 jours / 3 nuits – Mi mai
Vol A-R + hébergement + repas

Théière Cha Dao de Riviera & Bar

7 000 km parcourus

- Choix de la préparation en fonction du type de thé
- Fonctions automatiques : chauffe de l'eau, descente/remontée du panier
- Fonctions préréglées
- Fonction « maintien au chaud »

5 000 km parcourus

Malle *first class* Asthéya

Malle en bois composée de :
- Secret des 3 thés 75 ml
- Source de thé blanc 200 ml
- Bai Mu Dan boîte 40 g
- Petit Matin sur la Tamise boîte 100 g
- Genmaicha boîte 100 g
- Milky Wu-Long boîte 100 g
- Sencha bio boîte 100 g

Pack d'initiation à la dégustation du thé

3 500 km parcourus

- 1 coffret et le livre d'initiation à la dégustation de thé
- 1 bloc de fiches de dégustation vierges
- 2 × 50 g de thé et leur boîte en métal
- 1 thé noir d'exception du Népal et sa fiche de dégustation sensorielle

Annexe 11 — Statistiques de l'équipe pour les mois de septembre à décembre

Nom	Escales 09/N		Escales 10/N		Escales 11/N		Escales 12/N		CA TTC réalisé
	Nombre*	Présence**	Nombre	Présence	Nombre	Présence	Nombre	Présence	
Françoise Tardier	2	10	3	17	2	14	2	11	1 820
Adilah Samba	9	54	10	58	12	62	11	59	12 116
Solène Festres	5	35	4	26	3	22	3	21	4 992
Delphine Marin	11	57	8	44	12	65	10	61	10 215
Myriam Ziani	2	11	3	15	2	12	1	6	1 804
Valérie Sastre	7	37	8	43	6	32	7	36	5 180
Léane Berthet	5	26	6	32	4	22	6	31	4 218
Lisa Jouvelle	1	6	3	18	4	23	2	13	2 460
Estelle Gastier	3	17	6	32	5	26	7	37	4 368

**Nombre d'escales comptabilisées pour le challenge. **Nombre de participants comptabilisés pour le challeng.*

FICHE RESSOURCE

1

LA FIXATION DES OBJECTIFS

I Les objectifs

En l'absence de contrat de travail et donc de lien de subordination, l'entreprise de vente directe ne peut fixer unilatéralement les objectifs pour le vendeur. Les objectifs sont donc déterminés individuellement par les vendeurs, en concertation avec leur manageur ou animateur d'équipe.

1. Les objectifs quantitatifs

Le vendeur détermine au démarrage de l'activité quel revenu minimal il souhaite obtenir de ses ventes, ainsi que sa disponibilité. L'entreprise fournit une base de référence pour assister le vendeur dans sa démarche (moyenne des ventes de l'entreprise, moyenne des ventes selon l'ancienneté du vendeur…).

Les objectifs doivent être :	→	Ils sont exprimés en termes de :
• réalistes et atteignables • stimulants • en adéquation avec le projet personnel du vendeur • cohérents avec le temps dédié à l'activité • révisables en fonction des besoins et ambitions du vendeur	→	• chiffre d'affaires • revenus à atteindre (commissions, bonus…) • nombre minimal de réunions ou de visites • capital rendez-vous

EXEMPLE

Chez *Mamie and Co*, spécialiste des « trucs, astuces, remèdes et recettes de grand-mère », si le vendeur est disponible 1 jour par semaine, il peut réaliser 4 ateliers par mois. Pour atteindre un revenu mensuel de 350 euros avec une commission de 29,5 %, il doit réaliser un chiffre d'affaires moyen de 300 euros.

2. Les objectifs qualitatifs

Les objectifs qualitatifs prennent en compte autant les besoins de l'entreprise (image, notoriété, respect de l'éthique, satisfaction client) que les besoins du vendeur indépendant (temps libre, bien-être et épanouissement, intégration, formation, évolution de carrière).

EXEMPLE

Le vendeur organise son temps de travail de manière à pouvoir s'occuper de ses enfants, en gardant la disponibilité des après-midi et des mercredis.

II Déterminer le plan d'action

Le plan d'action accompagne le vendeur vers l'autonomie et l'atteinte de ses objectifs. Il établit un plan de route des actions à mettre en place et de leur suivi, avec un délai d'avancement, pour atteindre ces objectifs. Il est donc réalisé conjointement par le vendeur et son manageur ou animateur d'équipe. Il prévoit :

– l'organisation de la prospection et de la gestion des hôte(sse)s et des clients ;

– le calendrier des contacts avec le manageur ou animateur d'équipe ainsi que le mode de contact ;

– l'échange et le partage de savoir-faire, le respect des normes commerciales de l'entreprise ;

– la transmission des supports de formation pour améliorer les techniques de vente ;

– le suivi statistique des objectifs à atteindre et la visualisation des progrès.

FICHE RESSOURCE

2

LE SUIVI INDIVIDUEL ET LA FIDÉLISATION DES VENDEURS

I Un suivi régulier

La vente à domicile est un métier exigeant. L'autonomie est un atout mais aussi un facteur de stress qui peut donner un sentiment de solitude poussant parfois à abandonner le métier. La conciliation entre vie personnelle et vie professionnelle peut être vécue avec difficulté. Les vendeurs doivent donc se sentir soutenus et encouragés grâce à un suivi régulier, valorisant et sécurisant.

EXEMPLE

Au sein de l'entreprise Charlott', numéro 1 de la vente de lingerie à domicile, les directeurs régionaux, également indépendants, consacrent la plupart de leur temps à coacher les animatrices sur le terrain.

Type de suivi	Objectif du suivi
Premier entretien individuel	L'animateur se positionne comme accompagnant ou « parrain » plutôt que comme « manageur » traditionnel. Il détecte les motivations initiales du vendeur et ses blocages, aide le vendeur à fixer ses objectifs et à élaborer son plan d'action. Il accompagne le vendeur dans le lancement de son activité.
Contact individuel hebdomadaire	Cet entretien maintient la relation et suit le plan d'action. Il permet de réagir aux difficultés du vendeur, de l'encourager et le féliciter, de faire le point sur ses résultats. Idéalement programmé en début de semaine, le moyen et le créneau horaire sont définis ensemble.
Réunion mensuelle	Afin d'impliquer les vendeurs au sein d'une équipe, la réunion mensuelle de l'unité est indispensable.
Entretien individuel annuel	Un suivi annuel individuel permet de faire le point sur la motivation et le bien-être du vendeur en agissant sur ses leviers personnels de motivation.
Réunion annuelle entreprise	Des réunions annuelles de l'ensemble des vendeurs de l'entreprise peuvent également être organisées autour de dates marquantes (Noël, anniversaire de l'entreprise, séminaire…).

Le suivi peut s'opérer par différents moyens : rendez-vous physique ou en visio-conférence, contacts téléphoniques et boîtes vocales, e-mails ou réseau intranet. Des outils de suivi sont également mis en place grâce aux applications métiers fournissant agenda, statistiques, gestion des contacts, ou grâce aux outils traditionnels de partage d'informations (agenda partagé, Cloud).

II Fidéliser les vendeurs

Le taux de *turn-over* des vendeurs est particulièrement élevé et constitue un coût pour l'entreprise en termes de recrutement et de formation. Difficultés à travailler en autonomie, freins juridiques liés à la variété des statuts de VDI et exigence du métier expliquent la difficulté à retenir les vendeurs. Le suivi régulier des vendeurs permet d'identifier leurs blocages et d'anticiper les risques d'abandon du métier.

EXEMPLE

Chez Forever Living, les manageurs réseau, les manageurs intermédiaires et les vendeurs sont en contact permanent *via* différents groupes WhatsApp. Un moyen simple de partager rapidement les informations ou les difficultés, de saluer les succès…

La formation régulière et le partage de savoir-faire permettent d'encourager les vendeurs à persévérer pour atteindre leurs objectifs.

EXEMPLE

Stanhome France, racheté par le groupe Yves Rocher en 1997, distribue des produits pour la maison, la beauté et le bien-être. L'entreprise recrute près de 2 500 vendeuses par an. Le taux de *turn-over* des vendeuses atteint 50 % la première année et tombe à 30 % la troisième année d'activité. Pour fidéliser les vendeurs, l'entreprise innove en termes d'outils et d'offre. Elle met en place un management réseau qui suppose un équilibre entre l'intérêt de l'entreprise (développement des ventes grâce à un savoir-faire collectif unique) et l'intérêt du vendeur.

FICHE RESSOURCE

3

LA MOTIVATION ET L'ACCOMPAGNEMENT DES VENDEURS

Les vendeurs sous statut VDI dérogent au profil traditionnel du commercial sous contrat de travail. Travail à temps choisi et métier passion sont souvent mis en avant par les candidats.

I La motivation du vendeur

Les profils des vendeurs de vente directe sont très hétérogènes. Les vendeurs à domicile conjuguent plusieurs motivations auxquelles le manageur se doit d'être attentif :

- La rémunération à la commission joue ici un rôle de moteur dans la motivation des individus. Ils s'investissent pour gagner davantage, mais aussi pour accéder à des paliers permettant la reconnaissance du travail accompli, et ce malgré l'incertitude et le manque de sécurité du système.
- L'autonomie et le temps choisi permettent aux vendeurs une totale liberté d'organisation et aident à réduire la pression subie. Les membres des réseaux ont ainsi le sentiment de travailler pour eux-mêmes.
- Le produit est déterminant dans la motivation. Les vendeurs font ainsi connaître un produit auquel ils croient, au-delà d'une simple démarche commerciale.
- La démonstration, notamment par le biais de la vente en réunion, est particulièrement appréciée des vendeurs qui ont le sentiment, non pas de réaliser une action commerciale, mais de partager leur passion dans un cadre convivial.

EXEMPLES

Témoignage de Marlène, conseillère mode de l'entreprise Captain Tortue depuis 10 ans : « Ce métier est un épanouissement en soi, rencontrer, partager, échanger, c'est tout ce que je recherche. Tout ça en choisissant son temps de travail. »

II L'accompagnement du vendeur

1. Le profil du manageur

Coach, animateur, manageur d'équipe, *business manager*... : quelle que soit leur dénomination, les manageurs de la vente directe sont avant tout des vendeurs indépendants qui ont recruté suffisamment d'autres vendeurs pour constituer un réseau.

La relation entre le manageur et le vendeur peut être qualifiée de relation parrain/filleul. Les intérêts du parrain et du filleul sont étroitement liés et conduisent à une relation plus chaleureuse que celle de la vente traditionnelle. Le management relationnel est donc naturellement au centre de la relation manageur/vendeur et suppose un profil managérial spécifique construit sur un savoir-être convivial et l'adaptabilité aux membres de l'équipe. Plus qu'un manageur traditionnel qui recherche l'atteinte d'objectifs, le manageur d'un réseau de vente directe doit guider son vendeur, l'attirer et susciter chez lui l'envie de s'investir. Il est l'élément majeur de la motivation de son réseau.

2. Le manageur et l'accompagnement individuel

Le manageur doit s'adapter aux divers profils et attentes de ses vendeurs en individualisant ses pratiques de motivation. C'est un coach qui évalue, conseille, soutien, forme et valorise les vendeurs. Il fait donc preuve d'écoute, de respect, d'empathie, de solidarité et de convivialité. Il définit avec son vendeur ses points forts et points faibles afin de lui permettre de développer ses compétences et d'en acquérir de nouvelles. Le développement personnel est inhérent à l'esprit de la vente à domicile.

EXEMPLE

Philippe Jacquelinet, PDG : « Les vendeuses n'ont pas de comptes à me rendre, donc je dois porter une attention bien plus forte à leurs motivation et satisfaction pour qu'elles mènent à bien leur mission. »

FICHE RESSOURCE

4

LE MANAGEUR ET L'ANIMATION DU RÉSEAU

L'entreprise de vente directe ne peut agir directement sur les individus par des contrôles stricts. Le réseau devient alors une organisation à part entière, sur laquelle l'entreprise exerce une influence. L'animation du réseau est donc au cœur de l'entreprise de vente directe.

I Le coaching d'équipe

Les réseaux se créent à partir d'un individu, qui devient la tête de réseau. Le manageur ou leader du réseau a intérêt à ce que les membres de son réseau s'impliquent dans leur travail. Son premier défi est d'assurer la cohésion du réseau en tenant compte de sa composition hétérogène. Puis, le manageur doit gérer le réseau afin de conserver et maintenir la cohésion, qui passe par la solidarité et l'esprit familial. Après avoir identifié les motivations individuelles des vendeurs, l'animation du réseau de vendeurs consiste donc à adapter les techniques de gestion de réseau à sa spécificité et à fédérer autour d'une ambition commune.

Le manageur crée un sentiment d'appartenance, encourage l'adhésion du vendeur au projet de l'entreprise et transmet une vision d'avenir. En partant d'une approche empathique et de l'intérêt particulier des vendeurs, il montre les avantages pour l'équipe et l'entreprise dans un esprit « gagnant/gagnant ». L'activité économique du vendeur s'inscrit ainsi dans le cadre d'une « famille » élargie.

II La réunion d'unité mensuelle

L'animation du réseau consiste en premier lieu à mettre en relation les différents vendeurs qui le composent, essentiellement grâce à des réunions mensuelles de l'unité de vendeurs.

Suivi des performances	Transmission des outils	Coaching
• Suivi des résultats de la période écoulée • Suivi des objectifs de chacun et de l'unité • Préparation des semaines à venir • Suivi des challenges et animations	• Formation permanente (produits, méthodes de vente…) • Partage des expériences et bonnes pratiques (témoignages, tour de table, travaux de groupe) • Présentation des outils de la période (nouveaux produits, offres promotionnelles…) • Transmission des outils nécessaires à l'activité (documents, informations d'entreprise) et relais de la direction	• Présentation des nouveaux vendeurs • Valorisation par la mise à l'honneur des vendeurs et d'un palmarès • Création de liens d'amitié • Création d'un sentiment d'appartenance et d'un esprit d'équipe

III Le développement du réseau

L'entreprise de vente à domicile fonde son développement commercial sur l'extension de son réseau de revendeurs. Les objectifs de prospection portent autant sur la recherche de clients que sur le recrutement de nouveaux conseillers/vendeurs.

Les vendeurs sont motivés au recrutement par des commissions d'animation supplémentaires correspondant à un pourcentage des ventes de leur filleul, parfois sur plusieurs niveaux généalogiques de l'arbre réseau.

Ils bénéficient de cadeaux ou d'avantages, tels que les véhicules d'entreprise. Ils sont également motivés par des perspectives de carrière en devenant à leur tour manageur.

EXEMPLES

Chez Saporissimo (dégustation-vente de produits italiens), les manageurs sont rémunérés sur plusieurs niveaux : 6 % sur le CA des conseiller(ère)s de 1er niveau, 3 % au 2e niveau.

Après 15 ans de progression, un manageur expérimenté chez Forever Living tire principalement ses revenus des commissions d'animation sur son réseau de filleuls et sur les réseaux de ses filleuls. Son activité consiste essentiellement à animer le réseau et accompagner les manageurs intermédiaires.

FICHE RESSOURCE

5

LES PROGRAMMES DE MOTIVATION ET DE STIMULATION

Si l'animation des équipes de vendeurs a toujours été un enjeu pour l'efficacité commerciale des organisations, elle est essentielle pour les entreprises de vente directe disposant de forces de vente externalisées.

I Les stratégies de réseau des entreprises de vente directe

1. Les objectifs des entreprises de vente directe

Composée essentiellement de vendeurs indépendants parfois répartis dans le monde entier, l'entreprise de vente directe utilise les programmes collectifs de motivation et de stimulation pour faire participer les vendeurs à la vie du réseau et orienter leur démarche commerciale autour d'un projet commun.

L'entreprise de vente directe appuie son fonctionnement sur une culture d'entreprise forte. Les membres du réseau sont une grande « famille » avec ses rituels et son langage interne. Le succès de son activité repose sur l'investissement et la mobilisation des vendeurs indépendants, qui sont portés par des actions collectives et le sentiment d'appartenance à une communauté.

EXEMPLE

Chez Partylite, la conférence nationale est un moment clé pour faire vivre une expérience d'entreprise aux vendeurs de la marque durant plusieurs jours, à travers des évènements festifs, conseils et astuces de progression, nouveaux produits, réseautage et récompenses.

2. Les différents programmes collectifs

- Les programmes collectifs de motivation et de dynamisation : comme évoqué dans les chapitres précédents, le relationnel et l'ambiance de marque sont les atouts de la réussite d'une entreprise de vente directe. Plus que toute autre, elle cherche donc à mettre en place tous les outils managériaux pour resserrer les liens dans les équipes et construire une famille autour de la marque :

– le « ***team building*** » (« construction d'équipe » en anglais) permet de développer une cohésion d'équipe grâce à l'organisation d'activités variées. Pouvant être organisées au niveau local, les activités de *team building* sont particulièrement adaptées au management de vendeurs indépendants. Escape Games, ateliers gourmands, jeux et activités « brise-glace » sont autant d'idées pour une cohésion d'équipe ludique ;

EXEMPLE

Charlott' propose sur 3 semaines à plusieurs groupes de Conseillères de Style de participer à un Boot Camp en station de ski, avec au programme : jeux créatifs, cours de ski, jeux de neige et soirées.

– les **réunions événementielles** s'organisent autours d'événements marquants dans la culture de l'entreprise : anniversaire de la marque, conventions annuelles nationales, voire mondiales. Dans un cadre souvent soigneusement choisi, ces évènements sont l'occasion de raconter le *storytelling* de la marque, de faire des rencontres enrichissantes, mettre en valeur les succès de la marque et de récompenser les réussites des vendeurs.

EXEMPLE

L'entreprise Guy Demarle organise chaque année une convention de 2 jours pour les manageurs seniors et une journée « grand évènement » pour les conseillers.

- Les programmes collectifs de stimulation :

– le *concours* permet à un nombre de vendeurs déterminés à l'avance de gagner des prix ;

– le *challenge* permet à chacun d'obtenir une récompense en fonction de l'atteinte des objectifs.

Les concours et challenges peuvent s'étaler sur une année ou avoir lieu ponctuellement dans l'année, sur une durée plus ou moins longue.

EXEMPLE

Chaque année, l'entreprise Stanhome récompense les performances de ses coachs en leur permettant de gagner des cadeaux, produits ou voyages.

II Le challenge

1. Organisation

En récompensant les meilleurs, le concours crée une concurrence entre les vendeurs. Pour stimuler l'esprit d'équipe, le challenge est donc privilégié. Particulièrement courant, son succès dépend de la clarté de son organisation :

Élaborer la stratégie du challenge	Fixation des objectifs quantitatifs et qualitatifs, identification de la cible	Objectifs motivants pour l'entreprise, les animateurs et les vendeurs
Impliquer les animateurs réseau	Implication personnelle des animateurs réseau indispensable	Les animateurs motivent les vendeurs, suivent le succès de l'opération
Adapter le challenge aux vendeurs	Prise en compte des profils des vendeurs	Les objectifs sont adaptés à la segmentation des vendeurs
Communiquer	Communication interne (au sein du réseau) et externe (vers les clients)	Identité graphique, site Web dédié, affiches, PLV, catalogue
Récompenser	Choix de récompense adaptée et motivante	Chèques cadeaux, catalogue cadeaux, voyages...
Mesurer la performance	Mise en place d'outils de mesure de la rentabilité	Les outils sont réfléchis en amont et prennent en compte le coût du challenge

2. Mesure de la performance

Les indicateurs surveillés par les manageurs sont mis en place en fonction des priorités décidées par l'entreprise de vente directe.

Objectifs	Indicateurs
Développement du réseau de vente directe : hôte(sse)s, vendeur(se)s	Nombre moyen de rendez-vous pris par réunion Capital rendez-vous Nombre de vendeurs recrutés
Développement des ventes	Taux de présence Taux de transformation Panier d'achat moyen Indice de vente Chiffre d'affaires réalisé

Les challenges peuvent cumuler les indicateurs pour développer à la fois les ventes et le réseau. Les vendeurs doivent, par exemple, dans une période de temps déterminée, atteindre un nombre de vendeurs recrutés, qui ont eux-mêmes réussi à organiser un nombre minimal de réunions avec un seuil de chiffre d'affaires à atteindre

La mesure de la performance globale au niveau de l'entreprise de vente directe suppose le calcul du ROI (*Return On Investment* ou retour sur investissement) :
– évaluation des bénéfices quantifiables (chiffre d'affaires, marge, nombre de clients gagnés par comparaison avec une période habituelle, nombre de nouveaux vendeurs) ;
– évaluation des bénéfices non quantifiables (motivation, notoriété) ;
– évaluation des coûts (cadeaux, technologie, temps passé à l'animation).

Applications

Maîtrise

1 Fixer des objectifs

Vous êtes leader d'un réseau de vente directe de dix conseillères. Votre entreprise, Beauty, distribue des produits de beauté *via* la vente en réunion. Vous avez recruté Selma, une nouvelle conseillère.

1 Identifiez les attentes de la nouvelle conseillère, puis classez-les dans chaque item de la méthode SMART.

2 Aidez la nouvelle conseillère à fixer ses objectifs personnels.

Document 1 Une nouvelle conseillère

Selma vient d'être recrutée comme conseillère. Mère de deux enfants, elle recherche une activité accessoire lui permettant de s'occuper de sa famille. Elle souhaite garder un lien social. Elle aspire à un complément de revenu familial de 800 euros par mois, en travaillant uniquement le matin. Elle n'a aucune expérience de la vente à domicile mais elle a déjà travaillé dans un magasin de parfums et cosmétiques. Elle a cessé son activité à la naissance de ses enfants.

Document 2 Les données moyennes de l'entreprise Beauty

L'entreprise a établi des statistiques mensuelles moyennes en termes de réunions et de chiffre d'affaires. Chaque réunion mobilise la conseillère pendant 2 heures et nécessite un temps de préparation de 1 heure.

Statut du conseiller	Nombre de réunions	Chiffre d'affaires moyen	Nombre de participants	Nombre de recrutements effectués
Débutant	3	500 €	5	0
Confirmé	6	1 700 €	7	0
Confirmé +	12	3 600 €	9	2
Expérimenté	25	6 500 €	11	5

La commission est de 25 % des ventes en débutant, 27 % en confirmé, 28 % en confirmé + et 30 % en expérimenté. Les recrutements génèrent une commission supplémentaire de 3 % sur les ventes des nouveaux vendeurs. Le temps moyen de passage de débutant à confirmé est de 6 mois, puis de 8 mois pour atteindre le statut de confirmé +. Le statut de conseiller expérimenté suppose un travail à temps complet.

Maîtrise

2 Planifier l'activité d'un vendeur

Devenue conseillère Beauty, Selma a déterminé ses objectifs avec votre aide. En tant que parrain/marraine, vous l'avez formée aux produits et aux méthodes de vente de l'entreprise. Elle a assisté à sa première réunion de lancement, que vous avez animée. Vous devez maintenant lui donner des repères pour lui permettre de bien démarrer son activité.

1. Préparez une liste de conseils à transmettre à Selma pour organiser son travail. Utilisez le support numérique de votre choix pour qu'elle puisse retrouver ces conseils à tout moment.
2. Quelles actions Selma doit-elle mettre en place ?
3. Élaborez le plan d'action de Selma pour atteindre ses objectifs.

Document — Une bonne organisation pour réussir en vente à domicile

[…] Si vous voulez réussir en tant que VDI, il vous faut avoir une bonne organisation, et ce, dès le début de votre activité. […] Voici une liste non exhaustive des points essentiels en vente à domicile qui doivent être systématiquement intégrés dans votre planning de VDI si vous voulez optimiser le temps que vous accordez à cette activité […] :

1. Prospection
2. Planification – Organisation de vos ateliers en étroite collaboration avec vos hôte(sse)s
3. Gestion des commandes
4. Livraison de leur(s) commande(s) à vos clients
5. Suivi satisfaction clients post-livraison
6. Suivi prospects et contacts cooptation

[…] En tant que débutant, le gros de votre planning sera la prospection. A contrario, au bout de quelques années, la prospection, si vous avez bien fait le job, sera moindre car vous aurez un carnet de contacts hôte(sse)s, clients, prospects et contacts cooptation (parrainage) déjà très fourni.

Pour ne pas faire n'importe quoi en termes de gestion de ces 6 points précédemment cités, nous vous conseillons de procéder selon cette méthode :

1. Notez sur le support de votre choix les noms + coordonnées et informations (que vous jugez pertinentes pour mieux les connaître) de vos prospects. […]
2. Établissez un planning hebdomadaire qui inclut en proportion cohérente avec votre ancienneté d'activité les 6 points ci-avant. […]
3. Prenez régulièrement le temps d'analyser le résultat de vos actions […].
4. Incluez dans votre planning des moments « off » dont vous informez vos différents contacts (cela montre que vous êtes professionnel et consciencieux), afin de ne pas vous laisser déborder par une trop grande disponibilité […].

www.silit.fr

Maîtrise

3 Préparer un entretien individuel

Leader de réseau, vous préparez vos entretiens individuels avec les conseillers que vous parrainez. L'entretien avec Inès est prévu lundi prochain à son domicile. Vous avez reçu de sa part un e-mail qui montre son inquiétude pour la poursuite de son activité.

1. Calculez le revenu trimestriel d'Inès. Menez les recherches nécessaires sur le site de l'URSSAF pour évaluer les cotisations à verser.
2. Identifiez les facteurs de motivation d'Inès.
3. Élaborez un guide préparatoire d'entretien.
4. Identifiez les actions à entreprendre face aux difficultés d'Inès. Assurez son entretien hebdomadaire de suivi.

Document 1 Mail d'Inès

Bonjour,
J'ai regardé mes résultats et je suis très déçue par le revenu que j'obtiens malgré le temps que j'y consacre. Je me demande si je suis faite pour ce métier… Je ne sais plus comment m'y prendre pour augmenter le nombre de réunions.
Peut-on en parler la semaine prochaine ?
À bientôt,
Inès

Document 2 Objectifs et statistiques de ventes d'Inès du mois de janvier

Une réunion « atelier » demande en moyenne 4 heures de travail, de sa préparation jusqu'à la livraison des articles. L'objectif est de réaliser 4 ateliers par semaine en moyenne dans un réseau, avec 6 participants pour un panier d'achat moyen par participant de 120 euros. Les conseillères gagnent 20 % de commission sur les ventes hors taxes.

	Nombre de réunions semaine	Nombre moyen d'invités	Nombre de rendez-vous pris en réunion	Participants moyens	Clients moyens	CA HT moyen semaine	Nombre moyen de produits vendus	Réunions à venir
Objectifs	8	11	3	8	5	600	4	10
Réalisés	4	8	1	5	3	285	3	6

Document 3 Profil d'Inès, conseillère

Nom	Inès GRADET
Domiciliation	Bourg-en-Bresse
Âge	33 ans
Situation de famille	Mère d'un enfant
Disponibilité	4 jours par semaine
Objectifs personnels	Revenu de 1 200 euros nets mensuels
Date de recrutement	6 juillet 2019
Infos	« J'ai assisté à une réunion et j'ai adoré le concept. Je peux concilier facilement vie privée, vie professionnelle et ma passion pour la création. »

Document 4 Guide d'entretien hebdomadaire de l'entreprise

Pour mener votre équipe de vendeurs à la réussite, vous devez organiser des entretiens hebdomadaires réguliers.
Le moment et le mode de contact (présentiel ou à distance) sont à déterminer avec le vendeur.
Vous devez préparer cet entretien avec rigueur : statistiques de vente, historique, entretiens, accompagnement des conseillères pour les motiver et améliorer leur bien-être (écoute active et empathie).

Règles à respecter :
- Assurer l'entretien le premier jour de la semaine.
- Féliciter, encourager les vendeurs.
- Faire le point sur les actions et les résultats de la semaine écoulée.
- Assister le vendeur dans la détermination des objectifs de la période.
- Cibler les actions à entreprendre : amélioration des techniques de vente, utilisation des réseaux sociaux, gestion de la base de données clients, des hôte(sse)s…

Maîtrise

4 Coacher une équipe de vendeurs

L'entreprise Frederic M, créée en 1983, commercialise des produits cosmétiques et de maquillage et des parfums fabriqués en France à base de produits issus de l'agriculture biologique. L'entreprise dispose de 42 000 distributeurs dans 60 pays. Vous êtes nouveau Groupe Manager chez Frederic M. Vous vous interrogez sur les méthodes de management à mettre en place pour coacher les vendeurs de votre réseau.

1. Identifiez et expliquez les différents statuts de vendeur chez Frederic M.
2. Quels sont vos avantages en tant que Groupe Manager ?
2. Quelles qualités devez-vous développer pour réussir en tant que Groupe Manager ?
4. Élaborez un guide des méthodes qui vous permettront d'animer votre équipe.

Document 1 – Le plan marketing Frederic M

	Distributeur ou Partenaire				Groupe Manager	Groupe Manager Expert	Distributeur Privilégié			Distributeur Privilégié Ambassadeur		
2 MA QUALIFICATION	Distributeur	Junior	Senior	Consultant	Manager	Manager Expert	LYS	IRIS	LAVANDE	JASMIN	EDELWEISS	ROSE DE MAI
	Sur 1 mois, je réalise avec mon groupe :				Sur 1 mois, je réalise avec mon groupe :		Durant 6 mois après ma dernière qualification, je bénéficie chaque mois de ces commissions quelque soit mon CA de groupe (voir conditions).					
1 JE REALISE (MOI + MON GROUPE)	moins de 500 pts VA	+ de 500 pts VA	+ de 1250 pts VA	+ de 2500 pts VA	+ de 4500 pts VA	+ de 7000 pts VA	Avoir 1 groupe de 1ère Génération	Avoir 2 groupes de 1ère Génération	Avoir 4 groupes de 1ère Génération dont 1 Iris	Avoir 6 groupes de 1ère Gén. dont 1 Iris et 1 lavande	Avoir 9 groupes de 1ère Gén. dont 1 Iris et 2 lavande	Avoir 12 groupes de 1ère Gén. dont 1 Iris, 2 lavande et 1 Jasmin

www.fredericm.com

Document 2 – Le Groupe Manager chez Frederic M

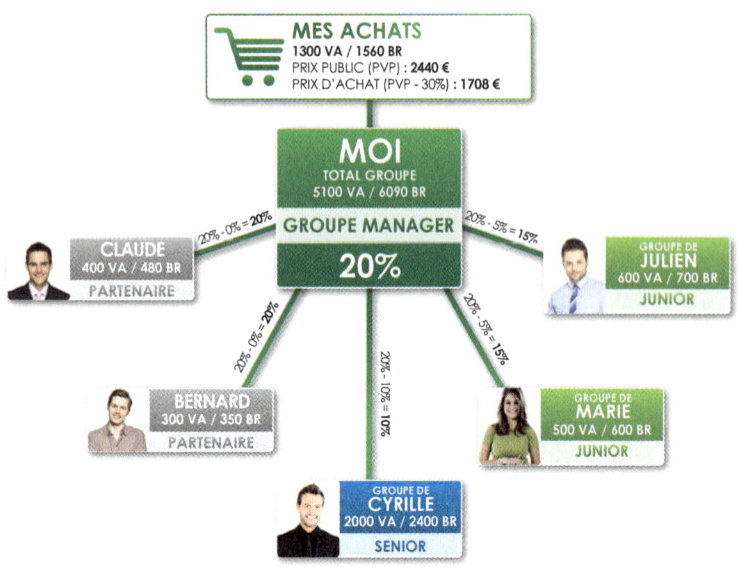

Groupe Manager

Je me qualifie, en réalisant 4 500 pts VA dans le mois avec mes achats et ceux des distributeurs que j'ai parrainés.

- Je bénéficie de tous les avantages du distributeur.

Avantages supplémentaires GM

- **20 % supplémentaires** de remise en fin de mois sur mes achats.
- **20 % de commission** sur les distributeurs/partenaires que j'ai parrainés.
- **15 % de commission** sur les distributeurs juniors que j'ai parrainés.
- **10 % de commission** sur les distributeurs seniors que j'ai parrainés.
- **5 % de commission** sur les distributeurs consultants que j'ai parrainés.
- **5 % de commission** supplémentaire Lys sur les groupes de 1re génération (GM, GME, DP) que j'ai détachés.

Le Groupe Manager chez Frederic M

Mes bénéfices à la revente	2 440 € – 1 708 €	732 €
Commission sur mes achats	20 % (1 560 BR)	312 €
Commissions sur Claude	20 % (480 BR)	96 €
Commissions sur Bernard	20 % (350 BR)	70 €
Commissions sur Marie	15 % (600 BR)	90 €
Commissions sur Julien	15 % (700 BR)	105 €
Commissions sur Cyrille	10 % (2 400 BR)	240 €
	TOTAL GAINS	1 645 €

Points VA : c'est notre unité de mesure internationale. À chaque produit est associé un certain nombre de points de volume d'affaires (VA). C'est en cumulant ces points mensuellement que vous pourrez bénéficier de meilleures remises et de meilleures commissions.
BR (base remisable) : cette valeur permet le calcul de vos commissions. Elle est égale au montant hors taxes de la moyenne des tarifs général et exécutif.

Document 3 Avis d'expert : les méthodes qui fonctionnent en vente directe

En vente directe, la réussite se fait souvent en couple. À l'image de [Muriel et Franck] Pantuso qui ont choisi de se lancer il y a 25 ans dans le marketing relationnel avec la société Frederic M. [...]

Quelle méthode avez-vous utilisé pour avoir une telle réussite ?
Nous nous sommes spécialisés dans la formation et le développement de nos réseaux. Ce que l'on a compris de la vente directe, c'est que mettre son énergie au service des autres entraîne la réussite de tous. Tout l'art du management en MLM (marketing de réseau) est de savoir « servir » et mettre en valeur les autres avant soi-même, révéler leur talent, leur savoir-faire, leur personnalité, réveiller et entretenir leur énergie. Une des vérités pour réussir dans notre métier, que nous n'avons pas manqué d'appliquer et d'enseigner, est que l'on peut obtenir tout ce que l'on désire, simplement en aidant les autres à obtenir ce qu'ils désirent.

Vous êtes aujourd'hui *Business Managers*, c'est à dire dans les *top leaders* de Frederic M : quel est le profil de la personne qui réussit en vente directe ?
Si on ne devait retenir qu'un seul conseil de réussite, ce serait celui-ci : formez-vous personnellement pour apprendre la confiance en soi, la persévérance, la résistance aux échecs, aux peurs et aux doutes qui limitent votre énergie et vos ambitions... En ce qui nous concerne, pour progresser, notre volonté a toujours été de nous former en permanence, de suivre l'exemple de ceux qui avaient réussi avant nous et de partager nos expériences avec notre réseau. Développer une vraie attitude de leader, c'est investir avant tout sur soi-même. On ne peut pas attendre de l'extérieur ce que l'on n'a pas d'abord exigé de soi-même : rigueur, régularité, organisation, état d'esprit positif, enthousiasme... [...]

Les méthodes que vous proposez permettent-elles de se démarquer ?
La réussite du vendeur à domicile se fera grâce à la formation et ainsi la connaissance de l'atout essentiel qui fait la puissance et la richesse de ce métier, à savoir la dimension humaine qui entoure le produit : le service, le conseil, l'écoute, le dialogue, la convivialité et l'amitié. [...]

Comment fait-on pour démarrer une activité avec vous ?
On ne se lance pas dans la vente directe par hasard... Avant tout lancement, nous prenons le temps d'analyser chaque situation personnelle. Quels sont vos objectifs en termes de rémunération (revenu d'appoint ou principal), de temps de travail disponible ? Quelles sont vos motivations : votre indépendance, le management d'une équipe, revenu d'appoint ou principal, challenges ? Nous mettons alors en place un plan d'action personnalisé en fonction de chaque profil et de votre projet.

« La méthode Pantuso ou comment réussir sa carrière en vente directe »,
blog.unjourunevente.com

Expertise

5 Préparer la réunion mensuelle de son équipe

Vous êtes leader de réseau et avez déjà recruté six nouvelles conseillères. Vous préparez votre réunion d'équipe mensuelle. Un nouveau catalogue est disponible et l'entreprise vous a informé(e) qu'un challenge sera organisé prochainement pour développer les ventes des nouveaux produits.

1. À l'aide de la base de données des vendeurs fournie, analysez les statistiques de ventes et identifiez les axes d'amélioration pour chacune.
2. Élaborez le programme de la réunion à venir. Transmettez-le à l'équipe.
3. Prévoyez pour chaque conseillère une présentation personnalisée pour l'encourager ou la rassurer.

Document 1 Votre réseau

Maria CORTO – Lyon – 45 ans – Mère de 3 enfants – Revenu d'appoint – Disponible 4 demi-journées hebdo – Entrée le 15/09/2018 – « *Je souhaitais avoir du temps libre pour m'occuper de ma famille.* » – Objectif : 3 réunions par semaine.

Céline PERNEL – Saint-Étienne – 26 ans – VDI pour une autre entreprise – Disponible à temps complet – Entrée le 25/10/2018 – « *J'ai toujours souhaité gagner ma vie dans un métier qui me plaît et en toute autonomie.* » – Objectif : 4 réunions par semaine.

Françoise TOURET – Clermont-Ferrand – 53 ans – Préfère travailler à mi-temps – Entrée le 05/01/2019 – « *J'ai éprouvé le besoin de gagner en temps libre et de vivre toutes mes passions. Je suis très soucieuse des problèmes liés à l'environnement.* » – Objectif : 4 réunions par semaine.

Gaëlle PERTHOD – Grenoble – 35 ans – Mère de 2 enfants – Disponible 3 jours par semaine – Entrée le 20/01/2019 – « *En m'installant dans la région, j'ai eu des difficultés à trouver un travail qui me permet de concilier mon rôle de maman et une vie professionnelle épanouissante. La vente à domicile convient très bien à mon rythme et les produits me plaisent particulièrement.* » – Objectif : 4 réunions par semaine.

Loriane NILLET – Annecy – 25 ans – Disponible à temps complet – Entrée le 15/03/2019 – « *J'aime le relationnel des ateliers et de la vente directe. J'adapte mes horaires et mes jours de travail à mes clientes, même le week-end. Je souhaite développer mes revenus rapidement.* » – Objectif : 5 réunions par semaine.

Lisa PERAULT – Valence – 41 ans – VDI pour une autre entreprise – Disponible à temps complet – entrée le 05/04/2019 – « *Je pratique la vente directe depuis 10 ans et je m'épanouis en toute indépendance. J'apprécie de distribuer des produits différents. Je travaille pour une autre entreprise de VDI dans le domaine du culinaire bio également.* » – Objectif : 4 réunions par semaine.

Document 2 Ventes moyennes de chaque conseillère sur 1 an

	Réunions semaine	Invités moyens	RDV pris en réunion	Participants moyens	Clients moyens	CA HT moyen semaine	Produits vendus moyens	Réunions à venir
Maria Corto	2	15	0,5	5	2	224 €	4	3
Céline Pernel	3	20	2	8	5	950 €	6	4
Françoise Touret	4	10	4	6	4	392 €	3	7
Gaëlle Perthod	2	11	1	5	3	405 €	5	1
Loriane Nillet	6	30	4	6	5	575 €	4	10
Lisa Perault	4	10	3	7	5	600 €	4	8

Expertise

6 Organiser un challenge de vente

Parenthèse Café propose des réunions conviviales autour d'une dégustation de cafés, thés ou infusions. La gamme s'étend également au cacao et au chocolat, biscuits et friandises, ainsi qu'aux machines à café et accessoires. L'entreprise bénéficie d'un réseau de 450 vendeurs qui ont un statut de VDI mandataire. L'entreprise propose à ses vendeurs différents challenges. L'an dernier, deux challenges ont été mis en place. La gérante de l'entreprise vous charge de réfléchir à un nouveau challenge annuel. Ses objectifs sont de recruter au moins 50 nouveaux vendeurs pour augmenter de 20 % le chiffre d'affaires.

1 Quels étaient les objectifs des deux challenges organisés par Parenthèse Café ?

2 Comment les vendeurs étaient-ils motivés ?

3 Imaginez le prochain challenge : objectifs à atteindre, récompense et indicateurs de mesure.

4 Rédigez l'annonce qui permettra de présenter ce nouveau challenge aux vendeurs.

Document 1 Challenge recrutement 1

Parenthèse Café organise un nouveau challenge recrutement auprès de ses VDI. Un challenge à la portée de tous pour que chacun puisse avoir sa chance de gagner plein de cadeaux !

parenthese café

GAGNEZ CES MAGNIFIQUES SETS DE CONSERVATION AU CHOIX :

- **Un set composé de 3 pots à thé ou infusion**
- **Un set composé de 1 pot à café moulu et 1 pot à café dosettes**

D'une conception sobre et élégante, ces sets de conservation Parenthèse Café se marieront parfaitement à votre cuisine et présenteront merveilleusement vos produits à l'occasion de vos dégustations ou de vos réunions entre amis.

Ces sets de conservation vous seront offerts à chaque recrutement d'un filleul réalisant au cours des deux premiers mois de son recrutement un chiffre d'affaires minimum cumulé de 300 € HT… Autant dire que cela est largement à la portée de chacun de vos filleuls.

Ce challenge est applicable à partir de ce jour pour tout recrutement intervenant sur le premier semestre.

Cet avantage réservé aux VDI recruteurs viendra aussi se cumuler à la commission d'animation versée trimestriellement sur les ventes de vos filleuls.

www.parenthesecafe.fr/challenge-recrutement

Document 2 Résultats du challenge recrutement 2

Le « Challenge recrutement » de Parenthèse Café du dernier trimestre vient de se terminer en même temps que la fin de l'année !
Un grand merci à tous les VDI qui y ont participé. Les gagnants sont :

- pour le premier prix : Eric B., vendeur à domicile dans la Marne (51) ;
- pour le second prix : Andrée S., vendeuse à domicile et coach en Isère (38).

Nous adressons nos félicitations aux deux gagnants du séjour gastronomique au château !

L'année écoulée a été une grande année de développement pour Parenthèse Café. Le réseau compte désormais près de 300 vendeurs et vendeuses à domicile. Le chiffre d'affaires de la marque a augmenté de 200 %.

www.parenthesecafe.fr/resultat-challenge-recrutement

Synthèse

Accompagner les vendeurs et animer les équipes

Entreprise de vente directe	↔	Vendeur à domicile
• Assiste à la fixation des objectifs et à l'élaboration du plan d'action	↔	• Fixe ses objectifs et élabore son plan d'action
• Assure un suivi régulier des vendeurs grâce aux manageurs • Met en place une politique de fidélisation des vendeurs	↔	• Est accompagné par le manageur de réseau grâce à un suivi régulier • Bénéficie des ressources commerciales de l'entreprise
• Identifie les motivations personnelles du vendeur • Met en œuvre une politique de management relationnel • Contribue au développement personnel du vendeur	↔	• Exprime sa motivation et ses besoins, ainsi que leur évolution • Concilie besoins d'existence et besoins de développement personnel • Est coaché par les manageurs

Le leader de réseau		
Est un coach	**Suit individuellement les vendeurs**	**Anime l'équipe**
• Qualités d'écoute et d'empathie • Capacité à conseiller • Compétences relationnelles	• Connaissance du profil et de la motivation de chacun • Assistance à la fixation des objectifs • Transmission de savoir-faire et motivation	• Valorisation et encouragements • Suivi des performances • Transmission des informations de l'entreprise • Animation de la formation collective de l'équipe • Fédération de l'équipe

Les programmes de motivation

***Team building* et réunions d'entreprise**
- Fédérer les vendeurs autour de valeurs communes
- Donner une image identique à tout le réseau

Concours et challenges
- Développer le chiffre d'affaires
- Développer le réseau de vendeurs
- Développer la notoriété

TESTEZ-VOUS

Quiz sur le chapitre 14
liennathan.fr/r473pv

MOTS CLÉS

Animation du réseau · Objectifs individuels · Marketing relationnel · Performances collectives · Challenge · Programme de motivation

PRÉPARER L'ÉPREUVE E6

L'objectif de l'épreuve E6 est d'évaluer les compétences acquises dans l'apprentissage du bloc 3 « Relation client et animation de réseaux » :

Implanter et promouvoir l'offre chez des distributeurs

Développer et piloter un réseau de partenaires

Créer et animer un réseau de vente directe

L'épreuve E6 est un oral qui montre, à partir de trois situations professionnelles différentes : la réalisation du diagnostic d'un réseau, la mise en œuvre des actions d'animation de ce réseau et l'analyse du résultat des actions menées.

I Le dossier d'examen

L'étudiant sélectionne trois activités professionnelles significatives de l'animation de chacun des trois réseaux étudiés dans le bloc. Ces activités sont, de préférence, vécues ou observées dans la ou les entreprise(s) support(s) de stage ou d'alternance ou par le biais d'autres expériences professionnelles.

Si l'étudiant(e) ne dispose pas d'expérience réelle permettant d'évaluer les compétences de l'un des trois réseaux du bloc, l'activité peut porter sur une simulation inspirée d'un contexte réel et organisée dans le cadre de l'apprentissage, **à condition qu'au moins une des trois activités proposées soit réellement vécue.**

Pour élaborer le dossier d'examen, l'étudiant(e) est amené(e) à une réflexion et une analyse du réseau pour lequel l'activité a été menée. Pour chaque activité relevant d'un des trois types de réseaux, il(elle) complète une fiche modèle grâce à un logiciel de traitement de texte, puis poursuit son analyse de l'animation de réseaux par une étude réflexive transversale.

Le dossier support de l'épreuve est mis à la disposition du jury :

E6 1	E6 2	E6 3
Animation d'un réseau de distributeurs	**Animation d'un réseau de partenaires**	**Animation d'un réseau de ventes directe**
Animation dans une organisation commercialisant ses produits via un réseau de distributeurs	Animation dans une organisation ayant un partenariat commercial formalisé avec une ou plusieurs autres entités	Animation dans une organisation qui pratique la vente directe

E6 : 4 Étude réflexive

Cette étude part d'une problématique générale et transversale, qui exploite l'expérience professionnelle de l'étudiant dans les trois réseaux

E6 5 : Attestations de stage/certificats de travail

Modèle d'attestation de stage
liennathan.fr/7mj3e9

II Déroulement de l'épreuve E6 (coefficient 3)

La commission, composée notamment d'un enseignant ou formateur du bloc 3, évalue le candidat à l'aide d'une grille nationale publiée dans la circulaire annuelle émise par le ministère. Lors de l'interrogation, le candidat apporte les pièces indiquées sur la ou les fiches présentées. Il pourra apporter tous les documents complémentaires qu'il jugera pertinents pour illustrer sa présentation (impressions d'écran de logiciels métiers, *flyers* ou autres documents commerciaux, échanges de mails…). La présentation assistée par ordinateur n'est pas exigée.

1. Deux situations d'évaluation

- **Le contrôle en cours de formation**

Le contrôle en cours de formation est organisé pour les candidat(e)s en voie scolaire ou en formation professionnelle continue dans un établissement public ou privé sous contrat, un CFA ou une section d'apprentissage habilitée par le ministère de l'Éducation nationale. Il comporte **deux situations d'évaluation**, qui se déroulent dans le cadre normal de la formation pendant l'année terminale de la formation.

CCF 1 : **Situation A** **(15 mn maxi)**	**Exposé et entretien relatifs à une expérience réelle vécue au sein d'un réseau** Cette situation débute par la présentation en 10 minutes maximum par le candidat d'une expérience réelle vécue au sein d'un réseau, au choix du candidat. Cette présentation est suivie d'un entretien de 5 minutes maximum avec la commission.
CCF 2 : **Situation B** **(25 mn maxi)**	**Exposé et entretien relatifs aux autres expériences réseau et à l'étude réseau réflexive** Au cours de cette situation, le candidat est invité à présenter brièvement les autres expériences réseau figurant dans le dossier support de l'épreuve, dont 5 minutes pour présenter l'étude réflexive, avant de répondre aux questions de la commission.

- **L'épreuve ponctuelle :**

L'épreuve ponctuelle comprend le même déroulé (situations A et B) que le contrôle en cours de formation sur une épreuve unique d'une durée totale de 40 minutes (15 + 25 mn). Elle concerne les candidat(e)s préparant leurs épreuves par la voie scolaire, en formation professionnelle continue, ou enseignement à distance dans des établissements non habilités pour le contrôle en cours de formation, ainsi que les candidats justifiant de 3 années d'expérience professionnelle.

2. Les fiches E6 : quelques exemples d'activités

Compétences attendues	Activités*
E6 1 – Implanter et promouvoir l'offre chez les distributeurs	– Entretien de négociation avec un acteur de la distribution – Prospection de distributeurs – Référencement dans la distribution – Organisation d'une animation commerciale en surface de vente
E6 2 – Développer et piloter un réseau de partenaires	– Prospection et recrutement de partenaires (franchisés, prescripteurs…) – Participation au développement du réseau de partenaires (réunion régionale d'agences, formation de franchisés…) – Mise en place d'actions de dynamisation du réseau (promotions décidées par la centrale, campagne dans une agence bancaire…) – Analyse de l'efficacité des animations du réseau (client mystère, audit de la concession par la marque, notoriété…)
E6 3 – Créer et animer un réseau de vente directe	– Prospection et recrutement d'hôte(sse)s – Animation d'une vente à domicile – Prospection et recrutement de vendeurs VDI – Animation d'une réunion mensuelle de vendeurs VDI

** La préparation, la mise en œuvre et le suivi de l'activité par l'étudiant(e) doivent lui permettre de comprendre et de maîtriser pour chaque réseau les items de la grille d'évaluation de l'examen (voir page 272).*

III Conseils aux candidats

Olivier Rolland, Présentation de l'animation d'un réseau chez le distributeur
liennathan.fr/vx849d

1. Conseils pour la constitution du dossier

Le contenu	La forme
– Les activités proposées sont pertinentes pour expliquer l'animation du réseau (l'action professionnelle est approfondie avec l'aide du tuteur de l'entreprise et l'équipe pédagogique). – Le contexte est analysé. – L'animation globale du réseau est comprise. – Les objectifs quantitatifs et qualitatifs sont présentés. – Les étapes de l'animation du réseau sont détaillées (y compris la préparation). – Les indicateurs sont calculés et analysés pour démontrer les résultats obtenus. – Des préconisations sont établies. – Le vocabulaire est professionnel et précis et s'appuie sur les notions de cours. – Chaque étape de la présentation est illustrée par des annexes adaptées, réelles et pertinentes.	– Les fiches et l'étude réflexive sont réalisées sur 2 pages recto/verso et sur le modèle fourni par la circulaire nationale. – L'en-tête est rempli selon les attentes de la fiche originale. – Les fiches sont correctement complétées (lisibles et non vides). – La rédaction et l'orthographe sont de qualité. – Les annexes présentées sont de qualité professionnelle (respect de la charte graphique de l'entreprise, rédaction).

2. Conseils pour un oral réussi

Le contenu	La forme
– La présentation du contexte est rapide, et celle de l'animation réseau est développée. – Le réseau présenté est compris. – L'exposé permet de valider les compétences de la grille d'évaluation. – Les notions de cours sont maîtrisées. Olivier Rolland, Questions réponses épreuve orale Animation réseaux BTS NDRC liennathan.fr/73d4ea	– Le candidat apporte un double des fiches présentées ainsi que les annexes indiquées sur la fiche (voire des annexes complémentaires). – Les annexes sont présentées. – Le candidat s'est entraîné à l'oral. – Le candidat écoute avec attention les questions de la commission. – Une présentation sur ordinateur est possible pour animer l'oral.

IV Engagement étudiant : une épreuve « bonus » en BTS

Par arrêté du 23/09/2020, une nouvelle épreuve facultative, créée pour tous les BTS, permet de valoriser les compétences, connaissances et aptitudes acquises lors d'une activité bénévole (association, réserve opérationnelle militaire, sapeur-pompier volontaire, service civique, activité professionnelle). Le décret précise que les mêmes activités ne peuvent donner lieu qu'à une seule validation.
Cette épreuve se déroule à la suite du CCF ou de l'épreuve ponctuelle d'E6, avec la même commission d'évaluation. Elle reste cependant indépendante. Les points obtenus sont pris en compte au-delà de la moyenne (10/20).

Pour se présenter, l'étudiant doit :

- Valider la demande d'inscription à l'épreuve facultative au plus tard à la date limite d'inscription à l'examen du BTS NDRC.
- Préparer et fournir un « formulaire de demande de reconnaissance de l'engagement étudiant », sans lequel l'épreuve ne peut se tenir.

L'épreuve dure 20 minutes, décomposée en 10 mn d'exposé et 10 mn d'entretien avec la commission d'évaluation.

Le contenu	Les critères d'évaluation
– La présentation du contexte. – La description et l'analyse de(s) activité(s). – La présentation des démarches et des outils. – Le bilan de(s) activité(s). – Le bilan des compétences acquises.	– L'appropriation des compétences liées au domaine professionnel. – La capacité à mettre en œuvre les méthodes et outils. – La qualité de l'analyse. – La qualité de la communication.

Dans le cadre du BTS NDRC, au delà de compétences transversales (communication, adaptabilité, engagement...), cette épreuve facultative permet de vérifier l'approfondissement des compétences évaluées dans le cadre de l'épreuve E6 et le développement de compétences spécifiques en lien avec le référentiel du diplôme du BTS NDRC (RCNV, RCDD, RCAR).

CRITÈRES D'ÉVALUATION

Session N **Durée 40 minutes – Coefficient 3** **Grille d'aide à l'évaluation**
NOM du Candidat : .... **Prénom du Candidat :** ....
N° Candidat : .... **N° Commission :** ....
Date : ....

CRITÈRES D'ÉVALUATION ET COMPÉTENCES	TI	I	S	TS
Implanter et promouvoir l'offre chez les distributeurs				
1 – Valoriser l'offre sur le lieu de vente *(Rigueur dans le suivi de l'application des accords de référencement, utilisation pertinente des techniques d'implantation et de valorisation des produits)*				
2 – Développer la présence dans le réseau de distributeurs *(Repérage des opportunités de référencement, qualité du diagnostic rayon, réseau et zone de prospection, pertinence des propositions et des actions pour développer la présence de la marque/produit)*				
Développer et piloter un réseau de partenaires				
1 – Participer au développement d'un réseau de partenaires *(Pertinence de la sélection de partenaires)*				
2 – Mobiliser un réseau de partenaires et évaluer les performances *(Efficience et rentabilité des actions de dynamisation du réseau)*				
Créer et animer un réseau de vente directe				
1 – Prospecter, organiser des rencontres et vendre en réunion *(Développement du fichier des conseillers, professionnalisme et efficacité commerciale lors des ventes en réunion)*				
2 – Recruter et former des vendeurs à domicile *(Pertinence et efficacité des actions de recrutement et de formation)*				
3 – Impulser une dynamique de réseau *(Cohérence de l'animation réseau avec les orientations commerciales, respect de la réglementation et de l'éthique)*				

TI : Très insuffisant / I : Insuffisant / S : Satisfaisant /TS : Très satisfaisant

PRÉPARATION À L'ÉPREUVE E6

REMPLIR LA FICHE DESCRIPTIVE D'ACTIVITÉS PROFESSIONNELLES « ANIMATION DE RÉSEAU DE DISTRIBUTEURS »

E6 – RELATION CLIENT ET ANIMATION DE RÉSEAUX			
N° :	☒ Animation de réseau de distributeurs	☐ Animation de réseau de partenaires	☐ Animation de réseau de vente directe
TITRE : *[préciser le nom de l'entreprise et l'action menée]*		Activité(s) réelle(s) vécue(s) : OUI ☐ NON ☐	
Nom :		Prénom :	N° Candidat : ....

CADRE DE L'ACTIVITÉ RÉSEAU	
Nom de l'organisation	Présentation de l'entreprise qui vend ses produits dans un réseau de distributeurs.
Adresse Code postal/Ville	
Type de structure	Entreprise : historique, effectif, activité, chiffre d'affaires, clients, fournisseurs, valeur, culture, plan de développement, concurrents.
Offre commerciale	Produits et services vendus par l'entreprise : gamme de produits, largeur et profondeur de la gamme, part de marché des produits, positionnement, politique de prix…
Acteurs du réseau	Entreprises de production, entreprises de distribution (indépendant, grande distribution, GSA, GSS, e-commerce, vente directe), stagiaires.
ANALYSE DE L'ACTIVITÉ RÉALISÉE AU SEIN DU RÉSEAU	
Période	Date de réalisation de l'action
Présentation du réseau	Quelle est la présentation du réseau de distributeurs ? Quel est le réseau de distributeurs dans sa globalité ? Pourquoi le choix de ce réseau ? Qui sont les acteurs (commerciaux, chefs de rayon, clients) ? Quels sont les enjeux du réseau ? Quelle est la stratégie du réseau ? Quel est le projet de développement du réseau ?
Contexte	Quel est le contexte de l'action liée au réseau de distributeurs ? Quel est le lieu de l'action ? Quelle est la raison de cette action ? Quelle est la problématique ? Quelle est la cible ? Quelles sont les ressources ? Quelles sont les contraintes ? Quelle est l'évolution du marché ? Qui sont les réseaux d'influenceurs (réseaux sociaux, prescripteurs) ?
Diagnostic du réseau	Quel est le diagnostic du réseau de partenaires ? Quels sont les objectifs quantitatifs ? qualitatifs ? Quel est le SWOT (*Strengths* /Forces, *Weaknesses*/Faiblesses, *Opportunities*/ Opportunités, *Threats*/Menaces) du réseau ? Quelle négociation a eu lieu avec le chef de rayon ? Les accords de référencement sont-ils respectés ? Comment le rayon est-il organisé dans le magasin ? Les prix de vente sont-ils contrôlés ? L'implantation valorise-t-elle les produits ? Les stocks sont-ils optimisés ? L'approvisionnement de nouveaux produits a-t-il été effectué ? Les promotions commerciales ont-elles été mises en place ?
Animation(s) du réseau	Comment le réseau de distributeurs est-il animé et développé ? Quelle action a été réalisée ? Quel est le type d'action menée ? Comment l'animation est-elle organisée ? Quelle est la cible visée par cette action ? Comment le chiffre d'affaires est-il développé ? Comment l'implantation des produits est-elle élargie ? Quelle est la stratégie de développement du réseau ? Comment le respect des référencements négociés est-il contrôlé ? Comment le linéaire est-il optimisé ? Comment l'expérience client est-elle améliorée ?

FICHE ANIMATION DE RÉSEAU DE DISTRIBUTEURS (page suivante) ➜

☒ Animation de réseau de distributeurs

Démarche d'animation du réseau de distributeurs	**Démarche d'animation du réseau de distributeurs** **AVANT** • Quelle implantation de l'offre a été négociée sur le lieu de vente ? • Quels conseils ont été donnés en matière d'expérience commerciale ? • Quels sont les objectifs, les moyens, le budget, les délais de l'action, le planning ? • Quelle est la date de l'animation ? • Quelles sont les nouvelles possibilités de référencement ? • Quel est le diagnostic du rayon ? • Quelle est l'analyse de la zone de chalandise ? • Quelle est l'offre concurrentielle ? • Quelles sont les propositions liées aux logiciels d'implantation ? • Quelles animations commerciales (dégustations, échantillons, réductions, démonstrations, jeux-concours, ventes flash, *selfies*, 3D…) peut-on proposer ? **PENDANT** • Comment l'animation est-elle mise en œuvre ? • Quelles sont les étapes de l'animation ? (10 à 20 étapes) • Quels outils sont créés ? utilisés ? • Comment l'accueil des prospects est-il organisé ? • Quelle est la recherche des besoins (plan de découverte) ? • Quelle est l'argumentation CAP/SONCAS ? • Comment les objections (fondées/non fondées) sont-elles traitées ? • Comment l'animation se conclut-elle ? **APRÈS** • L'activité répond-elle à la problématique ? • Quel est le suivi de l'action ? • Le distributeur est-il recontacté ? • Le fichier clients est-il qualifié ? • Quels sont le suivi et le développement du référencement ? • Les accords de référencement ont-ils été respectés ? • L'implantation de l'offre a-t-elle été optimisée ? • La couverture du réseau a-t-elle été améliorée ?
Résultats	Quelle est l'évaluation du réseau de distributeurs ? Quels sont les résultats quantitatifs ? (Indicateurs de performance : chiffre d'affaires, nombre de nouveaux clients, taux de présence, taux de transformation, panier d'achat par client, indice de vente, tableau de bord, part du linéaire, part de la distribution numérique [DN], part de la distribution valeur [DV] et du taux de saturation [TS].) Quels sont les résultats qualitatifs ? (Satisfaction client, avis sur les produits, mise à jour du fichier, suivi des commandes, suivi client, appel de remerciement, appel d'évaluation de la satisfaction, appel pour des offres commerciales.)
Préconisations	Quelles sont les préconisations pour développer le réseau de distributeurs ? Comment améliorer les performances du réseau ? Comment améliorer la prochaine animation ? Quels sont les changements à opérer ? Comment développer le réseau de distributeurs ? Quels nouveaux produits faut-il référencer ? Quelles animations peut-on planifier ?
Liste des ressources et supports	– Plaquette de l'entreprise de production et son activité (date de création, effectif, adresse, responsable…), présentation du distributeur. – Historique de l'entreprise, marques et produits, marché et concurrents (étude de 3 concurrents dans un tableau). – Étude du site internet, communication sur les produits et sur l'entreprise. – Schéma du réseau. – Outils d'animation commerciale (dégustations, jeux-concours, promotions, ventes flash, échantillons). – Construction du programme, préparation des OAV (Outils d'aide à la vente). – Plan de découverte, argumentaire, réponses aux objections. – Enquête de satisfaction. – Photos du rayon, photos de l'animation. – Page écran des logiciels utilisés, preuves de la communication (mails envoyés, guide d'entretien téléphonique, fichiers).

REMPLIR LA FICHE DESCRIPTIVE D'ACTIVITÉ PROFESSIONNELLE « ANIMATION DE RÉSEAU DE PARTENAIRES »

E6 – RELATION CLIENT ET ANIMATION DE RÉSEAUX			
N° :	☐ Animation de réseau de distributeurs	☒ Animation de réseau de partenaires	☐ Animation de réseau de vente directe
TITRE : *[préciser le nom de l'entreprise et l'action menée]*		Activité(s) réelle(s) vécue(s) : OUI ☐ NON ☐	
Nom :		Prénom :	N° Candidat : ....

CADRE DE L'ACTIVITÉ RÉSEAU	
Nom de l'organisation	Présentation de l'entreprise liée par un contrat de partenariat.
Adresse Code postal/Ville	
Type de structure	Entreprise, association, agence... : historique, effectif, activité, chiffre d'affaires, clients, fournisseurs, valeur, culture, plan de développement, concurrents. Type de contrat de partenariat : intégré, associé, franchise, concession, agent commercial...
Offre commerciale	Produits et services vendus par l'entreprise : gamme de produits, largeur et profondeur de la gamme, part de marché des produits, positionnement, politique de prix...
Acteurs du réseau	Acteurs qui contribuent au partenariat : entreprise, partenaires, stagiaire.

ANALYSE DE L'ACTIVITÉ RÉALISÉE AU SEIN DU RÉSEAU	
Période	Date de réalisation de l'action.
Présentation du réseau	Quelle est la présentation du réseau de partenaires ? Quel est le réseau de partenaires dans sa globalité ? Comment le partenaire est-il sélectionné ? Comment se constitue le réseau de partenaires ? Pourquoi avoir choisi ce partenariat ? Quel est le type de partenariat (franchise, concession, agent commercial, coentreprise, apporteur d'affaires) ? Quels sont les enjeux du partenariat ? Quelle est la stratégie du partenariat ? Quel est le projet de développement du réseau ? Quelles sont les ressources ?
Contexte	Quel est le contexte de l'action liée au réseau de partenaires ? Quelle est la raison de cette action ? Quelle est la problématique ? Quelle est la cible ? Quelles sont les contraintes ? Quels sont les réseaux d'influenceurs ? Comment le partenariat permet-il d'augmenter les ventes et de valoriser l'image de l'entreprise ? Quelle est l'évolution du marché ?
Diagnostic du réseau	Quel est le diagnostic du réseau de partenaires ? Quels sont les objectifs quantitatifs ? qualitatifs ? Quel est le SWOT (*Strengths*/Forces, *Weaknesses*/Faiblesses, *Opportunities*/Opportunités, *Threats*/Menaces) du réseau ? Quel est le cycle de vie du réseau ? Quel est le contrat de partenariat ? Quel est le schéma du réseau ?

FICHE ANIMATION DE RÉSEAU DE PARTENAIRES (page suivante) ➡

☒ Animation de réseau de partenaires

Animation(s) du réseau de partenaires	Comment le réseau de partenaires est-il animé ? Quelle action a été réalisée pour ce partenariat ? (Recrutement/formation d'un partenaire, mobilisation des partenaires lors d'un challenge, stimulation du réseau/des ventes, information et communication sur le réseau, pilotage du réseau…) Quels prescripteurs, quels apporteurs d'affaires, quelles entreprises ont été mobilisés pour développer les ventes et valoriser l'image de l'entreprise ? Comment ces contrats de partenariat sont-ils formalisés juridiquement ? Quelle est la cible visée par cette action ? Comment peut-on coordonner et stimuler le réseau de partenaires ? Comment peut-on développer la taille du réseau et animer le réseau ? Comment renforcer les liens entre les partenaires au sein du réseau ? Quelle est la stratégie de développement du réseau de partenaires (cycle de vie du réseau) ? Comment peut-on développer la notoriété du réseau ?
Démarche d'animation du réseau de partenaires	**Démarche d'animation du réseau de partenaires** AVANT • Quelles animations commerciales peut-on proposer ? • Quels sont les objectifs, les moyens, le budget, les délais de l'action, le planning ? • Quelle est la date de l'animation ? • Quelles sont les propositions d'animation ? • Quelles actions peut-on créer ? PENDANT • Quelles sont les étapes de l'animation ? • Quels outils sont créés ? utilisés ? • Comment l'accueil est-il organisé ? • Quelle est la recherche des besoins ? • Quelle est l'argumentation ? • Comment les objections sont-elles traitées ? • Comment l'animation se conclut-elle ? APRÈS • L'activité répond-elle à la problématique ? • Le fichier clients est-il mis à jour ? • Existe-t-il des enquêtes de satisfaction ? • Comment les clients sont-ils fidélisés ?
Résultats	Quelle est l'évaluation du réseau de partenaires ? Quels sont les résultats quantitatifs ? (Indicateurs de performance : chiffre d'affaires, part de marché, évolution des ventes, marge commerciale, seuil de rentabilité, tableau de bord.) Quels sont les résultats qualitatifs ? (Satisfaction des partenaires/des clients, respect de la charte du réseau.) La taille du réseau s'est-elle développée ? Les liens entre les partenaires ont-ils été renforcés ? Les partenaires sont-ils efficaces ?
Préconisations	Comment peut-on améliorer les performances du réseau ? Quelles sont les préconisations pour développer le réseau de partenaires ? Comment peut-on développer le réseau ? Comment peut-on mettre en place des actions de formation ? de recrutement de partenaires ? de perfectionnement du réseau ?
Liste de ressources et supports	– Plaquette de l'entreprise et son activité (date de création, effectif, adresse, responsable, photos, plan d'accès…). – Historique de l'entreprise, marques et produits, marché et concurrents (graphiques, photos, échantillons…). – Étude du site internet, communication sur les produits et sur l'entreprise. – Présentation du partenaire. – Schéma du réseau de partenaires. – Cycle de vie du partenariat. – Cahier des charges. – Contrat du partenariat. – Outils d'animation du réseau. – Construction du planning des tâches. – Plan de découverte, argumentaire, réponses aux objections. – Enquête de satisfaction. – Photos de l'animation. – Page écran des logiciels utilisés, preuves de la communication (mails envoyés, guide d'entretien téléphonique, fichiers).

REMPLIR LA FICHE DESCRIPTIVE D'ACTIVITÉS PROFESSIONNELLES « ANIMATION DE RÉSEAU DE VENTE DIRECTE »

E6 – RELATION CLIENT ET ANIMATION DE RÉSEAUX			
N° :	☐ Animation de réseau de distributeurs	☐ Animation de réseau de partenaires	☒ Animation de réseau de vente directe
TITRE : *[préciser le nom de l'entreprise et l'action menée]*		Activité(s) réelle(s) vécue(s) : OUI ☐ NON ☐	
Nom :		Prénom :	N° Candidat : ....

CADRE DE L'ACTIVITÉ RÉSEAU	
Nom de l'organisation	Présentation de l'entreprise de vente en réunion.
Adresse **Code postal/Ville**	
Type de structure	Entreprise : historique, effectif, activité, chiffre d'affaires, clients, fournisseurs, valeur, culture, plan de développement, concurrents.
Offre commerciale	Produits et services vendus par l'entreprise.
Acteurs du réseau	Tête du réseau, VDI, hôte, stagiaire.

ANALYSE DE L'ACTIVITÉ RÉALISÉE AU SEIN DU RÉSEAU	
Période	Date de réalisation de l'action.
Présentation du réseau	Quelle est la présentation du réseau de vente directe ? Quel est le réseau de vente en réunion dans sa globalité ? Pourquoi avoir choisi ce réseau ? Qui sont les acteurs (animateur, hôte, parrain, invités) ? Quels sont les enjeux du réseau ? Quelle est la stratégie du réseau ? Quel est le projet de développement du réseau ?
Contexte	Quel est le contexte d'action liée au réseau de vente en réunion ? Quel est le lieu de l'action ? Quelle est la raison de l'action ? Quelle est la problématique ? Quelle est la cible ? Quelles sont les ressources ? Quelles sont les contraintes ? Quelle est l'évolution du marché ? Qui sont les réseaux d'influenceurs (réseaux sociaux, prescripteurs) ?
Diagnostic du réseau	Quel est le diagnostic du réseau de partenaires ? Quels sont les objectifs quantitatifs ? qualitatifs ? Quel est le SWOT (*Strengths* /Forces, *Weaknesses*/Faiblesses, *Opportunities*/ Opportunités, *Threats*/Menaces) du réseau ? Quels sont les critères de choix du réseau de vente directe ? Quelle est la méthode de vente utilisée ? Quel est le cadre légal de la vente ? Quels sont les outils de gestion du réseau (solutions digitales) ?
Animation(s) du réseau	Comment le réseau de vente directe est-il animé et développé ? Comment l'animateur de vente directe entre-t-il en contact avec le client ? Comment la relation client se déroule-t-elle ? (En face à face, par réunion, par atelier, au domicile du client, sur le lieu de travail…) Quelle action a été réalisée ? Quel est le type d'action menée ? Comment l'animation, la vente et le conseil sont-ils organisés ? Quelle est la cible visée par l'action ? Comment le réseau de conseillers de vente à domicile est-il développé ? Comment le VDI et l'hôte sont-ils recrutés ? Quelle est la stratégie de développement du réseau ?

FICHE ANIMATION DE RÉSEAU DE VENTE DIRECTE (page suivante) ➡

☒ Animation de réseau de vente directe

Démarche d'animation du réseau de vente directe	**Démarche d'animation du réseau de vente directe** **AVANT** • Quels sont les objectifs, les moyens, le budget, les délais de l'action, le planning ? • Quelle est la date de réunion ? Quel hôte choisir ? • Comment la réunion est-elle préparée ? (Réunion avec l'hôte, choix des produits…) • Quelles sont les méthodes de prospection utilisées ? • Comment sont prospectés les invités ? (Sms, *e-mailing*.) • Quels sont les critères de ciblage ? **PENDANT** • Quelles sont les étapes de l'animation ? • Quels outils sont créés ? utilisés ? • Comment l'accueil est-il organisé ? • Quelle est la recherche des besoins ? • Quelle est l'argumentation ? • Comment les objections sont-elles traitées ? • Comment la réunion se conclut-elle ? • Comment le VDI est-il recruté ? • Quel est le profil de poste de l'animateur ? • Comment est-il formé ? • Comment est-il motivé et stimulé ? • Comment le challenge est-il organisé ? • Comment la réglementation est-elle respectée ? (Application du Code de la FVD…) **APRÈS** • L'activité répond-elle à la problématique ? • Quel est le suivi des commandes ? • Comment le fichier clients est-il mis à jour ? • Existe-t-il des enquêtes de satisfaction ? • Comment les clients sont-ils fidélisés ?
Résultats	Quelle est l'évaluation du réseau de vente directe ? Les ventes et les contacts réseau ont-ils été développés ? Le réseau est-il efficace et pérennisé ? Quels sont les résultats quantitatifs ? (Les indicateurs de performance : chiffre d'affaires, nombre de nouveaux clients, taux de présence, taux de transformation, panier d'achat par participant, panier d'achat par client, indice de vente, tableau de bord.) Quels sont les résultats qualitatifs ? (Satisfaction client/de l'hôte, avis sur les produits, mise à jour du fichier, suivi des commandes, suivi clients, appel de remerciement, appel d'évaluation de la satisfaction, appel pour des offres commerciales.)
Préconisations	Quelles sont les préconisations pour développer le réseau de vente directe ? Comment peut-on améliorer les performances du réseau ? Comment peut-on organiser la prochaine vente en réunion ? Quels sont les changements à opérer ?
Liste de ressources et supports	– L'entreprise et son activité (date de création, effectif, adresse, responsable…) – Historique de l'entreprise, marques et produits, marché et concurrents (étude de trois concurrents dans un tableau). – Étude du site internet, communication sur les produits et sur l'entreprise – Schéma du réseau. – Cadre légal de la vente directe : Code de la consommation, code éthique de la vente directe, code de conduite de la vente directe. – Outils de prospection : ciblage des clients, ciblage des hôte(sse)s, prescripteurs, acheteurs, distributeurs, sources de contact. – Liste des invités, lancement des invitations (e-mail, sms). – Construction du programme. – Enquête de satisfaction. – Actions de communication (réseaux sociaux, e-mailing, sms, mms, blogs, *newsletters*). – Présentation du VDI (fonction, rôle…), pitch de présentation. – Statut du vendeur, recrutement externe, recrutement interne, formation des vendeurs (technique, juridique, commerciale, managériale), offres d'emploi de VDI. – Photos, page écran des logiciels utilisés, preuves de la communication (e-mailing envoyés, fichiers, base de données, plan de découverte, argumentaire de vente, réponse aux objections, guide d'entretien téléphonique).

PRÉPARER L'ÉTUDE RÉFLEXIVE

L'étude réflexive est une analyse basée sur une problématique **choisie par le candidat**, lui permettant de prendre du recul de manière transversale sur ses expériences d'animation dans les trois réseaux étudiés.

I Quels sont les objectifs de l'étude réflexive ?

- Réinvestir les expériences dans les trois réseaux.
- Analyser un thème ou une problématique **transversale aux trois réseaux.**
- Fournir une réflexion structurée, argumentée et illustrée.
- Élargir sa réflexion grâce à l'apport d'une dimension CEJM et CEJM appliquée.

II Comment l'étude réflexive est-elle évaluée ?

L'étude réflexive est évaluée lors des épreuves E6 :

CCF : lors du CCF 2 (situation B)
5 mn d'exposé avant les questions du jury

Épreuve ponctuelle : 5 mn d'exposé avant les questions du jury incluses dans l'oral de 40 min

La grille officielle d'évaluation n'attribue pas de critère dédié à l'évaluation de ce travail. L'étude peut donc permettre à la commission d'examen d'évaluer **les compétences pour chaque item de la grille d'évaluation**.

L'étude réflexive est complémentaire aux trois fiches pour l'évaluation des trois compétences de la matière. Elle peut donc être l'opportunité pour le candidat d'apporter des informations manquantes dans les fiches pour l'évaluation à l'examen.

III Comment l'étudiant(e) peut-il identifier une problématique transversale ?

La recherche d'une problématique s'effectue à partir des expériences réseaux de l'étudiant(e). Elle est donc effectuée après les trois fiches.

EXEMPLE :

L'étudiant(e) présente les activités suivantes pour les trois fiches :

Fiche n° 1 : Négociation avec un chef de rayon pour animer mon réseau de distributeurs.
Fiche n° 2 : Animation d'un réseau d'enseignes : l'anniversaire de la marque.
Fiche n° 3 : Animation d'une réunion d'équipe de vendeurs VDI.

À partir du contenu de ses trois fiches, l'étudiant(e) identifie des idées « fil rouge » communes à ses trois expériences réseau. Il(Elle) peut notamment identifier des cibles, des enjeux, des méthodes ou des outils similaires, grâce au cours du bloc 3 et/ou au cours de CEJM.

Il(Elle) peut, par exemple, constater ici que :

Fiche 1 : le distributeur et le fabricant échangent des données informatisées.
Fiche 2 : la marque transmet les consignes à ses enseignes pour l'évènement.
Fiche 3 : la marque fournit les supports de formation au manageur et aux vendeurs.

Une relecture du cours et une vision élargie du sujet lui permettent de constater que, dans le thème « système d'information et animation de réseaux », la circulation de l'information est un enjeu important.

Il(Elle) peut ainsi choisir comme problématique :

<u>La circulation de l'information permet-elle d'animer les réseaux ?</u>

Consultez notre fiche exemple

RÉALISER L'ÉTUDE RÉFLEXIVE

I Comment l'étude réflexive est-elle réalisée ?

L'étude réflexive est un développement structuré réalisé sur deux pages recto-verso maximum avec le support fourni par la circulaire nationale de préparation à l'examen.
À partir de la problématique choisie, l'étudiant(e) apporte une réflexion personnelle grâce à ses expériences, aux notions de cours (réseaux et CEJM) et à sa recherche documentaire.
Après avoir rassemblé ses connaissances, l'étudiant(e) les organise selon un ordre logique pour construire un plan. Ainsi, il/elle peut rédiger :

- **l'introduction** : phrase d'accroche, définition des termes clés, contexte de son expérience des réseaux, problématique, annonce du plan ;
- **le développement** : parties, sous-parties, arguments expliqués et illustrés, transitions entre les parties et sous-parties ;
- **la conclusion** : synthèse de la réponse à la problématique, ouverture vers un thème lié.

Tout type de plan sera accepté : pourquoi/comment, interne/externe, avantages/limites, court terme/long terme…

Quelques idées de thèmes …	… et problématiques associées
La motivation dans les réseaux	• Le réseau peut-il être animé par une approche collaborative ? • Les acteurs d'un réseau peuvent-ils être mobilisés ? • La formation peut-elle être un outil efficace d'animation pour les réseaux ?
Le numérique et l'animation de réseaux	• Les réseaux sociaux permettent-ils de développer les réseaux ? • La notoriété d'un réseau peut-elle être augmentée de manière digitale ? • La communication *via* les réseaux sociaux permet-elle d'animer efficacement un réseau ?
Les systèmes d'information et l'animation des réseaux	• L'accessibilité des informations du réseau peut-elle être améliorée ? • L'uniformisation et la mutualisation de la communication améliorent-elles l'animation des réseaux ?
La pérennité et le développement des réseaux	• L'animation du réseau impacte-t-elle son image de marque ? • Le nombre d'acteurs au sein des réseaux peut-il être développé ? • La performance du réseau peut-elle être évaluée par les acteurs du réseau ?

II Comment l'étudiant(e) vérifie-t-il la qualité de son travail ?

Le plus : l'étude réflexive permet de valider des items de la grille d'évaluation pour compléter les fiches

- La problématique concerne les trois réseaux.
- Les idées sont organisées logiquement selon un plan.
- Les idées répondent à la problématique.
- Les idées montrent la compréhension des enjeux de l'animation des trois types de réseaux.
- Des savoirs du bloc 3, et éventuellement de CEJM, sont mobilisés.
- Le vocabulaire « métier » est utilisé.
- Les idées sont claires.
- Les idées sont expliquées.
- Les idées sont illustrées par des exemples pour les trois réseaux.
- Des transitions permettent d'introduire les idées suivantes.
- L'introduction et la conclusion sont présentes.
- L'orthographe et la rédaction sont de qualité.

EXEMPLE DE FICHE RÉFLEXIVE : EXTRAIT D'UNE ÉTUDE

Date :	**SESSION N**
NOM du Candidat :	Prénom du Candidat : ....
N° Candidat :	N° Commission : ....

ÉTUDE RÉFLEXIVE RÉSEAU

THÈME	Les systèmes d'information et l'animation de réseaux
PROBLÉMATIQUE	La circulation de l'information permet-elle d'animer les réseaux ?

DÉVELOPPEMENT STRUCTURÉ (2 pages maximum – Recto-verso)

Introduction

Accroche ▸ Après son rachat par la Fnac, Darty participe à la mutualisation des données clients dans le système d'information des deux enseignes […]. Mot clé ▸ Le système d'information est l'ensemble des ressources de l'entreprise permettant la gestion de l'information. […]

Expériences ▸ J'ai ainsi constaté l'importance de la circulation de l'information dans l'animation des trois réseaux que j'ai pu étudier.

Problématique et plan ▸ Nous pouvons donc nous demander si la circulation de l'information dans le réseau permet de l'animer.

Pour répondre à cette question, nous allons étudier comment la circulation d'informations permet d'améliorer l'animation interne du réseau avant d'étudier son impact sur le développement du réseau.

I. La circulation de l'information interne au réseau

A. Le partage de connaissances

L'étude porte sur des réseaux, non sur des entreprises ou des « groupes ».

L'argument ▸ Grâce aux évolutions technologiques, les informations sont devenues plus facilement mutualisables, permettant ~~aux entreprises~~/aux réseaux de travailler en collaboration à distance, de s'organiser dans le travail ou encore de partager ses connaissances et son savoir-faire avec ~~ses partenaires~~/les membres du réseau. L'explication ▸ Le partage de connaissances suppose de faire circuler l'information […]. La mise en place d'un logiciel commun au groupe/au réseau permet de transmettre l'ensemble des informations importantes, comme l'historique des clients. […]

Les illustrations ▸ Le groupe Champion, d'envergure européenne avec de nombreuses filiales, a mis en place un logiciel commun afin de pouvoir distribuer l'information à l'ensemble des interlocuteurs dans le groupe […]

Les ~~réseaux de vente directe~~/réseaux de distribution mettent en place un EDI (échange de données informatisées) pour gérer les commandes et les stocks, comme j'ai pu le constater lors de la négociation avec le chef de rayon Carrefour pour le compte de la marque Baiko.

L'argument porte sur les trois réseaux.

B. La circulation de l'information pour la cohérence du réseau

II. L'impact de la circulation de l'information sur le développement du réseau

A. Le développement des ventes

B. L'information client et la fidélisation

Un exemple pour les trois réseaux dans la mesure du possible. L'exemple peut être issu de la recherche documentaire ou du vécu.

Conclusion

Synthèse ▸ La modernisation et la démocratisation des moyens de communications permettent effectivement aux différents types de réseaux d'améliorer leur fonctionnement interne […]

Ouverture ▸ La mise en place d'un management collaboratif par la tête de réseau permettrait également d'améliorer l'animation du réseau et de ses acteurs.

Olivier Rolland, Étude réflexive : conseils, exemples, difficultés
liennathan.fr/w4g8m9

Pour aller plus loin

Que faire après un BTS NDRC ?
liennathan.fr/34q8wd

Acheteur : personne dont le rôle est de trouver et choisir des fournisseurs, et de négocier les conditions d'achat.

Agent commercial : mandataire indépendant chargé de négocier et éventuellement de conclure des contrats de vente, d'achat, de location ou de prestation de services, au nom et pour le compte d'autres entreprises.

Analyse de la concurrence : étude et évaluation des forces et faiblesses des entreprises concurrentes du secteur.

Analyse environnementale : évaluation des facteurs externes susceptibles de présenter des menaces ou des opportunités pour l'entreprise.

Animation commerciale : permet de faire découvrir aux ***shoppers***, dans le **point de vente**, de nouveaux produits ou d'accompagner un événement (dégustation, démonstration, distribution de bons de réduction…). Le rôle de l'animateur est primordial. La rémunération de l'animateur, la scénographique et la PLV (ou **théâtralisation**) forment le budget de l'animation.

Animation du réseau : activité d'animation d'un réseau de distributeurs, de partenaires ou de vente en réunion. Elle consiste à coordonner les actions, faire partager les valeurs et accompagner les membres du réseau.

Apporteur d'affaires : personne qui met en relation la cible et la marque et qui perçoit une rémunération en cas de contrat conclu.

Audit : analyse d'une situation en vue de valider sa conformité à une norme prédéfinie.

***Benchmarking* :** analyse comparative des résultats obtenus par différents membres grâce à une série d'indicateurs ou de caractéristiques sélectionnés pour l'occasion permettant d'identifier les bonnes pratiques et de s'en inspirer.

Cahier des charges d'une animation commerciale : une **animation commerciale** comporte des étapes relatives à plusieurs niveaux : du produit, des ressources nécessaires, de la période, des moyens de communication et des outils commerciaux.

Cahier des charges du réseau : document reprenant les éléments principaux d'un projet de mise en réseau.

Canal de distribution : chemin parcouru par le produit du producteur au consommateur.

***Category manager* :** utilise les panels pour identifier les opportunités de croissance de la marque et des enseignes.

Centrale d'achats : son rôle est de sélectionner les fournisseurs et de négocier les meilleures conditions commerciales grâce aux volumes obtenus par le regroupement des achats.

Challenge commercial : opération ponctuelle de stimulation des forces de vente internes ou externes. Le principe est de récompenser financièrement ou matériellement (cadeaux, voyages…) les meilleurs vendeurs pour une période donnée et pour un périmètre de produits ou de services donné. Le challenge commercial peut être individuel ou collectif et s'adresser aux commerciaux de la société ou à ceux des distributeurs et partenaires.

Circuit de distribution : ensemble des **canaux de distribution** utilisés par un producteur pour vendre ses produits.

Client mystère : personne physique travaillant pour l'enseigne ou un prestataire spécialisé choisi par elle pour évaluer la qualité de l'expérience vécue en point de vente à l'aide d'une grille.

CNIL (Commission nationale de l'informatique et des libertés) : autorité administrative indépendante, dont le rôle est de veiller à ce que l'informatique ne porte atteinte ni aux droits de l'homme, ni à la vie privée, ni aux libertés individuelles ou publiques.

***Coaching* :** consiste à accompagner des personnes ou des groupes dans la définition et l'atteinte de leurs objectifs, pour la réussite de leur évolution personnelle et professionnelle, en leur permettant de développer leurs potentiels respectifs.

Code de conduite des entreprises de vente directe : régit les relations entre les vendeurs et les entreprises. Ces règles sont appliquées par les entreprises adhérentes de la **Fédération de la vente directe (FVD)**.

Code de la consommation : regroupe les dispositions législatives relatives au droit de la consommation. Le droit de la consommation désigne le droit régissant les relations entre consommateurs et professionnels.

Code éthique de la vente directe : définit des règles professionnelles concernant la conduite à l'égard des consommateurs. Ces règles sont appliquées par les entreprises adhérentes de la **Fédération de la vente directe (FVD)**.

Commerçant : personne physique ou morale qui exerce des actes de commerce et en fait sa profession habituelle (article L. 121-1 du Code de commerce).

Commerce coopératif et associé : organisation d'entrepreneurs ou de points de vente juridiquement indépendants regroupés en vue d'une mutualisation de leurs ressources (ex. : franchises, chaînes volontaires, etc.).

Commerce coopératif : groupement de commerçants indépendants au sein d'une coopérative.

Commerce intégré : organisation en réseau d'entreprises et points de vente appartenant tous au même propriétaire (ex. : chaînes succursalistes).

Communication de l'animation commerciale : peut se réaliser *in-store* et *out-store*. En effet, il s'agit d'attirer les clients qui seraient en dehors du point de vente en leur faisant découvrir l'**animation commerciale** (affichage dans les galeries marchandes, *géofencing*…) mais aussi de faire connaître l'animation dans le magasin (totems, présentoirs…).

Conformité au concept : respect des caractéristiques matérielles, des processus, de l'offre, de l'identité et des valeurs associés au concept développé en réseau.

Contrat de référencement : contrat par lequel une **centrale d'achats** autorise un fournisseur, en contrepartie de conditions de vente négociées, à proposer ses produits à la revente chez ses affiliés distributeurs, qui restent libres de se fournir ou non auprès du fournisseur référencé.

CPMVD (Commission paritaire de médiation de la vente directe) : a pour principale mission de régler gratuitement et à l'amiable des litiges pouvant intervenir au cours de la conclusion ou de l'exécution d'un contrat entre un consommateur et une entreprise de vente directe.

CRM (*Customer Relationship Management*) : solution informatique, souvent hébergée par un éditeur, souvent accessible sans connexion Internet, afin que les commerciaux puissent : planifier les visites, analyser la performance des produits, améliorer leur pilotage.

Culture de marque : ensemble de valeurs fondatrices auxquelles tous associent le nom de marque.

Cycle de vie du réseau : phases de la vie d'un réseau.

DIP (document d'information précontractuel) : document exposant de manière sincère les caractéristiques et performances d'un réseau de distributeurs. Il est délivré par la tête de réseau au futur membre au minimum 20 jours avant la signature du contrat.

Distributeur : entreprise qui amène le produit du fabricant jusqu'au consommateur.

Distribution numérique : mesure le **taux de présence** de la marque ou d'une référence dans les **points de vente** référençant cette catégorie de produits.

Distribution valeur : mesure la part de marché de la marque ou d'une référence dans les **points de vente** référençant cette catégorie de produits.

Droit de rétractation : délai accordé à un client pour renoncer à un contrat conclu lors d'une vente à distance ou hors établissement (notamment à domicile).

ECR (*Efficient Consumer Response*) ou ROC (réponse optimale aux consommateurs) : ensemble d'actions menées conjointement entre producteurs et distributeurs pour apporter une réponse optimale au consommateur.

EDI (échange de données informatisées) : permet, en utilisant des logiciels spécifiques, de faciliter et d'accélérer les échanges d'informations entre distributeurs et producteurs pour atteindre le « zéro papier ».

Enquête de satisfaction : technique de sondage permettant de recueillir l'opinion d'un client ou d'un membre du personnel à l'aide d'un questionnaire papier, téléphonique ou en ligne.

Étude qualitative : étude réalisée en face à face pour étudier les attitudes, les motivations et les freins de la clientèle (ex. : réunions de groupe, entretiens en profondeur).

Expérience de consommation : désigne les émotions ressenties par le ***shopper*** avant, pendant et après l'achat. L'**animation commerciale** est un moyen d'enrichir l'expérience de consommation.

Fédération de la vente directe (FVD) : instance représentative des sociétés de vente directe, dont les missions sont de faire évoluer et faire reconnaître ce **circuit de distribution**.

Hôte(sse) : consommateur qui accueille à son domicile une **vente en réunion**, animée par un vendeur.

Indice de sensibilité : permet de vérifier si une référence ou une famille de produits occupe la place correspondant au chiffre d'affaires ou à la marge qu'elle dégage.

Indice de vente : (Nombre de produits vendus / Nombre d'acheteurs) × 100

Influenceur : personne physique qui, de par sa personnalité ou son expertise, influence les cibles visées.

Invendus : stock de produits non vendus. Certaines marques acceptent de reprendre les invendus.

Management relationnel : consiste à organiser le fonctionnement d'une structure en s'appuyant sur des méthodes de communication motivantes et valorisantes pour les équipes.

Manageur : également nommé : animateur d'équipe, leader, **coach**, animateur, manageur d'équipe, *business manager*… Il est avant tout un vendeur indépendant qui a recruté suffisamment d'autres vendeurs pour constituer un réseau d'individus et qui anime l'équipe de vendeurs recrutés.

Marchandisage (*merchandising* en anglais) : ensemble des techniques permettant d'optimiser la place des produits et des marques en rayon.

Marchandisage d'organisation : concerne tout ce qui permet au consommateur de trouver aisément les produits qu'il recherche.

Marchandisage de gestion : son objectif est de répartir l'espace de vente disponible selon des critères de résultats (parts de marché, contribution au CA ou à la marge…).

Marchandisage de séduction : le rayon doit être valorisé par une présentation attrayante, pratique et adaptée au produit.

Marge arrière : consiste pour la grande distribution à proposer aux fournisseurs de mettre en avant leurs produits dans le **point de vente** en organisant des animations ou des promotions contre une participation financière.

Marketing expérientiel : centré sur l'expérience que le client va « vivre » lors de l'achat.

Pitch (méthode) : présentation courte et synthétique orale, d'un projet, d'un plan d'action commercial.

MLD (mètre linéaire développé) : correspond à la longueur totale de présentation des produits dans le rayon (mètres au sol × niveaux d'implantation).

Norme du réseau : ensemble de performances et objectifs atteints par la tête de réseau lors de son développement en propre et qui sert de base lors de la fixation des objectifs assignés aux membres du réseau (respect de règles de merchandising, ratios financiers, etc.).

Panel : échantillon permanent de distributeurs et de consommateurs qui analyse des données relatives aux **points de vente**, aux marques (parts de marché…) et aux consommateurs (fréquence d'achat, panier moyen…).

Panier d'achat par client : (Chiffre d'affaires de la réunion / Nombre de clients) × 100

Panier d'achat par participant : (Chiffre d'affaires de la réunion / Nombre de participants) × 100

Part de linéaire : espace attribué à une référence ou une marque au sein d'un rayon.

Performance collective : consiste à créer une cohésion d'équipe grâce à des techniques de motivation, au développement de la coopération, à l'inclusion et la reconnaissance de la valeur de chacun.

Performances commerciales : indicateurs quantitatifs décrivant l'évolution des ventes et du chiffre d'affaires sur une zone de chalandise déterminée.

Performances comptables et financières : indicateurs quantitatifs permettant de mesurer la rentabilité économique et financière d'une unité commerciale.

Performances de la relation client : indicateurs qualitatifs et quantitatifs utilisés pour rendre compte de la qualité de la relation client et du niveau de satisfaction de la clientèle.

Performances des ressources humaines : indicateurs qualitatifs servant à évaluer la nature et la qualité des interactions humaines au sein du réseau, le degré d'implication et les compétences des membres du réseau.

Planification : programmation par tâche à accomplir pour réaliser une **animation commerciale**, mais aussi programmation de l'ensemble des **animations commerciales** à mettre en place annuellement.

Planogramme : représentation visuelle de l'implantation d'un rayon ou d'une **tête de gondole**.

Point de vente : lieu physique destiné à la vente de biens et services.

Prescripteur : personne qui, dans l'exercice de sa profession, est amenée à prescrire ou recommander un produit.

Programme de motivation (*incentive*) : regroupe les moyens mis à disposition d'une entreprise pour stimuler sa force de vente.

Proposition de valeur : promesse faite par une entreprise à sa clientèle, en cohérence avec la position occupée par la marque dans l'esprit de sa cible.

***Reporting* :** remontée d'informations chiffrées impliquant la création et transmission de tableaux de bord reprenant les indicateurs clés de performance choisis par le réseau.

Réseau de distribution associé : groupement de commerçants juridiquement indépendants (franchise, concession, commission-affiliation, coopérative, licence de marque...).

Réseau de distribution intégré (succursaliste) : désigne plusieurs magasins reliés à une **centrale d'achats.** Le groupe possède l'ensemble des magasins et agences, les dirigeants de chaque magasin sont des salariés.

Réseau de distribution mixte : réseau comptant à la fois des **points de vente** intégrés et des **points de vente** associés.

Réticulation : mise en réseau d'un concept de vente aboutissant à l'ouverture de nouveaux points de vente en nom propre (succursales) ou grâce au recrutement de nouveaux membres (franchises, concessions).

Revente : consiste pour un chef de secteur à suivre dans le temps son référencement en grande surface en apportant toutes les modifications nécessaires afin d'optimiser sa présence en rayon et donc de développer son chiffre d'affaires.

RGPD (Règlement général sur la protection des données) : règlement européen, qui concerne les données personnelles, entré en application le 25 mai 2018. Trois composantes majoritaires : le principe du consentement (les entreprises doivent l'obtenir du citoyen/client) ; le droit à l'oubli (impose à l'entreprise d'effacer les données à caractère personnel sous plusieurs motifs) ; le droit à la portabilité des données personnelles (les personnes pourront obtenir communication, dans un format lisible et structuré, des données personnelles les concernant).

Rupture : référence n'apparaissant pas dans les linéaires. La rupture peut être due à des animations commerciales ou à une mauvaise gestion des stocks. L'indisponibilité d'une référence entraîne une perte financière pour la marque et pour le distributeur.

SCM (*Supply Chain Management*, gestion de la chaîne logistique) : consiste à anticiper les besoins des distributeurs afin de livrer le bon produit, au bon moment, au bon endroit tout en assurant une maîtrise optimale des coûts et de la qualité.

***Shopper* :** en grande distribution, terme désignant le client final.

Smart (Spécifique, Mesurable, Accessible, Réaliste, Temporel) : méthode de management par objectifs définie dans les années 1950 à 1980 par des économistes américains. Elle constitue un moyen mnémotechnique pour décrire les objectifs à mener à bien de la façon la plus claire et la plus compréhensible possible, pour une efficacité optimale.

***Social selling* :** ensemble de pratiques consistant à utiliser les réseaux sociaux professionnels pour développer les ventes (Twitter, LinkedIn).

SONCASE : méthode d'argumentaire commerciale reprenant les six motivations principales d'un acheteur, sur lesquelles tout vendeur devra s'appuyer pour orienter son discours : Sécurité, Orgueil, Nouveauté, Confort, Argent, Sympathie, Environnement.

SRM (*Supplier Relationship Management*) ou GRF (gestion de la relation fournisseur) : gestion de la relation commerciale avec le fournisseur afin d'optimiser le processus d'approvisionnement.

Stratégie *cross canal* : stratégie qui pousse la marque à rendre ses **canaux de distribution** et ses moyens de communication complémentaires (site Web, points de vente physiques, réseaux sociaux). Cette stratégie permet d'améliorer l'expérience de consommation.

Stratégie d'implantation : ensemble de décisions portant sur le nombre et la localisation des points de vente du réseau.

Stratégie de développement physique : orientation donnée à l'essor géographique d'un réseau.

Stratégie de distribution contrôlée : consiste à maîtriser la distribution de ses produits soit en les distribuant soi-même (distribution intégrée), soit en choisissant ses distributeurs (distribution sélective) et éventuellement en leur accordant une exclusivité (distribution exclusive).

Stratégie de distribution intensive : consiste pour une entreprise à être présente dans un maximum de **points de vente** afin d'optimiser les volumes de vente.

Stratégie de distribution multicanale : consiste à recourir à plusieurs canaux : physiques et/ou virtuels.

Taux de présence : (Nombre de personnes présentes / Nombre d'invités) × 100

Taux de saturation : mesure le potentiel de développement de la marque auprès des **points de vente** référençant ses produits.

Taux de transformation : (Nombre de nouveaux clients / Nombre d'invités) × 100

Tête de gondole (TG) : elle se trouve à chaque extrémité du rayon et permet de mettre en avant des produits.

Théâtralisation de l'offre : ensemble de techniques consistant à mettre en scène un produit dans le **point de vente**.

***Trade marketing* (co-mercatique) :** ensemble d'actions menées conjointement entre producteurs et distributeurs dans deux principaux domaines : la logistique et la mise en valeur de l'offre.

Univers de consommation (*category management*) : regroupement en un même lieu de produits répondant à un même besoin afin de favoriser les ventes complémentaires (*cross selling*).

URSSAF (Union de recouvrement pour la Sécurité sociale et les allocations familiales) : organisme gouvernemental qui se charge de collecter les cotisations et contributions sociales des entreprises dans le but d'assurer le financement de la Sécurité sociale.

VDI (vendeur à domicile indépendant) : conclut des contrats de vente ou de prestation de services auprès d'un particulier, utilisateur final, pour distribuer les produits et/ou services de l'entreprise avec laquelle il a conclu un contrat écrit, conformément aux articles L. 121-21 et L. 121-22 du Code de la consommation. Le VDI est indépendant, sans lien de subordination avec l'entreprise, et il est libre de son travail. Il peut travailler en même temps pour plusieurs entreprises de **vente directe**. On distingue plusieurs types de statuts de VDI : VDI acheteur/revendeur, VDI mandataire, VDI courtier.

Veille digitale : processus visant à collecter, traiter et partager des informations recueillies notamment sur les médias sociaux.

Vente à domicile : vente qui s'effectue au domicile de l'acquéreur. La vente à domicile fait l'objet d'une réglementation spécifique afin de prendre en compte la vulnérabilité des acheteurs non professionnels. Elle peut être individuelle ou **en réunion**.

Vente directe : vente conclue entre un client et un vendeur réunis physiquement dans un lieu non dédié à la commercialisation (hors magasin, salon, foire…). Ce mode de vente est caractérisé par une démarche personnalisée, la possibilité de démonstration en situation réelle et le service offert par le vendeur.

Vente Directe Académie : formation interactive et à distance proposée aux sociétés de **vente à domicile** membres de la **FVD**.

Vente en porte-à-porte : méthode de vente dans laquelle le vendeur visite les habitations d'un secteur donné pour proposer ses produits.

Vente en réseau ou vente multiniveau : la vente multiniveau (ou marketing relationnel, marketing de réseau, en anglais *multi level marketing* ou MLM) est une structure du réseau de vente dans laquelle les revendeurs (ou distributeurs) peuvent parrainer de nouveaux vendeurs, et être alors en partie rémunérés par une commission évaluée en pourcentage sur les ventes des recrues.

Vente en réunion : forme de vente réalisée par des vendeurs à leur domicile ou au domicile d'hôte(sse)s qui invitent un cercle d'amis ou de connaissances.

Vente pyramidale (ou vente à la boule de neige) : pratique de vente illégale par laquelle on accorde un avantage ou rémunération à un acheteur/distributeur à la condition que celui-ci recrute à son tour d'autres acheteurs distributeurs, la rémunération du vendeur relevant plus du recrutement que de la vente de produits.

VRP (vendeur représentant placier) : représentant ayant un statut spécifique à condition d'exercer d'une façon exclusive et constante une profession de représentant, de ne réaliser aucune opération commerciale pour son compte personnel, d'être lié à l'employeur par des engagements déterminant la nature des prestations de services ou des marchandises, la région dans laquelle il exerce son activité ou les catégories de clients qu'il est chargé de visiter et la rémunération (commissions, fixe, ou fixe plus commissions). Il est dit « exclusif » ou « monocarte » lorsqu'il travaille pour un seul employeur, « multicarte » s'il travaille pour plusieurs employeurs.

Zone chaude : se trouve au centre du rayon, c'est l'endroit où le client se rend le plus facilement.

Zone froide : se trouve aux extrémités du rayon, elle n'est pas très attractive pour le client.

Crédits photographiques

p. 7 : Meuh Cola ; **p. 9** : iMAGINE/AdobeStock ; **p. 10** : zenzen/AdobeStock ; **p. 11** : usu79/AdobeStock ; **p. 12** : Christophe Fouquin/AdobeStock ; **p. 16** : Rick Henzel/AdobeStock ; dmitrykobets/AdobeStock ; Christophe Fouquin/AdobeStock ; Eisenhans/AdobeStock ; **p. 19** : alexandre zveiger/AdobeStock ; Printemps/AdobeStock ; sylv1rob1/Shutterstock ; **p. 20** : Régis Duvignau/AdobeStock ; **p. 21** : dontree/AdobeStock ; **p. 23** : Savonnerie Le Sérail ; **p. 25** : Savonnerie Le Sérail ; **p. 26** : viperagp/AdobeStock ; **p. 27** : galam/AdobeStock ; Savonnerie Le Sérail ; **p. 28** : fizkes/AdobeStock ; **p. 35** : eyewave/AdobeStock ; funny face/AdobeStock ; **p. 36** : Diana Taliun/AdobeStock ; **p. 37** : Iuliia/AdobeStock ; kasto/AdobeStock ; **p. 38** : Africa Studio/AdobeStock ; Thierry RYO/AdobeStock ; **p. 39** : ksena32/AdobeStock ; ImagesMy/AdobeStock ; **p. 41** : Alter Eco ; **p. 43** : MarekPhotoDesign.com/AdobeStock ; **p. 44** : Alter Eco ; **p. 45** : Robert Kneschke/AdobeStock ; **p. 46** : Leah-Anne Thompson/AdobeStock ; **p. 51** : guas/AdobeStock ; Pavel Losevsky/AdobeStock ; zeremskimilan/AdobeStock ; Nickolay Khoroshkov/AdobeStock ; Studio Porto Sabbia/AdobeStock ; Kondor83/AdobeStock ; Magalice/AdobeStock ; cineberg/AdobeStock ; adisa/AdobeStock ; **p. 52** : WavebreakMediaMicro/AdobeStock ; **p. 53** : the_lightwriter/AdobeStock ; Africa Studio/AdobeStock ; suchywilk/AdobeStock ; **p. 55** : kaiskynet/AdobeStock ; ange1011/AdobeStock ; 279photo/AdobeStock ; Hawkeye/AdobeStock ; **p. 56** : Sergey Ryzhov/AdobeStock ; **p. 57** : biker3/AdobeStock ; RvDam/AdobeStock ; **p. 59** : Brioche Pasquier ; **p. 61** : Strada Marketing ; **p. 62** : Rawpixel.com/AdobeStock ; **p. 63** : WavebreakmediaMicro/AdobeStock ; **p. 64** : Rido/AdobeStock ; **p. 65** : leungchopan/AdobeStock ; KUBE/AdobeStock ; **p. 66** : Monkey Business/AdobeStock ; kirill4mula/AdobeStock ; Atstock Production/AdobeStock ; MclittleStock/AdobeStock ; **p. 73** : Argasol ; JackF/AdobeStock ; **p. 74** : Strada Marketing ; **p. 75** : Pictures news/AdobeStock ; **p. 77** : Nivea ; **p. 79** : Google Maps ; **p. 80** : Nivea ; **p. 81** : Youssef Haarab ; **p. 91** : Christian Jung/AdobeStock ; Minute Fruitée ; **p. 93** : Viktor/AdobeStock ; **p. 95** : L'Artisan du Burger ; **p. 96** : Dmitry Lobanov/AdobeStock ; **p. 97** : L'Artisan du Burger ; **p. 100** : L'Artisan du Burger ; **p. 111** : meailleluc.com/AdobeStock ; **p. 112** : Irrijardin ; **p. 113** : industrieblick/AdobeStock ; Norauto ; Speedy ; **p. 115** : industrieblick/AdobeStock ; **p. 117** : rh2010/AdobeStock ; **p. 118** : Mitsubishi ; **p. 120** : Mitsubishi ; **p. 127** : Del Arte ; **p. 128** : Help Confort ; **p. 129** : kolotype/AdobeStock ; **p. 130** : ExQuisine/AdobeStock ; Najmi Arif/Shutterstock ; **p. 131** : Sorbis/Shutterstock ; **p. 133** : LafSanté ; **p. 134** : Robert Kneschke/AdobeStock ; **p. 135** : benjaminnolte/AdobeStock ; **p. 136** : LafSanté ; **p. 137** : Aldeca Productions/AdobeStock ; **p. 138** : LafSanté ; **p. 145** : Sergey Novikov/AdobeStock ; **p. 147** : sasha64f/AdobeStock ; **p. 149** : jonnysek/AdobeStock ; MurielleB/AdobeStock ; **p. 151** : fotografikateria/AdobeStock ; Africa Studio/AdobeStock ; **p. 152** : Nomad_Soul/AdobeStock ; **p. 154** : Eléonore H/AdobeStock ; photographicss/AdobeStock ; **p. 155** : ELECTRO35/AdobeStock ; **p. 156** : jcg_oida/AdobeStock ; fotografikateria/AdobeStock ; **p. 165** : adisa/AdobeStock ; Hans-Martin Goede/AdobeStock ; **p. 167** : Darty ; **p. 169** : Légendes Gourmandes ; **p. 171** : Légendes Gourmandes ; **p. 179** : Aurore/AdobeStock ; **p. 180** : Aurore/AdobeStock ; **p. 181** : Soyka/AdobeStock ; **p. 183** : Patryssia/AdobeStock ; **p. 187** : Stéphane Masclaux/AdobeStock ; **p. 190** : Monart Design/AdobeStock ; Rawpixel.com/AdobeStock ; Cookie Studio/AdobeStock ; **p. 191** : DragonImages/AdobeStock ; Mediteraneo/AdobeStock ; **p. 192** : Cookie Studio/AdobeStock ; Dariusz Jarzabek/AdobeStock ; **p. 201** : Secrets de Miel ; **p. 202** : Ecolavie ; **p. 203** : Ecolavie ; **p. 204** : Charlott' ; **p. 205** : PartyLite ; **p. 206** : Jeanette Dietl/AdobeStock ; **p. 207** : sepy/AdobeStock ; **p. 209** : GaudiLab/AdobeStock ; **p. 211** : Fitbit ; Garmin ; Sphero ; PNJ ; **p. 213** : Drobot Dean/AdobeStock ; ikostudio/AdobeStock ; josemanuelerre/AdobeStock ; **p. 214** : Prostock-studio/AdobeStock ; **p. 221** : Zabok ; **p. 222** : Parenthèse café ; **p. 225** : Rawpixel.com/AdobeStock ; **p. 229** : B. Grateful/AdobeStock ; **p. 232** : contrastwerkstatt/AdobeStock ; **p. 234** : Daniel Ernst/AdobeStock ; dacasdo/AdobeStock ; **p. 241** : Y-Momal/AdobeStock ; naka/AdobeStock ; **p. 242** : artnovielysa/AdobeStock ; **p. 243** : fotofabrika/AdobeStock ; **p. 244** : dusanpetkovic1/AdobeStock ; **p. 247** : Asthéya ; **p. 249** : hbrh/AdobeStock ; **p. 250** : Asthéya ; **p. 251** : nyul/AdobeStock ; **p. 252** : hbrh/AdobeStock ; nyul/AdobeStock ; Frank Boston/AdobeStock ; **p. 253** : Asthéya ; **p. 254** : Enrico De Vita/AdobeStock ; **p. 261** : auremar/AdobeStock ; **p. 262** : baiajaku/AdobeStock ; **p. 263** : stokkete/AdobeStock ; **p. 267** : Lsantilli/AdobeStock ; sablin/AdobeStock

N° projet : 10279532 - Dépôt légal : Avril 2022
Achevé d'imprimer en Mars 2022 en Italie par L.E.G.O. S.p. A., Lavis (TN)